本书系山东大学基本科研业务费资助项目

山东大学文史哲研究专刊

先秦人物与思想散论

孟祥才 著

上海古籍出版社

图书在版编目（CIP）数据

先秦人物与思想散论／孟祥才著. —上海：上海
古籍出版社，2019.11
（山东大学文史哲研究专刊）
ISBN 978－7－5325－9406－1

Ⅰ.①先… Ⅱ.①孟… Ⅲ.①先秦哲学—研究 Ⅳ.
①B220.5

中国版本图书馆 CIP 数据核字（2019）第 240742 号

山东大学文史哲研究专刊
先秦人物与思想散论
孟祥才 著
上海古籍出版社出版发行
（上海瑞金二路 272 号 邮政编码 200020）
(1) 网址：www.guji.com.cn
(2) E-mail：guji1@guji.com.cn
(3) 易文网网址：www.ewen.co
江阴金马印刷有限公司印刷
开本 890×1240 1/32 印张 15.5 插页 5 字数 389,000
2019 年 11 月第 1 版 2019 年 11 月第 1 次印刷
印数：1—1,300
ISBN 978－7－5325－9406－1
B·1116 定价：72.00 元
如有质量问题，请与承印公司联系

出 版 说 明

　　山东大学素以文史见长。二十世纪三十年代,以闻一多、梁实秋、杨振声、老舍、沈从文、洪深等为代表的著名作家、学者,在这里曾谱写过辉煌的篇章。二十世纪五十年代以来,以冯沅君、陆侃如、高亨、萧涤非、殷孟伦、殷焕先为代表的中国古典文学、汉语言文字学研究,以丁山、郑鹤声、黄云眉、张维华、杨向奎、童书业、王仲荦、赵俪生为代表的中国古代史研究,将山东大学的人文学术地位推向巅峰。但是,随着时代的深刻变迁,和国内其他重点高校一样,山东大学的文史研究也面临着挑战。如何重振昔日的辉煌,是山东大学领导和师生的共同课题。"周虽旧邦,其命维新"。山东大学文史哲研究院正是在这一特殊历史背景下成立的,肩负着不可推卸的历史责任,将形成山东大学文史学科一个新的增长点。

　　文史哲研究院是一个专门从事基础研究的学术机构,所含专业有中国古典文献学、中国古代文学、汉语言文字学、史学理论与史学史、中国古代史、科技哲学、文艺学、民俗学、中国民间文学等。主要从事科研工作,同时培养硕士、博士研究生。著名学者蒋维崧、王绍曾、吉常宏、董治安等在本院工作,成为各领域的学科带头人。

　　"兴灭业,继绝学,铸新知",是本院基本的科研方针;重点扶持高精尖科研项目,优先资助相关成果的出版,是本院工作的重中之重。《山东大学文史哲研究院专刊》正是为实现上述目标而编辑的研究丛书。感谢上海古籍出版社对本丛书的支持,欢迎海内外学友对我们进行批评和指导。

山东大学文史哲研究院
2003 年 10 月

【附记】

《山东大学文史哲研究院专刊》已陆续编辑出版多种,在海内外引起广泛关注和好评。2012 年 1 月,山东大学文史哲研究院与山东大学儒学高等研究院、山东大学儒学研究中心和《文史哲》编辑部的研究力量整合组建为新的山东大学儒学高等研究院,许嘉璐先生任院长,庞朴先生任学术委员会主任(庞朴先生于 2015 年病故)。本院一如既往,以中国古典学术为主要研究范围,其中尤以儒学研究为重点。鉴于新的格局,专刊名称改为《山东大学文史哲研究专刊》,继续编辑出版。欢迎海内外朋友提出宝贵意见。

2019 年 3 月

前　言

　　收入这个集子中的 44 篇文章,是我自二十世纪八十年代以来学习和研究先秦史的主要论文,其中大部分文章都在报刊发表过,或由专著摘出成篇,少数几篇是参会论文。我自 1976 年由中国科学院哲学社会科学部(今中国社会科学院)历史研究所调到山东大学从事中国古代史的教学和研究工作,至今已经超过 40 年。本来,我在历史所师从侯外庐先生学习中国思想史的时候,比较喜欢中国近代思想史,所以写出了《梁启超传》的书稿,并于 1980 年由北京出版社出版。进入山东大学历史系工作后,领导安排我教授中国古代史,我于是将研究方向转到先秦秦汉史领域,重点是秦汉史。几十年来陆续出版了《秦汉史》、《中国农民战争史·秦汉卷》、《中国政治制度通史·秦汉卷》、《秦始皇帝大传》、《汉高帝大传》、《汉光武帝大传》、《王莽传》、《西汉开国六十年》、《秦汉人物散论》等著作。由于教学工作的需要,也较多涉猎先秦史,偶有所见,形成文章,于是汇集为现在的这个集子。我对历史的兴趣一直比较多地集于政治斗争,对参与其中的人物及其思想尤其关注。2006 年起,我参与山东大舜文化研究会的活动,于是对传说中的三皇五帝下了点功夫,陆续写了有关神农、黄帝、尧、舜、禹等人的一组文章。我认为,尽管中国由野蛮进入文明时期的考古发掘取得不少重大成果,但因为文字资料相对薄弱,目前还难以理出一个达成共识的上古史的传承谱系。先秦时期,尤其是春秋战国的五个半世纪,正是被外国学者设定为覆盖世界所有古老文明发祥地域的“轴心时代”的时段,也是中国古代历史最辉煌的时段之一,因为成为后来中国传统文化元典的经书和子书都是在这一时期创造出来的。在阅读经书和子书的时候，我每每被先贤们无与伦比的创造力所震撼！老子能在春秋中晚期赋予"道"那么丰厚的意蕴，第一次将本体论写在中国思想史上；孔子对于"仁"和"礼"作了那么多的阐发，使其成为中国思想史使用频率最高的概念之一。而战国时代的诸子百家更是迸发出犹如火山爆发般的灼灼才华，穿云破雾，剥茧抽丝，将一大批具有永恒价值的思想文化成果贡献给中国和全人类：墨子的悲悯情怀，杨朱的生命自觉，孟子的家国观念，庄子的生存智慧，荀子的担当意识，韩非的功利偏好，吕不韦的好大喜功，都凸显出那个时代人们不受约束的性格特征和自由挥洒聪明才智的率意而行。而一大批政治家、军事家、纵横策士的事功、智谋、诡谲以及他们犹如天壤般不同的命运，活画出那个时代波澜壮阔的历史场景以及人们希图掌控自己命运而命运往往难以掌控的无奈与悲戚。我对这一时期人物及其思想的研究，力求最大限度地还原当时的真相，激活错综复杂的人际关系，"起死人而肉白骨"，同这些人物进行心灵的对话。让他们自曝隐秘，袒露胸怀，剖析自我，检讨人生。

克罗齐说："一切历史都是现代史。"柯林武德说："一切历史都是思想史。"所有历史学家，一生都要面对两个永恒的困惑：史实的唯一性与记载多样性的矛盾；史实的唯一性与评判多样性的矛盾。而历史学家的识见和才情也就展现在对这两组矛盾的接近腠理的清理与陈述中。我以此自勉，但能否接近我兴之所至的这些人物和思想的真相，能否发掘出他们性格和命运以及与时代的关联，只能交给读者评判。

孟祥才

2019 年 7 月 29 日于山东大学兴隆山寓所

目　录

中国古代文献记载的炎帝神农其人

明代四川著名学者杨慎曾写过如下一段文字：

> 谯周《古史考》以炎帝与神农各为一人，罗泌《路史》以轩辕与黄帝非是一帝，史皇与仓颉乃一君一臣，共工氏或以为帝，或以为伯，而不王，祝融氏或以为臣，或以为火德之主。杨朱云："三皇之事，若存若亡，五帝之事，若觉若梦，三王之事，或隐或显，亿不识一。当身之事，或见或闻，万不识一。目前之事，或存或废，千不识一。"至哉言乎！予观近日刻《国朝登科录》，洪武庚戌至甲子，不知取士之科，几开张显，花伦金琦，不知为何科大魁，况考论洪荒之世乎？①

这里，杨慎对中国古代文献记载的远古史迹的茫然无绪、歧义纷呈、互相抵牾已经倍感头痛。由于所谓三皇五帝基本上都属于传说中的人物，即使最早记载他们的文献距离他们生活的时代也是"往事越千年"了，今人要想恢复其人其事的真实面貌几乎是不可能的。所以比较科学可靠的方法，就是借助传说资料和考古资料，最大限度地摹画他们接近真实的时代特征，近似地给他们在社会发展序列中找到一个比较合理的定位。

一

中国人一般认为自己最早的祖先是开天辟地的盘古（又称盘

---

① 杨慎：《升庵集》卷四七《古史考》，文渊阁四库全书本。

弧),紧接着就是三皇五帝。然而,对于三皇五帝的确切所指已经是众说纷纭了。清代学者、做过福建巡抚的宫梦仁在其所撰的《读书纪数略》一书中,就指出三皇有五种说法:《史记》认为是天皇、地皇、泰皇;郑玄认为是伏羲、女娲、神农;《白虎通》认为是伏羲、神农、祝融;《风俗通》认为是遂皇、戏皇、农皇;他自己则认为三皇应该是太昊伏羲氏(风姓,在位一百一十五年)、炎帝神农氏(姜姓,在位一百四十年)、黄帝轩辕氏(姬姓,在位一百年)。五帝有三种说法:《史记》、《大戴礼》、《家语》认为是黄帝轩辕氏、颛顼高阳氏、帝喾高辛氏、帝尧陶唐氏、帝舜有虞氏;《皇王大纪》认为是包牺、神农、黄帝、尧、舜;宫梦仁自己则认为是少昊金天氏、颛顼高阳氏、帝喾高辛氏、帝尧陶唐氏,帝舜有虞氏。在以上各种不同的排序中,神农有时置身三皇之列,有时置身五帝之列。再如神农和炎帝究竟是一个人还是两个人? 太阳神是神农还是祝融? 神农和祝融究竟是一个人还是两个人? 同样有不同的说法。这说明古代学者在梳理中国古代历史的统绪和整理神的世界秩序时,认识是有着相当差异的。而这些差异恰恰说明,神农是传说中的人物,人们对那个时代的认识,还停留在神人不分的混沌状态。

中国古代文献中最早出现炎帝记载的是《左传》:

> 郯子来朝,公与之宴。昭子问焉,曰:"少皞氏鸟名官,何故也?"郯子曰:"吾祖也,我知之。昔者黄帝氏以云纪,故为云师而云名。炎帝氏以火纪,故为火师而火名。共工氏以水纪,故为水师而水名。大皞氏以龙纪,故为龙师而龙名。"[①]

这里出现的炎帝只与"火纪"、"火师"、"火名"联系在一起。《孟子·滕文公上》出现了神农,"有为神农之言者许行",这里的神农是被诸子百家中的农家奉为创始人的。其后,在《离骚》中出现炎

---

① 杨伯峻编著:《春秋左传注》,中华书局 1981 年版,第 1386 页。

帝，"指炎神而直驰兮，吾将往乎南疑。览方外之荒忽兮，沛罔瀁而自浮"，这里已经隐约指出炎帝的归宿是南疑。在《管子》一书中，神农已经是农业的发明者："神农作，树五谷淇山之阳，九州之民乃知谷食，而天下化之……神农之教（数）曰：'一谷不登减一谷，谷之法什倍。二谷不登减二谷，谷之法再什倍。夷疏满之，无食者予之陈，无种者贷之新，故无什倍之贾，无倍称之民。'"同时他也是举行过封禅大典的帝王："神农封泰山，禅云云。炎帝封泰山，禅云云。"在《国语·晋语》中，炎帝开始与黄帝发生关系，变成了亲兄弟："昔少典娶于有蟜氏，生黄帝、炎帝。黄帝以姬水成，炎帝以姜水成。成而异德，故黄帝为姬，炎帝为姜，二帝用师以相济也，异德之故也。"而在庄子那里，神农就成了他寓言故事里的一个人物："妸荷甘与神农同学于老龙吉。神农隐几阖户昼瞑。妸荷甘日中奓户而入，曰：'老龙死矣！'神农隐几拥杖而起，嚗然放杖而笑，曰：'天知予僻陋慢訑，故弃予而死。已矣！夫子无所发予之狂言而死夫！'弇堈弔闻之曰：'夫体道者，天下之君子所系焉。今于道，秋毫之端万分未得处一焉，而犹知藏其狂言而死，又况夫体道者乎！'"①显然，庄子只是借用神农和老龙吉之名来宣扬他那个无所不在、无所不能的"道"而已。

到了汉朝，神农的事迹进一步丰富。陆贾《新语》记载了神农发明农业的过程："民人食肉饮血，衣皮毛。至于神农，以为行虫走兽难以养民，乃求可食之物，尝百草之实，察酸苦之味，教民食五谷。"②《淮南子》中同时有了发明药物的记载："古者，民茹草饮水，采树木之实，食蠃蚌之肉，时多疾病毒伤之害。于是神农乃始教民播种五谷，相土地宜燥湿肥硗高下；尝百草之滋味，水泉之甘苦，令

① 陈鼓应：《庄子今注今译·知北游》，中华书局2016年版，第617页。
② 陆贾：《新语·道基》，董治安主编：《两汉全书》第一册，山东大学出版社2009年版，第62页。

民知所辟就。当此之时，一日而遇七十毒。"①不仅如此，神农还是
"无为而治"的实践者："昔者，神农之治天下也，神不驰于胸中，智
不出于四域，怀其仁诚之心，甘雨时降，五谷蕃植，春生夏长，秋收
冬藏，月省时考，岁终献功，以时尝谷，祀于明堂。明堂之制，有盖
而无四方，风雨不能袭，寒暑不能伤，迁延而入之，养民以公。其民
朴重端悫，不忿争而财足，不劳形而功成，因天地之资而与之和同。
是故威厉而不杀，刑错而不用，法省而不烦，故其化如神。其地南
至交阯，北至幽都，东至旸谷，西至三危，莫不听从。当此之时，法
宽刑缓，囹圄空虚，而天下一俗，莫怀奸心。"②在贾谊的《新书》中，
炎帝和黄帝这两个亲兄弟开始打仗："黄帝者，炎帝之兄也。炎帝
无道，黄帝伐之，涿鹿之野，血流漂杵。诛炎帝而兼其地，天下乃
治。"③"炎帝者，黄帝同父母弟也，各有天下之半。黄帝行道而炎
帝不听，故战涿鹿之野，血流漂杵。"④大史学家司马迁对神农没有
给予特别的关注，在他梳理的中国古代史的谱系中，神农虽然是一
个时代的代表，但对其史迹并没有加以细致的勾勒，许多神农的功
业大都记在了黄帝的名下：

　　轩辕之时，神农氏世衰，诸侯相侵伐，暴虐百姓，而神农氏
弗能征。于是轩辕乃习用干戈，以征不享，诸侯咸来宾从。而
蚩尤最为暴，莫能伐。炎帝欲侵陵诸侯，诸侯咸归轩辕。轩辕
乃修德振兵，治五气，艺五种，抚万民，度四方，教熊罴貔貅貙

　　① 何宁：《淮南子集释》卷一九《修务训》，中华书局 1998 年版，第
1311—1312 页。
　　② 何宁：《淮南子集释》卷九《主术训》，中华书局 1998 年版，第 609—
611 页。
　　③ 贾谊：《新书》卷一《益壤·事势》，董治安主编：《两汉全书》第一
册，山东大学出版社 2009 年版，第 231 页。
　　④ 贾谊：《新书》卷二《制不定》，董治安主编：《两汉全书》第一册，山
东大学出版社 2009 年版，第 235 页。

虎,以与炎帝战于阪泉之野。三战,然后得其志。①

东汉时期,谶纬神学泛滥,出现了一大批纬书,对神农的事迹更是任意编造。如《春秋元命苞》说"神农生,三辰而能言,五日而能行,七朝而齿具,三岁而知稼穑般戏之事"。《春秋命历序》说"神农始立地形,甄度四海远近、山川林薮,所至东西九十万里,南北八十二万里"。写《汉书》的班固对神农的关注似乎超过司马迁,他在《汉书·食货志》中记载神农之教说"有石城十仞,汤池百步,带甲百万,而亡粟,不能守也",说明神农对农业的重视。在《汉书·律历志》中又有如下一段记载,将此前有关炎帝的资料作了整合:

　　炎帝　《易》曰:"炮牺氏没,神农氏作。"言共工伯而不王,虽有水德,非其序也。以火承木,故为炎帝。教民耕农,故天下号曰神农氏。

　　黄帝　《易》曰:"神农氏没,黄帝氏作。"火生土,故为土德。与炎帝之后战于阪泉,遂王天下。始垂衣裳,有轩冕之服,故天下号曰轩辕氏。②

从魏晋到宋朝结束的近千年间,是对中国古代史,尤其是远古的神话传说进行系统的整理加工的时期。产生于魏晋南北朝时期的《帝王世纪》第一次比较系统全面地对神农的事迹进行了加工:

　　继无怀氏后,以火承木,位在南方,主夏,故谓之炎帝。都于陈,又徙鲁。又曰魁隗氏,又曰连山氏,又曰列山氏。

　　诸侯夙沙氏叛不用命,箕文谏而杀之。炎帝退而修德,夙沙之民自攻其君而归炎帝。

　　炎帝神农氏在位百二十年崩,葬长沙,凡八世。帝承、帝临、帝明、帝直、帝来、帝哀、帝榆罔。

---

① 司马迁:《史记·五帝本纪》,中华书局1959年版,第3页。
② 班固:《汉书·律历志》,中华书局1962年版,第1012页。

稽古农皇，生而神异，少知稼穑。起自少典，乃登帝位。当其为帝也，禅与代与所不可知。至其功被生民，泽及万世，迄于今，载在祀典，诚没世而不可泯也。民食肉衣毛，则有毒伤难给之害，为之粒食以养之，揉凿耒耜，利教农桑，夫耕妇织，则免于饥寒而享丰年乐利之休矣。民有疾病夭札，而无以疗之，则其生不遂，为之鞭草尝药，察其平毒温寒之性，以为医方，则民无沴戾灾疾而登于仁寿之域矣。衣食备而不通工易事，则未免于匮乏积滞之患，为日中之市，聚其商贾，平其物价，交易而退，各得其所，则财货通流，厚生利用，无不得其欲矣。当其时，补遂伐而武功昭，凤沙归而文德著，法不烦而民服，形不劳而功成，风雨时节，五谷蕃登，政醇民朴，天地和同，化被四极，遐迩承风。一百四十年间，虽其政治不少概见，意必有所以不疾而速，无为而成者。不然，三皇皆至德，而帝独以神称，何谓也哉？传十有六帝，或曰八帝，或曰七十世，黄帝始起而代之。其后世则在颛顼时为土正，尧时为四岳，商为阿衡，周为太师，其分封则齐、吕、申、许、州、纪、路、洛，血食数千载不绝，猗与盛哉，神农之明德远矣。①

唐朝的历史学家接续此前《帝王世纪》有关神农的资料，对其事迹进一步进行综合加工。其中比较典型的是司马贞在《史记·补三皇本纪》中对神农事功的叙述：

炎帝神农氏，姜姓，母曰女登，有娲氏之女，为少典妃，感神龙而生炎帝，人身牛首，长于姜水，因以为姓。火德王，故曰炎帝。以火名官，斫木为耜，揉木为耒。耒耜之用，以教万人，始教耕，故号神农氏。于是作蜡祭。以赭鞭鞭草木，始尝百

<hr />

① 马骕著，刘晓东等点校：《绎史》卷四，齐鲁书社 2001 年版，第 22—28 页。

草，始有医药。又作五弦之琴，教人日中为市，交易而退，各得其所。遂重八卦为六十四爻。初都陈，后居曲阜，立一百二十年，崩，葬长沙。神农本起烈山，故《左氏》称烈山氏之子，曰柱，亦曰厉山氏。《礼》曰"厉山氏之有天下"是也。神农纳奔水氏之女曰听诐为妃，生帝哀，哀生帝克，克生帝榆罔，凡八代五百三十年，而轩辕氏与焉。①

宋朝是中国史学史上最辉煌的时代之一，出现了司马光、刘恕、胡宏、袁枢、郑樵等一大批对中国史学发展作出独特贡献的史学家，产生了以《资治通鉴》为代表的划时代的史学巨著。他们在对中国的神话传说进行加工整理的过程中，最终将其还原为貌似真实的历史。请看司马光笔下的神农氏，已经从神坛上走下来，变成毫无神性的人间帝王了：

> 炎帝神农氏，姜姓。继伏羲以火德王天下。是时民益多，禽兽益少，炎帝乃教民播种百谷，斫木为耜，揉木为耒。春耕、夏耘、秋获、冬藏，民食以充，故号神农氏。炎帝以一人所为，不足以自养，必通功易事，贸迁有无。乃教民日中为市，致天下之民，聚天下之货，交易而退，各得其所。②

与司马光一起编纂《资治通鉴》的刘恕，利用编纂《资治通鉴》剩下的资料，编了一部《资治通鉴外纪》。在这部书中，他对神农的事迹作了比司马光更详尽的记述：

> 神农氏姜姓，长于姜水，以火承木，故为炎帝。古者，民茹草饮水，采树木之实，食蠃蚌之肉，多疾病毒伤之害。神农以为人民众多，禽兽难以久养，乃求可食之物，相土地燥湿肥硗高下，因天之时，分地之利，教民播种五谷，作陶冶斤斧为耒

---

① 司马贞：《史记补》，文渊阁四库全书本。

② 欧阳修著，王亦令点校：《稽古录》卷一，中国友谊出版公司 1987 年版，第 2—3 页。

耜,鉏耨以垦草莽,然后五谷兴以助,果蓏实而食之。又尝百
草酸咸之味,察水泉之甘苦,令民知所避就。当此之时,一日
而遇七十毒,神而化之,使民宜之,天下号曰神农。本起烈山,
称烈山氏,一曰连山氏、伊耆氏、大庭氏、魁隗氏。都鲁以火纪
官,其俗朴重端悫,不忿争而财足,无制令而人从,威厉而不
杀,法省而不烦,列缠于国,日中为市,以聚货帛。国实民富而
教化成,削桐为琴,绳丝为弦,以通神明之德,合天人之和。诸
侯夙沙氏叛不用命,箕文谏而杀之,神农退而修德,夙沙之民
自攻其君而来归。其地南至交趾,北至幽都,东至旸谷,西至
三危,莫不听从。①

可以看得出,司马光和刘恕都是比较严肃认真的历史学家,他们在
整理加工此前的那些神话传说的资料时,尽量舍弃其中凭常识即
可判断其荒诞不经的内容,将经过筛选的合乎理性的材料,放置于
他们认为比较真实的历史谱系中。他们笔下的神农,不管我们今
天看起来与真实的历史有多大距离,但应该承认在其历史编纂中
贯穿着可贵的人文主义传统。

南宋的历史学家胡宏在司马光和刘恕著述的基础上,对中国
的古代史谱系再一次进行加工整理,其中对神农的记述可以说网
罗此前的所有资料并加以系统化,其丰富、细密和系统达到了登峰
造极的程度:

炎帝神农氏,有熊之君,少典正妃有娇氏之女曰任巳之所
生也。少典女登游于华山之阳,有神龙之祥,生为神农。长于
姜水,为姜姓。师为悉诸,学于老龙吉……神农知天地之道,
明于人之性,以有天下,更无怀氏。神农立极,先定乾坤,推五
德之运,以火承木,因以纪官,号曰烈山氏,亦曰连山氏,都于
曲阜。时人生益庶,殚蠃蜃之肉,穷草木之滋,或伤生而殒命。

①　刘恕:《资治通鉴外纪》卷一,文渊阁四库全书本。

于是神农遍阅百物,著其可食者与其可疗治者,使民知所用避作。为陶冶,合土范金,制斤斧、耒耜、枷芟、枪刈、耰镈、茅蒲、被襫。相土田燥湿肥硗,兴农桑之业,春耕、夏耘、秋获、冬藏。为台榭而居。治其丝麻为之布帛。有子曰:"柱能治百谷百蔬,与民并耕而食,发教于天下,使之积粟,国富民安。故号曰神农氏,又曰伊祁氏。伊祁氏始为蜡。蜡也者,合也。岁十二月,合聚万物索飨之,主先啬而祭司啬焉,祭百种以报啬也。飨农,及邮表畷,禽兽,迎猫,为其食田鼠,迎虎,为其食田豕,祭坊与水庸,事也。曰:'土反其宅,水归其壑,昆虫毋作,草木归其泽。'皮弁、素服以祭,若送终也。野夫黄冠,故黄衣黄冠而祭,息田夫也。"大罗氏草笠而至,致鹿与女而诏戒诸侯曰:"好田好女者,亡其国。"四方年不顺,成八蜡不通,以谨民财也。顺成之方,其蜡乃通,以移民也。既蜡不兴功,而休民息已。后世王天下者,祀柱以配稷。有献羊头山嘉禾八穗者,乃作穗书,以颁时令,令曰"丈夫丁壮而不耕,天下有受其饥者;妇人丰盈而不织,天下有受其寒者。"神农亲耕(籍田之礼盖始此),后亲织,以为天下先。于是四方之民丰衣足食。各执其方物,或举而不用事,或废而不举。乃命天下日中为市,致天下之民,聚天下之货,交易而退,各得其所。夙沙氏煮海为盐,行不用道,其臣箕文谏而杀之。神农修德不征,夙沙之人以其君归命。是时也,礼草昧而未制,乐湮塞而未作,燔黍为餐,捭豚为俎,玄酒大羹,污尊而杯饮,蒉桴而土鼓,截苇为钥绳丝,削桐为五弦之琴,咏丰年之歌,以通神明之德,合天人之和。法省而不烦,威厉而不杀,俗朴而不争,不令而人化。南至交趾,北至幽都,东至旸谷,西至三危,莫不服从神农。居天位百有四年而殁,号曰炎帝。伯夷叔齐曰:"神农之有天下也,时祀尽敬而不祈禧;其于人也,忠信尽治而无求焉。乐与政(阙)治,为治不以人之坏自成也,不以人之卑以遭时自利也。

　　此真吾所谓道也。"①

以上我们粗线条地梳理了炎帝神农氏由神话传说中的人物经过一千多年的不断加工变成人文三皇之一的过程,所举资料只是具有典型性的十数种。其实,自战国以降,提到炎帝神农氏的文献资料数以千计,仅《四库全书》收录的文献中,就有上千种。这些文献对炎帝神农氏事迹的记述,愈后出者愈丰富,愈完备,愈系统,而且是神性、荒诞性愈少,人性、社会性愈多,完全证实顾颉刚发现的"层累地构成的中国古史说"这一著名观点是一种科学的抽象。

二

　　在中国现存的历史文献中,炎帝神农氏不仅晚出于尧、舜、禹等传说中的圣帝名王,而且晚出于夏、商、西周三代正史中的任何历史人物。在《尚书》和《诗经》中根本见不到他的影子,只是到了春秋晚期,才在郯子的一次谈话中蹦了出来,以后陆续在《国语》、《孟子》、《庄子》、《管子》等书中出现。在司马迁《史记》所梳理的中国古代史的谱系中,虽然也提到这位炎帝神农氏,却未将其排入他视为中国历史开端的三皇五帝之列。就是被列为五帝之首的黄帝,司马迁对其所传事迹的真实性也持一种非常谨慎的态度:

　　　　学者多称五帝,尚矣。然《尚书》独载尧以来;而百家言黄帝,其文不雅驯,荐绅先生难言之。孔子所传宰予问《五帝德》及《帝系姓》,儒者或不传。余尝西至空桐,北过涿鹿,东渐于海,南浮江淮矣,至长老皆各往往称黄帝、尧、舜之处,风教固殊焉,总之不离古文者近是。予观《春秋》、《国语》,其发明《五帝德》、《帝系姓》章矣,顾弟弗深考,其所表见皆不虚。《书》缺有间矣,其轶乃时时见于他说。非好学深思,心知其

---

　　①　胡宏:《皇王大纪》卷一,文渊阁四库全书本。

意,固难为浅见寡闻道也。余并论次,择其言尤雅者,故著为本纪书首。①

然而,随着历史的发展,在中国古代的历史文献中,炎帝神农氏的事迹不仅越来越丰富,而且堂而皇之地进入三皇五帝的谱系,成为黄帝之前一个非常重要的时代的代表人物。你看,在愈来愈丰富的文献记载中,这位神人合一的炎帝神农氏不仅是与黄帝齐名的中华民族的人文始祖,而且是中国古代文明的最重要的开拓者和创造者。他"为耒耜之利,以教天下"(方闻一《大易粹言》卷六九),他推行"日中为市,致天下之民,聚天下之货,交易而退,各得其所"(王符《潜夫论》),是中国农业文明和商贸事业的开创者。他发明了"钻火之术"(董斯张《广博物志》卷五〇),使百姓开始熟食,是中国饮食文化的开拓者。他是被中国和世界视为不朽经典《易》的创作者之一,"庖牺氏作八卦,神农重之为六十四卦"(胡居仁《易像钞》卷一五),又是排入"五德之运"的最早帝王,苏东坡为之正名说:"以五德王天下,所从来尚矣。黄帝以土,故曰黄;炎帝以火,故曰炎;禹以治水得天下,故从水而尚黑;殷人始以兵王,故从金而尚白;周人有流火之祥,故从火而尚赤。"(《东坡书传》卷五)他"观民设教","顺时作历,创立制度"(王樵《尚书日记》卷一),是中国历法和各种制度的创始人。他是中国药物学的奠基人,"民有疾病,未知药石,神农氏始味草木之滋,察寒暑平热之性、君臣佐使之义,作方书以疗民疾"(陈大章《诗传名物集览》卷一〇《炎帝外纪》),以永垂千古的《神农本草经》树起了中医药物学的第一块纪念碑。他是文字和书法艺术的发明者之一,"庖牺氏获景龙,作龙书,炎帝因嘉禾,作穗书,仓颉变古文写鸟迹,作鸟迹篆,少昊作鸾凤书,取似古文,高阳作科斗书"(罗愿《尔雅翼》卷三〇)。他发明了乐器,"琴,禁也,神农所作,洞越练朱,五弦"(《说文》),

---

① 司马迁:《史记·五帝本纪》,中华书局 1959 年版,第 46 页。

他的孙子岐伯制作了钟，是中国古代音乐的奠基人。还有的文献说他是中国兵器制造的始祖，因为他“冶铜为器”，其中自然包括各种器物和兵器的制作，“兵盖始于炎帝”（陈元龙《格致镜原》卷四一），等等。可以肯定，以上这些发明创造，放在中国历史发展进程中考察，每一项都具有里程碑式的意义。一个人只要是其中一项的发明者或创造者，都足以永垂不朽。而集此诸多发明创造于一身的炎帝神农氏，被推尊为中华民族的祖先自然是当之无愧。由于炎帝和黄帝是中国古代文明曙光初现时期的两个最重要的代表人物，他们联在一起就成为中华民族公认的人文始祖。后来，三代至春秋战国时期的许多封国和古代中国的不少少数民族，都认炎帝和黄帝为自己的祖宗。《路史》卷二四开列的炎帝后姜姓国就有七十余个，它们是伊、耆、厉（列赖）、姜、封、逄（庞）、北齐、殳、江水、吕（甫）、申、谢、汲、齐、许、焦、析、艾、隰、柯、丙、高（高氏）、棠、檀、若、井、剧、甗、崔、卢、章、高堂、闾丘、廪丘、梁丘、虞丘、移、氐人、狄历、厝呰、皋落、玄氏、杨、柜、泉、皋、伊洛、陆浑、九州之戎、赤狄、露、路、隗氏、潞、甲氏、留吁、舟、骀、淳、戏、怡、孤竹、向、州、薄、甘、纪、随、酅、纪鄣、黑齿、阪泉、小颢。南北朝时期建立北周的鲜卑人宇文氏，北宋时期建立辽国的契丹人，都将自己的世系追溯到炎帝那里。而在黄河上下、大江南北，几乎到处都有炎帝和黄帝的遗迹。这里显示的是中华民族的历史悠久的祖宗认同意识。

问题在于，这个集如此众多的发明创造于一身的炎帝神农氏，作为单个的具体的人是否存在？答案应该是显而易见的，这样的一个人不可能存在。然而，为什么中国古代的历史文献硬是生生地塑造出这么一个人呢？原因很简单，这是中国古代历史学建立中国远古历史谱系的需要和创造。人类进入文明社会以后，即不断地对自然界、人类社会和人自身进行探索，于是就有了盘弧开天辟地和女娲造人的传说被创造出来。夏、商、周三代以降，中国已经有了文字记载的历史,历史学家就要追索三代以前的历史,于是就有了三皇五帝的系统。秦汉大一统后,中国自古就是一个统一的国家的观念日益深入人心,于是历史学家就以统一的理念,对已有文献记载和在口头上流传的神话传说进行加工整理,由于参与加工整理的是一代又一代的历史学家,就是同时代的历史学家也是各自进行自己的创造,这就出现了不同的三皇五帝的系统。不过,因为司马迁已经在他影响深远的《史记·五帝本纪》中建立了黄帝轩辕氏、颛顼高阳氏、帝喾高辛氏、帝尧陶唐氏、帝舜有虞氏这样的有《尚书》等文献支持的五帝系统,以后的历史学家就将他们创造的思维聚焦于黄帝以前的历史,而炎帝神农氏恰恰是为这一创造思维提供广阔空间的一个符号。如果说黄帝是中国进入文明社会的标志,那么,炎帝神农氏的时代就是由野蛮到文明的过渡。在真实的历史上,这应该是一个很长的发展过程,起码上千年或数千年。正是在这个过渡时期,中国的农业文明获得了长足进步,物资交换的商贸活动将从事农业、手工业和其他生产活动的人们联系在一起,而为之服务的历法因而被发明和应用。由于治疗疾病的需要有了医药卫生的萌芽,由于交流和纪事的需要有了文字的发明,由于感情表达和娱悦身心的需要有了音乐的发明。由于社会分工的发展和贫富分化的出现,人们的利益分配需要有各种制度的规定,于是有了"创制立度"的制度建设。由于部落之间有了争夺生存空间的战争行动,制作兵器自然提上了议事日程。所有这一切与文明相联系的创造发明,绝不是一人之力在很短时间内能够完成的,它们只能是中国的先民在相当长的历史时期内,经过数代甚至数十代人的不断努力创造的。三代以后的人们在享受这些文明成果时,已经无法考究这些文明成果的发明者和创造者了,于是他们就一厢情愿地将这些文明成果的发明和创造集中到一个或几个他们心中的圣帝名王身上,有点史影的炎帝神农氏就有幸成了他们理想的英雄。显然,后世历史学家笔下那个集诸多发明于一身的炎帝神农氏并不是一个人,而是一个时代,他是历史学家为了梳理中国远古的历史谱系而经过许多人的努力创造出来的。但他的活动却闪动着真实历史的影子,他是一个符号,一个时代众多英雄领袖人物的复合体。可以这样说,历史上即使真的存在炎帝神农氏这样一个真实的人,他与后世历史学家笔下的那个炎帝神农氏也不能画等号。不过,后世历史学家笔下的那个炎帝神农氏所代表的一个时代应该真实地存在过。

（原载《炎帝·姜炎文化与民生》,三秦出版社 2010 年版）

从文献释炎黄

自古以来，中国史学就有信古、疑古和释古的不同派别。其实，严格说来，绝对的信古和疑古是不存在的，信中有疑，疑中见信，应该是一种常态，而信和疑的目的都是为了释古，即恢复历史的本来面目。然而，由于历史的不可重复性，绝对恢复历史的本来面目是不可能的，对于没有直接文献记载的原始社会历史真相的恢复就更加困难。不过，后现代派断定所有历史真相都不能恢复的观点显然太绝对化。历史学家的任务，是通过对有关文献、文物、考古资料的梳理和研究，最大限度地接近历史的真实。

炎帝神农氏和黄帝轩辕氏是传说中的中国古代圣王。在关于三皇的五种说法中，有三种说法将炎帝神农氏排列其中，一种说法将黄帝轩辕氏排列其中；在关于五帝的三种说法中，有一种说法将炎帝神农氏排列其中，两种说法将黄帝轩辕氏排列其中。而在炎帝和黄帝都存在的谱系中，他们是前后相续，紧密连在一起的。由于炎帝和黄帝在传说资料中较三皇五帝中的其他人出现的频率较高，事迹也远比其他人丰富，所以他们就成为中国人民心目中约定成俗的人文始祖，在全世界的华人中达成了共识。

问题在于，直到现在，我们还没有炎帝和黄帝时代的直接文献资料，也没有与他们确切对应的考古发现。我们对他们时代社会历史状况的描摹，还只能靠记载传说的文献和推定的考古遗迹，因此，我们对这个时代的历史的认识，可能距真相还有相当大的距离。本文仅以传说的文献作根据，对这一时代的历史作一猜测性的还原。

一

在拙文《中国古代文献记载的炎帝神农其人》中,我曾就炎帝神农氏的定位写下这样一段话:

> 显然,后世历史学家笔下那个集诸多发明于一身的炎帝神农氏并不是一个人,而是一个时代,他是历史学家为了梳理中国远古的历史谱系而经过许多人的努力创造出来的。但他的活动却闪动着真实历史的影子,他是一个符号,一个时代众多英雄领袖人物的复合体。可以这样说,历史上即使真的存在炎帝神农氏这样一个真实的人,他与后世历史学家笔下的那个炎帝神农氏也不能画等号。不过,后世历史学家笔下的那个炎帝神农氏所代表的一个时代应该真实地存在过。①

我想,对黄帝轩辕氏似乎也作如是观。

与炎帝一样,黄帝在中国古代文献中出现得也比较晚,《诗经》和《尚书》中还没有他的影子。在《左传·僖公二十五年》有"遇黄帝战于阪泉之兆"的记载,在《国语·鲁语上》中,有"黄帝能成命百物,以明民共财"的记载,在《战国策·秦策一》有"黄帝伐涿鹿而禽蚩尤"的记载。其后在《管子》、《六韬》、《孙子》、《商君书》、《庄子》、《韩非子》、《尉缭子》、《鹖冠子》、《公孙龙子》、《吕氏春秋》等先秦典籍和《新语》、《新书》、《淮南子》等汉初典籍中,黄帝的身影不断闪现。司马迁整合前人的零星记载,写下《史记》开篇第一章《五帝本纪》,作为中华文明史的开始。而黄帝就作为五帝之首,赫然灿然地被推尊为中华文明史的开山之祖:

> 黄帝者,少典之子,姓公孙,名曰轩辕。生而神灵,弱而能

---

① 霍彦儒主编:《炎帝·姜炎文化与民生》,三秦出版社 2010 年版,第39—40 页。

言,幼而徇齐,长而敦敏,成而聪明。

　　轩辕之时,神农氏世袭,诸侯相侵伐,暴虐百姓,而神农氏弗能征。于是轩辕乃习用干戈,以征不享,诸侯咸来宾从。而蚩尤最为暴,莫能伐。炎帝欲侵陵诸侯,诸侯咸归轩辕。轩辕乃修德振兵,治五气,艺五种,抚万民,度四方,教熊罴貔貅貙虎,以与炎帝战于阪泉之野。三战,然后得其志。蚩尤作乱,不用帝命。于是黄帝乃征师诸侯,与蚩尤战于涿鹿之野,遂禽杀蚩尤。而诸侯咸尊轩辕为天子,代神农氏,是为黄帝。天下有不顺者,黄帝从而征之,平者去之,披山通道,未尝宁居。

　　东至于海,登丸山,及岱宗。西至于空桐,登鸡头。南至于江,登熊、湘。北逐荤粥,合符釜山,而邑于涿鹿之阿。迁徙往来无常处,以师兵为营卫。官名皆以云命,为云师。置左右大监,监于万国。万国和,而鬼神山川封禅与为多焉。获宝鼎,迎日推笑。举风后、力牧、常先、大鸿以治民。顺天地之纪,幽明之占,死生之说,存亡之难。时播百谷草木,淳化鸟兽虫蛾,旁罗日月星辰水波土石金玉,劳勤心力耳目,节用水火材物。有土德之瑞,故号黄帝。

　　黄帝二十五子,其得姓者十四人。

　　黄帝居轩辕之丘,而娶于西陵之女,是为嫘祖。嫘祖为黄帝正妃,生二子,其后皆有天下:其一曰玄嚣,是为青阳,青阳降居江水;其二曰昌意,降居若水。昌意娶蜀山氏女,曰昌仆,生高阳,高阳有圣德焉。①

《五帝本纪》的这段文字,成为后来所有关于黄帝事迹的生发母本。其后的不少文献不断记载黄帝的事迹,同时按照自己的意愿进行改铸。如南朝的葛洪在《抱朴子》一书中,就将黄帝描绘成博采百家、"升龙以高跻"的神人:

---

　　① 　司马迁:《史记·五帝本纪》,中华书局 1959 年版,第 1—10 页。

昔黄帝生而能言，役使百灵，可谓天授自然之体者也。犹复不能端坐而得道，故陟王屋而授丹经，到鼎湖而飞流珠，登崆峒而问广成，之具茨而事大隗，适东岱而奉中黄，入金谷而谘涓子。论道养则资玄素二女，精推步则访山稽力牧，讲占候则询风后，著体诊则授雷岐，审攻战则纳五音之策，穷神奸则记白泽之辞，相地理则述青鸟之说，救伤残则缀金冶之术，故能毕该秘要，穷道尽真，遂升龙以高跻，与天地乎罔极也。①

到了宋代，关于黄帝传说的文献记录基本趋于完备。司马光的《稽古录》，尤其是刘恕的《资治通鉴外纪》，在保留《史记·五帝本纪》基本资料的基础上，又综合西汉以来的新材料，对黄帝的事迹进行了再一次比较全面的梳理和整合，使其作为一位功德盖世的人文始祖的形象牢固地嵌刻在了中华民族的心坎上。

二

黄帝之所以被尊为中华民族的人文始祖，是因为他是传说中的中国物质文明、精神文明和制度文明的创始人。你看，他是无数物质文明的创造者："黄帝穿井"②，发明耒耜，"斲木为耜，揉木为耒"③，他的田官叔均"始作牛耕"④。作舟车，"昔在黄帝，作舟车以济不通，旁行天下"⑤。造指南车，"黄帝与蚩尤作，大雾，一军昏惑，黄帝乃法斗机，作指南车以别四方"⑥。作明堂，"明堂，王者之

---

① 葛洪：《抱朴子》内篇卷一三，文渊阁四库全书本。
② 王弼：《周易注疏》卷八，文渊阁四库全书本。
③ 胡瑗：《周易口义·系辞下》，文渊阁四库全书本。
④ 王夫之：《诗经稗疏》卷二，清文渊阁四库全书本。
⑤ 《汉书·地理志》，中华书局1962年版，第1523页。
⑥ 蔡卞集解：《毛诗名物解》卷二《志林》，文渊阁四库全书本。

堂也。其制始于黄帝之合宫,有虞谓之总章,夏谓之世室,商谓之重屋,周谓之明堂,以为听政之所耳"①。制造炊具,发明熟食,"黄帝始造釜甑,火食之道就矣","黄帝始蒸谷为饭,烹谷为粥""黄帝作灶,死为灶神"②。建造宫室,"《白虎通》云,黄帝作宫室,以避寒湿"③,发明衣服,"黄帝黼黻衣,大带","冕服起于黄帝",他的夫人发明养蚕术,"黄帝元妃西陵氏始蚕"④,为制作衣被提供重要原料。

他还是兵器的发明者,"黄帝采首山之铜,始铸为刀"⑤,"弧矢之作,始于黄帝……黄帝第五子青阳生挥,为弓正,观弧星,始制弓矢"⑥。又是"量"等度量工具的发明者,"黄帝设五量"⑦。黄帝同时是商业文明的始作俑者:"又聚天下之民财以交易之,为之市。"⑧他更是各种制度文明的创造者:是他首次将中国的版图划为九州,同时建立起从中央到地方的行政体制,"黄帝受命风后,受图割地,布九州"⑨,"方制万里,画壄分州,得百里之国万区。以分星次,经土设井以塞争端,立步制亩以防不足,使八家为井……井一为邻,邻三为朋,朋三为里,里五为邑,邑十为都,都十为师,师十为州"⑩。是他建立起官吏制度,"黄帝立左右监之官,以监观万

---

① 范处义:《诗补传》卷二六,文渊阁四库全书本。

② 冯复京:《六家诗名物疏》卷六、卷一九、卷四一,文渊阁四库全书本。

③ 冯复京:《六家诗名物疏》卷一五,文渊阁四库全书本。

④ 冯复京:《六家诗名物疏》卷一七、卷二九、卷四六,文渊阁四库全书本。

⑤ 冯复京:《六家诗名物疏》卷一七,文渊阁四库全书本。

⑥ 冯复京:《六家诗名物疏》卷二〇,文渊阁四库全书本。

⑦ 同上。

⑧ 胡瑗:《周易口义·系辞下》,清文渊阁四库全书本。

⑨ 毛晃:《禹贡指南》卷二,文渊阁四库全书本。

⑩ 刘恕:《资治通鉴外纪》卷一,文渊阁四库全书本。

国,监诸侯之长也"①,"以云纪官,举风后、力牧、太山、稽、常先、大鸿,得六相,而天地治,神明至。风后明乎天道,故为当时。太常察乎地利,故为禀者。奢龙辨乎东方,故为土师。祝融辨乎南方,故为司徒。大封辨乎西方,故为司马。后土辨乎北方,故为李"②。最后。黄帝是一切精神文明的创造者,诸凡文字、历法、算学、乐器和乐曲,无不出自黄帝及其君臣:

> 史官仓颉造文字。帝受河图,见日月星辰之象,始有星官之书。其师大挠,探五行之情,占斗刚所建,始作甲子、甲乙,谓之干;子丑谓之枝,枝干相配以名日。命容成造历,隶首作数。伶伦自大夏之西,阮隃之阴,取竹于嶰溪之谷,以生空窍厚钧者,断两节间,长三寸九分,而吹之,以为黄钟之宫。制十二筒以听凤凰之鸣,而别十二律。其雄鸣为六,雌鸣亦六,以比黄钟之宫,生六律六吕。候气之应以立宫商之声,治阴阳之气,节四时之度,推律历之数,起消息,正闰余,作五声,以正五钟五官,以正人位。又命伶伦与荣援,铸十二钟以和五音,以仲春之月,乙卯之日,日在奎,始奏之,命曰咸池。③

并且,"礼名起于黄帝"④,军礼创始于黄帝与蚩尤作战之时,而封禅之礼也是他所首创:"黄帝封泰山,禅亭亭……黄帝作宝鼎三,象天、地、人。"⑤他还有著作传世:"伏犧、神农、黄帝之书,谓之《三坟》是也。"⑥更有大量的医学、针灸著作也都归到他的名下,除《灵枢》、《素问》外,仅《隋书·经籍志》中托于黄帝名下的医学著作就不下十五种之多。如此多的发明创造集中到一个人身上,黄帝简

---

① 时澜:《增修东莱书说》卷二一,文渊阁四库全书本。
② 刘恕:《资治通鉴外纪》,文渊阁四库全书本。
③ 刘恕:《资治通鉴外纪》卷一,文渊阁四库全书本。
④ 孙毂编:《古微书》卷一七,文渊阁四库全书本。
⑤ 班固:《汉书·郊祀志》,中华书局 1962 年版,第 1197 页。
⑥ 孔颖达:《周易正义序》,中华书局 1980 年版,第 9 页。

直就成了他那个时代的爱迪生,这显然是不可能的。所以,我们也只能将他看作由野蛮到文明过渡时代的符号,看作我们民族集体口述历史的一个篇章。事实上,所有这些创造都是我们的祖先在数千年的悠长岁月里逐步完成的,由于这些创造中的每一项很可能都是经过了几代人的努力,具体的发明者根本不可能留下名字,他们也不可能意识到需要留下名字。而当我们的祖先意识到这些发明创造的里程碑意义、深感需要为这些发明者留下名字的时候,他们的名字早已湮灭。因为黄帝作为那个时代的氏族酋长或部落联盟的首领,曾经领导先民进行过艰苦卓绝的斗争和一系列的改革,由是凝聚成抹不掉的民族记忆,成为传说的重点加工对象,于是,这些发明创造便顺理成章地集中到黄帝的名下。

在所有的传说中,炎帝神农氏和黄帝轩辕氏都是前后相续的两个圣帝名王。虽然炎帝是姜姓,黄帝是姬姓,可他们的母亲又都是有蟜氏之女,《国语》还记载他们是一母所生的亲兄弟:"少典娶有蟜氏女,生黄帝、炎帝。"显然这两个人代表的氏族或部落具有密切的亲缘关系。在历史上,他们应该有着亲密合作的时期,也有着兵戎相见的岁月。他们之间发生过两次大的战争,一次是黄帝与炎帝战于"阪泉之野",一次是黄帝与蚩尤战于"涿鹿之野"。宋刘恕的《资治通鉴外纪》卷一对此有着较详细的记载:

> 神农氏世衰,诸侯相侵伐,暴虐百姓,而弗能征。轩辕习用干戈,以征不享,诸侯咸来宾从。蚩尤最为暴,莫能伐,炎帝欲侵陵诸侯,诸侯咸归轩辕。轩辕修德振兵,治五气,艺五种,抚万民,度四方,教熊罴貔貅貙虎,与炎帝战于阪泉之野,三战,然后得志。蚩尤作乱,不用命,轩辕征师,与蚩尤战于涿鹿之野,蚩尤为大雾,军士昏迷,轩辕作指南车以示四方,遂禽蚩尤,戮于中冀,名其地曰绝辔之野。

这些记载纵然难以绝对确切地反映事实真相,但一定有着真实历史的影子。这两个氏族或部落在分分合合中,不断融合着周围的氏族和部落,不断扩大着占地广阔的部落共同体,共同铸造着未来的华夏族,从而在黄河长江中下游的肥田沃野上将中国的历史推进到文明之域。

最为有趣的是,炎帝和黄帝都是集诸多创造发明于一身的人物,而且很多创造发明是重叠的,如,他们同为中国农业文明和商贸事业的开创者、耒耜的制造者、市场交易的首创者;同是熟食的发明者、饮食文化的开拓者;同是不朽经典《易》的创作者之一;同是各种制度、历法、文字、音乐、医药、兵器等的创造者,等等。这说明,他们基本上属于同一个时代,在我国历史由野蛮时期转化为文明社会的进程中,前后接力般地推进了历史的发展,为迎接文明社会的第一缕阳光作出了不可磨灭的贡献。

(原载 2019 年清明祭黄陵与弘扬
中华优秀传统文化学术论坛参会论文集)

从文献中爬梳清理"兵主"蚩尤

　　蚩尤在历史上被推尊为"战神"、"兵主",作为一个传说中的人物,他的事迹是逐步丰富和发展起来的。如果我们依据文献跟踪他"成长"的步伐,或许能够大体上理清他的基本面貌。

　　如果我们承认《尚书》是中国现存最早的历史文献,那么,其中的《吕刑》篇就应该被认作是最早记载蚩尤事迹的宝典。其中对蚩尤是这样记述的:

　　　　王曰:若古有训,蚩尤惟始作乱,延及于平民,罔不寇贼,鸱义奸宄,夺攘矫虔。苗民弗用灵,制以刑,惟作五虐之刑曰法。①

对此,西汉孔安国的"传",将其释为"九黎之君,号曰蚩尤",同时又将其与三苗联系起来,"三苗之君,习蚩尤之恶"。东汉的郑玄在《易纬是类谋》的注中,也说"昔蚩尤为无道,作五虐之刑,黄帝起而诛之"。

　　《逸周书·尝麦解》关于蚩尤的记载与《尚书》稍异而大同:

　　　　蚩尤于宇,少昊以临四方,司上天末成之庆。蚩尤乃逐帝,争于涿鹿之河,九隅无遗。赤帝大慑,乃说于黄帝,执蚩尤,杀之于中冀。

《史记·五帝本纪》对蚩尤的记载基本沿着这个路子下来:

　　　　轩辕之时,神农氏世衰。诸侯相侵伐,暴虐百姓,而神农氏弗能征。于是轩辕乃习用干戈,以征不享,诸侯咸来宾从。

---

　　① 《尚书正义》卷一九,中华书局 1980 年版,第 247 页。

而蚩尤最为暴,莫能伐。炎帝欲侵陵诸侯,诸侯咸归轩辕。轩辕乃修德振兵,治五气,艺五种,抚万民,度四方,教熊罴貔貅貙虎,以与炎帝战于阪泉之野。三战,然后得其志。蚩尤作乱,不用帝命。于是黄帝乃征师诸侯,与蚩尤战于涿鹿之野,遂禽杀蚩尤。而诸侯咸尊轩辕为天子,代神农氏,是为黄帝。①

梁朝的沈约,在所作《宋书·符瑞志》中,记述了黄帝命应龙对蚩尤的进击:

应龙攻蚩尤,战虎豹熊罴四兽之力,以女魃止淫雨。天下既定,圣德光被,群瑞毕臻。

宋代史学较前代空前发达,相当多的史学著作涉及蚩尤。刘恕的《资治通鉴外纪》卷一《黄帝》,比较详细地综合了前代的资料,丰富了《史记·五帝本纪》关于蚩尤的内容:

黄帝有熊国君,少典之子,姓公孙,名轩辕,生于寿丘,长于姬水,改姓姬。神农氏世衰,诸侯相侵伐,暴虐百姓,而弗能征。轩辕习用干戈,以征不享,诸侯咸来宾从。蚩尤最为暴,莫能伐。炎帝欲侵陵诸侯,诸侯咸归轩辕。轩辕修德振兵,治五气,艺五种,抚万民,度四方,教熊罴貔貅貙虎,与炎帝战于阪泉之野,三战,然后得志。蚩尤作乱,不用命,轩辕征师,与蚩尤战于涿鹿之野,蚩尤为大雾,军士昏迷,轩辕作指南车以示四方,遂禽蚩尤,戮于中冀,名其地曰绝辔之野。诸侯咸尊轩辕,代神农氏为天子,是为黄帝。②

胡宏的《皇王大纪》卷二《五帝纪·轩辕黄帝氏》对蚩尤事迹的记载与《资治通鉴外纪》大同而有小异:

神农氏之臣蚩尤,起九冶,始作铠戟戈矛,以贼乱为政,平

---

① 司马迁:《史记·五帝本纪》,中华书局 1959 年版,第 3 页。

② 刘恕:《资治通鉴外纪》卷一,文渊阁四库全书本。

民化之，罔不寇贼，鸱义奸宄，夺攘矫虔，轩辕征之。值天雾晦冥，军行迷，乃作指南车，载之以旌，前朱雀而后玄武，左青龙而右白虎，招摇在上，进退有度，左右有局，各司其局，进击蚩尤，杀之于涿鹿之阿，徙其徒于有北。天下有不道，从而征之，凡五十三征，奄有中区。①

流传至今的宋代注释经书的著作很多，其中有不少涉及蚩尤的内容，如方闻一编注的《大易粹言》卷二九，就有"黄帝垂衣裳而天下治，七十二战而禽灭蚩尤"。苏轼《东坡书传》卷一九《周书·吕刑》记有"炎帝世衰，蚩尤作乱，黄帝诛之。自蚩尤以前，未有以兵强天下者"。陈旸《乐书》卷一三〇记有"蚩尤氏率魍魉与黄帝战于涿鹿之野，黄帝乃命吹角为龙吟以御之"；同书卷一八六《蚩尤戏》记有"蚩尤氏头有角，与黄帝斗，以角觚人。今冀州有乐名《蚩尤戏》，其民两两戴牛角而相觚"。罗愿《尔雅翼》卷一一记有"旧说云黄帝杀蚩尤于黎山之上，掷其械于大荒之中，朱山之上，化为枫木之林"。卫湜《礼记集说》卷八记有"古称黄帝以车战，蚩尤以骑战"，陈经《尚书详解》卷四七《吕刑》这样诠释蚩尤：

> 蚩尤，九黎之君也，即与黄帝战于阪泉者也。上古之时，风气未开，淳朴未散，民知耕食凿饮而已，安知所谓乱？惟蚩尤创为不义之事，民皆从而化……以鸱为义，如鸱枭搏击者；为恶于内，为恶于外，而为奸为宄者，夺攘以劫掠人者；矫虔以诈取，而至于虔刘杀戮者。凡此数者，皆是平民始初为恶，出自蚩尤。②

元代梁益《诗传旁通》卷六，这样记述蚩尤：

> 蚩尤，阪泉氏，姜姓，炎帝之裔也。炎帝参卢，曰榆冈，居空桑，命蚩尤居小颢，以临四方。蚩尤作乱，伐空桑，逐榆冈，

---

① 胡宏：《皇王大纪》卷一，文渊阁四库全书本。
② 陈经：《尚书详解》卷四七，文渊阁四库全书本。

居涿鹿。涿鹿，一云浊鹿。自以为炎帝之后，篡号炎帝。参卢遂委命于有熊氏，有熊于是暨力牧、神皇率风后、邓伯温之徒，及蚩尤战于涿鹿山，执蚩尤于中冀而诛之，身首异处。蚩尤封域有盐池之利，今河东解池是也。《皇览·冢墓》记蚩尤冢在寿张县阚乡城中，高七丈。中冀，冀州也。蚩尤正冢在寿张，肩髀冢在山阳郡巨野县，故云"身首异处"。①

这些自古相沿而逐步丰富记述的蚩尤事迹，虽然大同中不乏小异，但基本上将他定位为一个邪恶之人：他或是邪恶的九黎族的首领，或是炎帝之裔，生活于炎帝之末和黄帝之世，不仅是铠、戟、戈、矛等众多兵器的发明制造者，而且也是使用骑兵作战的创始人。他"无道，作五虐之刑"，引导万民趋于邪恶。他形体怪异，头上长角，"并兽身人语，铜头铁额，食沙石子"。他会播云布雾，还能驱动魑魅至战场效力。他"篡号炎帝"，与黄帝作对，最后被黄帝斩杀于涿鹿之野。

然而，有关蚩尤的事迹，古代文献中也有与以上记载不同甚至绝异的记述。如《管子·五行》有这样的记载：

> 昔者黄帝得蚩尤而明于天道，得大常而察于地利，得奢龙而辩于东方，得祝融而辩于南方，得大封而辩于西方，得后土而辩于北方。黄帝得六相而天地治，神明至。蚩尤明乎天道，故使为当时。②

《管子·地数》这样记载：

> 修教十年，而葛卢之山发而出水，金从之，蚩尤受而制之，以为剑铠矛戟。是岁相兼者诸侯九。雍狐之山发而出水，金从之，蚩尤受而制之，以为雍狐之戟芮戈，是岁相兼者诸侯十

---

① 梁益：《诗传旁通》卷六，文渊阁四库全书本。
② 戴望：《管子校正·五行》，《诸子集成》（五），上海书店 1986 年版，第 242 页。

二。故天下之君，顿戟一怒，伏尸满野，此见戈之本也。①

《韩非子·十过》这样记载：

> 昔者黄帝合鬼神于西泰山之上，驾象车而六蛟龙，毕方并辖，蚩尤居前，风伯进扫，雨师洒道，虎狼在前，鬼神在后，腾蛇伏地，凤皇覆上，大合鬼神，作为清角。②

这些文献中出现的蚩尤，已经是黄帝不可或缺的辅佐，是功德显赫、神力无边的"六相"之一，为黄帝统一和治理天下立下无可替代的功勋。这里出现的蚩尤完全是一个正面形象，与邪恶彻底切割开来。

再后，明朝的孙毂编撰的《古微书》卷三四，又将蚩尤描绘成先与黄帝为敌，继而为黄帝在"天遣玄女"的帮助下所制服，最后为黄帝主兵"以威天下"，死后画像犹能使"八方万邦皆为弭伏"，此处记述的蚩尤及其故事已经彻底神化，而黄帝与蚩尤的斗法也是靠神灵的佑助取得胜利：

> 黄帝摄政时，有蚩尤，兄弟八十一人，并兽身人语，铜头铁额，食沙石子，造立兵杖、刀、戟、大弩，威振天下，诛杀无道不仁慈，万民欲令黄帝行天子事，黄帝仁义，不能禁止蚩尤，遂不敌。黄帝仰天而叹，天遣玄女下，授黄帝兵信神符，制伏蚩尤。帝因使之主兵，以制八方。蚩尤没后，天下复扰乱不宁，黄帝遂画蚩尤形象，以威天下，天下咸谓蚩尤不死，八方万邦皆为弭伏。③

如果说蚩尤是一个真实存在的历史人物，那么，为什么对他的记载出现如此大的差异？这其中隐藏着怎样的历史密码？梳理以

---

① 戴望：《管子校正·地数》，《诸子集成》（五），上海书店 1986 年版，第 382 页。

② 王先慎：《韩非子集解·十过》，中华书局 2013 年版，第 69—70 页。

③ 孙毂：《古微书》卷三四，文渊阁四库全书本。

上文献,可否得出如下结论:真实的历史似应是,蚩尤是炎、黄之际东夷族部落联盟的首领,这个部落是由八十一个氏族组成的。在原始社会末期,蚩尤部落人丁兴旺,生产发展,最早发明冶炼,制造兵器,成为武力强大的部落之一。在各部落为争夺生存空间的斗争中,她一度与西方的炎帝部落,继而与中原的黄帝部落发生过激烈的冲突,进行过残酷的战争。尽管开始互有胜负,但最终结果是蚩尤部落战败,而战败的蚩尤部落降服于黄帝部落,承认了黄帝作为部落联盟首领的尊位,并且在稳定这一部落联盟的秩序和正常运行中起了举足轻重的作用,更在衔黄帝之命征伐其他与黄帝部落对抗部落的战争中立下不世之功。黄帝以后,颛顼、帝喾、尧、舜、禹相继担任权力越来越大的部落联盟首领,而国家的职能也在逐步地替代古老的原始的习俗和规则,使部落联盟的议事和管理机构逐步蜕化为国家权力机构。如此一来,在旧瓶不断装新酒的润物细无声的演变中,中国从原始社会进入了奴隶社会,其里程碑式的标志,就是"禹传子,家天下"。然而,正如侯外庐先生所指出的,由于中国远古社会的变革走的是"维新路径","死的拖住活的",许多古老的氏族部落在进入阶级社会以后还长期保存下来。所以在夏、商、西周以至春秋时期,还有数以百计的从原有氏族部落发展而来的小国在诸侯大国争战的夹缝中艰难地生存延续。具有远古氏族部落背景的不同地域的人群,以传说编撰着他们各自的历史。黄帝的嫡系后裔编撰的肯定是黄帝部落从胜利走向胜利的历史,曾经与黄帝对战的蚩尤就成了邪恶势力的代表而不断被丑化、妖魔化;东夷人的后裔,尤其是蚩尤部落的后裔肯定将他们的祖宗塑造成英雄和伟人,他不仅没有被杀掉和"身首异处",而且还成为黄帝统治天下的最强力的辅佐,甚至连画像都能发挥使"八方万邦皆为弭伏"的神力。再后来,当统一成为中国历史的常态,"天下一家"的观念成为普世的民族心理,蚩尤的历史就实现了以上两种截然相反叙述模式的综合,先为恶,与黄帝作对,彼此兵戎相见;继而为善,被黄帝征服后改造为他的得力辅佐,出将入相,成为威力无比的"战神"和"兵主"。如此一来,蚩尤的形象就负载了中国从原始社会到奴隶社会的转化,从封国林立到实现一统的历史。显然,蚩尤形象的塑造,正是传说,这一民族的口述历史对远古时代不断再创造的一个典型。在这些近乎荒诞的故事中,闪现着某些真实历史的影子,经过认真淘洗,也可以发现不少历史的真相。关键就靠历史学家一双洞察迷雾的慧眼。

(原载《孙子研究》2016 年第 3 期)

天下尧陵何处寻？

在中国，传说中的帝王陵墓较多，伏羲、神农（即或炎帝）、颛顼、帝喾、尧、舜等，文献记载的出生之地与死葬之地都不是唯一而无可争辩的。究竟哪些是真的？历史上就一直聚讼纷纭，莫衷一是。改革开放以来，随着地域文化研究的风生水起，这些圣帝名王的生地、死所、陵墓真伪之争更是不时掀起阵阵波浪。作为一种社会文化现象，自是渊源有自，其中最重要的一点是，历史文化作为一种厚重的资源愈来愈被更多的人认识和重视。

一

这里只说尧陵。迄今为止，文献记载的尧陵至少有以下多处：

（一）《墨子·节葬下》：

> 昔者尧北教乎八狄，道死，葬蛩山之阴。衣衾三领，穀木之棺，葛以缄之，既泛而后哭，满坎无封，已葬，而牛马乘之。①

从"满坎无封，已葬，而牛马乘之"的记载看，这个尧陵显然无坟头可寻。按照当时东夷、西戎、北狄、南蛮的地理分布，"八狄"之"蛩山之阴"的方位似乎只能在中国的偏北方，如今之河北、山西、陕西的北部和内蒙古。

（二）《吕氏春秋·孟冬纪第十·节丧》：

> 尧葬于穀林，通树之（通林以为树也。《传》曰"尧葬成

---

① 吴毓江：《墨子校注》，中华书局 2006 年版，第 261 页。

阳"，此云榖林，成阳山下有榖林）。①

这里的榖林究竟在何处，《传》释榖林在成阳。

（三）《论衡》卷四《书虚篇》："尧葬于冀州，或言葬于崇山。"这里出现的崇山，一般认为是近代河南的嵩山。

（四）《山海经》卷六《海外南经》记载帝尧葬于狄山之阳，而注中说"今阳城县西、东阿县城次乡中、赭阳县湘亭南，皆有尧冢"。这里出现阳城县西、东阿县城次乡中、赭阳县湘亭南三处尧冢。

（五）《帝王世纪》："尧崩，葬于济阳之成阳西北，是为榖林。"

（六）《水经注》卷二四：《瓠子河》

> 《地理志》曰，成阳有尧冢、灵台，今成阳城西二里有尧陵，陵南一里有尧母庆都陵，于城为西南，称曰灵台。乡号崇仁，邑号修义，皆立庙，四周列水，潭而不流。水泽通泉，泉不耗竭，至丰鱼笋，不敢采捕。前并列数碑，栝柏数林，檀马成林。二陵南北，列驰道径通，皆以砖砌之，尚修整。尧陵东城西五十余步，中山夫人祠，尧妃也。石壁阶墀仍旧，南、西、北三面，长栎连荫，扶疏里余。②

这里出现了与尧陵配套的尧母庆都陵、尧妃中山夫人祠。《山海经》、《帝王世纪》、《水经注》的记载接近《吕氏春秋》，可能是抄自该书而稍作变异。

（七）《明一统志》卷二三"兖州府"

> 尧陵　在东平州东北三十里，本朝洪武四年建祠陵前，命有司春秋致祭，三岁一遣使祭祓，有事则遣廷臣祭告。③

这里记载尧陵在东平。

---

① 许维遹：《吕氏春秋集释·节丧》，中华书局2016年版，第227页。
② 郦道元：《水经注》卷二四，文渊阁四库全书本。
③ 《明一统志》卷二三，文渊阁四库全书本。

（八）《钦定大清一统志》卷九九"平阳府"

尧陵在临汾县东七十里,皇甫《盐城冢记》俗谓之神林,又曰神陵,陵高一百五十尺,广二百余步。《通志》:陶唐氏陵旁皆山石,惟此地为平土,深丈余,有金泰和二年碑记。明初访历代帝王陵墓,山东东平州有以尧陵闻者,至今载在祀典,而临汾者阙如。《县志》:明嘉靖间立守冢道士五,置守冢户十,取陵旁间田给焉。按《汉书》刘向疏,尧葬济阴,邱垄皆小,葬具甚微。《括地志》:尧陵在濮州雷泽县西三里。《述征记》城阳县东有尧冢。宋《皇览》尧冢在济阳城。《文献通考》:唐尧葬城阳谷林。又《曹州志》有尧陵。《东平州志》有尧陵。诸书多载尧陵在山东,惟《城冢记》载在平阳,而非唐宋前书,难于征信。然尧都平阳,在位七十载而殂落,陵似宜在平阳,姑存之。①

这里记载的尧陵在今之山西临汾县。

（九）《山西通志》卷一六五:

平遥县 帝尧庙在北门外高丘上,尧年十有三,佐帝挚封植,受封于陶。宋熙宁元年七月,知濮州韩铎言尧陵在本州雷泽县穀陵山,陵南有尧母庆都灵台庙,请敕本州春秋致祭。②

这里记载的尧陵在今之山西平遥县。

（十）《山西通志》卷一七二"陵墓一"又记载,古尧陵在该省浮山县,并说"相传在县西北三十五里杨村,陵前有碑,记临汾春秋二祭"。

以上记载的尧陵方位超过十处,主要集中在今之山东和山西,而现存文献中,记载尧活动区域最多的地方也是山东和山西。其中指向最多最早的是位于今山东曹县境的汉代阳城,所以,今人较

————————————————————

① 《钦定大清一统志》卷九九,文渊阁四库全书本。
② 《山西通志》卷一六五,文渊阁四库全书本。

多地将尧陵方位定于阳城似乎顺理成章。

二

然而，关于尧陵方位之确处，由于历史记载的歧义，学术界从来就没有达成共识。一些学者企图通过自己严密的考据将方位坐实。宋代罗泌在其《路史》卷三六有《辩帝尧冢》一文，认定成阳尧陵为真，其他地方的尧陵皆是"仪墓"：

> 古今之事绪无穷，而地理之差尤为难于究竟。尧之冢在济阴成阳，尧母灵台在南。汉章帝元和二年，使奉大牢祠尧于成阳灵台，是其处也。今皆在濮之雷泽东南，而王充乃云葬崇山，墨子则谓北教八狄，道死南已之市，而葬蛩山之阴，盖仪墓尔（《论衡》曰尧葬冀州，或云葬崇山，仪墓如汉世远郡园陵与苍梧舜墓之类，非实葬所。《山海经》云尧葬狄山之阳，郦善长以为非，亦此类）。按欧阳文忠公《集古录》言灵台碑，以为《史记》、《地志》、《水经》诸书皆无尧母葬处，粤稽《地志》及范晔志，则云成阳有尧冢灵台，而此碑云尧母葬兹，欲人莫知名曰灵台。又郭缘生之《述征记》：成阳城东南九里有尧陵，陵东有中山夫人祠，在城南二里，盖尧妃也。东南六里有庆都冢，上有祠庙。而《水经注》言成阳城西二里有尧陵，陵南一里有庆都陵，于城为西南，称曰灵台。乡曰崇仁，邑号修义。其葬处明白若此，恶得云无言邪？①

《钦定大清一统志》卷一四四，在"曹州府"项下记述尧陵，也认定在成阳的"尧陵有确据"：

> 唐尧陵　在菏泽县东北五十里旧雷泽城，西与濮州接界，高四丈五尺，广二十余丈，上有庙。《吕氏春秋》：尧冢榖陵。

---

① 罗泌《路史》卷三六，文渊阁四库全书本。

《汉书·地理志》：成阳有尧冢灵台。刘向曰：尧冢济阴邱陵。后汉元和二年，东巡狩，遣使祀尧于成阳灵台。又延光三年，复使使者祀焉。《皇览》云尧冢在济阴成阳。皇甫谧云穀林即成阳也。《水经注》：成阳城西二里有尧陵，陵南一里有尧母陵，皆立庙，四周列水，潭而不流，水泽通泉，泉不耗竭，至丰鱼笋，不敢采捕。前并列数碑，柏数株，檀槚成林。二陵南北，列驰道径通，皆以碑砌之。尧陵东城西五十余步，中山夫人祠，尧妃也。石壁阶墀仍旧。南、西、北三面，长栎连荫，扶疏里余。自汉迄晋，二千石丞尉多刊石述叙。《元和志》：陵在雷泽县西三里。《文献通考》：曹州东北有尧冢。欧阳修《集古录》载，后汉济陵尧母灵台庙，请敕本州岛致祭，置守陵五户。自金末河决，其祀移于东平州芦泉山之阳。然尧陵自在曹濮之间，不在东平也。宋神宗熙宁元年，知濮州韩铎言尧陵在本州岛雷泽县东穀林山，陵南有尧母灵台庙，请敕本州岛致祭，置守陵户，俾奉洒扫，诏给守陵五户，则尧陵有确据矣。①

《山东通志》卷二一《秩祀志》有一篇《尧陵考》，历数历史上尧陵在成阳的文献记载，极力论定成阳尧陵的真实性：

谨按《山海经》：狄山，帝尧葬于阳，帝喾葬于阴。郭璞注云，帝喾冢在顿邱城南台阴野中。《吕氏春秋》：尧葬穀林，今成阳县西。由此观之，狄山之阴为顿邱台荫，其阳则成阳穀林也。《史记》：尧葬穀林。皇甫谧曰：穀林即成阳。刘向曰：尧冢济阴。《皇览》：尧冢在济阴成阳。《帝王世纪》：尧葬于济阴之成阳西北，是为穀林。考之《前汉书·志》：济阴郡领县九，其五曰成阳。注云有尧冢、灵台。《禹贡》：雷泽在西北。《后汉书·志》：济阴郡领县十一，其三曰成阳。亦云有

---

① 《钦定大清一统志》卷一四四，文渊阁四库全书本。

尧冢、灵台，有雷泽。《晋书·志》：济阳郡领县九，其九曰成阳，注云尧冢在西，有明征矣。《括地志》：尧陵在濮州雷泽县。《太平寰宇记》：尧陵在雷泽城西三十里。按《隋书·志》：东平郡有雷泽县，盖后齐废成阳，隋置雷泽县，在成阳之东，金降为镇，改属郓州。元濮州属东平路。又《十道志》：尧冢在曹州界。盖雷泽在濮之东南，实曹之东北云。考《水经注》，雷泽之东南，即成阳县城西二里，有尧陵，陵南一里有尧母庆都陵，于城为西南，称曰灵都，乡曰崇仁，邑号修义，皆立庙，四周列水，潭而不流，水泽通泉，泉不耗竭，至丰鱼笋，不敢采捕。前并列数碑，栝柏数株，檀马成林。二陵南北，列驰道径通。皆以砖砌之，尚修整。尧陵东城西五十余步中山夫人祠，尧妃也，石壁阶墀仍旧，南、西、北三面，长栎联荫，扶疏里余。按郭缘生《述征记》：自汉迄晋，二千石及丞尉多刊石述叙尧即位。至永嘉三年二千七百二十有一载，记于碑。郦道元去古未远，述之倍详。其见于古碑者，汉延熹中，济阴太守孟郁闻尧陵在成阳，遣曹掾具中牢祠之。十年，宣诏行县祠尧，得膏雨，修治殿阁。永康元年立碑。又建宁中，廷尉仲定以汉为尧之苗裔，奏请修复祠庙，有成阳灵台碑。熹平四年，济阴太守张龙追慕圣烈，致祠立坛，有碑。光和中，颍川唐扶为成阳，命依陵宅庙造立校堂。十年，邑人立石颂之。各碑虽历久剥毁，而遗文犹约略可纪。至于历朝祀典，按熹平碑，云圣汉龙兴，缵尧之绩，祀以上牺，暨于亡新，礼祠遂绝。是西汉初已有成阳之祀矣。后汉元和二年，章帝东巡狩，遣使者奉一太牢，祠帝尧于济阴。延光三年，安帝遣使者祠唐尧于成阳。灵帝时从廷尉仲定之请，修祠复旧，岁以春秋奉太牢祀，见灵台碑。又《寰宇记》：尧陵在雷泽，唐贞观十年，诏禁刍牧，及春秋祭酹。又《文献通考》：宋乾德四年，诏先代帝王陵寝各给守陵五户，长吏春秋奉祀。其"尧陵"下注：在成阳谷林。

熙宁元年,知濮州韩铎言尧陵在本州岛雷泽县东谷林山,陵南有尧母庆都灵台,请敕本州岛春秋致祭,置守陵户,免其租税,俾奉洒扫,诏给守陵五户。政和三年,定五礼新仪,乃享陶唐氏于濮州,以司徒契配。合而观之,前代之祀尧陵者,未有不于榖林者也。然有以帝都为重者,后魏太和十六年诏曰:"帝尧树则天之功,兴巍巍之治,可祀于平阳。"此后则唐显庆三年、天宝六载、宋乾德元年,皆祀尧于平阳。至四年,诏给守陵,则于濮州之榖林也。是以徽宗径祭濮州陵庙合享。宋既南迁,金元举祀仍属平阳,而濮州之祀遂废,惟存元徐世雄书帝尧墓一碑而已。明洪武四年,太祖诏祀先代陵庙,乃祀尧于东平州,祭文曰:"考君陵墓在此,特遣官奠祀修陵。"是年遣编修葛守诚赴东平茸陵建祠,着为祀典。今按陵在州城东北二十里芦泉山阳,乃古无盐县地,历稽往籍,未有传闻,不知当日何所依据,岂以雷泽在隋属东平郡,金属郓州,元属东平路而误以属之东平耶?弘治七年,礼部尚书耿裕令濮州学正濮琰上状,将辨正其祀,而耿旋转吏部,事不果行。嘉靖初,巡抚陈凤梧檄知州张寰修建尧庙,置祀田一顷二十亩。今尧陵在旧成阳城西,高四丈五尺,广二十余丈,大圣灵域,岿然尚存,而将享久湮,历四百余年而不能复。今奉诏修茸先圣陵寝,正厘正明,因裡之时。谨备载之,以资礼官之考证云。①

不过,在肯定尧陵在成阳的看似压倒多数的意见之外,也有认定尧陵在平阳理由更充分的表述,这就是大名鼎鼎的顾炎武在《日知录》卷二二《尧冢灵台》中所作的表述:

> 《汉书·地理志》:"济阴成阳有尧冢灵台。"《后汉书·章帝纪》:"元和二年八月,东巡狩,使使者祠唐尧于成阳灵台。"《安帝纪》:"延光三年二月庚寅,使使者祠唐尧于成阳。"《皇

---

① 《山东通志》卷二一,文渊阁四库全书本。

览》云："尧冢在济阴成阳。"皇甫谧《帝王世纪》云："尧葬济阴
成阳西北四十里，是为榖林。"《水经注》："城阳西二里有尧
陵，陵南一里有尧母庆都陵，于城为西南，称曰灵台，乡曰崇
仁，邑号修义，皆立庙，四周列水，潭而不流。水泽通泉，泉不
耗竭，至丰鱼笋，不敢采捕。庙前并列数碑，栝柏成林。二陵
南北列，驰道径通，皆以砖砌之，尚修整。尧陵东城西五十余
步。中山夫人祠，尧妃也。石壁阶墀仍旧，南、西、北三面，长
栎联荫，扶疏里余。中山夫人祠南有仲山甫冢，冢西有石庙、
羊虎，破碎略尽。于城为西南，在灵台之东北。"《宋史》："神
宗熙宁元年七月己卯，知濮州韩铎言：'尧陵在雷泽县东谷林
山，陵南有尧母庆都灵台庙。请敕本州岛春秋致祭，置守陵五
户，免其租，奉洒扫'从之。"而《集古录》有汉尧祠及尧母祠
碑，是庙与碑宋时犹在也。然开宝之诏，帝尧之祠乃在郓州。
意者自石晋开运之初，黄河决于曹、濮，尧陵为水所浸，乃移之
高地乎？而后代因之，不复考正矣。舜"陟方乃死"，见于
《书》。禹会诸侯于涂山，见于《传》。惟尧不闻有巡狩之事。
《墨子》曰："尧北教乎八狄，道死，葬蛩山之阴。舜西教乎七
戎，道死，葬南已之市。禹东教乎九夷，道死，葬会稽之山。"此
战国时人之说也。自此以后，《吕氏春秋》则曰"尧葬于谷
林"，太史公则曰"尧作游成阳"，刘向则曰"尧葬济阴"，《竹书
纪年》则曰"帝尧八十九年作游宫于陶，九十年帝游居于陶，
一百年帝陟于陶。"《说文》："陶，再成丘也。在济阴有尧城，
尧尝所居，故尧号陶唐氏。"而尧之冢始定于于成阳矣。但尧
都平阳，相去甚远，耄期之年，禅位之后，岂复有巡游之事哉？
因尧偃朱之说，并出于《竹书》，而鄄城之迹，亦复相近。
《诗》、《书》所不载，千世之远，其安能信之？《山海经·海外
南经》："狄山，帝尧葬于阳。"注："《吕氏春秋》曰：'尧葬谷
林。'今成阳县西，东阿县城次乡中，赭阳县湘亭南，皆有尧

冢。"《临汾县》志曰:"尧陵在城东七十里,俗谓之神林。高一百五十尺,广二百余步,旁皆山石,惟此地为平土,深丈余。其庙正殿三间,庑十间。山后有河一道。有金泰和二年碑记。窃考舜陟方乃死,其陵在九疑;禹会诸侯于江南,计功而崩,其陵在会稽。惟尧之巡狩不见经传,而此其国都之地,则此陵为尧陵无疑也。"按志所论,似为近理。但自汉以来,皆云尧葬济阴成阳,未敢以后人之言为信。①

顾炎武认为尧陵在临汾更合乎情理,应该说这也是一种比较切中肯綮的意见。因为从现有文献记载和晋南众多与尧有关的考古遗迹看,尧的活动较多集中在这一地区,死后葬此也就顺理成章。

在较全面地梳理了前人的不同记载和不同的学术观点之后,我们能够依据现有资料确认尧陵的真实位置吗? 依我看来,仍然十分困难。原因在于:一,五帝以及比他们更早的伏羲、神农等,基本上都是传说中的人物。传说作为一个民族的口述历史尽管不乏真实历史的影子,但还不能直接认定为真实的历史,原因在于传说形成的过程中后人不断加进不少一厢情愿的东西。再说,五帝去世的时候,还没有为之建陵的观念和制度,所以他们死后究竟葬在何处,就成为可能永远难以破解的历史之谜。洪迈在其所著的《容斋续笔》卷一二《古迹不可考》中就指出:"郡县山川之古迹,朝代变更,陵谷推迁,盖已不可复识。如尧山、历山,所在多有之,皆指为尧、舜时事,编之《图经》。会稽禹墓,尚云居高丘之巅,至于禹穴,则强名一罅,不能容指,不知司马子长若之何可探也?"②二,夏朝以后,尤其是商朝以后,为帝王建陵的制度才逐渐建立和完善,而直到春秋战国时期,一些文献才逐渐记述这些圣帝名王的葬

---

① 顾炎武著,黄汝成集释:《日知录集释》卷二二,上海古籍出版社2006年版,第1265—1268页。

② 洪迈:《容斋续笔》卷一二,文渊阁四库全书本。

地。其随意性是显而易见的。由于他们真实的葬地已经难以稽考，而记述又是多头并存，所以出现歧义就是很自然的。更由于他们作为华夏民族的祖先被愈来愈多的人认可，所以不同地方的人群就把这些葬地拉到自己居地就近处，以便建陵立庙，进行祭祀。当然，他们在某处建陵，也不是没有一点根据，一般总是在文献记载的他们经常活动的地区。三，这些陵庙基本上都是在汉代及以后的时段建立起来的，哪里建得最早，后来的认可度就最大。至于是不是真的陵墓，人们基本上都心知肚明，不会太较真。四，可以大体断定，包括伏羲、神农、五帝、蚩尤，甚至大禹的这些陵墓，绝大多数都是象征性的，用宋代学者罗泌的话说，就是"仪墓"，即人们为了祭祀的方便而设置的纪念地。其中如神农、黄帝、舜、禹的陵墓，都是自然形成的一座山，没有人工开凿的痕迹。某座山，可能是长期流转的某圣帝名王的陵墓，后来某个朝代在山前树碑立庙，进行祭祀，而后被历代认可，其祭祀上升为国家行为，历时既久，这座山也就成了公认的某圣帝名王的陵墓了。由于以后陆续出现了另一个或几个同一圣帝名王的陵墓，自然也就出现了真假的争议。其实，几乎所有这些陵墓都不过是"仪墓"，即都是假墓。你看，据《湖南通志》《九疑山志》等书记载，舜帝陵最早叫零陵，也就是散而无定之陵。九疑山因九峰相似，座座像陵，望而疑之，又难辨哪一座是舜陵，所以就有了九疑山之名，而被通指为舜陵。先秦时在太阳溪白鹤观前祭祀，秦汉时期移至玉琯岩，毛泽东写的"九疑山上白云飞"即指此山。唐宋时期，都在玉琯岩前立庙祭祀。明朝洪武四年（1371），鉴于去玉琯岩的道路曲折遥远，祭祀不太方便，又将舜庙迁于舜源峰下，从此，舜源峰就成为舜陵。舜陵的变迁，说明所有传说中的圣帝名王的所谓陵墓，都是"仪墓"，是后人为祭祀的方便设定的。特别应该指出的是，直到春秋时期，中国中原地区的葬俗还是"不封不树"，当年孔子葬母时已经不知道父亲的确切葬地，所以才有孔子在五父之衢跪求知情者指认父亲葬地之事，而孔子自己的葬地显然也与今日的坟墓有距离。"文革"中,北京师大谭厚兰率领的"讨孔"大军扒开孔子墓,掘地及泉,不是连一抔骨屑也没有挖到么!如果较真的话,可以肯定,那些传说帝王的陵墓都不是真墓,不信你发掘看看!但是,这些陵墓都有存在的价值,它们作为中华民族人文始祖的象征,作为"慎终追远"的一种精神寄托,具有凝聚共识、同结命运共同体的强固向心力,其积极作用是值得永远珍视的。

那么,如何看待位于今之山东曹县的汉时成阳尧陵呢?应该说,这个尧陵尽管难以确定就是尧真实的葬地,但可以肯定是中国历史上最早建置的尧的仪墓,是历代国家级的尧的祭祀之地,其历史和文物价值都是不容置疑的。

（原载《海岱学刊》2016 年第一辑）

中国古代文献中的大舜其人

近代以来，我国学术界研究虞舜的文章数以百计，但依据的文献资料却并不丰富。这里，仅将记载舜事迹的主要资料检视一番，看看这些文献勾勒出的大舜其人究竟是怎样的形象？

一

如果将所有提到舜的名字的文献加以检索，数量将十分惊人。但是，如果想从中挑出具有实际意义的资料，数量又少得可怜，因为大量提到舜的名字的文献，几乎都不怎么记载舜的事迹，而仅仅是将其作为圣帝名王的代表符号而已。真正具有史料价值的资料不过是先秦的经书和子书，再加一部《史记》，其他文献资料所记载的舜的事迹，基本上都是从上述文献中抄袭而来，很难说有多少史料价值。

我认为，记载舜事迹的资料首推《尚书》中的《虞书》和《夏书》。尽管对古文《尚书》真伪的争论至今聚讼纷纭，但我认定它与今文《尚书》具有同等价值。

在《尚书·虞书·尧典》中，舜首次出现，是被众人推荐给尧作为帝位继承人的人选。推荐的理由是"父顽，母嚚，象傲，克谐以孝，烝烝乂，不格奸"。意思是，舜的父亲顽固，后母愚蠢不讲理，弟弟象又十分傲慢，但他却能以孝行使家庭和睦，使他们不至于做出奸恶的事情。尧于是决定考验他，将两个女儿嫁给他，观察他治理家室的法度。结果令尧十分满意。在《尚书·虞书·舜典》中，记载舜与尧和谐相处,他品格高尚,"睿哲文明,温恭允塞"。尧让他试任各种职务:掌管教化,他能宣扬父义、母慈、兄友、弟恭、子孝这"五常之教",使人乐于遵行;承担各项职务,他能如期使工作走上正轨;管理四门,迎送宾客,四门都和和气气;去深山丛林,遇上狂风暴雨,他也不迷失方向。尧对他非常满意,决定将帝位交给他,他谦虚不受。直到第四年,他才摄行政事,检查天文仪器,祭告天地四时、名山大川、各路神祇。然后,东南西北四处巡视,封禅泰山,修正历法,统一音律和度量衡,修订吉、凶、军、宾、嘉五礼,划一弓矢、殳、矛、戈、戟五种兵器的规格,规定帝五年内巡狩一次,各邦君来朝四次。又划分天下为十二州,制定各种法律制度,惩办"四凶":流放共工到幽州,驩兜到崇山,驱逐三苗到三危,拘囚鲧于羽山。二十八年后,尧死去,舜正式即位为天子。他广泛征求四岳的意见,大开四门,招纳贤哲,了解下情,倾听四方呼声。他与十二牧商讨农业和重用贤德之人以及怀柔四夷等问题,使四夷相率归服;他经与四岳研究,任命禹做司空,平治水土;任命弃为后稷,管理农业;任命契为司徒,掌管礼仪教化;任命皋陶为士官,掌管法律刑罚;任命垂为共工,管理百工事务;任命伯益为虞官,管理山林湖沼;任命伯夷为秩宗,主持天地人三种礼仪;任命夔做典乐,教习歌乐;任命龙做纳言官,下传上达,收集各方面意见。最后,他要求手下二十二位大臣,兢兢业业,恪尽职守,佐天立功。舜对这些大臣全面考绩,贤明者晋升,昏庸者罢斥。因而政治清明,各项事业兴旺发达。经过分化瓦解,彻底粉碎三苗的反抗,天下太平。舜三十岁被征用,居帝位三十年,被征用五十年的时候,在巡狩南方时死去。

　　在《尚书·虞书·大禹谟》中,舜赞扬禹和皋陶协助他治理天下的功绩,决定将帝位禅让给禹。在历数禹的优秀品格后,他讲了被宋代大儒朱熹在《中庸章句序》中称为"十六字心传"的四句话:"人心惟危,道心惟微,惟精惟一,允执厥中。"意思是,人心是危险难安的,道心却微妙难明。惟有精心体察,专心守住,才能坚持一条不偏不倚的正确路线。接着,舜又讲了几句传世的名言:"无稽之言勿听,弗询之谋勿庸。可爱非君,可畏非民。众非元后何戴?后非众罔与守邦……四海困穷,天禄永终。"意思是,没有事实根据的言语不要听,没有征询群众意见的主意不要用。可爱的不是君而是民,可畏的不是民而是君失其道。民众没有大君他们又爱戴谁呢?大君没有民众就无人跟他守邦了。如果四海百姓都穷困不堪,那大君的天禄也就永远终结了。当禹谦让不接受帝位,要求以占卜解决帝位继承人问题时,舜说:"官占,惟先蔽志,昆命于元龟。朕志先定,询谋佥同,鬼神其依,龟筮协从,卜不习吉。"意思是,我们占卜公事,是先由于心有疑难掩蔽,然后才去问大龟的。现在我的意志早已定了,经征询众人意见也一致赞同,相信鬼神必定依从,龟筮也必定是吉了。占卜是不会重复出现吉兆的,用不着再占卜了。最后,舜要求禹去征伐还没有臣服的三苗,战事进行了三十天,苗民仍然负隅顽抗。这时,伯益以舜的德行劝禹说,只有道德的力量才能感动天地,再远的地方也能达到。满招损,谦受益,常常就是天道。帝舜早年受父母虐待,一个人在历山耕田,苦不堪言。但他日日号哭涕泣,仍然呼喊苍天,呼喊父母。总是诚心自责,把罪过全部承担,从不怨天怨父母。有事去见瞽叟的时候,总是端端正正,战战兢兢。在这种时候,连顽固的瞽叟也真能通情达理了。常言至诚感神,何况有苗?禹被说服,"班师振旅",舜也接受伯益和禹的建议,"诞敷文德,舞干羽于两阶"。七十天后,有苗就自动前来归附了。在《尚书·虞书·益稷》中,舜与禹对话,认为臣是自己的"股肱耳目",应该帮助自己改正过失,同时对进谗言者予以惩罚,还要采诗纳谏,接受臣民的一切合理化建议。在与夔议论音乐的作用时,舜兴奋地作了一首歌词:"股肱喜哉,元首起哉,百工熙哉!元首明哉,股肱良哉,庶事康哉!元首丛脞哉,股肱惰哉,万事堕哉!"意思是,股肱欢喜,元首奋起,百工有成绩!元首

英明,股肱贤良,诸事得安康! 元首丛脞,股肱惰愒,万事都
废堕!①

应该说,《尚书》以上篇章对舜事迹的记载,可以看作舜最早
的、最基本的也是最可靠的文献资料。这些资料所展现出来的舜
是中国古代从原始社会向奴隶社会过渡时期的一位伟大人物。

一、舜来自民间一个不幸的家庭,"父顽,母嚚,象傲",但他以
自己的孝心和智慧感化了父母和兄弟,从而使这个家庭变成了一
个和睦相处的家庭。他也由此名闻遐迩,得以被众人推荐给尧作
为帝位继承人。

二、舜被尧选为帝位继承人以后,以无与伦比的聪明才智通
过了试用期的考验,进一步得到了尧和其他权势人物的肯定,从而
顺利地以禅让方式取得帝位,成为继尧之后中原地区部落联盟的
首领。

三、舜在居帝位即部落联盟首领的三十年中,选贤任能,建立
制度,在政治、经济、军事和文化等诸多方面推进了中国原始社会
向文明社会转化的步伐,对历史的发展进步作出了不可磨灭的
贡献。

四、舜在思想文化上有着划时代的创造,对君民关系、君臣关
系、民族关系等问题提出了很有价值的理念。对卜筮的理解透出
强烈的唯物论倾向。他的思想对后世中国传统思想文化,尤其是
儒家学说的形成产生了巨大而深远的影响。

五、舜品格高尚,以磁石般的人格魅力将当时的精英人才吸
引在自己周围,从而成就了空前辉煌的功业。

六、舜多才多艺,在诗歌创作方面留下了《南风之歌》;在音乐
创作方面留下了让孔夫子如醉如痴的《韶乐》。

后来出现在其他文献中的有关舜的事迹记载,或者沿袭这些

---

① 《尚书·益稷》,《十三经注疏》,中华书局 1980 年版,第 144 页。

资料,或者议论这些资料,或者从这些资料中衍生出一些新的资料。就史料价值而言,后来的资料是无法与《虞书》和《夏书》相比的。

二

在《尚书》以后的文献中,舜的名字屡屡出现。如《易传·系辞下》将舜与黄帝和尧并提,说明他们是笃信"穷则变,变则通,通则久"的"垂衣裳而天下治"的圣人。《礼记·中庸》赞扬孔子"祖述尧舜,宪章文武",借孔子之口,赞扬舜为"大知(智)"之人,说他"好问而好察迩言,隐恶而扬善,执其两端,用其中于民"。《礼记·祭义》说他"贵德而尚齿"。《礼记·表记》又说"虞夏之道,寡怨于民"。《礼记·祭法》认定"有虞氏禘黄帝而郊喾,祖颛顼而宗尧"。《礼记·内则》认定养老,"有虞氏以燕礼"。《礼记·乐记》认定"舜作五弦之琴,以歌《南风》"。《礼记·王制》认定"有虞氏皇而祭,深衣而养老"。《孔子家语·五帝德》记述孔子对宰我问舜的回答,是孔子依据《尚书》的资料对舜事迹的简要概括:

> 乔牛之孙,瞽叟之子也,曰有虞。舜孝友闻于四方,陶渔事亲,宽裕而温良,敦敏而知时,畏天而爱民,恤远而亲近。承受大命,依于二女。睿明智通,为天下帝,命二十二臣,率尧归职,恭己而已。天平地成,巡狩四海,五载一始。三十年在位,嗣帝五十载,陟方岳,死于苍梧之野而葬焉。①

《左传·文公十八年》记载舜举"八恺"、"八元"的事迹:

> 昔高阳氏有才子八人……天下之民,谓之"八恺";高辛氏有才子八人……天下之民,谓之"八元"。此十六族者,世济其美,不陨其名。以至于尧,尧不能举。舜臣尧,举八恺,使

---

① 《孔子家语·五帝德》,文渊阁四库全书本。

主后土,以揆百事,莫不时序,地平天成。举八元,使布五教于
四方,父义,母慈,兄友,弟恭,子孝,内外平成。①

《战国策·秦策》讲时势与成功的关系,举尧、舜、汤、武为例:

舜虽贤,不遇尧也不得为天子;汤、武虽贤,不当桀、纣,不
王。故以舜、汤、武之贤,不遭时不得为王。②

在先秦汉魏诸子中,一方面舜作为圣人备受颂扬,另一方面,舜变
成了一个符号,经过他们的任意改铸,为其思想理念提供理论或事
实的支撑。在《论语》中,孔子对舜赞誉有加。他认为《韶》乐尽善
尽美,在齐"闻《韶》,三月不知肉味"(《述而》)。赞扬"舜有臣五
人而天下治",舜"举皋陶,不仁者远"(《颜渊》),更赞扬舜的"无
为而治",认为他"恭己正南面"就天下太平了。总之,孔子将舜定
位为践履仁德政治的圣人。在《墨子》一书中,往往将尧、舜、禹、
汤、文、武并提,把他们打扮成墨子"尚同"、"尚贤"、"兼爱"、"非
攻"、"明天"、"事鬼"、"节用"、"节葬"等理念的倡导者和实践者。
他说:"尚欲祖述尧、舜、禹、汤之道,将不可以不尚贤。夫尚贤者,
政之本也。"③又说:"故昔三代圣王尧、舜、禹、汤、文、武所以王天
下、正诸侯者,此亦其法已。"④从尚贤的理念出发,圣王对治国人
才的选拔就不能看其是否是王公大人的"骨肉之亲"或"面目美好
者",而是看其是否是一个真正的贤者:"是故昔者,舜耕于历山,
陶于河滨,渔于雷泽,灰于常阳,尧得之服泽之阳,立为天子,使接
天下之政,而治天下之民。"(《尚贤》)⑤墨子提倡"节葬",于是尧、
舜、禹都成为节葬的典型:"舜西教乎七戎,道死,葬南已之市。衣

---

① 《春秋左传正义》,《十三经注疏》,中华书局1980年版,第1861—
1862页。

② 刘向:《战国策·秦策三》,上海古籍出版社1985年版,第171页。

③ 吴毓江:《墨子校注》,中华书局2006年版,第68页。

④ 同上,第75页。

⑤ 同上,第97页。

衾三领,縠木之棺,葛以缄之。已葬,而市人乘之。"(《节葬》)①
《管子》一书,讲求法度,认为上下尊卑不可废:"舜之有天下也,禹
为司空,皋陶为李,后稷为田,此四士者,天下之贤人也,犹尚精一
德,以事其君。"②兵亦不可废:"黄帝、唐、虞,帝之隆也,资有天下,
制在一人。当此之时也,兵不废。今德不及三帝,天下不顺,而求
废兵,不亦难乎!"(《法法》)③《管子》主张虚心听取臣民百姓的呼
声,赞扬舜设"告善之旌",希望君主做不利于己而利于他人的事,
认为舜是这样的光辉典型:"凡所谓能以所不利利人者,舜是也。
舜耕历山,陶河滨,渔雷泽,不取其利,以教百姓,百姓举利之。此
所谓能以所不利利人者也。"(《版法解》)④《庄子》一书中有大量
寓言故事,其中舜的形象,有时是作为道家的对立面出现,有时又
是作为深昧道家理念的人物出现。与历史上真实的舜已经拉开了
很大的距离。例如,《齐物论》中尧与舜有这样一段对话:

　　昔者尧问于舜曰:"我欲伐宗、脍、胥敖,南面而不释然。
　　其何故也?"舜曰:"夫三子者,犹存乎蓬艾之间。若不释然,
　　何哉? 昔者十日并出,万物皆照,而况德之进乎日者乎!"⑤
此处的舜显然是一个道德感化主义者。而《应帝王》中有蒲衣子
的这样一段话:

　　有虞氏不及泰氏。有虞氏,犹藏仁以要人;亦得人矣,而
　　未始出于非人。泰氏,其卧徐徐,其觉于于;一以己为马,一以
　　己为牛;其知情信,其德甚真,而未始入于非人。⑥
这里,庄子借蒲衣子之口,让舜与他杜撰的泰氏相比较,说明舜是

① 吴毓江:《墨子校注》,中华书局 2006 年版,第 266 页。
② 黎翔凤:《管子校注》,中华书局 2004 年版,第 313 页。
③ 同上,第 314 页。
④ 同上,第 1205 页。
⑤ 陈鼓应:《庄子今注今译》,中华书局 2009 年版,第 88 页。
⑥ 同上,第 231 页。

一个还没有摆脱外务牵累的俗人。《骈拇》则对舜提倡仁义道德大肆诋毁：

> 虞氏招仁义以挠天下也，天下莫不奔命于仁义，是非以仁义易其性与？①

《天地》：

> 季彻曰："大圣之治天下也，摇荡民心，使之成教易俗，举灭其贼心而皆进其独志，若性之自为，而民不知其所由然。若然者，岂兄尧舜之教民，溟涬然弟之哉？欲同乎德而心居矣！"②

这里庄子肯定了大圣的"自然之德"，否定了尧舜的教化之德。《天道》又说：

> 夫虚静恬淡寂漠无为者，万物之本也。明此以南乡，尧之为君也；明此以北面，舜之为臣也。以此处上，帝王天子之德也；以此处下，玄圣素王之道也。以此退居而闲游，则江海山林之士服；以此进为而抚世，则功大名显而天下一也。静而圣，动而王，无为也而尊，朴素而天下莫能与之争美。
>
> 昔者舜问于尧曰："天王之用心何如？"尧曰："吾不敖无告，不废穷民，苦死者，嘉孺子而哀妇人。此吾所以用心已。"舜曰："美则美矣，而未大也。"尧曰："然则何如？"舜曰："天德而土宁，日月照而四时行，若昼夜之有经，云行而雨施矣。"尧曰："胶胶扰扰乎！子，天之合也；我，人之合也。"夫天地者，古之所大也，而黄帝、尧、舜之所共美也。故古之王天下者，奚为哉？天地而已矣。③

在这里，尧与舜似乎又都成了顺应天地自然的大彻大悟的道家圣

---

① 陈鼓应：《庄子今注今译》，中华书局 2009 年版，第 262 页。
② 同上，第 341 页。
③ 同上，第 364、372—373 页。

人了。《让王》记载了尧、舜让天下的故事：

> 尧以天下让许由，许由不受。又让于子州支父，子州支父曰："以我为天子，犹之可也。虽然，我适有幽忧之病，方且治之，未暇治天下也。"夫天下至重也，而不以害其生，又况他物乎！唯无以天下为者，可以托天下也。
>
> 舜让天下于子州支伯，子州支伯曰："予适有幽忧之病，方且治之，未暇治天下也。"故天下大器也，而不以易生，此有道者之所以异乎俗者也。
>
> 舜以天下让善卷，善卷曰："余立于宇宙之中，冬日衣皮毛，夏日衣葛絺，春耕种，形足以劳动；秋收敛，身足以休食，日出而作，日入而息，逍遥于天地之间而心意自得。吾何以天下为哉！悲夫，子之不知余也！"遂不受。于是去而入深山，莫知其处。
>
> 舜以天下让其友石户之农，石户之农曰："卷卷乎后之为人，葆力之士也！"以舜之德为未至也，于是夫负妻戴，携子入于海，终身不反也。①
>
> 舜以天下让其友北人无择，北人无择曰："异哉后之为人也，居于畎亩之中而游尧之门！不若是而已，又欲以其辱行漫我。吾羞见之。"因自投清冷之渊。②

在这些故事中，尧、舜都以道家的对立面的形象出现，都还在世俗功利的牵累中，远不如让天下而不受的许由、子州支伯、善卷和石户之农等潇洒自在。

相较而言，在先秦诸子中，《孟子》是记载舜的事迹和思想最多的一部典籍。孟子明确指出舜的里籍和归宿："舜生于诸冯，迁于负夏，卒于鸣条，东夷之人也。"（《离娄下》）除了《尚书》记载的

---

① 陈鼓应：《庄子今注今译》，中华书局 2009 年版，第 792—793 页。
② 同上，第 817 页。

那些舜的事迹外,《孟子·万章上》对尧禅帝位于舜作了新的解释:

> 万章曰:"尧以天下与舜,有诸?"孟子曰:"否。天子不能以天下与人。""然则舜有天下也,孰与之?"曰:"天与之。""天与之者,谆谆然命之乎?"曰:"否。天不言,以行与事示之而已矣。"曰:"以行与事示之者,如之何?"曰:"天子能荐人于天,不能使天与之天下。诸侯能荐人于天子,不能使天子与之诸侯。大夫能荐人于诸侯,不能使诸侯与之大夫。昔者,尧荐舜于天而天受之,暴之于民而民受之。故曰:天不言,以行与事示之而已矣。"曰:"敢问荐之于天而天受之,暴之于民而民受之,如何?"曰:"使之主祭,而百神享之,是天受之;使之主事而事治,百姓安之,是民受之也。天与之,人与之,故曰天子不能以天下与人。舜相尧二十有八载,非人之所能为也,天也。尧崩,三年之丧毕,舜避尧之子于南河之南,天下诸侯朝觐者,不之尧之子而之舜;讼狱者,不之尧之子而之舜;讴歌者,不讴歌尧之子而讴歌舜,故曰天也。夫然后之中国,践天子位焉。而居尧之宫,逼尧之子,是篡也,非天与也。《泰誓》曰:'天视自我民视,天听自我民听。'此之谓也。"[1]

这里孟子的解释最值得注意的是,他将舜从尧那里取得天下的原因归结为得到天的认可与百姓的拥护,而归根结底是百姓的拥护。其中显示的是孟子思想中最可宝贵的民本主义。同时,孟子又将尧禅位于舜说成"尊贤":"尧之于舜也,使其子九男事之,二女女焉,百官牛羊仓廪备,以养舜于畎亩之中,后举而加诸上位,故曰王公之尊贤者也。"(《万章下》)在《孟子》书中,大量的内容是表彰舜的超越常人的德行和品格。如"乐取于人以为善"的不倦的好学精神:

---

① 《孟子·万章上》,《十三经注疏》,中华书局 1980 年版,第 2737 页。

大舜有大焉,善与人同,舍己从人,乐取于人以为善。自耕稼、陶、渔以至为帝,无非取于人者。取诸人以为善,是与人为善者也。故君子莫大乎与人为善。①

孟子曰:"舜之居深山之中,与木石居,与鹿豕游。其所以异于深山之野人者几希。及其闻一善言,见一善行,若决江河,沛然莫之能御也。"

孟子曰:"鸡鸣而起,孳孳为善者,舜之徒也。鸡鸣而起,孳孳为利者,跖之徒也。欲知舜与跖之分,无他,利与善之间也。"②

孟子赞扬舜的仁义之行:

孟子曰:"规矩,方圆之至也;圣人,人伦之至也。欲为君,尽君道;欲为臣,尽臣道。二者皆法尧、舜而已矣。不以舜之所以事尧事君,不敬其君者;也不以尧之所以治民治民,贼其民者也。"孔子曰:"道二,仁与不仁而已。"③

孟子曰:"人之所以异于禽兽者几希,庶民去之,君子存之。舜明于庶物,察于人伦,由仁义行,非行仁义也。"④

进而赞扬舜的"大孝"品格:

孟子曰:"不孝有三,无后为大。舜不告而娶,为无后也,君子以为犹告也。"

孟子曰:"天下大悦而将归己,视天下悦而归己犹草芥也,惟舜为然。不得乎亲,不可以为人。不顺乎亲,不可以为子。舜尽事亲之道而瞽瞍厎豫,瞽瞍厎豫而天下化,瞽瞍厎豫而天

---

① 《孟子·公孙丑上》,《十三经注疏》,中华书局1980年版,第2691页。

② 《孟子·尽心上》,《十三经注疏》,中华书局1980年版,第2765、2768页。

③ 《孟子·离娄上》,《十三经注疏》,中华书局1980年版,第2718页。

④ 《孟子·离娄下》,《十三经注疏》,中华书局1980年版,第2727页。

下之为父子者定,此之谓大孝。"①

再进而赞扬舜的爱亲爱贤:

> 孟子曰:"知者无不知也,当务之为急;仁者无不爱也,急亲贤之为务。尧、舜之知而不遍物,急先务也;尧、舜之仁不偏爱人,急亲贤也。"②

荀子是孟子之后影响最大的儒学大师之一,又是援法入儒的代表人物,所以在荀子笔下,舜就成为既重仁义道德又重兵和法的圣王了:

> 案然修仁义,伉隆高,正法则,选贤良,养百姓,为是之日,而名声剥天下之美矣。权者重之,兵者劲之,名声者美之。夫尧、舜者,一天下也,不能加毫末于是矣。③

> 陈嚣问孙卿子曰:"先生议兵,常以仁义为本。仁者爱人,义者循理,然则又何以兵为? 凡所为有兵者,为争夺也。"孙卿子曰:"非女所知也。彼仁者爱人,爱人,故恶人之害之也;义者循理,循理,故恶人之乱之也。彼兵者,所以禁暴除害也,非争夺也。故仁人之兵,所存者神,所过者化,若时雨之降,莫不说喜。是以尧伐驩兜,舜伐有苗,禹伐共工,汤伐有夏,文王伐崇,武王伐纣,此二帝四王,皆以仁义之兵行于天下也。故近者亲其善,远方慕其德,兵不血刃,远迩来服,德盛于此,施及四极。"④

对于《尚书》记载的尧舜"禅让"之事,荀子在《正论》中也给予新的解释:

> 世俗之为说者曰:"尧、舜擅让。"是不然。天子者,势位

---

① 《孟子·离娄上》,《十三经注疏》,中华书局1980年版,第2723页。
② 《孟子·尽心上》,《十三经注疏》,中华书局1980年版,第2771页。
③ 王先谦:《荀子集解·王制》,中华书局2013年版,第203—204页。
④ 王先谦:《荀子集解·议兵》,中华书局2013年版,第330—331页。

至尊,无敌于天下,夫有谁与让矣? 道德纯备,智慧甚明,南面而听天下,生民之属莫不振动从服以化顺之,天下无隐士,无遗善,同焉者是也,异焉者非也,夫有恶擅天下矣?

接着,他又驳斥了所谓"死而擅之"和"老而擅之"的说法。最后,他的结论是:

"尧、舜擅让",是虚言也,是浅者之传,陋者之说也,不知逆顺之理,小大、至不至之变也,未可与及天下之大理者也。①

这就从根本上否定了"禅让"制度的存在。由于荀子是一个"性恶论"者,为了给自己的理论增加说服力,他把舜也打扮成自己的同道,一个认定人情趋恶的思想家:

尧问于舜曰:"人情何如?"舜对曰:"人情甚不美,又何问焉! 妻子具而孝衰于亲,嗜欲得而信衰于友,爵禄盈而忠衰于君。人之情乎! 人之情乎! 甚不美,又何问焉?"②

韩非是荀子的学生,他沿着荀子援法入儒的方向继续前进,成为先秦法家思想的集大成者,并且成为儒家思想最激烈的批判者。在他笔下,舜又成为一个彻底主张法制的人物:

昔者舜使吏决鸿水,先令有功而舜杀之;禹朝诸侯之君会稽之上,防风之君后至而禹斩之。以此观之,先令者杀,后令者斩,则古者先贵如令矣。③

但在论述他的法、术、势理论的重要性时,韩非又往往以尧、舜的"德化"作为对立面加以批判。在《尚书》中记载的尧任舜以贤以及舜以才能卓越行政的内容,到了韩非那里,却变成了他借以论证法制的事实:

历山之农者侵畔,舜往耕焉,期年,甽亩正。河滨之渔者

① 王先谦:《荀子集解·正论》,中华书局2013年版,第391、397页。
② 王先谦:《荀子集解·性恶》,中华书局2013年版,第525页。
③ 王先慎:《韩非子集解·饰邪》,中华书局2013年版,第134—135页。

争坻,舜往渔焉,期年而让长。东夷之陶者器苦窳,舜往陶焉,期年而器牢。仲尼叹曰:"耕渔与陶,非舜官也,而舜往为之者,所以救败也。舜其信仁乎!乃躬藉处苦而民从之,故曰:'圣人之德化乎!'"或问儒者曰:"方此时也,尧安在?"其人曰:"尧为天子。"然则仲尼之圣尧奈何?圣人明察在上位,将使天下无奸也。今耕渔不争,陶器不窳,舜又何德而化?舜之救败也,则是尧有失也;贤舜则去尧之明察,圣尧则去舜之德化,不可两得也。……今尧、舜之不可两誉,矛楯之说也。且舜救败,期年已一过,三年已三过,舜有尽,寿有尽,天下过无已者,以有尽逐无已,所止者寡矣。赏罚使天下必行之,令曰:"中程者赏,弗中程者诛。"令朝至暮变,暮至朝变,十日而海内毕矣,奚待期年?舜犹不以此说尧令从己,乃躬亲,不亦无术乎?且夫以身为苦而后化民者,尧舜之所难也;处势而令下者,庸主之所易也。将治天下,释庸主之所易,道尧、舜之所难,未可与为政也。①

在《难势》中,韩非认定贤与德都不足恃,只有"势"即权力和尊位最可靠:"夫尧、舜生而在上位,虽有十桀、纣不能乱者,则势治也;桀、纣亦生而在上位,虽有十尧、舜而亦不能治者,则势乱也。"在《说疑》中,他比老师荀子更进一步,不仅不承认"尧舜禅让",而且认定他们的帝位继承实际上是"篡弑":

舜逼尧,禹逼舜,汤放桀,武王伐纣,此四王者,人臣弑其君者也,而天下誉之。察四王之情,贪得人之意也;度其行,暴乱之兵也。然四王自广措也,而天下称大焉;自显名也,而天下称明焉。则威足以临天下,利足以盖世,天下从之。②

在《忠孝》中再进一步,韩非全盘否定了舜的忠于尧、孝于父母的

---

① 王先慎:《韩非子集解·难一》,中华书局 2013 年版,第 379—382 页。

② 王先慎:《韩非子集解·说疑》,中华书局 2013 年版,第 443—444 页。

优秀品格,将其说成其恶无比的坏人:

> 瞽瞍为舜父而舜放之,象为舜弟而舜杀之。放父杀弟,不
> 可谓仁;妻帝二女而取天下,不可谓义;仁义无有,不可谓
> 明。①(《忠孝》)

显然,韩非为了论证自己的那一套法制理论,已经置基本的历史事实于不顾,随心所欲地改铸了舜的事迹和形象。

《吕氏春秋》是杂家的代表作,其中提到舜的篇章相当多,所涉及的舜的史迹绝大部分沿袭《尚书》等文献,个别事迹是该书第一次记载,如舜在音乐方面的贡献:

> 舜立,命延,乃拌瞽叟之所为瑟,益之八弦,以为二十三弦
> 之瑟。帝舜乃令质修《九招》、《六列》、《六英》,以明帝德。②

又如在《孝行览·慎人》中,将《诗·小雅·北山》中“普天之下,莫非王土;率土之滨,莫非王臣”的著作权也给了舜。其他内容基本上是对舜的事功的颂扬。

贾谊的《新书》是西汉初年儒家的代表作之一,该书涉及舜的篇章不多,而且所涉及者都是颂扬之词。只有一处所引舜的话不见以前的文献记载,这段话是:

> 帝舜曰:“吾尽吾敬以事吾上,故见谓忠焉。吾尽吾敬以
> 接吾敌,故见谓信焉。吾尽吾敬以使吾下,故见谓仁焉。是以
> 见爱亲于天下之人,而归乐于天下之民,而见贵信于天下之
> 君。故吾详取之以敬也。吾得之以敬也。”故欲明道而谕教,
> 唯以敬者为忠,必服之。③

这里贾谊将舜的优秀品格突出一个“敬”字,展示舜处理各种人际

---

①　王先慎:《韩非子集解·忠孝》,中华书局 2013 年版,第 511 页。

②　许维通:《吕氏春秋集解》,中华书局 2016 年版,第 106 页。

③　贾谊:《新书·修政语上》,董治安主编:《两汉全书》第 1 册,山东大学出版社 2009 年版,第 326 页。

关系所遵循的基本原则。

《淮南子》一书是西汉初年新道家即黄老学派的代表作之一。该书的许多篇章涉及舜,基本上没有增添新的史迹。不过它依据此前的文献,将舜打扮成了黄老学派最重要的理念——顺应自然、"无为而治"的代表。请看下面几段话:

> 由此观之,得在时,不在争,治在道,不在圣。土处下,不在高,故安而不危;水在流,不争先,故疾而不迟。昔舜耕于历山,期年而田者争处墝埆,以封壤肥饶相让;钓于河滨,期年而渔者争处湍濑,以曲隈深潭相予。当此之时,口不设言,手不指麾,执玄德于心,而化驰若神。使舜无其志,虽口辩而户说之,不能化一人。是故不道之道,莽乎大哉!夫能理三苗,朝羽民,徙裸国,纳肃慎,未发号施生而移风易俗者,其唯心行者乎?法度刑罚何足以致之也!是故圣人内修其本,而不外饰其末,保其精神,偃其智故。漠然无为而无不为也,淡然无治而无不治也。所谓无为者,不先物为也;所谓无不为者,因物之所为。所谓无治者,不易自然也;所谓无不治者,因物之相然也。①

> 圣人守其所以有,不求其所未得。求其所无,则所有者亡矣;修其所有,则所欲者至。故用兵者,先为不可胜,以待敌之可胜也;治国者,先为不可夺,以待敌之可夺也。舜修之历山而海内从化,文王修之岐周而天下移风。使舜趋天下之利,而忘修己之道,身犹弗能保,何尺地之有!

> 舜弹五弦之琴,而歌《南风》之诗,以治天下。②

这里的舜俨然是一个黄老思想的大师了!

---

① 何宁:《淮南子集释·原道训》,中华书局 2015 年版,第 46—48 页。
② 何宁:《淮南子集释·诠言训》,中华书局 2015 年版,第 1002、1029 页。

《列子》一书，一般认为晋人所著，但应该承认其中保存了先秦道家的一些资料，如《杨朱》篇就保存了杨朱其人的较多的资料。杨朱是先秦道家学派中最为珍视生命的一派的代表，他保存在《孟子》中的名言是："拔一毛而利天下，不为也。"《列子》中出现的杨朱形象就集中反映了他这方面的思想。由此出发，他自然对尧、舜等圣帝名王刻苦自励、为国为民的奉献精神持坚决否定的态度：

> 杨朱曰："万物所异者生也，所同者死也。生则有贤愚、贵贱，是所异也；死则有臭腐、消灭，是所同也。虽然，贤愚、贵贱，非所能也，臭腐、消灭，亦非所能也。故生非所生，死非所死，贤非所贤，愚非所愚，贵非所贵，贱非所贱。然而万物齐生齐死，齐贤齐愚，齐贵齐贱。十年亦死，百年亦死，仁圣亦死，凶愚亦死。生则尧舜，死则腐骨；生则桀纣，死则腐骨。腐骨一矣，孰知其异？且趣当生，奚遑死后？"

> 杨朱曰："天下之美归之舜、禹、周、孔，天下之恶归之桀、纣。然而舜耕于河阳，陶于雷泽，四体不得暂安，口腹不得美厚，父母之所不爱，弟妹之所不亲。行年三十，不告而娶。及受尧之禅，年已长，智已衰。商均不才，禅位于禹，戚戚然以至于死；此天人之穷毒者也。"①

这些年发现的简牍，如《马王堆汉墓帛书》、《郭店楚简》、《上博简》中，也有一些舜的资料，主要内容是对舜的事功和品格的赞扬。其中《郭店楚简·唐虞之道》最具代表性：

> 唐虞之道，禅而不传。尧舜之王，利天下而弗利也。禅而不传，圣之盛也。利天下而弗利也，仁之至也。

> 尧舜之行，爱亲尊贤。爱亲故孝，尊贤故禅。……忠事帝

---

① 张湛：《列子》，《诸子集成》(三)，上海书店 1986 年影印版，第 78、83 页。

尧,……爱亲尊贤,夫古者舜居于草茅之中而不忧,升为天子而不骄。不流也。居于草茅之中而不忧,知命也。升为天子而不骄,不流也。……不禅而能化民者,自生民未之有也,如此也。①

另外,纬书也有不少舜的资料,但大都荒诞不经,除了作为纬书思想史的资料有些用处外,对舜本身的研究没有多少价值。

三

《史记》、《汉书》、《后汉书》、《三国志》等史书也有不少舜的资料。其中《史记·五帝本纪》、《史记·夏本纪》中的资料更为集中。这些资料,基本上是对先秦有关资料,特别是《尚书》、《左传》和诸子的有关资料进行梳理加工的结果。不过,关于舜的事迹,如里籍等,也有不同于以前文献的记载,如《史记·五帝本纪》:"舜,冀州之人也。舜耕历山,渔雷泽,陶河滨,作什器于寿丘,就时于负夏。"有些事迹虽然沿袭《尚书》等先秦资料,但更加具体,增添了不少故事性很强的细节。如尧、舜禅让的经过,"父顽,母嚚,象傲"即舜被虐待的情节,"四凶"之恶及其被流放的情节,对禹、皋陶、契、后稷、伯夷、夔、龙、垂、益、彭祖等任命和分职的情节等,内容较前丰富多了。可能是司马迁受秦汉大一统意识的影响,对五帝作了世系同元的整理,将他们一律说成是黄帝的直系子孙,其实是漏洞百出,经不起推敲。仅以舜和禹为例,据所有文献记载,舜禅让于禹是一个铁定的事实。然而,按照《史记·五帝本纪》排出的世系,禹是黄帝的五世孙(黄帝—昌意—颛顼—鲧—禹),舜是黄帝的九世孙(黄帝—昌意—颛顼—穷蝉—敬康—句望—桥牛—

---

① 刘钊:《郭店竹简·唐虞之道》,福建人民出版社2005年版,第148—149页。此据释文简化。

瞽叟—舜），第九代传给第五代，这是难以破解的一个矛盾。再如，尧的两个女儿，按辈分是舜的老祖姑奶奶，他们怎么可以婚配呢？

检视有关记载舜的文献资料，似乎可以得出如下几个结论：

一，随着时间的推移，记载舜的文献资料越积越厚，时间愈后资料愈多。顾颉刚先生关于古史辨的重要理论"层累地构成的中国古史说"，用以检视文献资料显然是正确的。

二，如果确定最早出现的《尚书》中的《虞书》、《夏书》就是舜的历史的最早记载，那么，能否得出结论：后出文献资料对于舜的历史的增益的记载就是假的，不可靠的？恐怕不能简单得出这样的结论。这是因为，我们现在只知道《尚书》中的《虞书》、《夏书》是现存最早的记载舜的历史资料，但我们却不知道是否还存在其他与这些资料同时的记载舜的历史资料，特别是不知道与《尚书》中的《虞书》、《夏书》同时是否还存在其他有关舜的口碑传说，所以我们也就无法确定后来增益的资料的来源：哪些是有所本的，哪些是作者的胡编乱造。一般说来，有所本者，可能接近史实；无所本者，就可能是作者的任意杜撰。

三，因此，对于后来增益的资料的真伪和价值的判断必须小心谨慎。可否这样说，凡是被后来考古发现证明的就是可信的；虽然未经考古发现证明，但根据已有资料推断具有存在的合理性，也应该认定是可信的。应该承认，有关舜的资料，最为丰富和系统的是《史记·五帝本纪》和《史记·夏本纪》，尽管晚出，但其记载大部分有所本，即使无所本者，大部分也具有存在的合理性，所以基本上可以作为信史看待。

［原载张福秀、许传平主编《诸城大舜研究——2009 年中国（诸城）大舜文化学术研讨会论文集》，人民出版社 2010 年版］

简论舜之南巡与归葬

一

尧、舜、禹的时代,是中国历史由原始社会向奴隶社会的过渡时期,自然也是各种制度逐步建立的时期。据《尚书·舜典》记载,其时已经建立了对四方的巡狩制度,舜就不止一次地巡狩过东西南北,到过岱宗和西岳、南岳、北岳。不少文献认定,舜崩逝于最后一次对三苗的南巡中。

不过,对于舜的归宿,文献有不同的记载:

《尚书·舜典》:"舜生三十征庸,三十在位,五十载,陟方乃死。"

《竹书纪年》:"陟于鸣条。"

《墨子·节葬下》:"舜西教乎七戎,道死,葬南己之市。"

《孟子·离娄下》:"舜生于诸冯,迁于负夏,卒于鸣条,东夷之人也。"

《吕氏春秋·安死》:"舜葬于纪市,不变其肆。"

《礼记·檀弓》:"舜葬苍梧之野。"

《大戴礼记·五帝德》:"宰我曰:'请问帝舜。'孔子曰:'……天平地成,巡守四海,五载一始。三十在位,嗣帝五十载,陟方岳,死于苍梧之野而葬焉。'"①

《史记·五帝本纪》:"三苗在江淮、荆州数为乱。于是舜归而

---

① 《大戴礼·五帝德》,文渊阁四库全书本。

言帝,请流共工于幽陵,以变北狄;放驩兜于崇山,以变南蛮;迁三苗于三危,以变西戎;殛鲧于羽山,以变东夷:四罪而天下咸服。"
"舜……践帝位三十九年,南巡守,崩于苍梧之野,葬于江南九疑,是为零陵。"①

《淮南子·修务训》:"尧……西教沃民,东至黑齿,北抚幽都,南道交趾。放驩兜于崇山,窜三苗于三危,流共工于幽州,殛鲧于羽山。舜……南征三苗,道死苍梧。"②

以上记载表明,舜的归葬地至少有五种不同的说法:鸣条、南已之市、纪市、苍梧之野、九疑。究竟何种说法符合历史事实,古代学者已经感到棘手。明朝学者都穆的《听雨纪谈·舜冢》写道:

> 《书·舜典》言,岁五月,南巡守,至于南岳。史言舜南巡守,崩于苍梧之野。今舜冢乃在零陵之九疑山。按九疑去南岳,千有余里。苍梧在广西域内,去九疑又数百里。孟子言舜卒于鸣条,鸣条在东方夷服。今亦不闻其有舜冢。孟子去古未远,而传闻犹未免若此,况后代乎?意者舜南巡至于南岳,其或又幸九疑,遂崩而葬其地欤?③

都穆这篇小文始终展露怀疑的调子,因为他实在没有办法确定舜的真实葬地。另一明朝学者朱国祯在《涌幢小品·古陵庙》中,列举了黄帝、少昊、颛顼、帝喾、帝尧等人陵庙的不同记载后,借郭景纯的注解释说:"圣人久于其位,仁化广及,殂亡之后,四海若丧考妣,各自起土为冢,祭醊哭泣,是以所在有墓。"④说到舜的葬地,则

---

① 司马迁:《史记·五帝本纪》,中华书局 1959 年版,第 28、44 页。

② 何宁:《淮南子集释·修务训》,中华书局 2015 年版,第 1312—1313 页。

③ 都穆:《听雨纪谈·舜冢》,文渊阁四库全书本。

④ 朱国祯:《涌幢小品·古陵庙》,文渊阁四库全书本。

只承认孟子的鸣条说：

> 帝舜之葬，《孟子》云："舜生于诸冯，迁于负夏，卒于鸣
> 条。"《竹书》云："陟于鸣条。"《尚书》书"陟方乃死"。《墨子》
> 云："舜西教乎七戎，道死，葬南己之市，衣衾三领，木之棺，葛
> 以缄之。已葬，而市人乘之。"《吕览》云："舜葬于纪市，不变
> 其肆。"《路史》云："诸冯，即《春秋》之诸浮，冀州地也。"鸣条
> 在河中府安邑，有舜墓，有纪市，鸣条陌去纪市才两舍。苍梧
> 之葬，汉儒所讹传，非其实也。《礼·檀弓》曰："舜葬苍梧之
> 野。"《史记》云："舜践帝位，三十九年，南巡守，崩于苍梧之
> 野，葬于江南九疑，是为零陵。"《皇览》云："舜冢在零陵营
> 浦县，其山九，皆相似。"王孙《谋玮》曰："象封有鼻，实在苍
> 梧、九疑之间，亦尝僭称虞帝，故始兴有鼻天子墓。"后世讹
> 为虞舜所葬，故有苍梧之说。《孟子》"鸣条"一言，足为
> 破的。[①]

看来，在古代学者那里，舜的葬地也是没有定论的。不仅舜，就是
五帝中的其他人，还有不少年代久远的名人，其里籍和归葬地也存
在很多争议。之所以出现这种情况，原因是多方面的，其中最重
要的是"名人效应"作怪。至于五帝陵庙出现在很多地方，除了上面
所引郭景纯的解释外，更重要的可能是，由于五帝都是传说中的中
华民族的人文始祖，又都是大圣之人，中国各民族悠久的祖宗认同
意识促成他们将五帝的出生地和归葬地拉到自己的身边，于是就
出现了众多的五帝陵庙。

二

然而，如果五帝是真实存在的历史人物，那么，他们的出生地

---

① 朱国祯：《涌幢小品·古陵庙》，文渊阁四库全书本。

和归葬地就只能有一个是真的,这就是史实的唯一性。今天我们应该判定的是,在文献记载的舜的五个归葬地中,哪一个比较接近历史真实呢?

梳理有关舜的文献,结合相应的考古资料,应该说,舜死于南巡苍梧、归葬九疑之说可能最接近历史事实。

问题是,舜为什么在自己已近高龄的晚年,还不惜冒着生命危险远涉数千里到瘴疠之地的苗人聚居区巡狩?死后为什么归葬九疑山?在盛行二次葬的年代,他的遗骸为什么没有回归故里诸冯?答案只能从当时的中原部落奴隶制王国(或说部落联盟)与三苗的关系中去寻找。不少学者认为中国文明的起源是"满天星斗式",即分布于各地的众多氏族部落差不多同时或先后迈进文明的门槛,并在不断斗争和融合中形成较大的部落奴隶制王国。徐旭生认为当时形成了华夏、东夷和苗蛮三大集团,田昌五认为形成了古夷人(太昊、少昊、伯益、皋陶、颛顼、帝喾)、古羌人(炎帝、共工、四岳、烈山氏)、古戎狄部(黄帝、夏后氏)、古蛮人部(三苗、南郡蛮)四大集团。另外还有其他不同分类模式。但不管何种分类,三苗都是其中重要的一个集团。当中原地区的部落奴隶制王国的势力向周边地区拓展的时候,必然遇到周边氏族部落的反抗。因此,如何处理与周边氏族部落的关系就成为中原王国稳定和发展的重要问题。在尧、舜、禹的时代,与三苗的关系是最难处理的棘手问题。文献对此有突出记载。

《尚书·舜典》:"流共工于幽州,放驩兜于崇山,窜三苗于三危,殛鲧于羽山:四罪而天下咸服。""分北三苗。"①

《尚书·大禹谟》:"帝曰:'咨禹!惟时有苗弗率,汝徂征。'禹乃会群后,誓于师曰:'济济有众,咸听朕命。蠢兹有苗,昏迷不

---

① 《尚书·舜典》,《十三经注疏》,中华书局1980年版,第128、132页。

恭，侮慢自贤，反道败德。君子在野，小人在位，民弃不保，天降之咎。肆予以尔众士，奉辞伐罪，尔尚一乃心力，其克有勋。'……三旬，苗民逆命。……帝乃诞敷文德，舞干羽于两阶。七月，有苗格。"①

《荀子·议兵》："是以尧伐驩兜，舜伐有苗，禹伐共工，汤伐有夏，文王伐崇，武王伐纣，此四帝两王，皆以仁义之兵行于天下也。"②

《吕氏春秋·上德》："三苗不服，禹请攻之，舜曰：'以德可也。'行德三年而三苗服。"③

另外，在《新书·匈奴》中也记载"舜舞干羽而三苗服"。《淮南子·齐俗训》同样记载"当舜之时，有苗不服，于是舜修政偃兵，执干戚而舞之"。《淮南子·修务训》则记载"尧……窜三苗于三危"。而《史记·五帝本纪》也记载三苗数为乱之后，舜报告于尧，最后"迁三苗于三危，以变西戎"。

以上这些记载虽然互有歧义，但有一点似乎可以肯定，即三苗是当时活跃于长江流域的一个相当强大的部落集团，它的势力数度北上，长期与雄踞中原地区相继传承的尧、舜、禹奴隶制王国逐鹿争雄，因而发生多次战争。至禹之时，三苗被赶到长江以南的荒蛮之地。他们就是后来分布于今之两湖、贵州、广西等省区的以苗族为代表的众多少数民族。尧、舜、禹时代中原王国与三苗的联系，也得到考古发掘的证实。据王树明在《文献记载

---

① 《尚书·大禹谟》，《十三经注疏》，中华书局 1980 年版，第 137 页。

② 王先谦：《荀子集解·议兵》，中华书局 2013 年版，第 330—331 页。

③ 许维遹：《吕氏春秋集释·上德》，中华书局 2016 年版，第 452 页。

与考古发现的帝舜》①一文中对考古资料的梳理,证明舜所在的东夷人太昊氏一族,的确有一条自诸城至长江流域的迁徙路线。诸城前寨、莒县陵阳河和大朱村发掘的新石器时代的遗址,发现了作为祭具的陶尊上的 20 多个刻文如"煜"、"炅"、"南"、"凡(风)"、"富"、"斤"、"戉"等,因为"凡(风)"是太昊氏族的族姓徽文,而"凡(风)"又与"冯"近音,这应该是"舜生于诸冯"的确证。安徽蒙城的尉迟寺遗址,同样发现了"煜"、"炅"、"南"、"斤"、"戉"等字,虽然没有发现"凡(风)"字,但发现了祭日出的"旦"字,而其他器物基本相同或相近。这个遗址的年代略晚于诸城前寨、莒县陵阳河和大朱村等遗址,说明尉迟寺遗址是太昊氏一族南迁中停留的地方。湖北天门邓家湾、肖家屋脊遗址,发现了与诸城前寨、莒县陵阳河和大朱村以及尉迟寺遗址基本相同或相近的器物,也发现了"戉"和"凡(风)"字的刻文,年代略晚于尉迟寺遗址,说明这里也是太昊氏一族南迁中停留的地方。这些考古发掘的资料给我们提供了想象的空间:舜的南巡很可能是从今之山东出发向西南方向进发,经今之安徽蒙城一带,再向西南行进,经过今之河南淮河上游流经地,进入今之湖南天门一带。而后,一支沿长江西上,进入巴蜀,与那里的土著部落融合,创造了独具特色的巴蜀文化。一支在舜的带领下,南渡汉水、长江,再沿湘江南下,就到了今之广西的苍梧。舜在对三苗进行了一番安抚之后,客死在这个地方。以上这些互相关联的遗址,至少说明舜所在的太昊集团的一支曾经辗转向南方迁移。他们迁移的轨迹,是否隐隐透出了舜南巡的路线?

　　尽管在长达百年的尧、舜、禹时代都有对三苗的征战,但在处理中原王国与三苗的关系上,尧、舜和禹似乎有着明显的不同,尧

---

　　①　载张福秀、许传平主编《诸城大舜研究——2009 中国(诸城)大舜文化学术讨论会论文集》,人民出版社 2010 年版,第 89—97 页。

和禹更多地使用战争手段,而舜则更多地坚持和平的怀柔的策略,这就是"舜舞干羽而三苗服"。三苗的最后降服,很可能是舜的怀柔政策促成的。舜在将君位禅让给禹之后,大概认为对中原王国威胁最大的还是三苗。由于他的怀柔政策在三苗产生了良好影响,因而成为三苗最信任的中原帝王。舜于是利用这一有利条件,决定在有生之年深入三苗腹地进行最后一次巡狩,以巩固和加强中原王国与三苗的联系。不料此次巡狩使自己走上了不归路。一方面因为他年事已高,经不起长途跋涉的鞍马劳顿;一方面因为南方气候炎热潮湿,习惯于北方气候的舜难以适应,所以在抵达苍梧后一病不起,溘然而逝。

可以想象,舜的病逝肯定成为当时震动朝野的大事,臣民百姓"如丧考妣"。他的葬地选择必有一番认真的谋划。显然,当时的交通条件,不可能将他的遗体运回中原安葬,大概禹和他周围的臣子又不太愿意将其就地安葬,而对舜有着深厚感情的三苗可能也不愿意他们心目中的这位仁人之君远离他们而去,于是折中的结果就是选定九疑山为葬地,这可能就是零陵有幸成为舜陵的原因。不管出于什么原因,舜葬九疑山都是当时参与者的最明智的选择。第一,舜安葬九疑山,表明那时中原王国的势力范围已经到达珠江流域,昭示中原王国在广袤的黄河、长江和珠江流域的地区建立起有效的统治。第二,舜的葬地,位于以三苗为代表的南方氏族部落的中心,作为三苗等南方人民心目中的仁人之君,他的墓地就成为各族人民团结一体的象征。这样一来,舜葬九疑,既满足了三苗等南方人民的愿望,也昭示了南北各族人民割不断的骨肉亲情。这也可以解释为什么中原王国的当权派后来没有对舜进行移骨出生地的二次葬。最后,禹的命运似乎与舜惊人的一致:作为夏王朝的创立者,他也死于巡狩越国的途中,也是葬在了死亡之地的会稽山,而矗立四千年之久的大禹陵也成为中华各族人民血肉联系的永恒象征。

“九疑山上白云飞,帝子乘风下翠微。斑竹一支千滴泪,红霞万朵百重衣。”显然,毛泽东对舜有幸葬在他的故乡湖南也深有感慨,因而触发出雄豪浪漫的诗情。舜葬九疑,应该成为中国各族人民亲密联系的佳话,是中华民族作为一个团结统一整体的永恒象征。九疑穆穆,湘水悠悠,中华一统,永世铭记虞舜之功德!

(原载《九疑论道》,岳麓书社 2015 年版)

虞舜"五教"及其在中国传统道德建设中的意义

一

司马迁在《史记·五帝本纪》中明确认定:"天下明德皆自虞帝始。"当时,这个"德"的内容应该就是"五教"。

《尚书·虞书·舜典》:"慎徽五典,五典克从。""五典"也就是"五教"。《尚书·虞书·大禹谟》:"帝曰:'皋陶,惟兹臣庶,罔或干予正。汝作士,明于五刑,以弼五教,期于予治。'"那么,这个"五教"的内容是什么呢?

《左传·文公十八年》的解释是:"布五教于四方,父义、母慈、兄友、弟恭、子孝,内平外成。"

司马迁的《史记·五帝本纪》认同《左传》的解释:"举八元,使布五教于四方,父义、母慈、兄友、弟恭、子孝,内平外成。"索隐:"契为司徒,司徒敷五教,则契在八元之数。"

《孟子·滕文公上》:"使契为司徒,教以人伦:父子有亲,君臣有义,夫妇有别,长幼有序,朋友有信。"孟子这里讲的"人伦"亲、义、别、序、信,并没有标识是"五教",但后来的一些学者则认定孟子的"人伦"就是"五教"。如宋代林之奇撰写的《尚书全解》卷三《虞书·舜典》这样说:

> 自其可以为万世常行之法而言之,谓之五品;自其设而为教言之,则谓之五教,其实一也。但史官异其文耳。《左氏传》与《孟子》论五典皆本于舜典,而其文不同。《左氏传》云:

舜举八元,使布五教于四方,父义、母慈、兄友、弟恭、子孝。而
《孟子》曰:"使契为司徒,教以人伦,使父子有亲,君臣有义,
夫妇有别,长幼有序,朋友有信",此二说皆本于《舜典》,而其
文则大同小异。窃谓《左传》之言不如《孟子》之说为尽。①
宋代的夏僎也支持林之奇的观点,他在《尚书详解》卷二《舜典》
中说:

> 五教即父子教以亲,君臣以义,夫妇以别,长幼以序,朋友
> 以信者也。要之,品乃自然之秩,教乃因其秩而施其教也。
> 《左传》以父义、母慈、兄友、弟恭、子孝为五典,不若孟子以父
> 子、君臣、夫妇、长幼、朋友为五典,足以尽人伦之道。②

元代的黄镇成也认同林之奇和夏僎的解释,他在所著《尚书通考》
卷五《五礼》中说:

> 五品:父子、君臣、夫妇、长幼、朋友。五者之名位等
> 级也。
>
> 五教:有亲、有义、有别、有序、有信。以五者当然之理而
> 为教令也。③

不管后人怎么解释,虞舜作为"五教"的创造者是没有疑义
的。西周的创建者武王,对"五教"又有所发展。《尚书·周书·
牧誓》记载他的话说:"重民五教,惟食、丧、祭,惇信明义,崇德报
功,垂拱而天下治。"对此,宋代时澜撰写的《增修东莱书说》卷一
六作了如下解释:

> 教者,五常之教也。食者,衣食足而后知礼节也;丧者,慎
> 终追远之义也;祭者,报本反始之义也。惟于此三事教之者,
> 皆良心之所自发也。王者之治不过教养而已。武王至此,夫

---

① 林之奇:《尚书全解》卷三,文渊阁四库全书本。
② 夏僎:《尚书详解》卷二,文渊阁四库全书本。
③ 黄镇成:《尚书通考》卷五,文渊阁四库全书本。

何文哉？有信者则惇之，有义者则明之，有德者则崇之，有功者则报之，使万物各得其所，垂拱而天下自治。可以见武王能还唐虞风俗于千载之下。①

据传周公旦制礼作乐所定的《周礼》一书，将"五教"发展为"十二教"，该书《地官·司徒》记载：

> 一曰以祀礼教敬，则民不苟；二曰以阳礼教让，则民不争；三曰以阴礼教亲，则民不怨；四曰以乐礼教和，则民不乖；五曰以仪辨等，则民不越；六曰以俗教安，则民不愉；七曰以刑教中，则民不虣；八曰以誓教恤，则民不怠；九曰以度教节，则民知足；十曰以世事教能，则民不失职；十有一曰以贤制爵，则民慎德；十有二曰以庸制禄，则民兴功。②

对于这"十二教"与"五教"的关系，清代李钟伦在其所撰的《周礼纂训》卷五《地官·司徒第二》中这样解释：

> 临川吴氏曰："唐虞司徒所敷者五教，而周司徒施十有二教，盖五教举其纲，十有二教则详其目。自一至六是德礼之属也，自七至十二是刑政之属也。"③

应该说，这种解释是很有见地的。

究竟如何看待"五教"解释上的分歧呢？我认为《左传》的解释更符合虞舜的原意。五帝时代，正是中国社会由野蛮进入文明的过渡阶段，众多的氏族部落刚刚迈入文明的门槛，当然是各种政治、经济制度和道德伦理原则初步确立的重要时期。作为中央之国和众多方国联盟的首领，虞舜特别注重各种制度和道德伦理原则的创立。你看，他在接受尧四年的考验正式代行摄政后，即在祖庙举行交接仪式：检查测天的仪器璇玑玉衡，以便核准日、月和

---

① 时澜：《增修东莱书说》卷一六，文渊阁四库全书本。
② 孙诒让：《周礼正义》，中华书局 2013 年版，第 705 页。
③ 李钟伦：《周礼纂训》卷五，文渊阁四库全书本。

金、木、水、火、土五星运行的轨度与时数;举行类祭告天,举行禋祭告四时、寒暑、日、月、星、水旱六种神祇;又以望祭祀名山大川,遍及群神。随即收验过去发给群后象征联盟关系的五种玉器。接着,舜依照当时的礼制进行巡狩活动。他先到泰山,举行柴祭礼,并依次望祭东方的名山大川。于是接见东方群后,跟他们协调四季和月的大小、日的先后,使无差异;统一音律和度量衡单位;修订吉、凶、军、宾、嘉五种礼仪;同时,还划一弓矢、殳、矛、戈、戟五种兵器的规格。接着,分别于五月、八月、十一月对南岳、西岳和北岳进行巡狩,礼仪和泰山之祭一样。此后,又规定五年之内帝巡狩四方一次,各邦君来朝四次,让他们汇报自己的工作。通过这些活动了解他们的工作,并根据其事功进行奖惩。舜还根据河流形成的地域分割,划全国为十二州进行治理。舜的这一系列的祭祀、巡狩活动,意在接续和规范具有悠久历史的祭祀礼仪和治理方式。这既表明他执政的合法性,又表明他对古老仪轨的遵循和对治理方式的规范化。同时,舜也十分注重刑法建设:"象以典刑,流宥五刑,鞭作官刑,扑作教刑,金作赎刑,眚灾肆赦,怙终贼刑。"(《史记·五帝本纪》)成为中国古代刑法的奠基人。在规范各种制度的同时,虞舜似乎更重视确立各种道德规范,所以就有"举八元使布五教于四方"的重要举措。由于中国社会由野蛮进入文明的过渡是在保留和强化血缘纽带的条件下进行的,所以道德伦理也首先是家庭伦理,社会伦理则由家庭伦理的逐步扩展而形成。所以,《左传》和司马迁对"五教"作"父义、母慈、兄友、弟恭、子孝"的解释似乎更符合当时的实际状况。

然而,家庭伦理毕竟难以适应日益发展、日趋复杂的社会生活,它必须逐步扩大、增益其内涵以适应社会生活的需要。因此,周武王就在"五教"之外加了"惟食、丧、祭,惇信明义,崇德报功",《周礼》又将"五教"发展到"十二教",而在这个"十二教"中,正如李钟伦所指出,已经包含了"刑政"的内容。到孟子那里,对"五教"的解释就进一步突破家庭伦理,增加了"君臣有义"、"朋友有信"的社会伦理的内容。显示了家庭伦理向社会伦理、政治伦理和制度化方向的扩展和深化。

二

"五教"的明确提出和有意识地向全国播扬,是虞舜对中国古代伦理道德文化发展的重大贡献之一。

人类从野蛮进入文明,有许多关键性的标志,如金属工具的出现,文字的出现,城市的出现,私有财产的出现,贫富分化、阶级产生和城乡对立的出现,高踞于社会之上的国家权力机构,包括政府、军队、法院的出现等,而伦理观念作为意识形态的一部分,随着文明发展引起的社会关系的新调度,也必然有所调整和更新。虞舜在此节点上提出和播扬"五教",正是适应文明的发展在继承既有伦理道德观念基础上的创新。

一、虞舜认识到,良好的道德风尚不仅对于家庭和谐至关重要,而且对于社会和谐更加重要。一个社会不能没有各种制度和法律的强制规范,但也需要伦理道德的调节,只有二者互相配合,互相促进,社会和谐才能持久地维系。在中国历史上,"五教"的提倡表明,虞舜是第一个意识到伦理道德重要性并自觉进行伦理道德建设的圣帝名王。作为中国传统伦理道德奠基人,他的地位是无可替代的。

二、侯外庐先生认为,由于中国社会由野蛮进入文明走的是"维新路径",个体家庭虽然出现,但宗法血缘纽带还强固存在,"死的拖住活的",所以原始社会形成的伦理道德观念的更化还是比较缓慢的。虞舜认识到这一情势,所以他倡导的伦理道德观念就紧紧扣住家庭伦理,"父义、母慈、兄友、弟恭、子孝",对原始社会的伦理观念更多的是继承而不是创新。家庭伦理显然是从氏族社会形成的集群伦理发展而来的：从母系氏族社会到父系氏族社会，"父义"是指成年男子自觉承担艰难险重劳动的义务；"母慈"是指所有母亲自觉承担抚育下一代的义务；"兄友、弟恭"是指少年男子自觉和谐相处的义务；"子孝"则是指子女对共同的父母辈尊仰和赡养的义务。家庭伦理与集群伦理衔接密切，比较容易为整个社会所接受，减少推行的阻力。

三、在原始社会末期，个体家庭已经产生并且呈现旺盛的发展势头，进入文明社会后，家庭逐渐成为社会的基本细胞。家庭伦理虽然是从氏族社会形成的集群伦理发展而来，但已经有了明显差异，即集群意识被逐步弱化和淡化，而家庭伦理则有逐步增强之势。虞舜强调"五教"，正是适应这一变化的形势。正因为家庭成为社会的基本细胞，社会的和谐就应该建立在家庭和谐的基础之上。"父义、母慈、兄友、弟恭、子孝"，就是要求所有家庭成员都自觉遵守他的角色应该具备的道德规范。虞舜如此重视家庭伦理，也与他本人的经历和遭遇有关，"父瞽叟顽，母嚚，弟象傲，皆欲杀舜"，他生在一个实在说不上和谐，甚至是"凶险"的家庭，但他却以自己顽强的努力，"顺事父及后母与弟，日以笃谨，匪有解"，即以不倦地对父母尽孝、对兄弟友善的真诚的行动，感动顽父、嚚母和傲弟，使他们回归自己角色应负的道德责任和义务，从而达到家庭和谐。

四、虞舜是实践孝伦理的楷模，被后世推尊为二十四孝之首当之无愧。在"父义、母慈、兄友、弟恭、子孝"一组伦理观念中，"子孝"最为重要。因为父义、母慈，大多数家庭都能做到，顽父、嚚母并不多见，唯独"子孝"具有一定难度。而"子孝"却又是构成家庭和谐的核心。因为"子孝"，儿女辈就比较容易建立与父母辈的和谐关系，也给自己的儿女树立榜样，从而使家庭伦理形成优良传统代代相传。虞舜以自己的孝行诠释了"子孝"的关键意义。虞舜以后的中国后世王朝几乎都不遗余力地提倡和宣扬孝行，就是认识到这一伦理观念的核心意义。

五、家庭伦理的向外的扩展比较容易形成社会伦理。如"移孝作忠",形成了中国古代社会第一道德信条"忠","父义"延伸为另一重要信条"义","兄友、弟恭"延伸为另一重要信条——朋友之间的"信",家庭伦理凝聚的和谐理念,最后延伸为另外两个重要信条——"仁者爱人"的"仁"和"礼之用,和为贵"的"礼"。而作为子女精心妥善处理家庭关系的聪明睿智则延伸为另一重要信条"智"。随着这种自然延伸,再经过春秋战国时代众多思想家,尤其是儒家代表人物的总结提炼,中国古代社会最重要的伦理道德信条忠、孝、节、义、仁、礼、智、信就成为整个社会的共识,对保证国家社会的稳定和有秩序的运行起了重要作用。

六、孝伦理的影响尤其巨大而深远。到两汉时期,以《孝经》的出现为标志,"孝"观念的内涵已臻完善。朝廷对孝伦理的重视已经达到空前的程度,这主要表现在三个方面,一是自惠帝始所有皇帝的谥号都加"孝"字,这等于将"以孝治天下"作为招牌昭示全国;二是置《孝经》博士,将《孝经》钦定为各级各类学校的教科书,使儿童自发蒙始即接受孝伦理的教育;三是各种奖励措施:赐爵、赐帛、免除赋役、下诏表彰,特别是将举孝廉定为选官制度中的重要科目,使孝行成了进入官场的门票。这些激励机制在当时产生了巨大影响。就其主要的积极方面讲,是孝伦理作为"天之经,地之义"的观念,经过广泛的宣传已经成为全社会的共识,由此形成强大的舆论氛围,深深影响了社会风气的走向,对形成尊老行孝的良风美俗起了促进作用。两汉以后,孝伦理的影响历久不衰,成为中华民族最重要的美德之一,从总体上看,无论对国家、社会和家庭,其作用的主导倾向都是积极的。

（原载《九疑论道》,岳麓书社 2015 年版）

虞舜

——中国"法制"和"德治"优势互补治理体系的开山之祖

中国从迈入文明社会的门槛开始,就建立了自己独特的国家治理体系以及与之相联系的理论体系,其最简单最准确的表述,就是董仲舒概括的"德主刑辅",即"德治"和"法制"优势互补、两者紧密结合相得益彰的体系。这个体系最重要的开山之祖,就是五帝之一的虞舜。

一

据留传至今的文献记载,虞舜从受尧试用、居摄直至接受禅让的帝位后所推行的施政方略,基本上就是"德主刑辅"。你看,《尚书·舜典》记载的虞舜创制刑法、惩罚"四凶"之事,其中贯穿的就是德刑并用、刑罚中也贯彻宽严结合、施教劝善的原则:

> 象以典刑,流宥五刑,鞭作官刑,扑作教刑,金作赎刑,眚灾肆刑,怙终贼刑。钦哉,钦哉,惟刑之恤哉!流共工于幽州,放驩兜于崇山,窜三苗于三危,殛鲧于羽山:四罪而天下咸服。①

意思是说,虞舜建立刑罚制度,在器物上图画五种刑罚的形状,使人民有所警戒。又规定用流放的办法代替五刑,以示宽大。庶人

---

① 《尚书·舜典》,《十三经注疏》,中华书局 1980 年版,第 128 页。

做官享有俸禄而犯法者,处以鞭刑。掌管教化的人犯法时,使用扑刑。犯法者还可用金赎罪。犯小错,或偶尔犯大错,可以赦免;但犯大错而不知悔改者,则加以严惩。所以在使用刑罚时,要小心再小心。对罪大恶极者严惩不贷,把共工流放幽州,把骧兜流放崇山,把三苗驱逐至三危,把鲧流放羽山,同时规定他们永远不得回朝。由于罪人得到了应有的惩罚,天下的人也就心悦诚服了。

皋陶是虞舜的大法官,是五帝时期对法制建设作出最大贡献的人物。《尚书·大禹谟》记载的虞舜和皋陶关于制定"五刑"的对话,同样贯穿的是德刑并用的原则:

> 帝曰:"皋陶!惟兹臣庶,罔或干予正。汝作士,明于五刑,以弼五教,期于予治,刑期于无刑,民协于中,时乃功,懋哉!"皋陶曰:"帝德罔愆,临下以简,御众以宽,罚弗及嗣,赏延于世。宥过无大,刑故无小,罪疑惟轻,功疑惟重。与其杀不辜,宁失不经。好生之德,洽于民心,兹用不犯于有司。"[1]

这里,帝舜赞扬皋陶作为主管刑狱的士官,明白用五刑来辅助五教,施用五刑的目的是为了不用五刑。这样民众就能服从于中道。皋陶则颂扬帝舜德行完美,没有过失。施政原则是,对待臣下简约,控制民众宽容。惩罚不连带子孙,奖赏延续至后代。如果是过失犯罪,无论多大,都可以得到宽恕;如果是故意犯罪,无论多小,都要施用刑罚。罪行处罚轻重无法确定时,就从轻处理;功绩奖赏轻重无法确定时,就从重赏赐。与其误杀无罪的人,宁可放过不遵守常法的人。这种爱惜民众生命的德行能够和谐民心。因此,民众就不会触犯刑法。

在《尚书·皋陶谟》中记载了皋陶对"九德"、"五礼"和"五刑"的解释:

> 皋陶曰:"都!亦行有九德。亦言其人有德,乃言曰:'载

---

[1] 《尚书·大禹谟》,《十三经注疏》,中华书局1980年版,第135页。

采采。'"禹曰:"何?"皋陶曰:"宽而栗,柔而立,愿而恭,乱而敬,扰而毅,直而温,简而廉,刚而塞,强而义,彰厥有常,吉哉!……天叙有典,敕我五典五惇哉!天秩有礼,自我五礼有庸哉!同寅协恭,和衷哉!天命有德,五服五章哉!天讨有罪,五刑五用哉!政事懋哉!懋哉!天聪明,自我民聪明。天明畏,自我民明威。达于上下,敬哉有土。"①

在皋陶看来,所谓"九德"就是:既宽宏大量又坚栗威严;既性情温和又坚定不移;既小心谨慎又严肃庄重;既处事干练又严谨有序;既虚心纳谏又刚毅果断;既行为耿直又态度温和;既着眼大局又注重小节;既刚正不阿又充实全面;既勇敢顽强又善良道义。所谓"五礼"就是君臣、父子、兄弟、夫妇、朋友之间关系的常法。所谓"五刑"就是墨、劓、剕、宫、大辟五种等级不同的刑罚。这里,皋陶是将"德"、"礼"和"刑"作为一个密不可分的整体加以论述的。而在《大禹谟》中,还记载了大禹率领诸侯将士以武力征伐三苗,经过三十天的战争也没有使三苗屈服,之后靠虞舜"诞敷文德,舞干羽于两阶,七旬,有苗格",就是说,由于虞舜大施文教德政,人们挥舞着干盾和翳羽在宫廷前的台阶上跳舞,过了七十天,三苗就前来归顺了。《史记·五帝本纪》对虞舜事迹的记述,展现他在德、刑关系上的思想倾向似乎更接近"德主刑辅":

> 于是舜归而言于帝,请流共工于幽陵,以变北狄;放驩兜于崇山,以变南蛮;迁三苗于三危,以变西戎;殛鲧于羽山,以变东夷:四罪而天下咸服。

> 舜举八恺,使主后土,以揆百事,莫不时序。举八元,使布五教于四方,父义,母慈,兄友,弟恭,子孝,内平外成……天下

---

① 《尚书·皋陶谟》,《十三经注疏》,中华书局1980年版,第138—139页。

明德皆自虞帝始。①

显然,尽管虞舜并没有抽象出"德主刑辅"这样精准的概念,但他的行政实践和有关言论,已经将这一概念的内涵充分展示出来了。如此一来,虞舜就成为中国古代社会"法制"和"德治"优势互补治理体系重要的开山之祖。在这个事关国家和社会当前与未来长治久安的重大问题上,他的虑事之精、处置之当、创始之功、前瞻之思都是前无古人、后启来者的。

二

由虞舜创始的"法制"和"德治"优势互补的治理体系,到西周的周公那里,又有了一次超越式的发展。

周公,姓姬名旦,是文王的第四个儿子(也有人认为他行三),武王姬发的弟弟。他曾协助武王兴兵伐纣,为周王朝的建立立下汗马功劳。周朝建立第二年,武王去世,成王幼小,周公摄政,肩负起治理这个新建王朝的千斤重担。武王死后不久,即发生周贵族"三监"与纣王之子武庚勾结起来发动的武装叛乱。周公沉毅果决,举兵东征,血战三年,克殷践奄,消除了对周朝最大的武力威胁。之后,他营建东都洛邑,大力推行分封政策,在比殷朝更大的范围内巩固了周朝的统治。进而,他损益殷礼,"制礼作乐",完善了周朝的各种制度和典则。他损益殷人的天命思想,提出了"敬德保民"、"明赏慎罚"的新的统治思想。由此将周朝导入顺利发展的坦途。七年之后,周公又毅然"复子明辟",南面称臣,把权柄交给已经成年的成王姬诵,表现了奴隶主贵族的"大公"气度。在他的治理下,周初的"成康之治"以中国古代著名的"盛世"载入了史册。

---

① 　司马迁:《史记·五帝本纪》,中华书局 1959 年版,第 28—42 页。

周公用"以德配天"说在中国历史上首创了"天人感应"论。他第一次将天的好恶与地上人的行为联系起来,倡导"修人事以应天命"。他一方面承认天是监临下民、赏善伐恶、公正无私的人格神,另一方面又认为天不是喜怒无常地随意降下幸福或灾祸。人间帝王"敬德保民",天便降下福风惠雨,保佑他国泰民安,五谷丰登;人间帝王背德虐民,天便降下水旱灾异,收回他的统治权力,更易新主。天的意志通过"祥瑞"或"谴告"下示人间。人间帝王亦可通过祭祀向上天申述己意,通过实际活动表示自己的赤诚。如此天人交感,构成人间的历史运动。对于统治者来说,其主观能动性的发挥,就是通过"敬德保民"使上天认可和保佑自己在地上的统治权力。为了使上天永远将钟爱倾注于周邦,就必须以"敬德"讨它的欢心。周公认为,有德是取得天帝对地上统治权认可的最重要条件。殷人前期和中期的统治之所以比较稳固,就是因为殷的名王成汤、盘庚、武丁等德行高尚,使远者来,近者悦,上帝赐福,神人共庆。周人能代殷而王,关键是"丕显文王"德行醇厚,结果是上帝钟爱,小民敬畏:

　　在昔殷先哲王,迪畏天显小民,经德秉哲。[1]

　　惟乃丕显考文王,克明德慎罚,不敢侮鳏寡,庸庸,祗祗,威威,显民,用肇造我区夏,越我一二邦,以修我西土。[2]

相反,夏殷所以丧失政权,主要原因就是夏桀和商纣"失德","有殷受天命,惟有历年……不其延,惟不敬厥德,乃早坠厥命"[3]。在周公眼里,有德和天命永远是联系在一起的,在形式上,天命虽然还是至高无上,但在实际上,有德却成为天命的依据和前提。如此,法力无边的天命在事实上遇到了限制。为了使周的统治永远

① 《尚书·酒诰》,《十三经注疏》,中华书局 1980 年版,第 94—95 页。
② 《尚书·康诰》,《十三经注疏》,中华书局 1980 年版,第 91 页。
③ 《尚书·召诰》,《十三经注疏》,中华书局 1980 年版,第 101 页。

继续下去,周公几乎在每个场合都宣扬"以德配天"的理论,并以此谆谆告诫他的侄子成王、兄弟康叔、君奭以及百官、殷后和各方国的首领。"敬德"实在是周公思想的重要内容。

从"敬德"出发,周公要求周贵族时时以夏殷"失德而亡"为鉴戒,"如临深渊,如履薄冰",兢兢业业,小心翼翼地操持自己的政柄,要"永念天威",对上天怀着真诚的崇敬心情;要"迪惟前人光",永远牢记祖宗创业的艰难,做克肖祖宗的孝子贤孙,发扬光大前人不朽的勋业。为此,就必须时刻抑制自己的欲望,像文王那样"克自抑畏",那样"卑服,即康功田功","自朝至于日中昃,不遑暇食,用咸和万民"。要"以万民惟正之供,无皇曰:'今日耽乐'"①。不要贪图安逸,不要大兴游观,不要无休止地田猎,更不要聚徒狂欢。周公这种要求以国王为首的周贵族克制自己的欲望、加强修养、在道德上做万民表率的思想,比之殷贵族那种凶横残暴、肆无忌惮的嗜杀纵欲来,是有进步意义的。事实上,在周公的大力提倡下,更由于当时阶级斗争条件的制约,周初的几代统治者都比较注意抑制自己的欲望以缓和阶级矛盾。"成康之治"与统治阶级相对不太荒唐是有直接关系的。从"敬德"出发,周公在中国历史上较早地提出了"任人唯贤"的主张。要求"继自今立政",必须坚决摈弃无德无才的"人",选取"克俊有德"、智能卓越的贤能之人,从而达到"劢相我国家"、"以觐文王之耿光,以扬武王之大烈"②的目的。从"敬德"出发,周公还提出"保民"和"慎刑"的主张,要求统治者了解广大奴隶和平民的处境,"知稼穑之艰难"、"闻小人之依"③,关心他们的疾苦,使他们有一个最低限度的温饱生活。要"庶狱庶慎",有条件地运用"刑杀",使其与"敬德"起到相辅相成

①　《尚书·无逸》,《十三经注疏》,中华书局1980年版,第110页。
②　《尚书·立政》,《十三经注疏》,中华书局1980年版,第129页。
③　《尚书·无逸》,《十三经注疏》,中华书局1980年版,第109页。

的作用。这里,周公给虞舜创始的"法制"和"德治"优势互补的治理体系增加了君王自我修养和保民的内容,大大强化了君王之德的内涵和分量,突出了"保民而王"和选贤任能的地位,从而使这一理论体系发展到一个新的阶段。

周公"曰命,曰天,曰民,曰德,四者一以贯之"①的思想,在中国思想史上与他的前辈相比,贡献了许多新的东西。他第一次在殷人无所不包的天命思想体系上打开了一个缺口,给先秦天道观发展史带来了有意义的转折;他第一个发现了人的主观能动性作用,提出了"以德配天"的理论;他第一个看到了奴隶和平民的伟大力量,提出了影响深远的"敬德保民"思想。在中国奴隶社会还处在蒸蒸日上的发展时期,周公作为朝气勃勃的奴隶主阶级的一个代表人物,以他巨大的政治建树和卓越的思想创造,促进了这个社会的发展。他无疑是一个值得肯定的历史人物。

三

春秋战国时代发生的思想文化上的"百家争鸣",通过诸子的诘辩进一步丰富和发展"法制"和"德治"优势互补的理论体系。

孔子是儒家学派的创始人,他继承周公的"敬德保民"思想,主张仁德政治,要求"为政以德"、"仁者爱人",把平民尤其是奴隶也当人看待,薄赋敛、减徭役、省刑罚,使劳动人民有一个过得去的生产和生活条件。他特别强调对人民进行德与礼的教化,反对"不教而诛",要求"道千乘之国,敬事而信,节用而爱人,使民以时"②,"使民如承大祭"。他所以对子产大加表彰,是因为子产"有君子

---

① 王国维:《观堂集林·殷周制度论》,河北教育出版社 2001 年版,第 243 页。

② 《论语·学而》,《十三经注疏》,中华书局 1980 年版,第 2457 页。

之道四焉：其行己也恭，其事上也敬，其养民也惠，其使民也义"①。他痛斥为季氏聚敛的冉有"小子非吾徒"，要求弟子们"鸣鼓而攻之"，显然是反对过重剥削。孔子主张对奴隶和平民采用温和的统治方法，反对一味镇压和杀伐，"子为政，焉用杀"②，"富之"，"教之"，"足食足兵"。这表明孔子已经认识到，劳动者只有在物质生活有了基本的保障之后，其他一切如教化、富国、强兵之类才能实现。这种思想不仅与当时奴隶主贵族的主张判然有别，而且与后来法家以百姓为敌的赤裸裸的屠戮政策也迥然有异，显示的是孔子强烈的民本意识。他一生坚信教化是达到社会安定、各阶级各集团关系和谐的主要手段，他说："道之以政，齐之以刑，民免而无耻；道之以德，齐之以礼，有耻且格。"③尽管他不否认刑政杀伐的作用，但认为那只是治标之策，只有教化才能起根本的长远的作用。由此出发，他对伦理道德进行了大量阐发，既奠定了他在中国伦理学发展史上万流归宗的崇高地位，又确定了儒家思想的重要内容和特色。孔子的伦理思想以"仁"为核心，"志于道，据于德，依于仁，游于艺"④，成为他伦理思想的总纲。他特别强调统治者应该是"圣人"，是"君子人格"修养的表率。在"德"、"刑"关系上他明显向"德"倾斜，但并不否定"刑"的作用。

孔子之后，儒家学派最重要的传人是子思、孟子和荀子。子思继承和弘扬孔子的中庸理论，鼓吹"天人合一"，认定圣人能够"赞天地之化育"、"与天地参"。他搭建了孔子至孟子的桥梁。孟子将孔子"仁"的理念发展为"仁政"学说，强调"民为贵，社稷

---

① 《论语·公冶长》，《十三经注疏》，中华书局 1980 年版，第 2474 页。
② 《论语·颜渊》，《十三经注疏》，中华书局 1980 年版，第 2504 页。
③ 《论语·为政》，《十三经注疏》，中华书局 1980 年版，第 2461 页。
④ 《论语·述而》，《十三经注疏》，中华书局 1980 年版，第 2481 页。

次之,君为轻",一方面要求统治者"制民恒产"、轻徭役、薄赋敛、减刑罚,给百姓创造良好的生产和生活条件,一方面要求统治者践履忠、孝、节、义、仁、礼、智、信等道德信条,"养浩然之气",经过不断的艰苦磨炼,养成"君子人格",实现"内圣外王"的理想。与孔子一样,在"德"、"刑"关系上他进一步向"德"倾斜。

荀子是战国晚期儒家思想的集大成者,也是百家思想的集大成者。在政治思想上,他一方面继承了孔子的礼治观念,并且成为先秦礼学的集其大成者,另一方面,他更多地使礼向法倾斜,提出了一套较完整的封建专制的理论。他意识到人类所以异于其他动物,就是因为有自己的社会组织"群"。而这个"群"之所以能够彼此协和存在,是因为有"分",即有一整套礼法制度来规范人们的行为:"丧祭朝聘师旅"、"贵贱生杀予夺"、"君君臣臣父父子子兄兄弟弟夫夫妇妇"、"农农士士工工商商"①,而这套制度又是永恒的:"君臣、父子、兄弟、夫妇,始则终,终则始,与天地同理,与万世同久,夫是之谓大本。"②荀子顺应战国晚期大一统的趋势,继承儒家"以德服人者王"的思想,一方面提出"以德兼人"的导向统一的主张,要求有志统一的君王推行仁义,争取人心归服,从根本上保证统一战争的胜利,另一方面,要求奖励耕战,富国强兵,保证战争胜利的物质基础。同时又为正在形成的封建国家建立一套完整的封建等级制度,"立君上之执以临之,明礼义以化之,起法正以治之,重刑罚以禁之"③。这其中虽不乏儒家的基本观念,但已经大量吸收了法家学说。他明确提出加强君主专制:"君者,国之隆也;父者,家之隆也。隆一而治,二而乱。自古及今,未有二隆争重而

---

① 王先谦:《荀子集解·王制》,中华书局 1988 年版,第 193 页。
② 同上。
③ 王先谦:《荀子集解·性恶》,中华书局 1988 年版,第 520 页。

能长久者。"①在选官制度上主张"任贤使能",在君民关系上主张
"爱民"、"利民",同时用礼乐对民进行教化,用刑罚对奸民进行惩
罚,把"教"与"诛"结合起来:"故不教而诛,则刑繁而邪不胜;教而
不诛,则奸民不惩;诛而不赏,则勤属之民不劝。"②这样就将教化
和刑罚紧密结合在一起了。

　　总之,由孔子创立的儒家学派,经过荀子的发展改造,内容更
加丰富,体系更加完整,与已经确立统治地位的新兴地主阶级的需
要更加贴近,特别是他综合儒法所创造的大一统的君主专制论,更
为日后中国的封建君主提供了一套较完备的德刑互补的统治
理论。

四

　　发源于三晋的法家学派产生了商鞅、慎到、申不害、韩非等思
想巨人和学术大师。到战国末期的韩非手里,完成了以法、术、势
为核心的具有严密体系的理论构建。由于其鼓吹"富国强兵",奖
励耕战,要求不分贵贱亲疏一断于法和加强君主专制的中央集权,
具备普及和实践的品格,可以收到立竿见影的效果,因而受到战国
七雄当政者的重视,成为他们指导变革和进行统一战争的理论宝
典。年轻的秦王嬴政,正是在法家学说的指导下,第一次完成了中
国真正意义上的统一,建立起东亚幅员最辽阔的大帝国。秦朝建
立后,法家的声望臻于顶点。秦始皇君臣实行"以法为教"、"以吏
为师"的思想文化政策,定法家思想为一尊,最后发展到"焚书坑
儒",将集权专制推向极致,也就将思想文化的活力彻底禁锢。可
是,当秦始皇带着秦王朝一世二世以至万世永存的理想走向骊山

---

①　王先谦:《荀子集解·致仕》,中华书局 1988 年版,第 310 页。

②　王先谦:《荀子集解·富国》,中华书局 1988 年版,第 226 页。

脚下那雄伟崇隆的陵墓时,人民大起义的狂涛巨浪就使这个王朝陷于灭顶之灾,嬴氏贵族受到了覆社灭宗的最严厉的惩罚。西汉建立以后,刘氏君臣,特别是以陆贾、贾谊、董仲舒、司马迁为代表的思想家,不断地对秦朝"二世而亡"这一巨大的社会变迁进行历史反思,其中最重要的内容就是对被推尊为统治思想的法家学说进行学理的辨析与批判。法家学说尽管有着许多其他学派没有的优长和立竿见影的功效,但它的缺失同它的优长一样明若观火。法家将荀子的"性恶论"推向极致。荀子虽然坚持"性恶论",但他同时认为"礼义教化"可以使人改恶向善。而韩非则认为,人性恶不仅是绝对的,而且是不可改变的。这种"性恶"的社会表现就是对个人私利的无厌追求,而这种追求是完全合理的。所以一切仁义道德的说教统统都是骗人的鬼话,统统都应该弃之如敝屣。在他看来,规范社会上人与人关系的准则就是利害,人与人之间根本不存在道德亲情的联系,只是建立在赤裸裸的利害关系基础上的交换和买卖关系,君臣、君民,甚至父母和子女之间的关系也是如此。法家的这种绝对功利主义的社会伦理学说,斩断了社会上本来就存在的非功利的伦理亲情的联系,将社会上所有人与人的关系全说成是弱肉强食的狼与羊的关系。这种理念作为真理广泛宣传,其对国家民族和社会的危害是显而易见的。深受其害的恰恰就是这一理念的笃信和推行者秦始皇与他建立的王朝。由于他纯以利害规范君臣和君民关系,必然斩断臣民对这个王朝道德和感情的思缕。正因为如此,所以在秦朝灭亡的过程中就找不到一个为之殉难的忠臣烈士;而在秦朝灭亡后,也找不到一个为之哼唱挽歌的孤臣遗民。从而使这个曾经不可一世的赫赫扬扬的伟大王朝的落幕显得特别的悲寂和凄凉。秦朝的二世而亡使法家学说的威望一落千丈,汉朝统治者根本不可能推尊它为统治思想,而秦朝专制制度下无休止的横征暴敛更使广大百姓对法家思想深恶痛绝。这样一来,在秦朝以后两千多年中国封建社会的历史上,法家学说就一直被置于不断遭受批判的尴尬境地。

五

历史发展到西汉中期,雄才大略的汉武帝与今文经学大师董仲舒,通过"举贤良文学对策",推出了"罢黜百家,独尊儒术"的思想文化政策,从而完成了中国古代"法制"和"德治"优势互补治理体系的构建。

董仲舒是汉代新儒学的创始人。他创立的新儒学由天人感应的神学目的论、君权神授说和专制主义大一统的政治论以及性三品说和三纲五常的道德观所组成。董仲舒是一个对现实社会十分敏感的政治家和思想家,他在汉武帝统治的极盛时期已经敏感地观察到走向激化的社会矛盾和阶级矛盾。他敢于面对现实,以比同时代人更锐敏的眼光揭露"富者田连阡陌,贫者无立锥之地"的贫富对立的事实,指出劳动人民"或耕豪民之田,见税什伍","常衣牛马之衣,食犬彘之食"[1]的悲惨境遇,与贵族富豪们享受高爵位、厚利禄并且"食利而不肯学义"横暴骄逸,形成了鲜明的对比。针对此,董仲舒提出了一系列缓和阶级矛盾和社会矛盾的主张。如"限民名田,以澹不足,塞并兼之路。盐铁皆归于民。去奴婢,除专杀之威"[2]等,这是两汉历史上第一个关于解决土地、奴婢问题的改良方案。又提出"不与民争利"、放弃盐铁国营、禁止官吏经营工商业以及"薄赋敛,省徭役"等经济政策。针对富者骄、贫者忧的社会现实,他提出了分配社会财富的理想方案:"使富者足以示贵而不至于骄,贫者足以养生而不至于忧。以此为度而调均之,

---

① 班固:《汉书·食货志》,中华书局 1962 年版,第 1137 页。
② 同上。

是以财不匮而上下相安,故易治也。"①这实际上是为封建统治设计的长治久安之术。为了稳定封建统治,他神化君权,鼓吹"君权神授",认定"受命之君,天意之所予也,故号为天子"②。君"立于生杀之位,与天共持变化之势"③。为了使人君保持绝对的权力和威严,必须从政治上加强专制主义的集中统一:"春秋大一统者,天地之常经,古今之通谊也。"④同时把全国臣民的思想纳入儒家学说的轨道,实行"罢黜百家,独尊儒术"的政策。

董仲舒一方面看到专制主义中央集权需要在政治上和思想上树立君主的绝对权威,另一方面也隐隐觉察到不受限制的君主权力一旦为所欲为,也会给国家和社会带来意想不到的灾难。于是又在君主之上精心设计了一个天神,希望利用它来对君主的活动加以约束:"且天之生民,非为王也,而天立王以为民也。故其德足以安乐民者,天予之;其恶足以贼害民者,天夺之。"⑤这里,董仲舒要求君主安民乐民的愿望是真诚的。只不过天的佑护毕竟靠不住,董仲舒于是更多地把注意力集中在"贤才"的选取、培植和任用上。他深知贤才对国家兴亡有着至关重要的作用,"是故任非其人而国家不倾者,自古及今,未尝闻也……任

---

①　董仲舒:《春秋繁露·度制》,董治安等主编:《两汉全书》第四册,山东大学出版社,第2068页。

②　董仲舒:《春秋繁露·深察名号》,董治安等主编:《两汉全书》第四册,山东大学出版社,第2086页。

③　同上。

董仲舒:《春秋繁露·王道通三》,董治安等主编:《两汉全书》第四册,山东大学出版社,第2100页。

④　班固:《汉书·董仲舒传》,中华书局1962年版,第2523页。

⑤　董仲舒:《春秋繁露·尧舜不擅移汤武不专杀》,董治安等主编:《两汉全书》第四册,山东大学出版社,第2065页。

贤臣者,国家之兴也"①。他对当时官场出现的"主德不宣,恩泽不流""暴虐百姓,与奸为市""廉耻贸乱,贤不肖浑淆"②等现象痛心疾首,要求选任官吏"毋以日月为功,实试贤能为上,量材而授官,录德而定位",反对"累日以取贵,积久以致官"③的论资排辈恶习和任子制度,提出"兴太学"、"举贤良",在社会上广泛选取德才兼备的知识分子为官吏,以扩大统治基础。董仲舒反对政府对劳动人民一味施以严刑峻法,主张治民以德教为主,以刑罚为辅。他说:"王者承天意以行事,故任德教而不任刑。刑者不可以任以治世,犹阴者不可以任以成岁也。为政而任刑,不顺于天,故先王莫之肯为也。"④至此,或曰"德主刑辅",或曰"内法外儒"的中国古代"法制"和"德治"优势互补的治理体系臻于完善,尽管后来的封建王朝不时根据变化的形势加以微调,但基本原则一直延续下来。不过,这个治理体系,与近代西方形成的法治体系差距非常之大,因为它不是以法治国、法律至上,而是在人治的大前提下,坚持伦理本位,辅以刑法为主、兼及民法的治理体系。如果说这一治理体系与自然经济条件下的古代中国社会相适应的话,那么,到进入工业文明的近代社会,这一治理体系的弊端就日益显现,致使中国迈向现代法治社会的进程曲折而艰难。

(原载《舜文化研究与交流》2015 年第 4 期)

① 董仲舒:《春秋繁露·精华》,董治安等主编:《两汉全书》第四册,山东大学出版社,第 2030 页。

② 班固:《汉书·董仲舒传》,中华书局 1962 年版,第 2512 页。

③ 同上,第 2513 页。

④ 同上,第 2502 页。

虞舜研究问题二则

一、虞舜有无和时代定位

自古至今，虞舜研究中劈头遇到的第一个大问题，就是虞舜在历史上究竟存在不存在？他是真实的历史人物，还是后世编造的神话？如果他真实存在，那么，他的时代如何定位？

对虞舜存在与否的争论在古代就出现了，近代以来更是考古和历史学界辩论的热门话题之一，历久不衰，至今也还是个悬而未决的学术难题。在确切的考古资料被发掘出来以前（也可能永远发掘不出来），这个学术问题肯定会永远争论下去。

近代第一个否认虞舜是真实历史人物的是康有为，他在《新学伪经考》、《孔子改制考》等著作中，认定尧舜等三皇五帝全是孔子等春秋战国时期诸子百家为了自己的理想而编造出来的人物。紧随其后的康有为大弟子梁启超则从否定古文献的真实性入手否定尧舜的真实性。他特别揭示《史记·五帝本纪》在编排五帝世系时显露的明显破绽，判定虞舜是古人的伪托。顾颉刚创建了古史辨派，以严密的考证，得出尧舜等人物是儒家和墨家伪托的结论。顾颉刚的老师胡适、同事钱玄同等为古史辨派擂鼓助威，充分肯定他们的观点。而他的弟子和侪辈杨宽、杨向奎、童书业、孟世杰、魏建功等则更为其泪泥扬波，从不同角度论证三皇五帝属于子虚乌有。童书业一面与顾颉刚共同著文，论证尧舜是墨家的伪托，一面又自己撰文，进而认定舜是战国时代齐国田氏自谓舜的后代以取代姜齐而编造出来的。郭沫若比较认同顾颉刚的结论，他也认定

《尚书·尧典》记载的尧舜事迹纯属伪托。考古和古史专家丁山则认定尧是春神的化身，舜是夏神的化身。改革开放以来，也还有不少人认同并进一步阐发古史辨派的观点，如刘起釪、王煦华等。黄忻佳也认为三皇五帝都不是真实的历史人物，而是神话中人转化为人间帝王。也有的学者，如孙君恬，认定尧舜十之八九是出于附会，即使实有也不是人而只能是一个族群的代表。再如温玉春，他从文献记载尧舜的高寿之难以成立否定他们的真实存在，认为《尧典》没有丝毫史料价值。更有吴广平，考证出尧舜皆由远古的生殖器崇拜转化而来。

与否定尧舜存在的观点相反，从古至今更有大批学者认定尧舜是真实存在的圣帝名王。就在古史辨派声势最盛的二十世纪二三十年代，有一批学者就批评古史辨派疑古过头。王国维、钱穆坚决否定古史辨派的观点，认为不管文献记载的尧舜事迹有多少破绽或可疑之处，但他们作为真实的历史人物是不能否定的。与古史辨派对着干的刘掞藜、胡堇人、柳诒徵、陈安仁等人更是一再论证记载尧舜事迹的古籍的真实性和尧舜事迹的真实性。改革开放以来，众多学者对古史辨派疑古过头的偏颇进行批评，认定五帝特别是尧舜是真实历史人物的学者越来越多。

在认定五帝真实存在的前提下，学者们也需要对文献记载中许多显而易见的破绽作出合理的解读，如尧舜等人过百岁的年龄，舜与二妃的辈分差异，五帝在辈分上的混乱等。不少学者认为，《史记·五帝本纪》之所以出现如此多明显的破绽，是因为司马迁是从大一统观念出发硬性规范传说和流传的文献资料，硬将不同氏族部落的传说资料纳入大一统的谱系。事实上，中国历史真正实现大一统是秦朝统一六国的公元前221年，在此之前，中国历史还谈不上真正的统一。真实的情况应该是，五帝时期的中国正处于原始社会向奴隶社会过渡阶段，众多的氏族和部落以万国即各自独立的形态分布于中华大地，尧、舜、禹各自代表着不同的族群，他们更可能是氏族的名称而不是个人的名字,他们通过所谓"禅让"的方式轮流担任部落联盟的首领,他们不可能是黄帝一个祖宗的后代,舜与二妃更不可能是老祖姑奶奶与侄耳孙的关系。

承认尧舜是真实存在的历史人物或族群,还必须给他们所处的时代一个确切的定位。在这个问题上,学者们的分歧也是很大的。

有的学者认定尧舜时期是母系氏族社会,盛行族外婚,尧嫁二女给舜就是族外婚的证明,而禅让又恰恰是族外婚条件下部落联盟首领继承的方式。也有的学者认为尧舜时期正处于母系氏族社会向父系氏族社会的过渡阶段,因而两种社会的特征交织在一起。

有的学者认为尧舜时期已经是父系氏族社会,尽管母系氏族社会的遗存还明显存在,但从整体发展情况看,这时的文明发展水平已经远高于母系氏族社会。

比较多的学者认为尧舜时期处于原始社会向奴隶社会过渡阶段,或者说是原始民主制向君主制的过渡阶段,也有说是原始社会向国家过渡的中间环节。还有说是前国家形态向国家形态的过渡阶段,是"躁动于酋邦母体中的文明时代",是"酋邦社会",或"部族联合体"、"族邦联合体"。更有学者认为尧舜时期与古希腊、罗马和美洲土著大不一样,尧舜时期的文明程度远远高于后者,已经完全进入文明社会,在夏朝之前应该有一个虞朝。对当时社会发展程度估计最高的学者甚至认定,中国早在七千年前就已经进入文明社会,尧舜时代已经是文明程度相当高的社会了。

所有这些论点,跟着都要回答一个问题:尧舜时期的政体如何定位?

有的学者认为这时的政体是部落联盟,有的学者认为是"邦国联盟",有的学者认为"贵族国家联盟",有的学者认为是"部落奴隶制王国",有的学者干脆认为就是奴隶制国家的贵族专政体制。

以上这些观点,从学术讲,都是言之成理,持之有故的。我们的看法是,五帝时代,尤其是尧舜时期,中国历史已经迈入文明社会的门槛,但原始社会的残余还明显地保存着。按照侯外庐先生的观点,中国古代社会的发展,走的是一条"维新路径",是在血缘纽带还强固存在的情势下,在"死的拖住活的"的杂陈中迈入文明社会的门槛的。因此,对这个社会的性质的估计就不免有相当大的差距:看原始社会残余重的学者认为这个时代就是母系氏族社会,至多是父系氏族社会;看文明社会特征多的学者就认定这一时代已经进入文明社会,甚至认为是文明高度发展的社会,国家的各种职能都已存在并正常运转了。

那么,究竟应该如何认识这个时代呢?

我们认为,将五帝时代,尤其是尧舜时代定位为由原始社会向奴隶社会的过渡时期可能比较符合实际,在学术上比较稳妥,比较有说服力。因为这个时代的显著特征是新旧杂陈,原始社会的残余在某些方面还相当显著,如族外婚、氏族民主制度、禅让制度、贫富分化程度不高等。同时,文明社会的特征也初露端倪:贫富开始分化并有日益加剧之势、部落联盟首领的权力越来越大、禅让制度尽管保存了原始民主的形式但内容已经是权势者的私相授受、社会的管理机构逐渐变成脱离社会的国家权力、围绕着尧舜的一大批官吏组成了权力越来越大的行政机构、地方的管理由血缘联结的氏族、部落变成名曰"州"的政府、成文法代替了习惯法、礼乐制度也开始萌芽、对"不臣"者的战争愈演愈烈、残忍的杀伐日益成为惩罚罪犯的手段,等等。在大多数学者达成共识的尧舜时代对应的考古文化如龙山遗址、大汶口遗址、陶寺遗址等,都明显地展现了这种新旧相纠结的特点。在这样认识的基础上,我们似乎可以对五帝特别是尧舜时代作如下的描绘:

在距今五千年左右的中国,远古的历史已经进入文明的门槛。这时,在黄河长江中下游广阔的原野上,由氏族转化而来的大大小小的部落联盟,以封国的形式存在着。东方是太昊、少昊为代表的东夷族的部落联盟,虞舜是其中最强有力的族群;西方是黄帝等为代表的西戎族部落联盟,唐尧是其中最强有力的族群;中原地区是夏族为代表的华夏部落联盟,禹是其中最强有力的族群;南方是苗蛮族的部落联盟,三苗是其中最强有力的族群。这些族群的社会经济已经相当发展,主要以木、石、骨、蚌为原料制作的生产工具,开发出繁盛的原始农业,北方的小麦、谷类、豆类作物,南方的水稻等作物,为生民提供了主要的食物来源,北方草原地区牧业发达,采集、渔猎作为经济生活的补充仍然起着一定的作用。以制陶业、工具制造业为代表的手工业也达到相当规模,为生民的生产与生活提供了最必需的用具。个别比较先进的地区,已经出现冶铜,说明金属工具开始展示它的优越性能。这些部落联盟随着人口的增加和生活的需要,彼此的交往不断增加,矛盾也就不断发生。通过不断的交流,其中不乏诉诸武力的战争,在民族融合的道路上不断前行。由于各部落之间日益密切的交往,互相往来的人群愈来愈多,他们感到往日的部落联盟的组织形式已经难以管理如此庞大的人群,于是在部落联盟之上再组成一个新的管理机构,这就是所谓"邦国联盟"、"贵族国家联盟"、"部落奴隶制王国"。其最高统治者往往由最具权势的族群推出。随着各族群势力的此消彼长,他们依次由不同族群推出的黄帝、颛顼、帝喾、尧、舜等担任,其首领被后来人称作"帝"。司马迁根据不同来路的传说资料,写出了中国历史的开篇第一章《史记·五帝本纪》。尽管由于传说的来路不一,将其整合在一起的历史不可避免地露出不少破绽,互相抵牾之处在在多有,但应该承认,这是中国史学家第一次使中国远古的历史纳入规范化的努力,给后世留下了关于先民历史的最初的叙述模式。

二、"禅让"的有无和性质

与尧舜禹相联系的"禅让"问题一直是研究上古史的热门话

题之一。这一话题包含着两个主要议题,一是"禅让"是真实的历史存在还是思想家的虚构? 二是如果"禅让"是真实的历史存在,对其性质如何定位?

认定禅让根本不存在的观点,以康有为、顾颉刚为代表。他们认为所谓禅让是儒、墨等思想家为了阐发自家的理想而编造的。古史辨派的学者大都认同这一观点并进行各自的诠释。其他如刘仁航、姚永朴也认定禅让是出于后世的附会与编造。陈泳超认为禅让是儒墨政治理想的寄托,冷德熙认为禅让是两汉纬书编造的政治神话。李学勤认定尧舜时代领袖人物的产生方式主要是世袭而非禅让,田昌五则认为历史上所谓尧舜禹"禅让"和"篡夺"的说法皆是后人的精心安排,真实情况是部落集团首领的"轮流称雄"。总之,他们认为,所谓"禅让"在中国历史上压根就不存在,所有关于它的说词都是思想家们出于明确目的而实施的精心编造。

也有的学者认为"禅让"和"篡夺"都是真实存在的,二者在一定条件下互相转化。更多的学者认为禅让是历史上真实存在的现象,王国维和钱穆为代表的一批学者认定古代文献对禅让的记载是完全可信的。郭沫若、范文澜、翦伯赞、吕振羽等马克思主义权威史学家也认定禅让曾在历史上真实存在过。改革开放以来,有更多的学者肯定禅让的存在。但是,对禅让如何解释,则存在很多分歧。

郭沫若、范文澜、翦伯赞、吕振羽等学者比较倾向一致地认为,禅让是母系氏族社会的"二头军长制"选举。郭沫若特别指明,尧嫁二女给舜反映当时处于群婚状态,禅让是氏族评议会民主选举首领。吴泽认为禅让反映的男子出嫁习俗,氏族酋长只能由外氏族人担任。王震中认为当时的政治制度是"邦国联盟",禅让是"邦国联盟"盟主的传位方式。王和认为禅让是"前国家形态向国家形态的过渡"时期"部族定位变更的反映"。周谷城认为禅让存在,"反映贵族专政的力量",因为禅让是部落联盟首领之间的私相授受。陈登原认为禅让存在,其性质是部落酋长的"自然承袭"。黎东方则认为禅让是两个部落结盟,轮流担任联盟首领。钱耀鹏认为禅让是平等的部落联盟领袖的产生方式,而刘宝才却认为禅让是多个部落都无武力统一的实力,不得已而采取的一种相互妥协的选取首领的办法。陈新对禅让的评价较高,认定它是原始民主与公仆意识的反映。不少学者尽管承认禅让的存在,但拒绝从道德的高度去评价,而是更多地从历史必然性的角度说明它存在的合理性。如刘兴林认为禅让是母系氏族社会向父系氏族社会过渡时期的特有现象,侯玉臣认为禅让是部落联盟首领在激烈斗争的情况下采取的特殊的传位方式。王汉昌认为禅让是氏族酋长个人权力膨胀,私相授受,破坏了"一致同意"原则,杜勇也认为禅让是对"暴力夺位的粉饰",唐冶泽认为禅让是由原始民主制向君主制的过渡,类似个人独裁。张广志也认为,禅让虽是原始民主残余的体现,但实际上"篡夺的意义更多"。谢宝笙虽然认为禅让存在,但指出它不是固定的制度,而是一种特例,因为它在历史上仅实行了两次,就是《史记·五帝本纪》记载的传承,也是世袭多于禅让。许兆昌将"国际次体系"的概念引进禅让的研究,认为禅让是"国际次体系"时代特有的首领产生方式。更有学者认定,禅让来源于巫术,是一种傩戏的表演。

　　究竟如何认识禅让,的确是一个相当棘手的学术问题。因为从春秋战国以来,中国的历史学家和思想家对此就有截然相反的认识,形成"禅让"和"篡夺"的对立。三千多年过去了,今天的学者仍然围绕着这两个命题争论。马克思主义历史唯物论观点和方法的运用,也只是使双方的辨析进一步细化和深入,但并没有达成共识。看来这个问题还要继续辩论下去。

　　事实上,无论是"禅让"还是"篡夺",都是后人对五帝时期首领传承方式的概括,而且是根据当时的历史和社会经验得出的不同概括。近代以来,随着西方社会学和历史学理论的传入,尤其是马克思主义历史唯物论的传入,摩尔根的《古代社会》和恩格斯的《家庭、私有制和国家的起源》两书产生的影响越来越大。学者们力求用新的观点和方法对其进行重新诠释,努力将禅让纳入合乎或体现历史发展规律的轨道。在马克思主义历史唯物论看来,社会历史是按照原始社会—奴隶社会—封建社会—资本主义社会—共产主义社会(包括社会主义社会和共产主义社会两个阶段)这五种生产方式依次发展的。因为在原始社会有一个军事民主时期,实行所谓"二头军长制"选举,部落联盟的首领不是一姓世袭而是通过选举贤人产生,这种形式与禅让十分贴近,于是学者们就将禅让纳入了这个诠释框架。必须承认,到目前为止,这个诠释框架还是最有说服力的。但对其提出疑义者也逐渐增多,因为如果"二头军长制"经历一个相当长的时期,何以禅让只在尧—舜—禹的承袭中实行了两次,而此前此后都是世袭呢? 禅让作为特例而不是通例岂不是更合适? 而如果禅让只是特例,它就不是合乎规律的现象,它就只能是偶然出现的溢出常规的一次偶然展示。

　　人类历史的发展显然有着不以人的意志为转移的客观规律,但这个规律在各个国家民族的展现又显示出千姿百态。世界几大文明古国,希腊、罗马、巴比伦、埃及、印度,各有与中国迥然不同的发展特点,但似乎都没有中国的"禅让"。中国境内的各少数民族,在自己原始社会向奴隶社会转化时期,似乎也没有"禅让"。看来将禅让作为特例而不是作为规律似乎更符合实际。所以,与其花大力气证明禅让符合规律,倒不如将其作为特例放在一边,而是在文献和考古资料的结合上尽最大努力发掘五帝时期"帝位"传承的真相,作出更符合实际的概括!

（原载《山东东夷文化研讨会论文集》,
山东人民出版社 2019 年版)

禹之功述论
——以文献记载为据

禹是中国历史上传统记载的三代夏、商、周中的第一代王朝的开创者，所谓"禹传子，家天下"。以此为标志，中国历史完成了由原始社会向奴隶社会的过渡，迈进文明时代，正式开始了阶级社会的历史。这表明，禹是一个划时代的里程碑式的人物。然而，由于这一时代的文字记载大都晚出，其中不少记载是传说的资料，因而互相抵牾之处甚多。这些记载所描绘的禹的形象，也是半人半神，半真半假，半是真实的倩影，半是编造的神话，扑朔迷离，混沌莫辨。不经过一番爬梳剔抉的工夫，就难以还原其历史真相。

中国文献中，记载禹事迹的典籍可谓多矣。仅马骕在《绎史·禹平水土》和《绎史·夏禹受禅》两卷中征引的就有《大戴礼记》、《史记》、《汉书》、《吴越春秋》、《帝王世纪》、《尚书》、《越绝书》、《山海经》、《盐铁论》、《尸子》、《吕氏春秋》、《墨子》、《淮南子》、《新书》、《说文》、《尚书大传》、《韩诗外传》、《鬻子》、《荀子》、《说苑》、《庄子》、《列女传》，共22种，这还仅仅是先秦和两汉的文献，如果算上辛亥革命以前所有记载禹的文献，可能不下数百种。马骕之所以没有征引汉以后的文献，大概是由于汉以后的文献大都由汉以前的文献辗转转化而来。就是依据两汉以前的文献，经过仔细辨析，我们已经可以大体勾勒出禹的不世之功了。

一

《史记·夏本纪》记载禹是黄帝的五世孙：

> 夏禹，名曰文命。禹之父曰鲧，鲧之父曰帝颛顼，颛顼之
> 父曰昌意，昌意之父曰黄帝……禹者，黄帝之玄孙而帝颛顼之
> 孙也。禹之曾大父昌意及父鲧皆不得在帝位，为人臣。①

《史记》中的《五帝本纪》以及夏、商、周三代本纪，根据其以前的资
料，梳理出一个五帝和夏、商、周三代同祖的谱系，即都是黄帝的子
孙，这显然是从大一统观念出发的对传说资料的有意识的改铸，实
在不足为凭。但五帝三代同祖同源说至少表明，中国上古时代那
些共创文明的氏族部落，彼此间尽管有着数不尽的恩怨情仇，但更
多的是割不断的亲缘关系。

禹的降生充满神异色彩。如《吴越春秋》卷四《越王无余外
传》记载：

> 鲧娶于有莘氏之女，名曰女嬉，年壮未孳，嬉于砥山，得薏
> 苡而吞之，意若为人所感，因而妊孕，剖胁而产高密。家于西
> 羌，地曰石纽。石纽在蜀西川也。②

《绎史》卷一一《帝王世纪》记载：

> 伯禹夏后氏，姒姓也。父鲧妻修己见流星贯昴，梦接意
> 感，又吞神珠薏苡，胸拆而生禹于石坳。虎鼻大口，两耳参漏，
> 首戴钩钤，胸有玉斗，足文履己，故名文命，字高密。身长九尺
> 二寸，长于西羌，西羌，夷人也。③

---

① 司马迁：《史记·夏本纪》，中华书局 1959 年版，第 49 页。
② 赵晔：《吴越春秋》，董治安主编：《两汉全书》第十六册，山东大学
出版社 2009 年版，第 9479 页。
③ 马骕著，刘晓东等点校：《绎史》卷一一，齐鲁书社 2001 年版，第 114 页。

《说郛》卷五上《尚书帝命期》记载：

> 禹白帝精,以星感。修己山行,见流星,意感栗然,生姒戎文禹。

类以记载大同小异。这些记载至少说明,一,禹所处的时代已经进入父系氏族社会,但母系氏族社会的传统在某些方面也还强固地存在,"得薏苡而吞之","见流星贯昴,梦接意感",正是母系氏族社会族外婚配遗存的象征。二,对禹的神化,主要是在夏朝或更晚的时期进行的,因为在《尚书》等较早的文献中,神怪的内容反而不多。这显然是传说资料在流传过程中不断被后世加工改铸的结果。

二

在当时中国先民对自然的斗争中,禹的最大功绩是领导他们战胜洪水。

如果说古文《尚书》所有篇章都是真实的,或者说至少反映历史真实影子,那么,其中《虞书》中的《尧典》、《舜典》和《益稷》就是"大禹治水"的最早记载。《尧典》记载尧命鲧治水,九年无成。《舜典》记载舜命禹做司空"平治水土"。《益稷》则记载了禹领导百姓治水的具体活动：

> 禹曰:"洪水滔天,浩浩怀山襄陵,下民昏垫。予乘四载,随山刊木,暨益奏庶鲜食。予决九川,距四海,浚畎浍距川,暨稷播,奏庶艰食鲜食,懋迁有无,化居,烝民乃粒,万邦作乂。"①

这是禹在舜和皋陶面前对自己领导治水的简单回顾。意思是,当年我奉命治水的时候,浩浩荡荡的洪水包山上陵,天下老百姓被吓

---

① 《尚书·益稷》,《十三经注疏》,中华书局1980年版,第141页。

得晕头转向。我毅然挑起领导治水之责,水路乘船,旱路乘车,遇到沼泽地就在上面搭木板踩过去,遇到悬崖峭壁就互相用绳索牵引攀登上去。在山区,我们随山砍树,开通道路,跟益配合,向民众进言,教他们上山猎取鸟兽来充饥。在平原我们动员和组织当地人民决开九条大川,让它畅通入海,又疏浚田间畎浍沟渠,让它畅通入川,并跟益配合教民种五谷,向他们进言,谷食不够吃就下水捉鱼鳖。在所有地方,我们都鼓励民众互通有无,大水退后就从山上迁居平地,以便耕种。这样,人民渐渐有了饭吃,万邦也就开始治理起来了。

后来的文献关于大禹治水的记载,基本可以肯定抄自《虞书》,但又作了不少演绎,增加了不少新的内容。如《史记·夏本纪》,司马迁根据所看到的史料,在记述时做了最人文化的处理:

> 当帝尧之时,鸿水滔天,浩浩怀山襄陵,下民其忧。尧求能治水者,群臣四岳皆曰鲧可。尧曰:"鲧为人负命毁族,不可。"四岳曰:"等之未有贤于鲧者,愿帝试之。"于是尧听四岳,用鲧治水。九年而水不息,功用不成。
>
> 于是帝尧乃求人,更得舜,舜登用,摄行天子之政,巡狩。行视鲧之治水无状,乃殛鲧于羽山以死。天下皆以舜之诛为是。于是舜举鲧子禹,而使续鲧之业。
>
> ……禹乃遂与益、后稷奉帝命,命诸侯百姓兴人徒以傅土,行山表木,定高山大川。禹伤先人父鲧功之不成受诛,乃劳身焦思,居外十三年,过家门不敢入。薄衣食,致孝于鬼神。卑宫室,致费于沟淢。陆行乘车,水行乘船,泥行乘橇,山行乘檋。左准绳,右规矩,载四时,以开九州,通九道,陂九泽,度九山。令益予众庶稻,可种卑湿。命后稷予众庶难得之食。食少,调有余相给,以均诸侯。[1]

---

① 司马迁:《史记·夏本纪》,中华书局1959年版,第50—51页。

但司马迁前后的一些文献中,就添加了不少神奇怪异的内容。如《左传·昭公七年》,加上了鲧化黄熊的内容:"昔尧殛鲧于羽山,其神化为黄熊,以入于羽渊,实为夏郊,三代祀之。"在《国语·周语下》中,加上了鲧"称遂共工之过"的内容:"其在有虞,有崇伯鲧,播其淫心,称遂共工之过,尧用殛之于羽山。"在《山海经》卷一八《海内经》中,加上了"鲧窃帝之息壤"而被诛杀的内容:"洪水滔天,鲧窃帝之息壤以堙洪水,不待帝命。帝令祝融杀鲧于羽郊。鲧复生禹,帝乃命禹卒布土定九州。"在《绎史》卷一一《帝王世纪》中,又记载鲧未被杀,仅仅是"降在匹庶",且"有圣德":

> 禹其父既放,降在匹庶,有圣德。梦自洗于河,而四岳师举之,舜进之尧。尧命以为司空,继鲧治水。乃劳身涉勤,不重径尺之璧,而爱日之寸阴,手足胼胝,故世传禹病偏枯,足不相过,至今巫称禹步是也。①

在《吕氏春秋》《淮南子》《吴越春秋》等著作中,禹治水的事迹越来越丰富、具体,禹的形象也越来越丰满,后来添加的东西也越来越多。但这些文献记载的基本史实应该还是真实存在的,这就是:在尧、舜、禹的时代,有一段洪水长期泛滥的岁月。禹的父亲鲧曾奉尧之命治理洪水,他用堵即筑堤防水的办法,以求将洪水约束于河道中。可能由于下雨持续时间太长,洪水持续上涨,河道容纳不下,没取得预期效果,鲧因此被诛杀或被"降在匹庶"。禹在关键时刻接替父亲领导治水,他采取疏导的办法,即清除河道中妨碍流水顺畅通过的障碍,并顺着水的自然流向开凿新的水道,从而加快了洪水下泄的速度。经过十余年再接再厉、坚韧不拔的奋斗,终于战胜了洪水,给百姓创造了一个生产和生活的良好环境。治水的成功,特别是禹在治水的过程中显示的艰苦卓绝的服务大

———————————

① 　马骕著,刘晓东等点校:《绎史》卷一一,齐鲁书社2001年版,第116页。

众的精神和超越群伦的智慧,使禹获得了远远超过其他部落酋长的威望,从而使舜将帝位(部落联盟首领)禅让给他具有了众望所归的民心基础。

三

正是因为禹治水之功空前,舜将帝位禅让给他就成为毫无悬念的一次顺利的权力交接。《尚书·大禹谟》记载:

> 帝(舜)曰:"来,禹!降水儆予,成允成功,惟汝贤;克勤于邦,克俭于家,不自满假,惟汝贤。汝惟不矜,天下莫与汝争能;汝惟不伐,天下莫与汝争功。予懋乃德,嘉乃丕绩。天之历数在汝躬,汝终陟元后。人心惟危,道心惟微,惟精惟一,允执厥中。无稽之言勿听,弗询之谋勿庸。可爱非君,可畏非民。众非元后何戴?后非众罔与守邦。钦哉!慎乃有位,敬修其可愿。四海困穷,天禄永终。惟口出好兴戎。朕言不再。"……正月朔旦,受命于神宗,率百官,若帝之初。①

如果禅让就是实现部落联盟首领交替的军事民主制度的话,那么,舜之禅让予禹,就是中国军事民主制度的最后一次实践,同时也是这一制度的谢幕之旅。

获得部落联盟首领的禹出台了哪些举措以巩固他的地位和权力呢?

首先,是九州或十二州行政区划的确立。《尚书·夏书·禹贡》:"禹敷土,随山刊木,奠高山大川。"《书序》:"禹别九州,随山浚川,任土作贡。"尽管对此时是否确定九州的行政区划,以及九州地域的确切方位,学者们的认识还有相当大的差距,存在不小的争议,但有一点似乎可以达成共识:中国历史发展到尧、舜、禹的时

---

① 《尚书·大禹谟》,《十三经注疏》,中华书局 1980 年版,第 136 页。

代,以部落联盟的形式实现对黄河、长江中下游广大地区的管理,可能已经力不从心了。为了在更广大的地域实现有效的行政管理,制度的变更自然提上日程。以地域区划而不是以血缘联系进行对民众的管理,至少萌芽于此时。虽然此后中国源于血缘纽带的宗法制度长期强固存在,但行政管理的威权却是一直高居于宗法关系之上,并且其触角日益深入穷乡僻壤。

其次,是初步建立起税收制度。《说文》:"昔禹收九牧之金,铸九鼎荆山之下。"《尚书·夏书·禹贡》和《史记·夏本纪》都详细记载了九州的税收等级和贡物名称。如冀州"赋上上错,田中中"。兖州"田中下,赋贞,作十有三年乃同。其贡漆丝"。青州"田上下,赋中上。厥贡盐绨"。徐州"其田上中,赋中中。贡维土五色"。扬州"田下下,赋下上上杂,贡金三品"。荆州"田下中,赋上下。贡羽、旄、齿、革,金三品"。豫州"田中上,赋杂上中。贡漆、丝、绨、纻,其篚纤絮,锡贡磬错"。梁州"田下上,赋下中三错。贡璆、铁、银、镂、砮、磬,熊、罴、狐、狸、织皮"。雍州"田上上,赋中下。贡璆、琳、琅玕"。这些记载尽管遭到不少学者的质疑,但应该承认,其中不乏真实历史的影子。

《史记·夏本纪》记载:

> 令天子之国以外五百里甸服:百里赋纳总,二百里纳铚,三百里纳秸服,四百里粟,五百里米。甸服外五百里侯服:百里采,二百里任国,三百里诸侯。侯服外五百里绥服:三百里揆文教,二百里奋武卫。绥服外五百里要服:三百里夷,二百里蔡。要服外五百里荒服:三百里蛮,二百里流。[1]

此一记载显然出于后人理想化的安排,但也透出以行政权力规制地域和税收的内容。《孟子·滕文公上》记载:"夏后氏五十而贡,殷人七十而助,周人百亩而彻,其实皆什一也。"以上这些记载不见

---

① 司马迁:《史记·夏本纪》,中华书局 1959 年版,第 75 页。

得完全反映当时的历史真实,但至少能够表明禹建立起最初的税收制度。税收是国家权力的象征,而正是税收支撑着国家行政权力的运作。

再次,平息有苗的反抗。有苗是今之苗族的祖先,居于长江以南的今之湘、黔地区。据《尚书·大禹谟》记载,是舜的仁德使其宾服:

> 帝曰:"咨!禹,惟时有苗弗率,汝徂征。"禹乃会群后,誓于师,曰:"济济有众,咸听朕命。蠢兹有苗,昏迷不恭,侮慢自贤,反道败德,君子在野,小人在位,民弃不保,天降之咎。肆予以尔众士,奉辞伐罪。尔尚一乃心力,其克有勋。"三旬,苗民逆命,益赞于禹曰:"惟德动天,无远弗届。满招损,谦受益,时乃天道。帝初于历山,往于田,日号泣于旻天,于父母负罪引慝,祗载见瞽瞍,夔夔齐慄,瞽亦允若。至诚感神,矧兹有苗!"禹拜昌言曰:"俞!"班师振旅。帝乃诞敷文德,舞干羽于两阶。七旬,有苗格。①

《吕氏春秋》和《韩诗外传》有大体相同的记载。但《墨子》和《随巢子》却有不同的说法,肯定有苗是被禹以武力征服的。《随巢子》:

> 昔三苗大乱,天命殛之。夏后受于元宫,大神人面鸟身降而辅之。司禄益食而民不饥,司金益富而国家实,司命益年而民不夭。禹乃克三苗而神不违。②

平息有苗之乱,可能是武力与怀柔手段并用。武的一手是禹指挥进行的。由于有苗的宾服,舜的晚年直接控制的地域可能已经达到黄河和长江的中下游的广袤原野。战争的胜利最容易显示指挥者的才能和增加指挥者的权威。征服有苗的胜利无疑使禹在权力

----

① 《尚书·大禹谟》,《十三经注疏》,中华书局 1980 年版,第 137 页。
② 李锴:《尚史》卷三,文渊阁四库全书本。

的路上登上一个新台阶。

最后,禹在舜禅让帝位即部落联盟的首领给自己之后,"旧瓶装新酒","爵有德,封有功",将部落联盟的办事机构逐步改造成一个高居于社会之上的政府。那位在舜为帝时已经"作士以理民"的皋陶,继续做总理国政的行政首脑:"帝禹立而举皋陶荐之,且授政焉。"(《史记·夏本纪》)另一个名叫太岳的人也成为"禹心吕之臣"。禹更进一步制定法律,严肃刑政,大张旗鼓地四处巡视,不断强化自己和政府的权威。《吴越春秋》卷四《越王无余外传》记载:

> 三载考功,五年政定。周行天下,归还大越。登茅山,以朝四方群臣,观示中国诸侯。防风后至,斩以示众,示天下悉属禹也。①

你看,这时的禹对属下的群臣已经具有了生杀予夺之权,他再也不是氏族社会中与众庶平等的一员了。至此,不管当时的人们是否意识到,禹的举措都使中国社会的历史达到一个新的临界点:以社会分裂为阶级、财富集中少数人和国家机器强制百姓服从为特征的文明时代降临到赤县神州的土地上。在先秦诸子中,最早对这一变化进行描述的是庄子,他通过一个寓言故事巧妙地揭示了禹之政与尧、舜之政的区别:

> 尧治天下,伯成子高立为诸侯。尧授舜,舜授禹,伯成子高辞为诸侯而耕。禹往见之,则耕在野。禹趋就下风,立而问焉,曰:"昔尧治天下,吾子立为诸侯。尧授舜,舜授予,而吾子辞为诸侯而耕,敢问其故何也?"
>
> 子高曰:"昔尧治天下,不赏而民劝,不罚而民畏。今子赏罚而民且不仁,德自此衰,刑自此立,后世之乱自此始矣。夫

---

① 赵晔:《吴越春秋》,董治安主编:《两汉全书》第十六册,山东大学出版社2009年版,第9482页。

子盍行邪？无落吾事！"偈偈乎耕而不顾。①

当然，禹似乎也不完全通过杀伐的手段树立自己的权威，《帝王世纪》记载，他对诸侯和臣民也在施德示惠、礼贤下士："禹纳礼贤人，一沐三握发，一食三起。"不少文献渲染他这方面的事迹。如《淮南子·原道训》：

> 昔者夏鲧作三仞之城，诸侯背之，海外有狡心。禹知天下之叛也，乃坏城平池，散财物，焚甲兵，施之以德，海外宾伏，四夷纳职，合诸侯于涂山，执玉帛者万国。②

其他如《荀子·大略篇》，赞扬"禹见耕者耦，立而式，过十室之邑必下"。又如《说苑·君道》：

> 禹出见罪人，下车问而泣之。左右曰："夫罪人不顺道，故使然焉。君王何为痛之至于此也？"禹曰："尧舜之人，皆以尧舜之心为心。今寡人为君也，百姓各自以其心为心，是以痛之也。"③

这些有关禹德惠仁礼之行的记载，不少地方显露出后世儒家学者编撰的痕迹，字里行间渗透着他们的愿望与希冀。但也应该承认，此时禹的举措中尽管还保留着原始社会道德和风俗的遗存，可是不管怎么说，禹的接掌帝位，应该成为中国历史野蛮和文明的界标。他的所有举措，彰显的都是挣脱野蛮的高瞻远瞩的努力。所以，后来孔子谈到禹之功德，作了理想化的总结，《孔子家语·五帝德》引述宰我与孔子的对话：

> 宰我曰："请问禹。"孔子曰："高阳之孙，鲧之子也，曰夏后。敏给克齐，其德不爽，其仁可亲，其言可信。声为律，身为度，叠叠穆穆，为纪为纲。其功为百神之主，其惠为民父母。

---

① 陈鼓应注释：《庄子今注今译》，中华书局 2009 年版，第 334 页。
② 何宁：《淮南子集释·原道训》，中华书局 2015 年版，第 29—30 页。
③ 刘向：《说苑·君道》，文渊阁四库全书本。

左准绳,右规矩,履四时,据四海。任皋繇、伯益以赞其治,兴
六师以征不序,四极之民,莫敢不服。"①

四

禹以渐进的方式,悄悄地在改组部落联盟办事机构的同时改
变了它的性质,建立起一套凌驾于社会之上的国家机器。这个国
家统治的阶级基础是最先抢占了权力和财富的奴隶主贵族,他们
之所以需要和容忍这个有时可以对自己进行惩罚的机构的存在,
是因为只有这样的机构才能维护他们的权力和财富并使之得到承
传。历史在考验禹的勇气和决断能力,他敢于更改禅让的传统,将
帝位传给自己的儿子吗? 因为现在的帝位已经今非昔比,它再也
不是一个像部落酋长那样服务大众的只尽义务的岗位,而是一个
掌握权力和享用财富的显赫之职。正因为如此,当禹年老的时候,
与他地位相当或接近的氏族酋长们,都眼巴巴地渴望依照禅让的
传统来继承他的位子。这时的禹,既意识到禅让传统的无比张力,
更明白摈弃这一传统、以传子代替禅让给自己儿孙和家族带来的
利益。权衡再三,禹决定做第一个吃螃蟹的人,毅然将帝位传给了
自己的儿子。由于此举不仅违背了尧舜禹三代两次禅让的传统,
而且有损于禹作为大圣人的形象,所以直到孟子的时代,依然有人
对禹的品格提出质疑。《孟子·万章上》记载:

万章曰:"人有言:'至于禹而德衰,不传于贤,而传于
子。'有诸?"

孟子曰:"否,不然也。天与贤,则与贤;天与子,则与子。
昔者舜荐禹于天,十有七年,舜崩,三年之丧毕,禹避舜之子于
阳城,天下之民从之,若尧崩之后不从尧之子而从舜也。禹荐

---

① 《孔子家语·五帝德》,文渊阁四库全书本。

益于天,七年,禹崩,三年之丧毕,益避禹之子于箕山之阴。朝
觐讼狱者不之益而之启,曰'吾君之子也'。讴歌者不讴歌益
而讴歌启,曰'吾君之子也'。丹朱之不肖,舜之子亦不肖。
舜之相尧、禹之相舜也,历年多,施泽于民久。启贤,能敬承继
禹之道。益之相禹也,历年少,施泽于民未久。舜、禹、益相去
久远,其子之贤不肖,皆天也,非人之所能为也。莫之为而为
者,天也;莫之致而至者,命也。"①

显然,由于在孟子心目中禹是与尧、舜、商汤、周文王、周武王、周公
并肩齐名的大圣人,所以他坚决不承认禹传子是什么"德衰",而
是理直气壮地杜撰出上面那一通"天与之"的堂皇的理由。孟子
对禹传子的解释明显影响了司马迁,他在《史记·夏本纪》中就采
纳了孟子的意见:

十年,帝禹东巡狩,至于会稽而崩,以天下授益。三年之
丧毕,益让帝禹之子启,而避居箕山之阳。禹子启贤,天下属
意焉。及禹崩,虽授益,益之佐禹日浅,天下未洽,故诸侯皆去
益而朝启,曰"吾君帝禹之子也"。于是启遂即天子之位,是
为夏后帝启。②

其实,孟子和司马迁等的解释都是苍白无力的。禹之亵渎禅让的
传统而毅然将尊位传子,恐怕只能是私心占了上风。他之所以敢
于这样做,一是因为这样做的诱惑力实在太大,二是因为他估计自
己的余威和儿子的能力足以战胜那些对此事持疑义的反叛者。果
然,启继位伊始,就招来有扈氏的反抗。这个有扈氏的反抗自然也
不是出于维护禅让传统的"公心",而是因为禹传子断绝了他享有
的通过禅让继承权力和财富的机会。对于有扈氏的反抗,启毫不

---

① 《孟子·万章上》,《十三经注疏》,中华书局 1980 年版,第 2737—
2738 页。

② 司马迁:《史记·夏本纪》,中华书局 1959 年版,第 83 页。

犹豫地以武力镇压,于是就有了我们今天看到的《尚书·甘誓》:

> 大战于甘,乃召六卿。王曰:"嗟! 六事之人! 予誓告汝,有扈氏威侮五行,怠弃三正,天用剿绝其命。今予惟恭行天之罚。左不攻于左,汝不恭命;右不攻于右,汝不恭命;御非其马之正,汝不恭命。用命,赏于祖;弗用命,戮于社,予则孥戮汝!"①

启以"恭行天之罚"的堂皇理由对有扈氏大打出手,平息了他们的反抗,标志了传子对禅让的胜利。但是,传子代替禅让作为制度上带有根本性的变革,既很难在很短时间内被社会上多数人所接受,也很难在观念上很快被社会上多数人所认可,所以在启之后就出现了后羿、寒浞相继"篡政"的混乱局面,直到大禹的五世孙少康中兴,才算稳住了形势。此后,以传子延续家天下的观念才得到社会的普遍认可,异姓篡政也就成了背叛君臣之义的天子第一号的大逆不道。"正是人的恶劣的情欲——贪欲和权势欲成了历史发展的杠杆"②。正是在贪欲和权势欲的驱动下,禹敢于冒天下之大不韪,毅然摈弃禅让的古老传统,以"禹传子,家天下"的形式,使中国历史来了一次"华丽转身",将中华民族引进文明时代。他作为历史的不自觉的工具,完成了一个划时代的使命,从而成就了无与伦比的空前伟业。然而,历史吊诡的是,禹的功业是以人剥削人代替共同劳动、共同享受,以不平等置换平等,以尔虞我驱除忠实诚信,以血腥的杀戮取代和谐协商为代价的,看来,为了使人类脱离野蛮状态,只能使用野蛮的手段了。虽然如此,这丝毫不意味着对禹进行否定的评价,因为他走的是历史辩证法支配的必由之路。恩格斯在《反杜林论》中的一段话或许可以帮助我们理解禹的功业:

---

① 《尚书·甘誓》,《十三经注疏》,中华书局 1980 年版,第 155 页。
② 《马克思恩格斯选集》第四卷,人民出版社 1972 年版,第 233 页。

只有奴隶制才使农业和工业之间的更大规模的分工成为可能,从而为古代文化的繁荣,即为希腊文化创造了条件。没有奴隶制,就没有希腊国家,就没有希腊的艺术和科学;没有奴隶制,就没有罗马帝国。没有希腊文化和罗马帝国奠定的基础,也就没有现代的欧洲。我们永远不应该忘记,我们的全部经济、政治和智慧的发展,是以奴隶制既为人所公认、同样又为人所必需这种状况为前提的。在这个意义上,我们有理由说,没有古代的奴隶制,就没有现代的社会主义。①

(原载 2016 年山东大舜文化研究会在青岛召开的
《五帝问题研讨会论文集》)

---

① 《马克思恩格斯选集》第三卷,人民出版社 1972 年版,第 220 页。

伊尹形象的历史呈现

现代主义的鼻祖、意大利著名历史学家克罗齐有一个人人耳熟能详的观点：一切历史都是现代史。英国历史学家柯林伍德则说：一切历史都是思想史。这一观点很为一些历史学家所诟病。不过，从历史文本的呈现角度而言，他们的观点还有可取之处。近代中国著名历史学家、古史辨派的领军人物顾颉刚有一个"层累地构成的中国古史说"，也颇为时人所诟病。但从历史文本的呈现角度而言，他的观点也还有可取之处。因为一个基本的事实是，所有的历史只能通过文本呈现，而最好的文本也只能最近似地再现历史的真实，却永远不可能使历史的真实像原始状态那样再现。当我们高呼着"把颠倒的历史再颠倒过来"的时候，我们制作的那些文本，究竟更接近历史真实呢，还是更远离了历史真实呢？这只能交给一代又一代的历史学家去评判了。

下面，让我们从历史文本出发，观察一下伊尹在漫长的中国古代社会，是以怎样的形象呈现于世人面前的。

一

最早记载伊尹的史料，当推《尚书》的《伊训》、《太甲》上中下和《咸有一德》，这里呈现的伊尹，是一个敢作敢为的宰辅权臣和智谋超群的政治家、深谋远虑的思想家。他作为第一谋主，在协助商汤伐桀灭夏后，建立起一个比夏朝疆域更广阔、文明程度更先进的商朝。汤死之后，他作为五朝元老继续辅佐了外丙、中壬、太甲和沃丁四位帝君。特别值得一提的是，他留下了《伊训》、《太甲》上中下和《咸有一德》五篇闪耀着智慧和理性之光的传世文献，也是他给自己留下的永世不磨的纪念碑。

这五篇文献实际上是伊尹的政治遗嘱，是他留给后世商王的帝王教科书，是他治国行政理念的集中体现。

在这五篇文献中，他要求君王敬畏天命，时时想到自己头上有一个神灵万端、明察秋毫、赏善罚恶的昊天上帝，这个上帝既能保佑你获得天下，更能使你转瞬之间丧失万里江山社稷。《伊训》认定"惟上帝不常，作善降之百祥，作不善降之百殃"。《咸有一德》肯定"天难谌，命靡常……皇天弗保，监于万方"。而在《汤誓》中，商汤也明确指出，夏王就是因为不敬天命，"于其子孙弗率"，所以"皇天降灾，假手于我有命……造功自鸣条"。《太甲》中则进一步肯定，自己的先王就是因为敬畏天命，"先王顾諟天之明命，以承上下神祇。社稷宗庙，罔不祗肃。天监厥德，用集大命，抚绥万方"，才使"皇天眷佑有商，俾嗣王克终厥德，实万世无疆之休"。

那么，使昊天上帝护佑你稳坐君王宝座的条件是什么呢？就是你必须有德：

> 非天私我有商，惟天佑于一德。非商求于下民，惟民归于一德。德惟一，动罔不吉；德二三，动罔不凶。惟吉凶不僭在人，惟天降灾祥在德。[①]

伊尹讲的"德"包含着十分丰富的内容。首先是加强自身的道德修养。因为"天无亲"，"天位艰"，"天作孽，犹可违；自作孽，不可逭"（《太甲中》），"德惟治，否德乱。与治同道，罔不兴；与乱同事，罔不亡"（《太甲下》），所以必须加强自己的道德修养以回应天的

---

① 《尚书·咸有一德》，《十三经注疏》，中华书局1980年版，第165—166页。

眷顾或惩罚。这就要求君王切戒"三风十愆"：

> 敢有恒舞于宫,酣歌于室,时谓巫风。敢有殉于货色,恒
> 于游畋,时谓淫风。敢有侮圣言,逆忠直,远耆德,比顽童,时
> 谓乱风。惟兹三风十愆,卿士有一于身,家必丧;邦君有一于
> 身,国必亡。①

修德就要节制自己的欲望,不可放纵自己的行为,因为"欲败度,纵
败礼"。

君王的修德,还应该体现在坚持正确的行政理念和执政措施。
如立爱敬长,"立爱惟亲,立敬惟长,始于家邦,终于四海"(《伊
训》);如虚心纳谏,任用贤良,严于律己,宽以待人,孝敬长上,谦
恭下人,"从谏弗咈","居上克明,为下克忠。与人不求备,检身若
不及……敷求哲人……制官刑,儆于有位"(《伊训》),"旁求俊彦
启迪后人"(《太甲上》),"奉先思孝,接下思恭,视远惟明,听德惟
聪"(《太甲中》),"有言逆于汝心,必求诸道。有言逊于汝志,必求
诸非道"(《太甲下》);如必须重民,爱民,为民,"代虐以宽","无
轻民事","臣为上为德,为下为民","德无常师,主善为师","永厎
烝民之生"(《咸有一德》),如此等等。

这样,伊尹就在中国历史上创设了政治学的基本原则:君王
必须敬天法祖,加强自身的道德修养,推行贤人政治,从民本出发
执行重民、爱民、为民的政策。这些基本原则后来被周公和儒家作
了创造性的发挥,形成了一套"德治"、"民本"的理论体系,在中国
历史上产生了深巨的影响。

二

三代之后,伊尹与周公旦、太公姜尚等一起,逐渐变成了忠臣

---

① 《尚书·伊训》,《十三经注疏》,中华书局 1980 年版,第 163 页。

贤相的楷模,作为一种符号,以极高的频率出现于中国社会的话语系统中。例如,在《四库全书》中,伊尹二字就在 5490 卷中出现了 12 837 次。在二十四史、《新元史》、《清史稿》等正史中,哪一部也少不了他的名字。在几乎所有著名政治家、思想家、文学家和历史学家的著作中,他更是频频出现的角色。非惟如此,这些著作不仅重复来自《尚书》的资料,而且不断增加着许多新的资料,从而使伊尹的事迹越来越丰富,形象越来越丰满。

先秦诸子是丰富伊尹事迹的第一拨推手。

《论语》只在《颜渊》中提到伊尹:"舜有天下,选于众,举皋陶,不仁者远矣。汤有天下,选于众,举伊尹,不仁者远矣。"孔子显然没有给伊尹增加新资料,他以伊尹作例证,目的是说明举贤的重要。《庄子》只在两个地方提到伊尹,一是《庚桑楚》:"是故汤以胞人笼伊尹,秦穆公以五羊之皮笼百里奚,是故非以其所好笼之而可得者,无有也。"这里的伊尹成为一个能够烹调出美食的庖人。一是《外物》:"汤曰:'伊尹何如?'(务光)曰:'强力忍垢,吾不知其他也。'汤遂与伊尹谋伐桀,克之。"这里的伊尹已经具有道家的风骨了。

《墨子》提及伊尹较多,目的都是为了证明他的"尚贤"理论。如《所染》:"国亦有染,舜染于许由、伯阳,禹染于皋陶、伯益,汤染于伊尹、仲虺,武王染于太公、周公,此四王者所染当,故王天下,立为天子,功名蔽天地。"在《尚贤》中,墨子将伊尹安排为"庖厨"和"莘氏女师仆"。在《贵义》中,墨子推出了一个关于伊尹的生动故事:

　　昔者汤将往见伊尹,令彭氏之子御,彭氏之子半道而问曰:"君将何之?"汤曰:"将往见伊尹。"彭氏之子曰:"伊尹,天下之贱人也。君若欲见之,亦令召问焉,彼受赐矣。"汤曰:"非女所知也。今有药于此,食之则耳加聪,目加明,则吾必说而强食之。今伊尹之于我国也,譬之良医善药也,而子不欲我见伊尹,是子不欲吾善也。"因下彭氏之子,不使御。①

这个故事以汤对伊尹的重视反衬他具有超人的"良医善药"般的才干,进而彰显求贤的重要价值和意义。

《孟子》一书谈及伊尹超过《墨子》,孟子给伊尹的事迹增加了不少新内容。他将伊尹定位为"圣之任者",首次提出伊尹是四朝元老:

> 伊尹相汤以王于天下。汤崩,太丁未立,外丙二年,仲壬四年,太甲颠覆汤之典刑,伊尹放之于桐。三年,太甲悔过,自怨自艾,于桐处仁迁义三年,以听伊尹之训己也,复归于亳。②

孟子赞扬伊尹是"大有为之君",汤所尊奉学习的"不召之臣"(《孟子·公孙丑下》),"五就汤,五就桀"(《孟子·告子下》),他对仕进的态度是"何事非君,何使非民;治亦进,乱亦进"(《孟子·告子下》),进而将"先知先觉"的发明权送给了伊尹:

> 伊尹曰:"何事非君,何使非民?"治亦进,乱亦进,曰:"天之生斯民也,使先知觉后知,使先觉觉后觉。予,天民之先觉者也;予将以此道觉此民也。"思天下之民匹夫匹妇有不与被尧舜之泽者,如己推而内之沟中,其自任以天下之重也。③

由于此时忠君观念已经被认为天经地义,所以公孙丑就对伊尹"放太甲于桐"提出疑义:"贤者之为人臣也,其君不贤,则固可放与?"对此,孟子的回答是:"有伊尹之志则可,无伊尹之志则篡也。"(《孟子·告子下》)

显然,孟子不仅丰富了伊尹的事迹,而且进一步提升了他的思想水准和道德水准,使之成为儒家圣君贤相谱系中的重要人物之一。

---

① 吴毓江:《墨子校注·贵义》,中华书局 2006 年版,第 686 页。
② 《孟子·万章上》,《十三经注疏》,中华书局 1980 年版,第 2738 页。
③ 《孟子·万章下》,《十三经注疏》,中华书局 1980 年版,第 2740 页。

荀子似乎对伊尹没有给予特别的关注,只是重复孟子的观点,誉其为"圣臣"。荀子的学生韩非誉其为"至智",而这个"至智"最重要的表现是顺时而变政:"伊尹毋变殷,太公毋变周,则汤、武不王矣。"(《韩非子·南面》)韩非完全从功利出发解释"仁义",并将伊尹作为实践他这种"仁义"的典型代表:

> 夫仁义者,忧天下之害,趋一国之患,不避卑辱,谓之仁义。故伊尹以中国为乱,道为宰于汤;百里奚以秦为乱,道为虏于穆公。皆忧天下之害,趋一国之患,不辞卑辱,故谓之仁义。①

他进而又从君主专制独裁的理念出发,反对儒家的"民心"论,同时又将伊尹推尊为否定"民心"、"民智"的典型代表:

> 今不知治者,必曰:"得民之心。"欲得民之心而可以为治,则是伊尹、管仲无所用也,将听民而已矣。民智之不可用,犹婴儿之心也。②

不难看出,经过韩非的改铸,伊尹已经凛凛然成为笃信和实行法家理论与政策的政治家了。

《吕氏春秋》是先秦诸子中杂家的代表,也是先秦百科全书式的学术著作。其中涉及伊尹的内容超过其他诸子之书。如说他生于空桑,是作为有侁氏的陪嫁之媵送给汤的,还说他为汤作《大濩》,歌《晨露》,修《九招》、《六列》。最妙的是,因为《吕氏春秋》总体上道家倾向较浓,伊尹也就被引申为高唱"无为"之论的道家先驱了:

> 汤问于伊尹曰:"欲取天下,若何?"伊尹对曰:"欲取天下,天下不可取。可取,身将先取。"凡事之本,必先治身,啬其

---

① 王先慎:《韩非子集解·难一》,中华书局 2013 年版,第 387 页。

② 王先慎:《韩非子集解·显学》,中华书局 2013 年版,第 506—507 页。

大宝。用其新,弃其陈,腠理遂通,精气日新,邪气尽去,及其天年,此之谓真人。昔者,先圣王成其身而天下成,治其身而天下治。故善响者不于响于声,善影者不于影于形,为天下者不于天下于身。《诗》曰:"淑人君子,其仪不忒。其仪不忒,正是四国。"言正诸身也。故反其道而身善矣;行义则人善矣;乐备君道而百官已治矣,万民已利矣。三者之成也在于无为。无为之道曰胜天,义曰利身,君曰勿身。勿身督听,利身平静,胜天顺性。顺性则聪明寿长,平静则业进乐乡,督听则奸塞不皇。故上失其道则边侵于敌,内失其行,名声堕于外。是故百仞之松,本伤于下而末槁于上。①

另外,在先秦典籍中,《国语》将伊尹与妹喜连在一起,"妹喜有宠,于是乎与伊尹比而亡夏"(《国语·晋语一》)。《战国策》则将伊尹说成因进美食而得到汤的宠信,"伊尹负鼎俎而干汤,姓名未著而授三公"(《战国策·赵四》)。而春秋晚期出现的《孙子》,从军事学的角度又将伊尹认定为中国最早的间谍:

> 昔者殷之兴也,伊挚在夏;周之兴也,吕牙在殷。故惟明君贤将,能以上智为间者,必成大功。此兵之要,三军之所恃而动也。②

汉代的学者和文士,继续丰富着伊尹的事迹。《韩诗外传》中出现了关于伊尹的活灵活现的故事:

> 昔者桀为酒池糟隄,纵靡靡之乐,而牛饮者三千。群臣皆相持而歌:江水沛兮,舟楫败兮,我王废兮,趋归于亳,亳亦大兮。又曰:乐兮乐兮,四牡骄兮,六辔沃兮,去不善兮,善何不乐兮?伊尹知大命之将去,举觞造桀曰:"君王不听臣言,大命

---

① 许维遹:《吕氏春秋·先己》,中华书局 2016 年版,第 56—57 页。

② 《十家孙子注·用间》,《诸子集成》(六),上海书店 1986 年影印版,第 238 页。

去矣,亡无日矣。"桀相然而抃,嗑然而笑,曰:"子又妖言矣!吾有天下,犹天之有日也。日有亡乎?日亡吾亦亡也。"于是伊尹接履而趋,遂适于汤,汤以为相。可谓适彼乐土,爰得其所矣。①

有殷之时,谷生汤之廷,三日而大拱。汤问伊尹曰:"何物?"对曰:"谷树也。"汤问:"何为而生于此?"伊尹曰:"谷之出泽,野物也。今生天子之庭,殆不吉也。"汤曰:"奈何?"伊尹曰:"臣闻妖者祸之先,祥者福之先。见妖而为善,则祸不至;见祥而为不善,则福不臻。"汤乃斋戒静处,夙兴夜寐,吊死问疾,赦过赈穷,七日而谷亡,妖孽不见而国昌。②

司马迁写《史记》的时候,显然是综合了流传至汉代的所有文献资料,加以取舍,断以己意,在数篇《纪》、《传》中提及伊尹,最集中而翔实的就是《殷本纪》:

伊尹名阿衡。阿衡欲奸汤而无由,乃为有莘氏媵臣,负鼎俎,以滋味说汤,致于王道。或曰,伊尹处士,汤使人聘迎之,五反然后肯往从汤,言素王及九主之事。汤举任以国政。伊尹去汤适夏。既丑有夏,复归于亳。入自北门,遇女鸠、女房,作《女鸠女房》。

……

当是时,夏桀为虐政淫荒,而诸侯昆吾氏为乱。汤乃兴师率诸侯,伊尹从汤,汤自把钺以伐昆吾,遂伐桀……汤乃践天子位,平定海内……汤……作《汤诰》……伊尹作《咸有一德》。

汤崩,太子太丁未立而卒,于是乃立太丁之弟外丙,是为帝外丙。帝外丙即位二年,崩,立外丙之弟中壬,是为帝中壬。

---

① 韩婴:《韩诗外传》卷二,文渊阁四库全书本。
② 韩婴:《韩诗外传》卷三,文渊阁四库全书本。

帝中壬即位四年，崩，伊尹乃立太丁之子太甲。太甲，成汤嫡长孙也，是为帝太甲。帝太甲元年，伊尹作《伊训》，作《肆命》，作《徂后》。

帝太甲既立三年，不明，暴虐，不遵汤法，乱德，于是伊尹放之于桐宫。三年，伊尹摄行政当国，以朝诸侯。

帝太甲居桐宫三年，悔过自责，反善，于是伊尹乃迎帝太甲而授之政。帝太甲修德，诸侯咸归殷，百姓以宁。伊尹嘉之，乃作《太甲训》三篇，褒帝太甲，称太宗。

太宗崩，子沃丁立，帝沃丁之时，伊尹卒。既葬伊尹于亳，咎单遂训伊尹事，作《沃丁》。[1]

《汉书·东方朔传》记载"伊尹为少府"，所以他能够"负鼎俎，和五味以干汤"。

汉代以降，学者和文士给予伊尹的负载越来越多，如《汉书·艺文志》记载他留下属于道家的著作《伊尹》五十一篇，属于小说家的《伊尹说》二十七篇。如《农桑辑要》和《证类本草》都将他誉为农业专家："汤有旱灾，伊尹作为区田，教民粪种，负水浇稼。"（《农桑辑要·先贤务农》）"后稷、伊尹播厥百谷，惠被群生。"（《证类本草·梁陶隐居序》）不少医学典籍又将他说成是医药医术的发明人："夫医家神农、轩岐、伊尹及秦越人、张仲景之书，万世所宗，不可易也"（《玉机微义·原序》），"神农尝百草，立九候，以正阴阳之变化，以救性命之昏札，以为万世法，既简且要。殷之伊尹宗之，倍于神农，得立法之要"（《汤液本草·原序》），"伊尹以亚圣之才，撰用《神农本草》以为汤液。"（《针灸甲乙经·序》）《鹖冠子》说他是"酒保"，《中华古今注》则说他发明了以草做麻鞋的技术。

宋朝是中国史学最发达的朝代，也是将伊尹的事迹编排得最

---

[1] 司马迁：《史记·殷本纪》，中华书局1959年版，第94—99页。

丰满的时期。司马光的《稽古录》、刘恕的《资治通鉴外纪》、胡宏的《皇王大纪》、罗泌的《路史》等，都以相当大的篇幅记述了伊尹的事迹。综合这些著作，一个至圣至贤、睿智忠贞、果敢坚毅、潇洒从容，集政治家、军事家、思想家和发明家于一身的一个伟人形象，作为中国历史天幕上的光芒四射的星座，活脱脱展现在人们面前。然而，是这个伊尹的形象，还是《尚书》中出现的伊尹形象更接近历史的真实呢？

三

随着伊尹事迹的愈益丰富，对他的评价也越来越多地牵动着人们的思索。特别是随着忠君观念的日益普及和深入人心，"臣罪当诛兮天王圣明"的思维定式使学者们必须直面伊尹政治生涯中的两件大事：一是他曾经事桀而又协助商汤伐桀，一是他"放太甲于桐"而自己践天子位，如果不能对伊尹的这两个"软肋"作出圆满的解释，他忠臣贤相的桂冠就很难戴稳了。

对伊尹的忠臣贤相定位提出尖锐质疑的是一个少数民族的领袖人物，后燕的君主慕容盛，《册府元龟》卷二二〇《聪识》记载：

> 后燕慕容盛……又谓常忠曰："伊尹、周公孰贤？"忠曰："伊尹非有周公之亲，而功济一代。太甲乱德，放于桐宫，思愆改善，然后复之。使主无怨言，臣无流谤，道存社稷，美溢来今。臣谓伊尹之勋有高周旦。"盛曰："伊尹以旧臣之重，显阿衡之任，太甲嗣位，君道未洽，不能竭忠辅导而放黜桐宫，事同夷羿，何周公之可拟乎？"郎敷曰："伊尹处人臣之位，不能辅制其君，恐成汤之道坠而莫就，是以居之桐宫，与小人从事，使知稼穑之艰难，然后返天位，此其忠也。"盛曰："伊尹能废而立之，何不能辅之，以至于善乎？若太甲性同桀纣，则三载之间未应便成贤，后如其性，本休明义，心易发，当务尽规赞之

理,以弼成君德,安有人臣幽主而据其位哉?且臣之事君,惟力是视,奈何挟智藏仁以成君恶?夫太甲之事,朕已鉴之矣。太甲至贤之主也,以伊尹历奉三朝,绩无异称,将失显祖委授之功,故匿其日月之明,受伊尹之黜,所以济其忠贞之美。夫非常之人,然后能立非常之事。非常人之所见也,亦犹泰伯之三让人无得而称焉。"敷曰:"泰伯三以天下让,至仲尼而后显其至德,太甲受谤于天下,遭陛下乃申其美。"①

这个慕容盛,大概因为较少受中国传统文化的影响,所以敢于否定伊尹的圣人定位。而其他汉族的学者文人,则很少有这种胆量,绝大多数是挖空心思为伊尹辩护。唐朝的柳宗元写了《伊尹五就桀赞》:

> 伊尹五就桀,或疑曰:"汤之仁闻且见矣,桀之不仁闻且见矣,夫何去就之亟也?"柳子曰:"恶,是吾所以见伊尹之大者也。彼伊尹,圣人也。圣人出于天下,不夏、商其心,心乎生民而已。曰:'孰能由吾言?由吾言者为尧、舜,而吾生人尧、舜人矣。'退而思曰:'汤诚仁,其功迟;桀诚不仁。'朝吾从而暮及于天下可也。于是就桀,桀果不可得,反而从汤。既而又思曰:'尚可十一乎,使斯人蚤被其泽也。'又往就桀,桀不可,而又从汤。以至于百一、千一、万一,卒不可,乃相汤伐桀。俾汤为尧、舜,而人为尧、舜之人,是吾所以见伊尹之大者也。仁至于汤矣,四去之;不仁至于桀矣,五就之。大人之欲速其功如此。不然,汤、桀之辨,一恒人尽之矣,又奚以憧憧圣人之足观乎?吾观圣人之急生人,莫若伊尹;伊尹之大,莫若于五就桀。"作《伊尹五就桀赞》。②

---

① 《册府元龟》卷二二〇,文渊阁四库全书本。
② 郭预衡主编:《唐宋八大家散文总集》卷一,河北人民出版社1995年版,第867页。

柳宗元的辩护词写得比较高明。他不纠缠忠君的理念，只说伊尹以天下为己任，心系生民安危，既然五就桀而无法使他改恶从善，那助汤伐桀就没有丝毫的道德亏欠了。宋朝的徐铉撰《伊尹论》，对伊尹放太甲之事作了如下的辩护：

> 伊尹放太甲，论者多惑其臣节，请试论之。太甲在谅阴，百官听于伊尹。太甲不明者，盖居丧之礼有阙，修身之行不周，伊尹训之。因虑其不堪继统，故徙于成汤之墓，使其亲见松柏，切感慕之心，追思王业，知艰难之迹。三年之制才终，伊尹乃迎归于亳，非谓绝其天位，幽於别宫也。古之言质，故与放逐同文，亦犹君臣交相称朕，下告上亦为诏也。霍光忧昌邑王淫乱而不敢有异谋，田延年盛称伊尹废太甲以决大事，宗社之故不得已也。本非如霍光之废昌邑也。圣人举至公于前，奸雄蹑陈迹于后，自古而然，非圣过也。魏晋之后，更相倾夺，皆引尧舜揖让为辞，亦当不可罪尧舜矣。禹让天下于益，知天下归启，故不敢当。苟天下归益，益则为王而无愧也。如令太甲遂失德，天下归伊尹，伊尹复何辞哉？今天下未忘成汤，故伊尹复奉太甲，无伤于至公也。夫古之有天下者，一身处其忧责，亿兆蒙其富寿，天下既理则辞之，巢由是也。天下不理则受之，汤武是也。后之人役天下以奉其私，故比于骑兽不可下，步骤之相远如此，岂可一概而论哉？[1]

徐铉的辩护词写得比柳宗元更高明，他意识到夏商之际去古未远，禅让的影响还没有完全退出人们的视野，作为权臣的伊尹，他完全可以援引尧舜禅让的旧例代太甲就君位，而他最后仍然迎回太甲，"复子明辟"，更证明他的高风亮节。苏轼也写了《伊尹论》，评论伊尹放太甲之事，只是扯得太远，不着边际的话太多，反而不如徐铉之文来得有力。不过，其中有几句话还是很得体的："夫太甲之

---

① 徐铉：《骑省集》卷二四，文渊阁四库全书本。

废,天下未尝有是,而伊尹始行之,天下不以为惊。以臣放君,天下不以为僭。既放而复立,太甲不以为专。何则? 其素所不屑者,足以取信于天下也。"①宋朝的张九成连写了《伊训论》、《太甲论》、《咸有一德论》,对伊尹颂扬备至:

> 呜呼,伊尹其巧妙哉! 其亦不幸矣哉! 首相汤以放桀,终摄位而逐君,使其有一毫奸心,天下其肯帖首妥尾以听其所欲为而无异辞乎? 古之人其过人远矣,此余所以三叹而不能自已矣……伊尹拳拳之意,真可为臣子之法。②

更有一批学者,干脆否认伊尹的废立之事,宋朝的罗泌是这一观点的代表:

> 摄王之事,周公之所无;而废立之事,伊尹之所无也……所可议者,以舜禹君臣之义概之,则有愧尔。虽然,尹之迹为有愧而心无愧。后世为为尹事者,心迹俱可以唾去矣。曰:然则尹之事其终不可言欤? 曰:有孟轲之志识则可,无孟轲之志识则乱而已矣,奚以尚。③

在所有这些评论中,以徐铉的观点最接近膝理。夏、商两朝,中国奴隶社会正处于数以百计的方国联盟时代,作为盟主的夏、商君主,对其他方国并不具有后世专制皇朝对地方州郡那样的权威。由于禅让的遗韵还没有完全消失,原始的民主遗存还残留在贵族和平民的记忆里,所以其他方国首领对中央之国君主的觊觎仍有合理性。夏朝初年的君位之争,西周平民驱逐厉王的行动,就是这种合理性的体现。伊尹作为有莘氏的成员,因智能卓越而被汤选为辅佐。当其时,他事桀事汤都是合理选择,他擅自废立也不具有

---

① 郭预衡主编:《唐宋八大家散文总集》卷六,河北人民出版社 1995年版,第 4513 页。
② 张九成:《横浦集》卷七,文渊阁四库全书本。
③ 罗泌:《路史》卷三三《伊尹无废立事》,文渊阁四库全书本。

后世的篡政之意,所以丝毫不存在道德亏欠。后世学者和文士以后来逐步形成的凝固的君臣观念评价伊尹的活动,只能是强古人之所难了。

（原载《海岱学刊》2019 年第 1 期·总第 18 期）

吕尚与早期齐学

西周代商成为中原王朝以后,进一步完善了宗法制度和分封制度,使周朝的统治较商朝进一步明显提升:疆域更加拓展,王畿更加扩大,各种制度更加严密和完善。其中,"封建亲戚,以屏藩周"的分封制度,不仅使周的同姓贵族和异姓贵族的政治利益和经济利益得以满足,而且通过这一具有"原始部落殖民"性质的形式,逐步将周文化推广到它的所有统治地域。

西周建立之初,即开始对同姓贵族和异姓贵族进行分封,山东地区最大的两个封国齐国和鲁国差不多同时开始了它们的编年史。齐国的创立者是吕尚,名望,字尚父,先秦文献中有吕望、吕牙、太公望、师尚父等称谓,后世俗称姜子牙。他是黄帝时期"四岳部落"姜姓的后裔,受封齐国前可能食邑吕或出自吕国,故以吕为姓氏。据《史记·齐太公世家》等书记载,吕尚曾在东夷地区和商都生活过,后来对商朝的统治失望,就奔周寻求发展机会。不久凭其过人的机智得到周文王的赏识,成为周文王和后来周武王特别倚重的辅佐。其实姬族的周人与吕尚所在的姜族很早就是关系密切的通婚集团,周人的始祖后稷相传即为姜族女子姜嫄所生。吕尚入周后,参与了灭商的一系列重要策划。文王时期,周一步步征服了许多商的与国,"天下三分,其二归周,太公之谋计居多"[1]。武王即位后,吕尚任太师之职,直接指挥了灭商的牧野之战,成为武王时期的头号功臣。武王逝世不久,"三监"管叔、蔡叔、霍叔勾

---

[1] 司马迁:《史记·齐太公世家》,中华书局1959年版,第1479页。

结纣王之子武庚发动叛乱,整个东方掀起了反周的浪潮。周公指挥二次东征,"克殷践奄",紧接着封吕尚于营丘(今山东临淄附近),建立齐国。据《左传·僖公四年》记载,周朝给了吕尚的齐国广阔的疆域和巨大的权力:"东至海,西至河,南至穆陵,北至无棣,五侯九伯,实得征之。"由此,吕尚就成为齐国的缔造者和齐文化的奠基人。吕尚至齐后,实行比较宽松缓和的统治政策,加速了周文化与东夷文化的融合,为齐国很快发展成举足轻重的东方大国创造了条件:"太公至国,修政,因其俗,简其礼,通商工之业,便鱼盐之利,而人民多归齐,齐为大国。"①这一政策,允许东夷之人在归顺齐国统治的前提下,保留原有方国部落的组织和风俗习惯以及文化传统,从而使周文化和东夷文化在和平相处的环境中,在不受政治强力干涉的条件下,通过长期的接触,彼此浸润,互相吸收,达到融合的目的。同时,根据这一政策,齐国统治者从东夷地区的实际出发,弘扬当地重商工的传统,开发鱼盐之利,大力发展手工业和农业,使齐国经济较快发展起来,为齐国后来在春秋战国时期的进一步发展奠定了基础。特别是,由于实行这一宽松的政策,就给齐国思想文化的发展提供了宽松的环境和适宜的土壤,从而在齐国的土地上,哲学、经济学、法学、兵学、逻辑学、阴阳五行等思想学术都获得了长足发展,形成了独具特色的齐学。

吕尚作为齐学的奠基人,其思想不仅内涵丰富,涉及许多方面,而且处处展示出独创性,具有鲜明的学术个性。他主张"尊贤上功",不拘一格地提拔和任用各领域的贤能之人,奖励他们创造辉煌的功业。在相传他作的《六韬·文韬·上贤》中,他说:"王人者,上贤下不肖。"在同一篇的《举贤》中,他又说:"举贤而不用,是有举贤之名,而无用贤之实也。"而所以必须"尊贤"、"举贤"和"用贤",是因为只有如此,才能求得惠及天下人的大功利,并且这个天

---

① 　司马迁:《史记·齐太公世家》,中华书局1959年版,第1480页。

下是天下人都有份的天下：“天下者，非一人之天下，乃天下之天下
也。”这反映了吕尚宏伟的气魄和以天下为己任的担当意识。他的
“尊贤”思想在《六韬·武韬》中有着集中的表述：

> 文王在岐周，召太公曰：“争权于天下者，何先？”太公曰：
> “先人。人与地称，则万物备矣。今君之位尊矣，待天下之贤
> 士，勿臣而友之，则君以得天下矣。”文王曰：“吾地小而民寡，
> 将何以得之？”太公曰：“可。天下有地，贤者得之；天下有粟，
> 贤者食之；天下有民，贤者牧之。天下者，非一人之天下也，莫
> 常有之，惟贤者取之。”①

这里的“贤者”，他有时又称“有道者”。贾谊在《新书·修政语下》
也记载了一段他的话：

> 师尚父曰：“吾闻之于政也，曰：天下旷旷，一人有之；万
> 民藂藂，一人理之。故天下者，非一家之有也，有道者之有也。
> 故夫天下者，唯有道者理之，唯有道者纪之，唯有道者使之，唯
> 有道者宜处而久之。故夫天下者，难得而易失也，难常而易
> 忘也。”②

吕尚有时也将“贤者”、“有道者”表述为“利天下者”，即要求贤者
的所作所为必须对天下有利，或与天下同利。这就将“尊贤”和
“尚功”统一起来。与此相联系，他认为君也必须将追求天下的富
裕作为自己施政的基本目标：“故人君必从事于富，不富无以为
仁。”③这里透出的是他可贵的民本意识。吕尚所处的时代，正是
周礼所规范的宗法制度广泛实行的时代，“亲亲尊尊”的理念被认

---

① 严可均：《全上古三代秦汉三国六朝文》卷六，中华书局 1958 年版，
第 91 页。

② 贾谊：《新书·修政语下》，董治安主编：《两汉全书》第一册，山东
大学出版社，第 329 页。

③ 姜尚：《六韬》卷一《文韬·守土》，文渊阁四库全书本。

为天经地义,官吏的选拔基本不出贵族的圈子。吕尚提倡并实行"尊贤尚功"的理论和政策,虽然一时还不能完全打破"亲亲尊尊"的壁垒,但已经为平民中的贤者跻入官吏阶层劈开了一条缝隙,拓展了人才选拔的范围,这显然是对社会的发展有利的。

吕尚还是齐国兵学的创始人。《史记·齐太公世家》记载:"周西伯昌之脱羑里归,与吕尚阴谋修德以倾商政,其事多兵权与奇计,故后世之言兵及周之阴权,皆宗太公为本谋。"他的一生,基本上是在战争中度过的。从消灭商朝与国的战争,到推翻商朝的牧野之役,再到征伐不甘心臣服的东夷诸部落的军事行动,吕尚几乎无役不与。《诗经·大雅·大明》就描述了他指挥牧野之战时"鹰扬"的雄姿:"牧野洋洋,檀车煌煌,驷骐彭彭。维师尚父,时维鹰扬,凉彼武王,肆伐大商,会朝清明。"他既积累了丰富的战争经验,又善于进行理论总结,因而留下了中国历史上第一部兵书《太公兵法》,又名《六韬》。虽然至今仍然有人怀疑吕尚的著作权,但有一点可以肯定,不管《六韬》一书经过多少人的加工润色,其基本思想应该出自吕尚。该书之所以以"六韬"名世,主要因为其内容由"文韬"、"武韬"、"龙韬"、"虎韬"、"豹韬"、"犬韬"六部分组成。其中,"文韬"包括"文师"、"举贤"等20篇,论述"文事先于武备",重点阐述夺取战争胜利的根本之道是争取民心。"武韬"由"发启"等5篇组成,重点阐述夺取战争胜利的战略和策略。"龙韬"由"论将"、"奇兵"等13篇组成,重点阐述夺取战争胜利的军队统御和指挥之道。"虎韬"由"军用"、"三阵"等12篇组成,重点阐述夺取战争胜利的军事器材和各种战术要领。"豹韬"由"林战"、"突战"等8篇组成,重点阐述在各种地形条件下夺取战争胜利的各种战法。"犬韬"由"练士"、"教战"等10篇组成,重点阐述军队集中、约期合战、挑选训练士卒以及战车、骑兵、步兵等兵种的性能、战斗力、阵法和战法等。这些内容或许有不少后人附加的东西,不过,其中贯串始终的理性精神应该是吕尚所具有,而且是最珍贵的思想资源。《通典》卷一六二引《六韬》文：

> 武王伐纣，师至汜水牛头山，风甚雷疾，鼓旗毁折，王之骖乘惶震而死。太公曰："用兵者，顺天之道未必吉，逆之不必凶，若失人事，则三军败亡。且天道鬼神，视之不见，听之不闻，智将不法，而愚将拘之。若乃好贤而能用，举事而得时，则不看时日而事利，不假卜筮而事吉，不（待）祷祀而福从。"遂命驱之前进。周公曰："今时逆太岁，龟灼告凶，卜筮不吉，星变为灾，请还师。"太公怒曰："今纣刳比干，囚箕子，以飞廉为政，伐之有何不可？枯草朽骨，安可知乎？"乃焚龟折蓍，援枹而鼓，率众先渡河，武王从之，遂灭纣。①

又据《群书治要》卷三一引《六韬·龙韬》文：

> 武王问太公曰："凡用兵之极，天道、地利、人事，三者孰先？"太公曰："天道难见，地利、人事易得。天道在上，地道在下，人事以饥饱、劳逸、文武也。故顺天道不必有吉，违之不必有害。失地之利，则士卒迷惑；人事不和，则不可以战矣。故战不必任天道，饥饱、劳逸、文武最急，地利为宝。"武王曰："天道鬼神，顺之者存，逆之者亡，何以独不贵天道？"太公曰："此圣人之所生也，欲以止后世，故作为谲书，而寄胜于天道。"②

吕尚在那个时代有如此清醒的理性思考，说明他已经站到了当时思想界的最前列。后世研究思想史的学者，大都认为先秦法家有两个系统，即三晋法家和齐法家。吕尚就是齐法家的创始人。他自建立齐国起，就建立起一套礼法兼重、纲纪和刑罚并用的治国方略。他说："凡用赏者贵信，用罚者贵必。赏信罚必于耳目之所闻

---

① 杜佑：《通典》卷一六二，岳麓书社1995年版，第2211页。
② 魏徵：《群书治要》卷三一，文渊阁四库全书本。

见,则所不闻见者,莫不阴化矣。"①又说:"杀贵大,赏贵小。杀及当路贵重之臣,是刑上极也;赏及牛竖、马洗、厮养之徒,是赏下通也。"②这些思想后来对管仲和晏婴礼法思想的形成产生了重要影响。

综上所述,可以看出,吕尚作为齐学的创始人,在政治、经济、军事和礼法刑罚等思想领域都作出了开创性的贡献,后世逐渐丰富和发展的博大精深的齐学的主要内容,如开放、兼容和追求功利等基本理念,在他那里都已经萌生了。

（原载《山东思想文化史》,山东人民出版社 2011 年版）

---

① 姜尚:《六韬》卷一《文韬·赏罚》,文渊阁四库全书本。
② 姜尚:《六韬》卷三《龙韬·将威》,文渊阁四库全书本。

周公与早期鲁学

鲁学的创始人是周公,他姓姬名旦,是文王的第三个儿子(也有人认为他行四),武王姬发的弟弟。他曾协助武王兴兵伐纣,为周王朝的建立立下汗马功劳。周朝建立第二年,武王去世,成王幼小,周公摄政。此时,他肩负的是治理这个新建王朝的千斤重担,面对的是十分严峻的政治形势:主少国疑,周朝贵族内部矛盾重重,一些人怀着贪婪的野心觊觎他手中的权力;被推翻的殷朝残余在东方还有强大的潜在势力,他们不甘失败,伺机蠢动;周朝由偏在西方一隅的小国骤然代殷而成为整个中原的主宰,百废待兴,百事待理,真正立下牢固的基础还必须解决许多棘手的问题。果然,武王死后不久,周贵族"三监"就与纣王之子武庚勾结起来发动了武装叛乱。一时烽烟滚滚,整个东方非复周朝所有。面对这种形势,周公沉毅果决,举兵东征,血战三年,克殷践奄,消除了对周朝最大的武力威胁。之后,他营建东都洛邑,大力推行分封政策,在比殷朝更大的范围内巩固了周朝的统治。进而,他损益殷礼,"制礼作乐",完善了周朝的各种制度和典则。他损益殷人的天命思想,提出了"敬德保民""明赏慎罚"的新的统治思想。七年之中,他驾驶着周王朝这只奴隶主贵族的航船,溯激流,越险滩,冲破道道阻障,战胜重重困难,将其导入顺利发展的坦途。七年之后,周公又毅然"复子明辟",南面称臣,把权柄交给已经成年的成王姬诵,表现了奴隶主贵族的"大公"和气度。在他的治理下,周初的"成康之治"以中国古代著名的"盛世"载入了史册,周公也被戴上中国古代大"圣人"的桂冠,同时作为儒家"道统"的重要传人,享受后世绵延不绝的颂扬。

周公的思想是在损益殷人思想的基础上有所创新而形成的。周公是一个天命论者,他的天命思想是从殷人那里继承来的。"殷人尊神,率民以事神。先鬼而后礼,先罚而后赏。"①在殷人那里,"帝"既是至上神,又是宗祖神,因而敬帝和尊祖就合二而一了。殷王认为自己是上帝的儿子,他的使命是代上帝行使其在人间的统治权。所以,只要得到上帝的认可,就什么事情都可以做。大量出土的殷墟卜辞向人们展示了殷朝统治者的思想面貌:他们凡事问卜,把卜兆作为自己活动的重要依据。例如,问年成的丰歉:"帝令雨足年,帝令雨弗其足年?"②问战争的胜负:"伐舌方,帝受(授)我又(佑)?"③问筑城的吉凶:"王作邑,帝若(诺)。"④等等。因而,沟通人神关系的巫、祝、卜、史在殷朝也就成为权力显赫的官员。殷朝统治者不太讲究怀柔政策,他们唯一知道的就是用棍棒和斧钺驱赶奴隶从事非人的劳动,以及把他们像牲畜一样地赶上神圣的祭坛和埋入墓坑。由于经常征战保证了奴隶的来源,在殷人那里的确看不到从任何角度出发的对奴隶的爱护。到纣王统治时期,阶级矛盾已激化到极点,"小民方兴,相为敌仇,今殷其沦丧,若涉大水,其无津涯。"⑤连微子启之类的殷贵族都预感到殷王朝末日的来临,劝纣王收敛一下自己的凶暴和贪残。但纣王以"我生不有命在天"为根据,我行我素,作恶如故。这表明,纣王直到走上断头台的前夕,还保持着对上帝的笃信,把上帝看成自己权力的守护神。在他看来,上帝既然昔日把统治人间的权力交给了殷贵族,

---

① 孙希旦撰:《礼记集解》,中华书局 1989 年版,第 1310 页。

② 罗振玉:《殷墟书契前编》(一,五〇,一),大东书局 1913 年版。

③ [日] 林泰辅:《龟甲兽骨文字》(一,一一,一三),西东书房 1918 年版。

④ 罗振玉:《殷墟书契后编》(一六,一七),大东书局 1916 年版。

⑤ 《尚书·微子》,《十三经注疏》,中华书局 1980 年版,第 177 页。

今天自然也会保护自己度过任何难关,使殷人的统治亿万斯年地持续下去。周公从殷人那里继承了对至上神的崇拜。这个至上神,殷人一直称帝,周人则更多地称天。在周公眼里,天依然是有意志、有感情、君临人间、明察秋毫、赏善罚恶的人格神,自然界的风晴阴雨,电闪雷鸣,地上王朝的兴衰更迭,个人的生死祸福,都被天主宰着。周公并没有对天的神力发生怀疑。无论对殷顽民、方国首领,无论对殷顽民、方国首领,还是对周贵族,他都大讲天的威力,称颂祖宗的神灵,献上虔诚的颂歌。如在武王率兵渡河攻殷时,"祥瑞"屡现,周公欣喜若狂地大叫:"茂哉!茂哉!天之见此,以劝之也。"①武王生病时,他偷偷跑到祖宗的灵前哀告。愿以身代武王死。并说自己"予仁若考,能多才多艺,能事鬼神"②。其后,在大量的文告中,周公一而再、再而三、不厌其烦地向殷遗民、周贵族和方国首领说明,夏、殷两朝的灭亡是由于"天命不易",周王朝的兴起更是"受天明命",一切都是出于上天的无情安排:

　　　"天惟时求民主,乃大降显休命于成汤,刑殄有夏。"③

　　　"天乃大命文王,殪戎殷,诞受厥命。"④

显然,周公作为一个真诚的天命论者,他对天的威灵是笃信不移的。他并不是像有些学者所论断的那样,在殷人面前是天命论者,在周人面前就怀疑天命的存在。因为在周公所处的时代,上天的威灵还禁锢着所有人的头脑,无神论产生的条件还不具备。与周公同时的人物中,找不出一个无神论者。"没有人能够真正地超出他的时代,正如没有人能够超出他的皮肤。"⑤即使周公这样杰出

---

① 《尚书大传·补遗》,文渊阁四库全书本。

② 《尚书·金滕》,《十三经注疏》,中华书局1980年版,第196页。

③ 《尚书·多方》,《十三经注疏》,中华书局1980年版,第228页。

④ 《尚书·康诰》,《十三经注疏》,中华书局1980年版,第38页。

⑤ [德]黑格尔:《哲学史讲演录》第一卷《导言》,商务印书馆1981年版,第57页。

的思想家,也无法摆脱历史条件的限制。不过,周公的天命论与殷人相比又有明显的不同。第一,他把殷人上帝与宗祖神合一的一元神论改造成上天与宗祖分开的二元神论;第二,他用"以德配天"说首创天人感应论。尽管这些区别还没有突破宗教神学体系,但与殷人的天命论相比却是一个不小的进步。这是因为,周公的上天宗祖二元神论在事实上疏远了人间和上帝的关系。周公把上天打扮成一个对任何人都一视同仁的"公正"之神,"皇天无亲,惟德是辅"。一个当权的统治者使上天满意的唯一办法,不在于祭祀的准时和祭礼的隆重,而在于能够"敬德保民"、"明赏慎罚",把地上的统治搞得有条不紊:贵族内部融洽和睦,被奴役的小民也安于奴隶的地位不进行反抗。周公的上天、宗祖二元神论虽然还不是无神论,但他引导人们把注意力集中到人事方面来,把事神的虔诚与事人的兢兢业业结合起来,无疑能够缩小天命鬼神的传统领地,客观上是向无神论的靠拢。

　　周公还用"以德配天"说在中国历史上首创了"天人感应"论。殷人虽然凡事问卜,以卜决疑,但仅此并不能构成"天人感应"论。因为卜兆的吉凶与殷王的德行和作为没有直接关系。在殷人看来,上帝和宗祖对他们的钟爱完全是无条件的,所以天人之间也就不存在彼此"感"和"应"的关系。在周公发明"以德配天"说之后,"天人感应"才算正式成立。他第一次将天的好恶与地上人的行为联系起来,倡导"修人事以应天命"。他一方面承认天是监临下民、赏善伐恶、公正无私的人格神:"敬之敬之! 天维显思。命不易哉! 无曰高高在上,陟降厥士,日监在兹。"①另一方面又认为天不是喜怒无常地随意降下幸福或灾祸。人间帝王敬德保民,天便降下福风惠雨,保佑他国泰民安,五谷丰登;人间帝王背德虐民,天便

————————

　　① 《诗经·周颂·敬之》,《十三经注疏》,中华书局 1980 年版,第598 页。

降下水旱灾异,收回他的统治权力,更易新主。天的意志通过"祥瑞"或"谴告"下示人间。人间帝王亦可通过祭祀向上天申述己意,通过实际活动表示自己的赤诚。如此天人交感,构成人间的历史运动。在《尚书·多方》中,周公正是用"天人感应"解释了夏、商、周三朝的更替:

> 有夏诞厥逸,不肯戚言于民,乃大淫昏,不克终日劝于帝之迪,乃尔攸闻。厥图帝之命,不克开于民之丽。乃大降罚,崇乱有夏……非天庸释有夏,非天庸释有殷,乃惟尔辟以尔多方,大淫图天之命,屑有辞。乃惟有夏图厥政,不集于享。天降时丧,有邦间之。乃惟尔商后王逸厥逸,图厥政,不蠲烝,天惟降时丧。……惟我周王,灵承于旅,克堪用德,惟典神天,天惟式教我用休,简畀殷命,尹尔多方。

按照周公的"天人感应"论,天命对于人事的左右并不是绝对不可移易的,人的活动在天命面前也不是全然无能为力的。这实际上等于承认了人可以有条件地掌握自己的命运。这样一来,周公就在殷人僵死的天命论体系上打开了第一个缺口,给人的主观能动性争得了一个活动的地盘。对于统治者来说,其主观能动性的发挥,就是通过"敬德保民"使上天认可和保佑自己在地上的统治权力。显然,周公是用"敬德"改造了殷人的天命论。以周公为代表的周朝统治者从殷亡周兴的现实变革中认识到,昊天上帝并不是将它的钟爱一劳永逸地倾注给某个家族。"天棐忱"①,"天畏棐忱"②,"天不可信"③,"天难忱斯,不易维王"④,这些话虽然还不

① 《尚书·大诰》,《十三经注疏》,中华书局1980年版,第199页。
② 《尚书·康诰》,《十三经注疏》,中华书局1980年版,第203页。
③ 《尚书·君奭》,《十三经注疏》,中华书局1980年版,第223页。
④ 《诗经·大雅·大明》,《十三经注疏》,中华书局1980年版,第506页。

能说明周公已经怀疑了天的威灵,但却表明他已经意识到不能无所作为地靠上帝的恩赐过日子。为了使上天永远将钟爱倾注于周邦,就必须以"敬德"讨它的欢心。周公认为,有德是取得天帝对地上统治权认可的最重要条件。殷人前期和中期的统治之所以比较稳固,就是因为殷的名王成汤、盘庚、武丁等德行高尚,使远者来,近者悦,上帝赐福,神人共庆。周人能代殷而王,关键是"丕显文王"德行醇厚,结果是上帝钟爱,小民敬畏:

> 在昔殷先哲王,迪畏天显小民,经德秉哲。①

> 惟乃丕显考文王,克明德慎罚,不敢侮鳏寡,庸庸,祗祗,威威,显民,用肇造我区夏,越我一二邦,以修我西土。②

相反,夏殷所以丧失政权,主要原因就是夏桀和商纣"失德","有殷受天命,惟有历年……不其延,惟不敬厥德,乃早坠厥命"③。在周公眼里,有德和天命永远是联系在一起的,在形式上,天命虽然还是至高无上,但在实际上,有德却成为天命的依据和前提。如此,法力无边的天命在事实上遇到了限制。为了使周的统治永远继续下去,周公几乎在每个场合都宣扬"以德配天"的理论,并以此谆谆告诫他的侄子成王、兄弟康叔、君奭以及百官、殷后和各方国的首领。"敬德"实在是周公天命思想的重要内容。

从"敬德"出发,周公要求周贵族时时以夏殷"失德而亡"为鉴戒,"如临深渊,如履薄冰",兢兢业业,小心翼翼地操持自己的政柄,要"永念天威",对上天怀着真诚的崇敬心情;要"迪惟前人光",永远牢记祖宗创业的艰难,做克肖祖宗的孝子贤孙,发扬光大前人不朽的勋业。为此,就必须时刻抑制自己的欲望,像文王那样"克自抑畏",那样"卑服,即康功田功","自朝至于日中昃,不遑暇

---

① 《尚书·酒诰》,《十三经注疏》,中华书局 1980 年版,第 94—95 页。
② 《尚书·康诰》,《十三经注疏》,中华书局 1980 年版,第 91 页。
③ 《尚书·召诰》,《十三经注疏》,中华书局 1980 年版,第 213 页。

食,用咸和万民"。要"以万民惟正之供,无皇曰今日耽乐"①,不要贪图安逸,不要大兴游观,不要无休止地田猎,更不要聚徒狂欢。周公这种要求以国王为首的周贵族克制自己的欲望、加强修养、在道德上做万民表率的思想,比之殷贵族那种凶横残暴、肆无忌惮的嗜杀纵欲来,是有进步意义的。事实上,在周公的大力提倡下,更由于当时阶级斗争条件的制约,周初的几代统治者都比较注意抑制自己的欲望以缓和阶级矛盾。"成康之治"与统治阶级相对不太荒唐是有直接关系的。从"敬德"出发,周公在中国历史上较早地提出了"任人唯贤"的主张。要求"继自今立政",必须坚决摈弃无德无才的"人",选取"克明俊德"、智能卓著的"吉士"、"常人",从而达到"劢相我国家"、"以觐文王之耿光,以扬武王之大烈"②的目的。从"敬德"出发,周公还提出"保民"和"慎刑"的主张,要求统治者了解广大奴隶和平民的处境,"闻小人之劳","知稼穑之艰难"③,关心他们的疾苦,使他们有一个最低限度的温饱生活。要"庶狱庶慎",有条件地运用"刑杀",使其与怀柔政策起到相辅相成的作用。

"曰命,曰天,曰民,曰德,四者一以贯之"④的周公思想,在中国思想史上比他的前辈贡献了许多新的东西。他第一次在殷人无所不包的天命思想体系上打开了一个缺口,给先秦天道观发展史带来了有意义的转折;他第一个发现了人的主观能动性作用,提出了"以德配天"的理论;他第一个看到了奴隶和平民的伟大力量,提出了影响深远的"敬德保民"思想。在中国奴隶社会还处在蒸

---

① 《尚书·无逸》,《十三经注疏》,中华书局 1980 年版,第 222 页。

② 《尚书·立政》,《十三经注疏》,中华书局 1980 年版,第 232 页。

③ 《尚书·无逸》,《十三经注疏》,中华书局 1980 年版,第 221 页。

④ 王国维:《观堂集林·殷周制度论》,河北教育出版社 2001 年版,第 243 页。

蒸日上的发展时期,周公作为朝气勃勃的奴隶主阶级的一个代表人物,以他巨大的政治建树和卓越的思想创造,促进了这个社会的发展。他无疑应该是一个值得肯定的历史人物。

由周公所开启的鲁学比较全面地移植了周朝的礼乐文化,它极力维护宗周文化的纯洁性,特别重视道德名节和传统文献阐发的宗法伦理观念。正是这样的文化传统和文化氛围,孕育了儒家学派和它的伟大创始人孔子。

(原载《中国哲学史研究集刊》第二辑,

上海人民出版社 1982 年版)

从管仲到晏婴
——齐学初现辉煌

由姜尚开启的齐学为齐国找到了一条顺从民欲、追求富强的发展之路。经过西周时期三百多年的发展,到公元前 770 年春秋时代开始的时候,齐国已经成为雄踞黄河下游的东方第一诸侯大国。在前 770 年—前 476 年近三百年的春秋时期,齐国的思想文化更获得了长足发展,产生了对后世有着深远影响的双子星座——管仲和晏婴。司马迁在《史记·管晏列传》中以简洁的笔触记述了他们的思想和事功。

管仲,字夷吾,春秋时期颍上(今属安徽)人。与齐大夫鲍叔牙友善。公元前 686 年齐襄公去世,公子小白与公子纠争夺君位。鲍叔牙事小白,管仲事公子纠。最后小白获胜,是为齐桓公。在这场政争中几乎致小白于死命的管仲反而被任为齐相,辅佐齐桓公"九合诸侯,一匡天下",使齐国成就了春秋首霸的伟业。《史记·管晏列传》记载管仲的思想和业绩:

> 管仲既任政相齐,以区区之齐在海滨,通货积财,富国强兵,与俗同好恶。故其称曰:"仓廪实而知礼节,衣食足而知荣辱,上服度则六亲固。四维不张,国乃灭亡。下令如流水之原,令顺民心。"故论卑尔易行。俗之所欲,因而予之;俗之所否,因而去之。其为政也,善因祸而为福,转败而为功。贵轻重,慎权衡。桓公实怒少姬,南袭蔡,管仲因而伐楚,责包茅不入贡于周室。桓公实北征山戎,而管仲因而令燕修召公之政。于柯之会,桓公欲背曹沫之约,管仲因而信之,诸侯由是归齐。

故曰:"知与之为取,政之宝也。"

管仲富拟于公室,有三归、反坫,齐人不以为侈。管仲卒,齐国遵其政,常强于诸侯。[1]

论述管仲思想,《管子》一书是重要文献。但历代学者对该书是否反映管仲思想多持异议。近年来,由于如山东临沂银雀山汉墓竹简等出土文献的发现,不少学者论定《管子》一书虽然不是管仲一人著述,但与《国语》、《左传》、《韩非子》和《史记》对勘,却可以确定其中大部分内容都能够反映管仲的思想。管仲是一个朴素唯物论者,他提出了水是"万物之本原"的观点,认为水为"地之血气,如筋脉之通流者",不仅是万物中最重要的物质,而且是构成万物包括人的基本元素:

(水)无不满,无不居也。集于天地,而藏于万物,产于金石,集于诸生,故曰水神。集于草木,根得其度,华得其数,实得其量。鸟兽得之,形体肥大,羽毛丰茂,文理明著。万物莫不尽其几、反其常者,水之内度适也。[2]

管仲还企图用各地水势、水质的不同解释不同地区人民气质性情的差异,认为齐人的"贪粗而好勇",楚人的"轻果而贼",越人的"愚疾而垢",秦人的"闲庆、罔而好事",晋人的"谄谀葆诈、巧佞而好利",燕人的"愚戆而好贞,轻疾而易死",宋人的"闲易而好正",都是当地不同的水势、水质所致。这种解释自然是不科学的,但却是从物质出发的解释,应该是中国最早的地理环境决定论。管仲的"水本原论"与比他晚近一个世纪的古希腊哲学家泰勒斯的"水本原论"有异曲同工之妙,说明人类的认识都是遵循着同样的规律

---

① 司马迁:《史记·管晏列传》,中华书局 1959 年版,第 2132—2134 页。

② 戴望:《管子校正·水地》,《诸子集成》(五),上海书店 1986 年影印版,第 236 页。

发展。

管仲的政治思想体现在他的"顺民心"和"四维"的学说。《管子·牧民》：

> 政之所兴，在顺民心；政之所废，在逆民心。民恶忧劳，我佚乐之；民恶贫贱，我富贵之；民恶危坠，我存安之；民恶灭绝，我生育之。能佚乐之则民为之忧劳；能富贵之则民为之贫贱；能存安之则民为之危坠；能生育之则民为之灭绝……故从其四欲，则远者自亲；行其四恶，则近者叛之。故知予之为取者，政之宝也。①

管仲"顺民心"的政治理念通过"六兴"即六项具体措施加以落实。这六项措施是，一、"厚其生"："辟田畴，制坛宅，修树艺，劝士民，勉稼穑，修墙屋"。二、"输之以财"："发伏利，输滞积，修道途，便关市，慎将宿"。三、"遗之以利"："导水潦，利陂沟，决潘渚，溃泥滞，通郁闭，慎津梁"。四、"宽其政"："薄征敛，轻征赋，弛刑罚，赦罪戾，宥小过"。五、"匡其急"："养长老，慈幼孤，恤鳏寡，问疾病，吊祸丧"。六、"赈其穷"："衣冻寒，食饥渴，匡贫窭，赈罢（疲）露，资乏绝"。管仲认为，"凡此六者，德之兴也。六者既布，则民之所欲，无不得矣。夫民必得其欲，然后听上；听上，然后政可善为也。"②在管仲看来，只要君主能够"顺民心"，从民欲，"俗之所欲，因而予之；俗之所否，因而去之"，就可以做到君民同体，国家和民众高度团结，"以国守国，以民守民"，无须统治者命令，民众就会自动服从统治者的意志，卫国卫民，成为坚不可摧的长城。管仲"顺民心"的思想承认了人民追求富裕生活的愿望和统治者必须

---

① 戴望：《管子校正·牧民》，《诸子集成》（五），上海书店1986年影印版，第2页。
② 戴望：《管子校正·五辅》，《诸子集成》（五），上海书店1986年影印版，第48页。

满足这种愿望的责任,而且要求统治者在大力发展经济的同时实行轻徭薄赋的税收政策,并以较完善的社会保障措施使民众免除冻馁之苦。这里体现的是管仲对传统民本意识的弘扬。

管仲在强调"顺民意"、"从民俗"的同时,也强调维护等级制度和道德规范的意义,并将其提到关乎国家存亡的高度:"守国之度,在饰四维","四维不张,国乃灭亡"。管仲的"四维"指的是礼、义、廉、耻。他说:

> 国有四维,一维绝则倾,二维绝则危,三维绝则覆,四维绝则灭。……何谓四维? 一曰礼,二曰义,三曰廉,四曰耻。礼不逾节,义不自进,廉不蔽恶,耻不从枉。故不逾节则上位安,不自进则民无巧诈,不蔽恶则行自全,不从枉则邪事不生。[1]

管仲特别重视礼,将其列为"四维"之首,表明他对维护等级制度的笃信和执着。他一再强调维护等级制度的重要性,说:"朝廷不肃,贵贱不明,长幼不分,度量不审,衣服无等,上下凌节,而求百姓之遵主政令,不可得也。"[2]又说:

> 度爵而制服,量禄而用财,饮食有量,衣服有制,宫室有度,六畜人徒有数,舟车陈器有禁,修生则有轩冕、服位、谷禄、田宅之分,死则有棺椁、纹衾、圹垄之度。虽有贤身贵体,毋其爵,不敢服其服;虽有富家多资,毋其禄,不敢用其财。天子服文有章,而夫人不敢燕以飨庙;将军大夫以(与)朝,官吏以(与)命,士止于带缘。散民不敢服杂采,百工商贾不得服长鬈貂,刑余戮民不敢服丝,不敢畜连乘车。[3]

---

① 戴望:《管子校正·牧民》,《诸子集成》(五),上海书店1986年影印版,第1页。

② 戴望:《管子校正·权修》,《诸子集成》(五),上海书店1986年影印版,第7页。

③ 戴望:《管子校正·立政》,《诸子集成》(五),上海书店1986年影印版,第12页。

在管仲看来,礼制规定了社会上所有人的行为规范,而恰恰是这些行为规范使社会处于有序运行的状态,所以礼是绝对不能违背的。管仲同时认为,廉耻观念的树立,对社会上的所有人,特别是百姓具有重要意义。因为礼只是对人的行为的外在约束,而廉耻意识却能够使人自觉约束自己的行动。这对建立稳定的社会秩序更具有深远意义。他说:"商贾在朝则货财上流,妇言人事则赏罚不信,男女无别则民无廉耻。货财上流,赏罚不信,民无廉耻,而求百姓之安难,兵士之死节,不可得也。"①管仲进而认为,增强百姓的"四维"意识,使之在行动上实践"四维"的理念,必须广泛宣传,要求他们从小处做起,注意防微杜渐,通过不断的积累和培养,一方面让"四维"的观念深入人心,另一方面也使实践"四维"的理念成为自觉的行动:

> 凡牧民者,使士无邪行,女无淫事。士无邪行,教也;女无淫事,训也。教训成俗,而刑罚省数也。凡牧民者,欲民之正也。欲民之正,则微邪不可不禁也。微邪者,大邪之所生也。微邪不禁,而求大邪之无伤国,不可得也。凡牧民者,欲民之有礼也。欲民之有礼,则小礼不可不谨也。小礼不谨于国,而求百姓之行大礼,不可得也。凡牧民者,欲民之有义也。欲民之有义,则小义不可不行。小义不行于国,而求百姓之行大义,不可得也。凡牧民者,欲民之有廉也。欲民之有廉,则小廉不可不修也。小廉不修于国,而求百姓之行大廉,不可得也。凡牧民者,欲民之有耻也。欲民之有耻,则小耻不可不饰也。小耻不饰于国,而求百姓之行大耻,不可得也。凡牧民者,欲民之修小礼,行小义,饰小廉,谨小耻,禁微邪,此厉民之道也。民之修小礼,行小义,饰小

---

① 戴望:《管子校正・权修》,《诸子集成》(五),上海书店1986年影印版,第7页。

廉,谨小耻,禁微邪,治之本也。①

管仲的"四维"学说是在春秋时期"礼崩乐坏"的历史条件下提出来的,反映了他力图使混乱的社会通过加强礼制恢复稳定秩序的愿望。这种思想倾向在他同时和以后的思想家子产、晏婴、孔子和战国时期荀子身上几乎都有鲜明的表现。

管仲"顺民意"、"从民俗"等民本思想的重要内容是"富民"。他说:

> 凡治国之道,必先富民。民富则易治也,民贫则难治也。奚以知其然也? 民富则安乡重家,安乡重家则敬上畏罪,敬上畏罪则易治也。民贫则危乡轻家,危乡轻家则敢凌上犯禁,凌上犯禁则难治也。②

管仲认识到民富是社会稳定的基础,也是提高道德水准的重要条件。他所说的"国多财则远者来,地辟举则民留处,仓廪实则知礼节,衣食足则知荣辱"③,成为后人广泛引用的政治格言。为了实现"富民",管仲主张大力发展生产,积极调节分配和消费,提出了一套在当时具有实践价值的财政经济政策。他同所有同时的经济学家一样,认定农业生产是"本业",将其放在首先发展的地位。他要求统治者注重天时,发挥地利,在大力发展农业生产的同时,注意对自然环境的保护和利用。他说:"不务天时则财不生,不务地利则仓廪不盈,野芜旷则民乃菅(奸)。"④在强调粮食生产的同时,也重视经济作物和畜牧生产,认为"务五谷则食足,养桑麻、育

---

① 戴望:《管子校正·权修》,《诸子集成》(五),上海书店 1986 年影印版,第 8 页。

② 戴望:《管子校正·治国》,《诸子集成》(五),上海书店 1986 年影印版,第 261 页。

③ 戴望:《管子校正·牧民》,《诸子集成》(五),上海书店 1986 年影印版,第 1 页。

④ 同上。

六畜则民富"①。为了促进农副业生产的发展,他建议齐桓公在齐国推行了一项具有深远意义的税制改革"相地而衰征",即按土地的好坏征收赋税。这不仅使税负趋于合理,而且在实际上承认了个体生产者对土地的占有,大大提高了他们的生产积极性,是齐国在春秋战国时期长期保持东方大国地位的重要经济条件。管仲不仅重视农副业生产,而且继承和弘扬姜尚发展工商鱼盐之利的传统,把"通货积财"作为带动齐国经济发展的战略方针,保护商人的积极性,以货畅其流促进手工业和农副业的发展。从"富农"原则出发,管仲一方面主张节制消费,反对奢侈浪费,尤其反对统治者浪费国家财物。另一方面,他又在《侈靡》篇中提出以充分的消费促进生产发展的观点,这是中国思想史上第一次对生产和消费的关系作辩证的理解。

由姜尚开创的齐学比较重视法律和军事思想的构建。管仲的法律和军事思想大大丰富和深化了齐学这一方面的内容。他特别重视法令的公开性和明确性,也强调法令的统一性和相对稳定性。在《牧民》篇中,他认为当国者应当"明必死之路,开必得之门","明必死之路者,严刑罚也;开必得之门者,信庆赏也"。即要求统治者明确赏罚标准,使他们知道自己如何远离邪恶和为国立功。同时,还必须使法令普遍传布于所有辖区,并使赏罚施行于法令公布、标准明确之后。他说:"凡将举事,令必先出。曰事将为,其赏罚之数必先明之。立事者谨守令以行赏罚,计事致令,复赏罚之所加。有不合于令之所谓者,虽有功利,则谓之专利,罪死不赦。首事既布,然后可以举事。"②他认为只有保证法令的公开性和周知

---

①　戴望:《管子校正·牧民》,《诸子集成》(五),上海书店1986年影印版,第1页。

②　戴望:《管子校正·立政》,《诸子集成》(五),上海书店1986年影印版,第11页。

性,才能避免赏罚的随意性。管仲也非常重视法令的稳定性和严肃性,反对朝令夕改,他说:

> 令已布而赏不从,则是使民不劝勉,不行制,不死节。民不劝勉,不行制,不死节,则战不胜而守不固。战不胜而守不固,则国不安矣。令已布而罚不及,则是教民不听。民不听则强者立,强者立则主位危矣。①

管仲还认为,国家既要使刑罚具有足够的威慑力,又要使之合乎情理而具备可行性。这样才能使百姓养成见利思刑、"见怀思威"的习惯,从而保证统治秩序的安定与和谐。

管仲在齐国推行改革的重要内容之一是改革行政编制和军事编制,主要内容是"参其国而伍其鄙",即"三分国都以为三军,五分其鄙以为伍属"。将国中的士、农、工、商分别聚居并世袭其职,在此基础上将他们编为二十一乡。其中士乡十五,每五乡编为一军,共三军,分别由国君和两大卿族国氏、高氏统帅,由此将行政和军事合为一体,"是故卒伍整于里,军旅整于乡"。军中士卒将帅"世同居,少同游",彼此熟悉,"是故守则同固,战则同强"。管仲认为,"有此士也三万人,以方行于天下,以诛无道,以屏周室,天下大国之君莫之能御"②。管仲在齐国推行的这套制度进一步贯彻了军政合一的原则,强化了国家对军队的集中管理和控制,大大提高了军队的战斗力,为齐国的霸业建立了强大的军事盾牌。管仲除了在军事制度上进行了行之有效的改革之外,还在长期的军事实践中形成了一套比较系统的军事思想。比如,他提出国家综合实力决定战争胜负的思想,认为只有财、工、器、士、政教、服习、遍知天下、明于机数等都能"盖天下",才能"正天下"而无敌。他说:

---

① 戴望:《管子校正·法法》,《诸子集成》(五),上海书店 1986 年影印版,第 90 页。

② 左丘明:《国语·齐语》,上海古籍出版社 2015 年版,第 148 页。

"以众击寡,以治击乱,以富击贫,以能击不能,以教卒练士击驱众白徒,故十战十胜,百战百胜。"①反之,"举兵之日而境内贫,战不必胜,胜则多死,得地而国败,此四者,用兵之祸者也"②。这些思想对后世齐国乃至整个中国军事思想的发展都产生了深远的影响。

晏婴是齐国夷维(今山东高密)人,生活于春秋晚期。"事齐灵公、庄公、景公,以节俭力行重于齐。既相齐,食不重肉,妾不衣帛。其在朝,君语及之,即危言;语不及之,即危行。国有道,即顺命;无道,即衡命。以此三世显于诸侯"③。流传至今的《晏子春秋》一书应该是后人根据晏婴的言行编纂的,大体上可以作为研究他思想的资料。晏婴生活的时代,周室更加衰微,"礼崩乐坏"呈不可逆转之势。齐国新兴贵族田氏势力不断壮大,取姜氏而代之的趋势日益明显。晏婴虽然心向姜氏,但已经无力回天。在回答齐景公如何防止田氏篡政时,他只能求助于礼的复兴了。他说:

> 在礼,家施不及国,民不迁,农不移,工贾不变,士不滥,官不滔,大夫不收公利……礼之可以为国也久矣,与天地并。君令臣共,父慈子孝,兄爱弟敬,夫和妻柔,姑慈妇听,礼也。④

在晏婴看来,礼一方面是等级制度的规定,士、农、工、商各安其位,守住本分,互不逾越,以维持社会的稳定。另一方面,礼还要求社会上的所有人,君臣、父子、兄弟、夫妻、姑妇都要遵守基本的道德

---

① 戴望:《管子校正·七法》,《诸子集成》(五),上海书店 1986 年影印版,第 31 页。

② 戴望:《管子校正·兵法》,《诸子集成》(五),上海书店 1986 年影印版,第 94 页。

③ 司马迁:《史记·管晏列传》,中华书局 1959 年版,第 2134 页。

④ 《春秋左传正义·昭公二十六年》,《十三经注疏》,中华书局 1980 年版,第 2115 页。

原则,这样人与人和谐相处,社会自然也就安宁了。显然,晏婴的
礼学思想更多地继承了西周的传统而特别强调道德层面,显示了
他对礼的更深的理解。不过,晏婴虽然与孔子同样继承周室的礼
乐文化,但他却对孔子过于注重礼的形式即繁文缛礼的一面提出
了批评。当齐景公欲以尼豀之田封孔子时,他加以阻止,并对儒学
的礼论提出了批评:

> 夫儒者滑稽而不可轨法;倨傲自顺,不可以为下;崇丧遂
> 哀,破产厚葬,不可以为俗;游说乞贷,不可以为国。自大贤之
> 息,周室既衰,礼乐缺有间。今孔子盛容饰,繁登降之礼、趋详
> 之节,累世不能殚其学,当年不能究其礼。君欲用之以移齐
> 俗,非所有先细民也。①

这种批评显示了晏婴对姜尚“因其俗,简其礼”的齐学传统的继
承,他关注的主要不是礼的形式,而是礼的等级和道德伦理的
内容。

晏婴思想的另一突出特点是提倡节俭和崇尚谦抑,这与管仲
在私生活上的奢侈豪华形成了鲜明的对比。他一直居于闹市的
“湫隘嚣尘”的旧宅里,上朝穿的是洗过多次的旧衣帽,“乘弊车,
驾驽马”,平时吃的食物粗劣,祭祀祖先也是“豚肩不掩豆”。尽管
如此,他还是每次都辞掉齐君赏赐的土地。晏婴的作为基于他对
礼制的理解,他就是要树立一个恪守礼制,绝不逾规的楷模。这在
当时奢侈已经成为一种社会风气的情况下具有警世的作用。

《晏子春秋》记载了很多晏婴的引人入胜的故事,不仅展现了
他坚持原则、刚正不阿、生活简朴、为人谦逊的君子品行,而且更展
示了他过人的智慧。他在中国思想史上第一次提出了“和而不
同”的理念,代表了春秋末期中国辩证思维的最高水平。他坚决反
对巫术迷信,尤其反对国君以巫术迷信掩盖政治弊端和推卸责任。

---

① 　司马迁:《史记·孔子世家》,中华书局 1959 年版,第 1911 页。

公元前522年(昭公二十年),齐景公生疥疮久治不愈,齐景公的宠臣竟提出杀祝史以谢罪。晏婴坚决不同意,并对国君生病的原因提出了自己的见解:

> 若有德之君,外内不废,上下无怨,动无违事,其祝史荐信,无愧心矣。是以鬼神用飨,国受其福……其适遇淫君,外内颇邪,上下怨疾,动作辟违,从欲厌私,高台深池,撞钟舞女,斩刈民力,输掠其聚,以成其违,不恤后人,暴虐淫从,肆行非度,无所还忌,不思谤讟,不惮鬼神,神怒民痛,无悛于心。其祝史荐信,是言罪也;其盖失数美,是矫诬也。进退无辞,则虚以求媚,是以鬼神不飨其国以祸之……民人苦病,夫妇皆诅。祝有益也,诅亦有损。聊、摄以东,姑、尤以西,其为人也多矣。虽其善祝,岂能胜亿兆人之诅? 君若欲诛于祝史,修德而后可。①

这里,晏婴虽然没有直接否认鬼神的存在,但他要求国君在政治上远鬼神而重人事,显示的是可贵的理性思考。公元前516年(昭公二十六年),"齐有慧星,齐侯使禳之。晏子曰:'无益也,只取诬焉。天道不谄,不贰其命,若之何禳之? 且天之有慧也,以除秽也,君无秽德,又何禳焉? 若德之秽,禳之何损?'"②当时,人们认为慧星出现是一种凶兆,晏婴并没有正面否定这一传统的迷信,但认为慧星对有德之人不起作用,因而在实际上否定了这种迷信,同样展现了"吉凶由人"的理性思考。晏婴的智慧还表现在他巧妙地利用人们的迷信心理劝说国君注重人事,改良政治。如他利用齐景公出猎遇蛇、虎以为不祥的心理,一面说明在山泽遇蛇、虎是再正

---

① 《春秋左传正义·昭公二十年》,《十三经注疏》,中华书局1980年版,第2092—2093页。

② 《春秋左传正义·昭公二十六年》,《十三经注疏》,中华书局1980年版,第2115页。

常不过的现象,一面指出真正的不祥是"有贤而不知"、"知而不用"、"用而不任"①,讽喻景公信用贤才。春秋时期是贬斥迷信、弘扬理性思潮的时代,晏婴正是这一思潮的杰出代表人物。

(原载《山东思想文化史》,山东人民出版社 2011 年版)

---

① 张纯一:《晏子春秋校注·内篇谏下》,中华书局 2014 年版,第86 页。

扑朔迷离的老子和《道德经》

一

　　在中国古代浩如烟海的文献中，有一部只有五千言的《道德经》，又名《老子》，被誉为先秦道家学派的开山之作。在它产生后的两千多年间，学术界对它的关注历久不衰。自汉朝开始，直到今天，学者对它的注释不下百家，对书中所展示的思想意蕴的研究、争论也一直没有停息，原因在哪里呢？

　　一是因为《道德经》的作者老子是一个非常神秘的人物，历代对他的真实性、时代性和他与《道德经》的关系的争论不断，聚讼纷纭，至今也难以达成共识。可以说，罩在老子头上的那一层神秘兮兮的纱幕一直没有彻底揭开，使他长期无法脱离"朦胧"状态，人们对他的认识也始终如雾里看花。二是因为《道德经》五千言是一篇充满哲理、言简意赅的"朦胧"的诗体散文，后人几乎对其中的每一章、每一句话，甚至每一个字的解释都歧义纷呈。从学术上看，这种情况是完全正常的。不过，话又说回来，尽管学术上对老子这个人和他那部书的认识分歧很大，但共识还是有一些，这就是公认他是伟大的思想家，他博大精深的思想内涵，尤其是其中的辩证意识，代表了当时中华民族思维发展的最高水平。

　　虽然学术界对老子的姓氏、里籍、生平事迹有多种多样的看法，但是，我认为还是应该承认，司马迁在《史记·老子韩非列传》中对他的记载基本上是可信的。

　　司马迁的记载告诉我们，老子这个人是真实存在的。他生当春秋晚期,比孔子略早一点。他是楚国苦县(今河南鹿邑东)厉乡曲仁里人,姓李,名耳,字聃,做过周王室的守藏室之史,即国家图书馆馆长和博物馆馆长。正是由于担任这一职务,使他有条件阅读周王室珍藏的历代典籍,能够见识大量的珍宝器物,成为当时学识最渊博的人。据《庄子》一书的记载,孔子三十多岁到洛阳时,曾经登门拜访老子,向他请教有关礼的问题。《史记·老子韩非列传》也抄录了这一段记载。据说孔子辞别老子时,老子对他讲了一段意味深长的话:"我听说,富贵之人拿钱财送人;仁德之人拿有益的话送人。我不是富贵之人,就冒充仁德之人,送给你几句话作为临别赠言吧:聪明深察的人接近死亡,因为他喜欢议论是非;雄辩博学的人危害自身,因为他喜欢揭发别人的短处。所以,做人的儿子心中不要有自己,做人的臣子也不要有自己。"又说:"君子遇到明主就驾车侍奉他,不遇明主就像飘蓬一样随风流转,刮到哪儿就在哪儿。我听说,一个优秀的商人将财富深藏不露,似乎一无所有。一个德行高尚的君子,容貌好像很愚笨,去掉你的骄气和奢望,去掉你踌躇满志的神色和放纵的心志,因为这些对你自身都是无益的。我所能告诉你的,也就是这些了。"离开老子后,孔子一直绞尽脑汁体味他那段话的深意。后来,孔子对弟子们讲了他对老子的看法:"鸟儿,我知道它能在天上飞;鱼儿,我知道它能在水里游;野兽,我知道它能在地上跑。在地上跑的,能够用网把它逮住;在水中游的,能够用线把它钓出来;在天上飞的,能够用弓箭把它射下来。只有龙,我不知道它怎样驭风驾云遨游青天,我见到的这位老子,大概就和龙一样吧!"这里,孔子眼中的老子,尽管还未脱去神秘的面纱,但基本反映他的真貌。

老子任周王室的守藏室之史多年,眼见周室一天天无可挽回地衰落下去,自己又无力回天,于是毅然辞职,离开洛阳西行。经过函谷关(一说散关)时,关令尹喜对他说:"夫子您要隐居了,请勉为其难,将您的著作写出来,留给后人吧。"老子于是在关城写出了《道德经》上下篇五千言后,就出关西去。他究竟到了什么地方,最后的结局怎样,就没有什么记载了。鲁迅后来写了一篇小说《出关》,用勾勒漫画的手法,塑造了一个鼓吹"无为",实际上什么都不能做的老子形象。

由于确切记载的老子事迹实在太少,而仅有的记载在时间标记上又十分模糊,特别是流传至西汉时期的《道德经》文本还显露了不少战国时代的色彩,这就使为老子作传的司马迁对他生活的时间定位也产生了不少困惑,司马迁于是不得不记下当时有关老子的各种说法。如说老子就是隐居蒙山之阳的老莱子,与孔子同时。又说老子就是孔子死后一百二十九年见秦献公的周太史儋,活了一百六十多岁或二百多岁。

因为司马迁记载的老子略早于孔子,而在《道德经》中不少地方又展现出战国的时代色彩,后世学者对于老子的时代定位就产生了较大的歧义。主张老子为春秋中叶、战国中叶和战国后期者都不乏其人。二十世纪二十年代,在北京大学的讲堂上,老师胡适和学生顾颉刚就为此发生了激烈的争论。胡适主张春秋中叶说,顾颉刚主张战国中叶说,师生互不服气,谁也不退让,最后逼得胡适敲着桌子声音提高八度,但又不失幽默地说:"老子就是老子,反正不是我的老子!"郭沫若基本上认同胡适的观点,认为老子略早于孔子或与孔子同时,是孔子的老师一辈人。《道德经》是老子的著作,是道家学派的主要经典。它之所以饱含战国时代的色彩,是道家后学弟子不断润色的结果。该书定稿应在战国中期,可能完成于楚人环渊之手①。郭沫若关于老子和《道德经》一书的解释道理比较充分,在学术上有相当强的说服力。二十世纪九十年代在湖北发现的郭店楚墓竹简《老子》,被不少学者认定为是迄今为止发现的最早的文本,它虽与马王堆汉墓出土的帛书《道德经》和后

————————————

① 《郭沫若全集》历史编第一卷,人民出版社1982年版,第545页。

世流传的《老子》有较大差异，但核心内容则一脉相承，证实了胡适和郭沫若的论断是符合事实的。

二

老子是中国历史上道家学派的创始人，在《道德经》中，13次提到"道"。他第一次将"道"这个字提到哲学的高度，并赋予它极其丰富的内涵。他认为"道"是万物的本源，而这个"道"就是"无"：

《道德经·第一章》①：

> 无，名天地之始；有，名万物之母。（无，是天地的开始；有，是万物的母体。）

《道德经·第四十章》：

> 天下万物生于"有"，"有"生于"无"。（天下万物生于可见的"有"，有，生于不可见的"无"。）

《道德经·第四十二章》：

> 道生一，一生二，二生三，三生万物。（道生出太极，太极生出阴阳二气，阴阳二气交相作用形成一种和谐状态，在这种状态中产生了宇宙万物。）

《道德经·第五十一章》：

> 道生之，德畜之，物形之，势成之。是以万物莫不尊道而贵德。（道生育万物，德畜养万物，物质赋予万物形状，环境情势定型万物。所以万物没有不尊崇道而珍视德的。）

显然，在老子看来，"道"是世界的造物主，具有无穷的潜在力和创造力，它创造了物质世界，创造了人和人类社会，甚至天、地、鬼、神也是它的创造。它法力无边，不受时间和空间的限制，具有超越一

---

① 本文所引《道德经》皆出自《道德经注释》，中华书局2012年版。

切的特性。这个"道""视之不见","听之不闻","搏之不得",因而是"无",可是它又无所不在,世界的丰富性、多样性和连续性,就是"道"的显现。这个"道"实在也不像物质性的实体,更多地倒像永恒存在的万能的精神本体,由此看来,老子的世界观更多的接近客观唯心论。

老子的认识论,不提倡在实践中广泛地接触自然界和人类社会,以便通过感性认识提升到理性认识,而是强调通过心灵的感悟直接体认和把握"道"的本体。《道德经·第四十七章》:

> 不出户,知天下;不窥牖,见天道。其出弥远,其知弥少。是以圣人不行而知,不见而名,无为而成。(不出大门,就能知道天下之事;不望窗外,就能认识天道之理。走得越远,知道得越少。所以,圣人不必经历就知道,不必观察就能明晓,不必作为就可以成功。)

《道德经·第十六章》:

> 致虚极,守静笃。万物并作,吾以观复。(达到空寂无欲的极点,保持彻底的清静无为,万物竞相生长发育,我静心观察它们的循环往复。)

不唯如此,老子甚至要求"绝圣弃智",即弃置圣明和学识,因为在他看来,学习认识的东西越多,对"道"来说失掉的也越多。这种认识论,唯心主义的成分显然多一些。

三

老子思想中最值得珍视的是他的朴素辩证法。作为一个学识渊博、避开政治漩涡、冷眼观察自然界的发展和人类社会翻云覆雨的无穷斗争的学者,他逐渐体悟并总结出自然界和人类社会的不少发展演化的规律。

老子认识到,自然界和人类社会的一切事物都处在永恒的发展运动变化之中。"道"就是"独立而不改,周行而不殆",即一直运行,周而复始,永远不停止。"天地尚不能久,而况于人乎?"(《道德经·第二十三章》)天地也不能长久存在,人的生命更是短暂。他还举例说,摇天撼地的飓风不会持续一个早晨,倾盆大雨也不会整天下个不停。一切都在发展、变化,新生和死亡相伴而生,青春和迟暮相续而行。

老子认识到,世界上的任何事物都存在与自己矛盾着的对立面,每一个事物都与自己的对立面相联系而存在,即都以对立面的存在作为自己存在的根据,二者是互相依存的。他举出美丑、难易、长短、高下、前后、有无、刚柔、强弱、祸福、荣辱、智愚、巧拙、大小、生死、攻守、胜负、远近、轻重等等,认为一方离开了另一方,自己就不存在。他说:

《道德经·第二章》:

> 有无相生,难易相成,长短相形,高下相倾,音声相和,前后相随。(有和无互相对立而产生,难和易互相对立而形成,长和短互相对立而显现,高和下互相对立而存在,音和声互相对立而谐鸣,先和后互相对立而相随。)

《道德经·第三十九章》:

> 贵以贱为本,高以下为基。(贵以贱为根本,高以下为基础。)

《道德经·第五十八章》:

> 祸兮,福之所倚;福兮,祸之所伏。(灾祸啊,幸福紧靠在它的身边;幸福啊,灾祸就潜伏在它里面。)

老子还猜测到事物无不向它的对立面转化的规律。他认为"反者道之动",即向相反方向转化是道的运动。穷变富,败转胜,生变为死,坏事转化为好事,"正复为奇,善复为妖"(《道德经·第五十八章》),是正常转化为反常,善良转化为妖孽,等等,是时刻都在发生和进行的变化。

　　老子也意识到事物在发展变化中遵循着量变到质变的规律。《道德经·第五十五章》有一段十分精彩的描绘：

　　　　合抱之木,生于毫末;九层之台,起于累土;千里之行,始于足下。(合抱的大树,从极为细小的嫩芽长出;九层的巍巍高台,由一筐一筐的土积累起来;千里之遥的远行,开始于迈出第一步。)

在这生动形象的话语中,蕴含着永恒的真理。

　　尽管老子对事物运动的辩证法及其规律有着许多接近真理的猜测,但他的辩证思想与马克思主义的唯物辩证法却有着本质的区别。例如,老子虽然看到所有事物都处在不停的发展变化中,但在动与静的关系上,却认为动的最后归宿是静,运动变化也只身停留在循环往复的形式中。又如,他虽然猜测到事物向对立面的转化运动,但却又认为这种转化是无条件的、绝对的。在人类社会、个人命运方面,转化不以个人的意志、个人的主观努力为转移,认定贫穷必然转化为富裕,富裕必然转化为贫穷,失败必然转化为胜利,胜利必然转化为失败。而在这种转化中,个人的主观努力是无能为力,不起任何作用的。这种观点显然是错误的。事实上,自然界万物的转化都需要一定的条件,如水转化冰或转化为气体,都需要有温度等条件的变化。人类社会的变化,个人命运的变化,更需要许多条件,其中,人的主观能动性更是起着至关重要的作用。

　　应该承认,老子发现事物向对立面转化的规律是中国古代思维发展史上具有重要意义的一次飞跃。然而,老子对于转化所持的态度却是比较消极的。他看到植物由生到死的转化经历了由柔弱的幼苗到欣欣向荣的壮大,再由壮大到枯萎直至死亡的过程,认为壮大接近死亡,因而不应该成为追求的目标。他说,草木活着时柔弱,死了以后就干枯。所以,坚强的东西属于死亡的一类,柔软的东西却与生存联系在一起。与其经过强壮走向死亡,还不如保持柔软的地位维持生命。他认为"物壮则老,是谓不道,不道则已"(《道德经·第三十章》),即万物超过壮年就会衰老,这是因为不再适合"道"。不能适合"道",就会很快死掉。由此得出结论,有意造成事物的强大,就违反"道"的原则。因此,为了避免走向死亡的结局,最好一直处于软弱的地位。他说"柔弱胜刚强"(《道德经·第三十六章》),以水为例:"天下莫柔弱于水,而攻坚强者莫之能胜。"(《道德经·第七十八章》)认为水尽管是世界上最柔弱的东西,而攻克坚强的东西却谁也比不了它。水之所以如此坚强,是因为它便利万物却不和它们相争,因而是最高的善,天下也就没有什么东西能与水竞争。将"柔弱胜刚强"的原则运用到指导社会生活,就要"知其雄,守其雌";"知其荣,守其辱";"知其白,守其黑"(《道德经·第二十八章》)。即知道什么是雄强,却守住柔雌;知道什么是光彩,却守住暗昧。老子看到战争中弱小战胜强大的不少事实,认为创造一些看起来有利于敌人的条件恰恰有利于最后战胜它:"将欲弱之,必固强之;将欲废之,必固兴之;将欲夺之,必固予之。"(《道德经·第三十六章》)这段话的意思是说,要想削弱它,必须暂且增强它;要想废毁它,必须暂且兴起它;要想夺取它,必须暂且给予它。这些思想作为一种战胜敌人的原则,在战争实践中敌对双方都千方百计地加以运用。由于老子排除人的主观能动性在社会矛盾转化中的作用,因而在祸福、得失问题上就显得十分被动和消极。他认为,既然"有为"必然招致失败,就不如"无为";既然"多藏"(积累财富)必然招致"厚亡"(重大损失),那就不如"少藏"或"不藏";既然强大必然导向死亡,那就不要过于强大。在老子看来,由于刚强带来挫折,那就选择柔弱;由于抢先导致落后,那就宁肯一直居于后边;由于争荣誉会招致耻辱,那就干脆不要荣誉。老子生当春秋后期,他看到飞速的社会变迁使人的命运变得不可捉摸,一些不可一世的诸侯国君死于非命,不少显赫一时的诸侯国覆社灭宗,还有更多的贵族降为平民百姓,凄凄惶惶地四处奔走。与之相反,一些处在社会下层的人们,如贵族中的士阶层、平民和奴隶,在社会大变革中地位倒是有所提升,起码是保住了原有的卑贱地位。这些社会现实使老子悟出了一个道理,"坚强者死之徒,柔弱者生之徒"(《道德经·第七十六章》)。为了保住自己原有的地位不丧失,最好能"去甚,去奢,去泰"(《道德经·第二十九章》),即抛弃偏激,抛弃奢侈,抛弃过分的苛求,安于现状,过着自给自足、自满自足的生活。为此,必须知足。他说:"罪莫大于可欲,祸莫大于不知足,咎莫大于欲得。故知足之足,常足矣。"(《道德经·第四十六章》)意思是,罪过没有大过贪欲的,祸患没有大过不知足的,过错没有大过想掠夺的。因此,知道满足的满足,就是永远的满足了。这种思想状态,使老子在社会大变革面前抱以消极等待、逆来顺受的态度,显然是不可取的,当然也是不应该提倡的。

四

老子生活的春秋时代,是中国奴隶社会向封建社会的过渡时期。奴隶主与奴隶,贵族与平民,奴隶主与封建主,封建主与农民,诸侯国与周王室,诸侯国与诸侯国,各种阶级和社会矛盾犬牙交错,互相纠结,构成了复杂多变的乱世图景。在这一过渡时期,各级统治者的贪得无厌、荒淫奢侈,劳动人民在战争、剥削、灾荒等人祸天灾袭扰下的悲惨处境,都一一进入老子的视野,这使他愤怒、悲叹、忧愁、伤情。他猛烈批判统治者的奢靡生活给人民造成的苦难,说:"大道甚夷,而民好径。朝甚除,田甚芜,仓甚虚;服文彩,带利剑,厌饮食,财货有余,是谓盗夸。非道也哉!"(《道德经·第五十三章》)意思是,大道虽然很平坦,但人主却喜欢走邪门歪道。宫室很华丽,农田全部荒芜,仓库十分空虚;人主却穿着锦绣的衣裳,佩戴着锋利的宝剑,精美的食物已经吃厌,众多的财富还在多占,这简直就是强盗头子。他们的行为实在与道不合呀!进而又

以对比的手法,说明统治者是造成人民灾难的罪魁祸首。《道德经·第七十一章》:

> 民之饥,以其上食税之多,是以饥。民之难治,以其上之有为,是以难治。民之轻死,以其上求生之厚,是以轻死。(人民之所以遭受饥饿,是因为统治者收取的赋税太多,所以才饥饿。人民之所以难以统治,是因为统治者政令繁苛,胡作非为,所以才难统治。人民之所以冒死轻生,是因为统治者养生过分奢厚,所以才冒死轻生。)

显然,老子是中国历史上较早看到剥削制度的不合理,并对这一制度发出抗议的思想家。与此同时,他还对人类文明发展过程中产生的负面影响进行了较早且较深入的思考。老子认识到,人类文明的发展,必然带来价值观念的更新,许多古老的美好的伦理观念被抛弃,人们的私有观念越来越强烈,对财富的追求越来越迫切,越来越肆无忌惮,越来越不择手段。仁、义、礼、智、信之类道德信条的广泛宣传,不是人们道德水准提高的表现,恰恰是道德水准日趋堕落的表现。他愤怒地说:“大道废,有仁义。智慧出,有大伪。六亲不和,有孝慈。国家混乱,有忠臣。”(《道德经·第十八章》),认为提倡仁义是因为大道废弃,严重的虚伪是因为智慧的出现,宣扬孝德是因为六亲不和,表彰忠臣是因为国家处于混乱之中。老子的观点不能说没有一点道理,但他的出发点是向后看而不是向前看。他只是看到历史前进运动中的负面影响,而没有看到历史前进运动的积极成果在一般情况下总是大于负面影响。换句话说,文明进步虽然要付出必要的代价,但文明进步的成果总是大大超出付出的代价,并且,文明进步中派生出来的许多消极的、丑恶的东西,也只能在新的文明进步中加以克服。

老子生活的时代,战争几乎每天都在进行。尽管是冷兵器的打斗,但它给社会带来的混乱,给人民生命财产造成的损失仍然是非常巨大的。一座城池被长期围困,城内军民粮食吃光,柴草烧光,以致出现"析骨而炊,易子而食"(将人骨劈碎当柴烧,将孩子交换当饭吃)的惨绝人寰的景象。当时的不少政治家与思想家都发出了反对战争的呼声,老子是当时坚决反对战争的思想家之一。在《道德经·第三十一章》中,他讲述了自己对战争的态度:

> 夫兵者,不祥之器也。物或恶之,故有道者不处……兵者不祥之器,非君子之器,不得已而用之,恬淡为上。胜而不美,而美之者,是乐杀人。夫乐杀人者,则不可以得志于天下矣。(兵器是不祥的器物。谁都厌恶它,所以有道的人不轻易使用它……兵器是不祥的器物,不是君子所使用的东西。不得已的情况下使用它,也以恬淡对待为上,取得胜利不要得意扬扬,当作美事四处宣扬。如果以为取胜是美事,那就是喜欢杀人。乐于杀人的人是不可以得志于天下的。)

老子反对战争的观点,不仅反映了当时深受战争之害的广大劳动人民的愿望,也反映了统治阶层中一部分希望社会安定和平的人们的要求。在列国争霸战争如火如荼地进行的时候,宋国有一个叫向戌的贵族就发起了一次影响较大的"弭兵"(停止战争)运动,得到列国部分国君的响应,一时出现了短暂的和平局面。不过,应该看到,尽管老子等很多人发出了反对战争,要求和平的呼声,但战争依然在进行,而且规模越来越大,战况越来越惨烈。原因在于,在私有制的社会里,战争的存在具有必然性。非但如此,战争不仅有它破坏性的一面,而且也能发挥不可替代的促进历史发展的作用。春秋战国时代的战争就发挥了巨大的推动历史前进的作用。它扫除了一批又一批的旧的奴隶主贵族,促进了新兴的地主阶级的成长;它使林立的小国一个个从地图上消失,在区域性统一的基础上实现了全国性的统一。令人遗憾的是,老子只看到战争消极的一面,战争的进步作用始终未能进入他的视野。

在春秋后期复杂多变的阶级关系中,老子究竟站在哪个阶级的立场上,他的思想反映了哪个阶级的利益和要求呢? 对此,学术界有着不同的认识。

有的学者认为他代表了没落的奴隶主贵族的利益,根据是他对社会变革持消极保守的态度,希望社会倒退而不是前进。有的学者认为他代表小生产者或破产的农村公社成员的利益,根据是他反对剥削,有绝对平均主义的思想倾向。还有学者认为他代表刚从原始社会进入阶级社会的氏族公社成员的利益,根据是他对理想化的"小国寡民"的向往。老子究竟代表什么阶级的利益,主要应该看他心目中的理想社会的蓝图是什么。

老子的确提出了反对剥削的思想。他说:"天之道,其犹张弓与?高者抑之,下者举之,有余者损之,不足者补之。天之道,损有余而补不足。人之道则不然,损不足以奉有余。"(《道德经·第七十七章》)意思是,所谓天道,就好像一张拉开的弓,高了就压低,低了就举起,多余的就减少,不足的就补充。天道的规律就是减损有余,补充不足。可如今,人间的作法却与天道相反,是让不足的奉献给有余的。老子认为人间这种"损不足以奉有余"的做法,即富人剥削穷人的做法是极其不合理的。他认为人间应该学习"天之道",把多余的拿来供给天下不足的人。这种思想显然带有一种平均主义的色彩。老子认为他所处的社会充满贫富不均,一方面是统治者和富人骄奢淫逸,残酷剥削人民,一方面是广大劳动人民啼饥号寒,痛不欲生。这种社会实在是不合理、要不得的。老子有自己的理想社会,他将这个社会作了这样的描绘:

> 小国寡民,使有什伯之器而不用,使民重死而不远徙。虽有舟舆,无所乘之。虽有兵甲,无所陈之。使民复结绳而用之。甘其食,美其服,安其居,乐其俗。邻国相望,鸡犬之声相闻,民至老死,不相往来。(《道德经·第八十章》)

你看,老子心目中的理想国,国土小,人民少,没有战争,人民都安居乐业。纵有十夫长、百夫长那样的统兵人才,也无用武之地。人民都看重自己的生命,不愿迁徙到遥远的地方。所以,尽管有船只和车辆,也没有人去乘坐;虽然有坚甲利兵,也没有机会陈列出来,更不用说使用了。由于生活单纯,事务简单,人民于是又恢复了结绳记事的方法。由于人民生活简朴,容易满足,大家都对简单朴素的生活十分满意,都觉着饮食香甜,欣赏衣服漂亮,满足于房屋的安适,喜爱风俗的美好。由于四周小国林立,邻国间靠得很近,彼此可以看得见,鸡鸣狗吠的声音可以听得见。但因为彼此都安于自己的生活,邻国间的人民直到老死也不相往来。显然,老子对他的理想国充满了激情和向往,因为这里有永久的和平而没有战争,有简单质朴的生活而没有奢华和竞争,国家小而封闭,人民少而安宁,这样的理想国只能是原始社会刚刚向奴隶社会过渡时出现的部落奴隶制国家。在这里,阶级分化还不明显,贫富差距也没有拉开,原始社会纯朴和谐的社会风气也还浓浓地存在着。老子的时代距离远古时期并不遥远,许多关于那个时代的美好传说还在社会上广为流传。面对当时社会上血雨腥风的战争和贫富分化造成的人与人之间的极端不公平,人们愈发怀念那个已经消失的时代,并在回忆中对那个时代进行理想化的加工。正是在这样的背景下,老子推出了他的理想国蓝图,在与现实的对比映照中,向人们展示它诱人的色彩。然而,这个理想的社会蓝图只存在于老子的头脑中,实际上不过是心造的幻影。老子只想到小国林立,还保留着许多原始社会良风美俗的那个奴隶社会初始阶段的美好的一面,他不知道,在那个生产力十分低下的社会里,物质财富非常贫乏,人们的生存实际上是极其艰苦的,饥饿和死亡是挥之不去的伴侣,哪里有什么甘食和美服?

在老子的理想国中,统治者还是存在的,但这个统治者对被统治的人民实行的是"无为而治",就像天道对万物那样:"生之畜之,生而不有,为而不恃,长而不宰。"(《道德经·第十章》)即生长保育万物,使万物生但不占有它,为万物养但不炫耀恩德,作万物之长但不宰制它。对人民的生产与生活不要过多地干预,让他们

依照自己的意愿生活,也像万物依自然规律生长发育一样。他说:
"我无为,而民自化;我好静,而民自正;我无事,而民自富;我无欲,
而民自朴。"(《道德经·第五十七章》)意思是,我无为人民则自然
归化,我好静则人民自然端正,我无事则人民自然致富,我无欲则
人民自然纯朴。一切都是自然而然,人民几乎感觉不到统治者的
存在。这样坚持"无为而治"的统治者,尽管处在领导管理民众的
地位,但人民并不感到他是负担和障碍,并且真心竭诚拥护他:"圣
人处上而民不重,处前而民不害。是以天下乐推而不厌。"(《道德
经·第六十六章》)也就是说,圣人在上,人民并不感到负担沉重,
圣人在前面,人民并不认为是妨碍,因此,天下人民都乐意拥戴他
而不厌恶。老子在中国历史上第一次提出了"无为而治"的思想,
要求统治者像顺应自然一样对人民采取放任的统治政策,在遵守
国家法制的前提下,让人民比较自由地安排自己的生产和生活,国
家和政府尽量不干预或少干预。这种统治思想和统治政策在老子
以后的中国封建社会里产生了较大影响。在一个又一个新建王朝
处于恢复发展经济时期,这种思想和政策多次被提出来并加以实
行,一般取都得了较好的效果。

老子夸大了人类文明进步所带来的负面影响,他认为文明的
发展开启了民智,物质财富的丰富刺激了人们的贪欲,而这一切恰
恰是社会道德不断滑坡的主要原因。他煽惑说:

> 五色令人目盲,五音令人耳聋,五味令人口爽,驰骋畋猎
> 令人心发狂,难得之货令人行妨。(《道德经·第十二章》)

意思是,五色使人眼花缭乱,五音使人耳朵发聋,五味使人伤胃口,
驰马打猎使人心神浮荡,追求难得的财货使人行为出轨,犯罪受
刑。既然文明带来如此不堪的后果,为了使社会回归纯朴,为了使
人民不被财货物欲引诱,就必须从头做起:"绝圣弃智,民利百倍;
绝仁弃义,民复孝慈;绝巧弃利,盗贼无有。"(《道德经·第十九
章》)在老子看来,只要灭绝聪明,抛弃智慧,人民的利益就会增加

百倍。只要灭绝仁,抛弃义,人民就会慈孝。只要灭绝奇巧,抛弃财利,盗贼就能绝迹。因此,为了国家的安宁和社会的稳定,就应该实行愚民政策。他说,古时候善于行道的人,不是开启民智,而是推行愚民政策。人民之所以难治,就是因为他们智巧太多。所以,用智巧治国,就是对国家的损害。不用智巧治国,才是国家的福祚。只有推行愚民政策,将人民都训育成头脑愚昧、四肢发达的芸芸众生,才能将国家和社会治理得稳定安宁。《道德经·第三章》有这样一段文字:

> 不尚贤,使民不争;不贵难得之货,使民不为盗;不见可欲,使民不乱。
>
> 是以圣人之治,虚其心,实其腹,弱其志,强其骨。常使民无知无欲,使夫智者不敢为也。为无为,则无不治。

意思是,不崇尚贤才,就会使人民不热衷竞争;不珍爱难得的财货,就会使人民不去偷盗;不看见可激发贪欲的东西,就会使人民不去作乱。所以圣人治理天下的原则是:使人民的头脑简单,使人民的肚子吃饱,削弱人民的志气,强壮人民的筋骨,常使人民无智慧,无欲望,就是聪明的人也不敢多事。总之,按无为的原则办事,就没有什么治理不好的。你看,至此,老子不是已经走到反对文明,反对文化,反对社会进步的落后保守的路上去了吗?

以上分析可以看出,老子代表的阶级属性是比较复杂的。就他反对当权统治者的横征暴敛、骄奢淫逸,同情劳动人民的悲惨处境而言,他代表了劳动人民的愿望和要求;就他反对社会进步,鼓吹愚民政策而言,他又反映了没落奴隶主贵族被推下历史舞台的无奈和悲哀。

五

老子是我国历史上道家学派的创始人,在他死后的战国时代,这个学派的思想经杨朱、庄子等人的弘扬和发展,形成了与儒、墨、法等家并肩而立的强大的思想流派,更以其任自然、重生命的理念和"无为无不为"的生存智慧,对以后中国历史,尤其是思想文化的发展产生了极其巨大的影响。在西汉武帝实行"罢黜百家,独尊儒术"的政策以后,道家是唯一长期存在,并且与儒学相颉颃的学派。有的学者认为,中国古代社会的主流思想就是"儒道互补"的思想。魏晋南北朝时期,来自印度的佛教得到广泛发展,思想界出现多元并存的局面,《道德经》成为玄学的主要经典。这一时期,中国土生土长的宗教道教在佛教的刺激下迅速发展,《道德经》又成为道教的主要经典。老子本人也被推尊为道教的通天教主,在数以千万计的道观中,老子的塑像威严地端坐其中,接受无数道众的礼拜,享受着绵绵不绝的香火。唐朝时期,李氏皇帝为了找一个名人神人做祖宗,满身神秘灵光的老子又成为最合适的人选,被追尊为"太上玄元皇帝"。至此,老子的形象就远离春秋时代那个愤世嫉俗、悲戚无奈的哲人相当遥远了。当然,老子身后发生的事情,多数与他本人是没有关系的。

《道德经》一书,作为中国古代的智慧宝典,具有永久的魅力。其中蕴含的精湛的思想,精粹的话语,永远能够给后人以感悟和启迪。

(原载《休闲读品》2016 年第 4 期)

齐鲁文化为何能由地域文化跃升为主流文化？

在中华文明一体多元的发展格局中，首先发展起来的是同中有异，异中见同，多姿多彩，争奇斗艳的地域文化。如从三代到战国，在广袤的中华大地上就形成了燕赵文化、三晋文化、中原文化、三秦文化、甘陇文化、巴蜀文化、楚文化、岭南文化、吴越文化等。在这些地域文化中，只有齐鲁文化在秦汉时期完成了由地域文化向主流文化的转化，其他地域文化只是作为文化的因子融入了主流文化。从秦汉开始，山东地区的思想文化就是作为主流文化的一部分存在和发展，同时又具有同其他地方不同的地域特点，在各个历史时期为主流思想文化的丰富和发展作出了独特的贡献。

一

齐鲁文化发轫于东夷文化。这个文化的创造者首先是50万年前从原始森林中勇敢地走出来的沂源人。从原始社会至夏商时期，齐鲁的东夷人逐渐形成了两个文化中心。泰山以北，以今之淄博为中心，是爽鸠氏、蒲姑氏等活动的地域。泰山以南，以今之曲阜为中心，是少昊、蚩尤、颛顼、后羿、奄等部落和方国的居地。与之相对应的考古文化是龙山文化和大汶口文化。随着生产力的提高和社会分工的发展，东夷人中产生了专门从事文化活动的巫觋、巫史、祭司、医生、天文学家和艺术家。大汶口与龙山文化的遗址中都出土了占卜用的龟甲。相传颛顼氏任命的"绝地天通"的重黎就属于巫史之类。少昊部落中担任"历正"的凤鸟氏与尧时代的羲、和等,显然是一批天文学家,他们能够观象授时,并且知道四季的划分。与此同时,作为记录工具的文字也发明出来,大汶口和凌阳河出土的陶文应是中国较早的象形文字,还可能是甲骨文与金文的先驱。大量的考古资料表明,在原始社会时期,东夷文化是当时中国境内较先进的文化之一。但是,夏朝建立以后,东夷文化由于缺乏强有力的经济政治力量的支撑而逐步丧失了其优越地位。在强大的夏文化冲击下,东夷文化开始变异,其表现是对夏文化的吸收和向夏文化的靠拢,其对应的文化遗存是岳石文化。商朝建立后,东夷文化则进一步向它靠拢和融合。商人本是东夷人的一支,在文化上二者是同源的。在夏商时期的千年历程中,东夷文化虽然不够张扬和辉煌,但由于它对夏商文化的广泛吸收,大大增强了与中原文化的联系,形成了蒲姑与商奄两大文明中心。西周以后,正是从这里生发出光耀千古的齐鲁文化。

西周初年,通过大分封在今山东地区建立了齐、鲁两大诸侯国,标志着齐鲁文化区域的初步建立。西周时期的齐鲁文化是一种以周文化为主导,融合了夏商文化与东夷文化的个性鲜明的地域文化。这一文化系统是由齐文化和鲁文化两个亚文化系统组成的。

齐国的建立者是周朝的异姓贵族姜尚。他所在的氏族本是东夷人的一支,因而极易与东夷人找到文化上的认同。他在齐国奉行"因其俗,简其礼"和"举贤尚功"的治国方针,铸就了齐文化重实效、崇功利、举贤才、尚法治、扬兵学、倡开放的文化品格。春秋时期,管仲相桓公,高举"尊王攘夷"的旗帜,"九合诸侯,一匡天下",将齐桓公推向五霸之首的尊位。同时继续弘扬齐学的优长。他以"水本原论"展示唯物论的自然观,以"顺民心"和"上功富民"展示民本意识,以"礼义廉耻,国之四维"展示礼治和伦理观念。此外,他在法律、军事和外交思想方面也有许多创见,大大拓展了齐文化的领域,深化了它的内容。管仲之后百余年,齐国又出现了一个影响很大的政论家和思想家晏婴。他崇尚节俭,深自谦抑,提倡礼制,强调德化,要求维护君臣、父子、兄弟、夫妇以及各色人之间的等级秩序,同时要求关心百姓疾苦,减轻对他们的剥削。在哲学上他主张"和而不同",批判神道迷信,显示了浓重的人文主义色彩。他的思想进一步丰富了齐学的内容。

在齐文化迅速发展并向四方传播之时,泰山之阳的鲁国孕育发展了颇具特色的礼乐文化。鲁国是周武王之弟周公旦的封国,而他正是周王室"制礼作乐"的始作俑者。这样,鲁国就成为周文化在东方最大的继承者和传播者。鲁国是各诸侯国中唯一可使用天子礼乐的国家。它从周王室那里得到了"祝宗卜史"等专职文化官员和相关的礼器与文物典册,所以春秋时期吴国季札访鲁时才有"周礼尽在鲁矣"的慨叹。鲁文化极力维护周文化的纯正性,特别讲究道德名节,注重研究传统文化和阐发宗法伦理观念。正是这样的文化传统与文化氛围,孕育了儒家学说和它的伟大创始人孔子。

春秋时期,随着周王室的衰微、公室沦落和贵族间斗争的日趋激烈,出现了"礼崩乐坏"和文化下移的历史趋势。这就促成了私学的勃兴和文化成果的传播。这种形势就为孔子这样的思想文化领袖的脱颖而出创造了条件。孔子以仁学与礼学交融互补,构筑了他政治思想的核心内容。他一面大力提倡以重礼乐、倡教化、明等级为主要内容的礼学,同时又极力弘扬以血缘亲情为基础的"爱人"、"立人"、"达人"的人文精神,强调人的道德自觉和主动求善的内动自律,推出很高的道德境界与人格理想。而他的天命观和鬼神论则充满了昂扬向上的主观能动精神。他整理的《五经》不仅为保存中国古代文化典籍立下不世之功,而且为儒家学派选定了最基本的思想资料,加上他创办私学,吸引了一大批志同道合的弟子,这一切就使他顺理成章地成为儒家学派的创始人。他广收门徒，周游列国，广泛传播儒家思想，加上其后学的努力，既使儒学日益成为引人注目的显学，也为战国百家争鸣思潮的勃兴起了"金鸡一鸣天下晓"的作用。特别是鲁文化与齐文化一开始就进行频繁的交流，增强了相互之间的渗透与融汇，展示了两种具有紧密亲缘关系的亚文化之间异质互补的特征。由于孔子站在前所未有的理论高度上将传统的政治与道德思想提升到一个新的境界，因而给齐鲁文化注入了新的灵魂。有了儒家学说，齐鲁文化才真正具有了民族、地域的超越性，才真正能够担负起领导中国文化的历史使命。

<h2 style="text-align:center">二</h2>

战国时代是齐鲁文化的发皇期。这一时期，田氏代齐，标志着封建制取代了奴隶制。齐威王厉行改革，使齐国成为经济和军事力量举足轻重的东方大国。齐威王、齐宣王建立和扩大稷下学宫，礼贤下士，吸引大批列国学者前来讲学和研究，使齐国一时成为整个中国的思想文化中心。百家争鸣中不少顶尖的学者，如孟子、荀子、宋钘、尹文、淳于髡、彭蒙、慎到、田骈、接子、环渊、邹衍、兒说、田巴等，都曾为稷下学派的繁荣做出了创造性的贡献。与此同时，日趋衰微的鲁国也在思想文化上创造了骄人业绩，出现了墨子、子思、孟子等思想巨人。战国时期齐鲁文化的最大成就是造就了墨家学派、儒家的思孟学派、荀子学派、黄老稷下学派、邹衍的阴阳五行学派以及接续孙武兵学的孙膑兵学，并以比春秋时期更大的规模和更快的速度向全国播扬。

墨翟创立墨家学派。他代表"农与工肆之人"，主张"兼爱"、"尚同"、"尚贤"、"非命"、"非乐"、"节用"、"节葬"、"尊天"、"事鬼"，提出了著名的"三表法"。他的思想为汉代董仲舒构筑新儒学提供了一些思想资料。

子思和孟子创造了影响深远的思孟学派。子思是联系孔子和孟子的桥梁，他创造了"天道性命"、"正心诚意"以及从"正身"、"导民"到"修身、齐家、治国、平天下"的全套理论。孟子宣扬"性善"，倡导"仁政"，主张"民贵君轻"，要求"制民恒产"，"五亩之宅，树之以桑"，"百亩之田，勿夺其时"，他还鼓吹"富贵不能淫，贫贱不能移，威武不能屈"的大丈夫精神，对中国人的价值观念产生了重大影响。荀子创立的孙氏之儒虽然与孟氏之儒隐隐对立，但对礼教与德化的认识基本一致。荀子的"天论"集先秦唯物论之大成，"礼论"集先秦礼学之大成。他以舟水喻君民关系，援法入儒，主张礼法兼容，德刑并用，大大拓展了儒学的施政空间。孟子和荀子不仅大大丰富了儒学的内容，完善了儒学的体系，而且在更大的范围内传播了儒学和扩大了这一学派的影响。黄老学派是不同于老庄学派的新道家，其思想主要体现在《管子》一书中。它主张"君道无为"、德刑兼用，减轻剥削，为百姓创造一个宽松的生产和生活环境。后来被汉初统治者选为统治思想。

稷下学派的邹衍创立了阴阳学派。他将商周以来阴阳五行（金木水火土）学说加以改造，将五行相生相胜的理念引入社会历史领域，以五德之运诠释王朝的更替。他还创造了大小九州的观念，扩大了中国人关于世界的视野。另外，在稷下学者中，还有法、名、兵等学派的代表人物，他们为丰富和发展齐鲁文化作出了自己的贡献。特别应该指出，此期齐鲁两种亚文化的发展、交流、融汇、整合以比春秋时期更快的速度进行，从而为汉代齐鲁文化跃升为主流文化打下了坚实的基础。

短命的秦皇朝推行"以法为教，以吏为师"的文化专制政策，窒息了百家争鸣思潮。又以"焚书坑儒"将知识分子推向自己的对立面，加速了灭亡的步伐。汉初推行黄老政治，虽然对经济的恢复发展起了积极作用，但也引来诸侯王坐大和豪强肆虐横行等弊端。于是汉武帝与董仲舒相结合，将儒学推上了统治思想的宝座。

　　秦朝统一以后,由于百家争鸣的结束,齐鲁之学面临全新的形势,每个学术流派为了自己的生存都在进行整合与改造。经过秦到汉初八十余年几代儒家学者的努力,齐鲁儒学发展成为当时势力最大、最具生机的学派,展示了较其他任何学派都无法比拟的优势:

　　一、它拥有一批经过整理的稳定的思想资料,如五经和《论语》、《孟子》、《荀子》等。

　　二、它拥有一批学识渊博、声望卓著的学者,他们或做官从政,或聚徒讲学,在政界和学界大大扩展了儒学的影响。

　　三、经过自春秋至汉初数百年的传播,齐鲁儒学早已突破地域界限,在黄河上下、大江南北的广大地区播扬,影响日益扩大。

　　四、经过数代儒家学者的不断改造创新,特别是经过一位非齐鲁的学者董仲舒的精心整合,将齐学与鲁学的优长融为一体,儒学于是以全新的面貌赢得了汉武帝的青睐。这样,通过汉武帝与董仲舒的热烈拥抱,以"罢黜百家,独尊儒术"的政策将儒学推上了主流意识的殿堂。这其中,太学的建立,经学官学地位的确立,从儒生中选取官吏制度的推行,使儒学的主流意识地位日益巩固。在此后两千多年的封建社会里,儒学作为主流意识的地位始终没有动摇。

　　经过董仲舒改造过的儒学,对稳固大一统的中央集权的统治起了重要作用,对于形成以汉族为主体的中华民族的心理结构产生了不可估量的积极影响。它既获得了统治者的青睐,又得到被统治者的认可,是中国宗法农业社会最适宜的意识形态。

　　第一,儒学倡导大一统,鼓吹"内诸夏而外夷狄",反映了中华各民族人民对祖国的认同,蕴含着深厚的爱国主义,形成了强大的民族凝聚力。

　　第二,儒学倡导尊君爱民,鼓吹等级秩序,"说忠孝,道中庸,与民言服从,与君言仁政",找到了统治者与被统治者利益的结合点。

第三,儒学具有丰富的伦理道德遗产：忠、孝、节、义、仁、礼、智、信,是当时的核心价值观。它提倡的三纲五常的伦理学说,给封建社会的人际关系罩上一层温情脉脉的纱幕,反映了君、臣、百姓对伦理道德的认同。

第四,儒学具有强烈的民本主义的政治文化意识和博大深广的人道主义精神,蕴含着建立和谐社会的理念。肯定"汤武革命",提倡"好皇帝"和"清官"意识,既要求对百姓实行"仁政"、"德治",又提倡"仁爱"、"立人"、"达人"、"推己及人",鼓吹以"爱心"和"亲情"建立和谐的人际关系。达到天人和谐、人人和谐、自我和谐。

第五,儒学倡导"尽人事以听天命"、"知其不可而为之"的积极进取的人生态度、独立不移的大丈夫精神和操守重于生命的品格意识。"富贵不能淫,贫贱不能移,威武不能屈"(美人不能动——陶行知添),"三军可夺帅也,匹夫不可夺志也"。

第六,儒学一贯重视教育和中华优秀文化的传承。得天下英才而教育之是人生一大乐事。

第七,儒学具有开放的学术品格,能够不断从"夷狄"等异质文化中吸纳知识与智慧,以丰富、充实和发展自己。它不是一个自满自足、僵化封闭的体系,而是一个具有海纳百川的博大胸怀、与时俱进的奋发进取意识的开放性的学派,因而能够在历史的前进运动中不断增强对社会和人生需求的适应能力。

第八,儒学具有实践性和普及性的品格。它没有故作高深的玄理,也不用晦涩难解的文字,其政治经济思想、伦理道德情操、人生价值理念,都是用比较贴近百姓的语言和司空见惯的事物表述的,因而能够润物细无声般地渗透到人们的心田之中,融化到人们的血液里,变成民族的文化基因。

反观先秦时期那些与儒学并峙而立的学派,尽管各有优长,但本身都存在明显的缺失。如墨家的"简而难尊",法家的"刻薄寡恩","有术易以兴,无术易以亡",道家的"无为"、"为我"、"出世",阴阳家的"使人拘而多畏",名家的"苛察徼绕"、"专决于名而失人情",农家的平均空想等,使它们都不能适应不断变化的社会对主流文化的诉求。只有经过董仲舒改造过的新儒学,既保留了原始儒学那博大精深的内涵,又有选择地吸收了其他学派的理论和方法,并且基本上消除了原始儒学"博而寡要,劳而少功"的弊端,成为内容最丰富,涉及政治、哲学、经济、伦理、教育等涵盖深广的学说,因而成为中国封建社会主流文化的核心和主要组成部分,为中华帝国的长期存在、发展和几度辉煌提供了有力的思想文化支撑。尽管两千多年来,斗转星移,世事变迁,外来文化数度冲击,但由于儒学有着很强的因应能力,它的地位一直是安如磐石,没有丝毫动摇。直到近代,在以民主和科学为旗帜的西学冲击下,儒学的颓势才显现出来。这一情况表明,中国古老的封建制度和与它相适应的文化已经面临全面的变革。

（原载陈江风主编《汉文化研究》,

河南大学出版社 2004 年版）

孔子及其弟子
——儒学的初创与播扬

　　春秋时期齐鲁思想文化史,乃至整个中国思想文化史的最伟大的成果是诞生了孔子和他创立的儒家学派。因为在此之前的齐鲁文化仅仅是一种发达的地域文化,还没有创造出为全体华夏民族一体认同的学说。孔子和他创立的儒学,开始为普遍意义上的国家民族立法,有了为"四海之内皆兄弟"的人类立法的眼界和胸怀。"孔子站在前所未有理论高度上将传统的道德思想、政治思想提升到一个新的境界,同时也给齐鲁文化注入了新的灵魂。有了儒家学说,齐鲁文化才真正具有民族、地域的超越性,才真正能够担负起领导中国文化的历史使命。"①

　　孔子(前551—前479)名丘,字仲尼,鲁国昌平乡(今属山东平邑)人。他的六世祖孔父嘉为宋国贵族,是宋国国君微子启的后代。五世祖木金父因宋国内乱避祸奔鲁,在鲁国连传五代,尽管保住了贵族身份,但并没有显贵起来。只是到了孔子的父亲叔梁纥,由于作为武士在征战中立过两次大功,才被任命为陬邑宰,一个相当于今日乡镇长之类的低级地方官吏。叔梁纥在与孔子母亲结婚前,已娶一妻一妾,生九女一男。因儿子孟皮跛足,他感到作为继承人有辱体面,所以又向颜家求婚,娶其三女儿徵在为妻。这一年叔梁纥六十六岁,颜徵在不到二十岁,因不合古礼,被司马迁称为

――――――――――

　　① 孟祥才、胡新生:《齐鲁思想文化史·先秦秦汉卷》,山东大学出版社2002年版,第123页。

"野合"婚姻。婚后第二年生孔子。据说因"祷于尼山"①,孔子就
名丘字仲尼了。孔子三岁时,其父病逝。母亲带他迁居曲阜城内
的阙里,孤儿寡母,相依为命,开始了人生旅途的艰难跋涉。由于
出身贵族,又受到鲁国浓重的礼乐文化的熏陶,孔子从小就专心于
学习礼乐,"为儿嬉戏,常陈俎豆,设礼容"②,广泛汲取文化知识,
向往挤进当权贵族的圈子里,弘扬宗族的荣光。不过,由于孔子的
家庭已经败落,他的少年时代是在困苦拮据中度过的。所以他说:
"吾少也贱,故多能鄙事。"③一般家务劳动、种田、放牧、给人家办
丧事,他都干过。十六七岁时。母亲病逝,他开始独立谋生。大约
二十岁前后,他娶妻亓官氏,生子孔鲤。青年时代的孔子,刻苦自
励,勤奋好学。"入太庙,每事问"。他向郯子请教少昊氏的制度
与历史,向师襄学弹琴,赴周都洛邑学习周礼和古文献,并向老子
"问礼"④。经过长期不倦的学习,孔子"三十而立",不仅掌握了
礼、乐、射、御、书、数等六艺,而且成为当时最有学问的人。大约在
此前后,他自办私学,以六经《诗》、《书》、《礼》、《易》、《乐》、《春
秋》为基本教材,开始了坚持不懈的教学活动,在中国教育史上作
出了划时代的贡献。

　　孔子五十一岁时(前501年,鲁定公九年)任中都宰,"由中都
宰为司空,由司空为大司寇"⑤,共四年左右,是孔子的出仕时期。
在此期间,尤其是任大司寇期间,他竭力实施自己"忠君尊王"、
"仁政德治"的政治理想。在齐鲁夹谷之会时,他作为相礼,随鲁
定公赴会。他随机应变,折冲樽俎,以礼为武器,怒斥齐景公,迫使

①　司马迁:《史记·孔子世家》,中华书局1959年版,第1905页。
②　同上,第1906页。
③　《论语·子罕》,《十三经注疏》,中华书局1980年版,第2490页。
④　司马迁:《史记·孔子世家》,中华书局1959年版,第1909页。
⑤　同上,第1915页。

他归还侵占的鲁国汶阳地区三块土地,取得了外交上的重大胜利。在威望迅速上升的条件下,他乘胜大胆谋划了削弱季、孟、叔三家大夫、增强鲁君权力的"堕三都"的行动。由此,孔子与三家大夫闹翻,其从政生涯就此结束。定公十三年(前497年),他匆匆辞去大司寇的官职,恋恋不舍地离开自己的父母之邦,开始了为期十四年的"周游列国"的活动。他仆仆于卫、曹、陈、宋、郑、蔡、楚等诸侯国之间,"入疆载质",游说国君,请托权门,目的是求仕和推行自己的仁德政治理想。但不仅未能如愿,而且几次陷于像"陈蔡绝粮"、"宋国遇险"、惶惶"如丧家之犬"的困境。他只得在六十八岁时返回自己的故乡。

孔子返国后,继续从事教学活动和古代文献的整理工作。儒家的主要经典《六经》就是在此时经孔子之手整理成定本的。《六经》(后《乐经》亡佚)作为中国古代不朽的政治、哲学和历史文献的删定成功,既是孔子对中国文化最后的也是最大的贡献,同时也标志了以孔子为代表的先秦儒家学派的确立。晚年的孔子虽然仍然保持着"发愤忘食,乐以忘忧,不知老之将至"[1]的昂扬奋进的精神状态,但打击还是接二连三地落到他的头上。返鲁的前一年,夫人病逝。返鲁的第三年,独子孔鲤又亡。第四年,他最钟爱的弟子颜回英年早逝。第五年,弟子子路又惨死于卫国的内乱。这一系列的打击使他的精神和肉体再也无法支持,就在七十三岁时走完生命的最后旅程,于鲁哀公十六年(前479年)夏历二月十一日溘然长逝。

孔子生活的年代正是春秋晚期,此时,奴隶革命、平民暴动、新兴地主阶级向奴隶主贵族的夺取斗争纵横交错,互相激荡,组成了烽烟滚滚的由奴隶社会向封建社会过渡的时代图画。以孔子为代表的儒家学派,面对这样的政治形势,忧心如焚,精心谋划出一个

---

① 《论语·述而》,《十三经注疏》,中华书局1980年版,第2483页。

改良主义的救治方案。孔子一方面服膺周礼,把它看成最美好的制度:"周监于二代,郁郁乎文哉! 吾从周。"①一方面又感到,时代的变化已经不允许原封不动地恢复周礼,因而又倡导"损益":"殷因于夏礼,所损益可知也;周因于殷礼,所损益可知也。其或继周者,虽百世,可知也。"②由此导出了他一系列保守和渐进相结合的政治主张。他特别强调"忠君尊王",要求"臣事君以忠"③对于季氏的违礼,他义愤填膺:"八佾舞于庭,是可忍也,孰不可忍?"④力主维系周天子天下共主的地位和尊严。所以,对于晋国很不礼貌地将周天子召去参加践土之会一事,他不惜曲笔在《春秋》一书中写上"天子狩于河阳"。同样,在各诸侯国,他反对大夫凌驾国君之上,更反对"陪臣执国命"。为此,他以自己的政治前途为赌注,毅然"堕三都"。最后与三桓闹翻,去职丢官,怆然离鲁,他也无丝毫后悔之意。孔子认为挽救社会混乱无秩序的根本途径是"克己复礼",而实施的办法是"正名":"君君,臣臣,父父,子子。"⑤孔子政治上的执着反映了坚定的原则性。然而,在奴隶社会向封建社会过渡的历史潮流面前,他的政治主张却显得黯然失色。不过,孔子毕竟不是闭目塞听的顽固派,因应波澜壮阔的时代潮流,他又真诚地要求对政治进行适当的改革。他继承周公的"敬德保民"思想,主张仁德政治,要求"为政以德"、"仁者爱人",把平民尤其是奴隶也当人看待,薄赋敛、减徭役、省刑罚,使劳动人民有一个过得去的生产和生活条件。他特别强调对人民进行教化,反对"不教而诛",要求"道之以德,齐之以礼","道千乘之国,敬事而信,节用而

① 《论语·八佾》,《十三经注疏》,中华书局 1980 年版,第 2467 页。
② 《论语·为政》,《十三经注疏》,中华书局 1980 年版,第 2468 页。
③ 同上,第 2463 页。
④ 《论语·八佾》,《十三经注疏》,中华书局 1980 年版,第 2465 页。
⑤ 《论语·颜渊》,《十三经注疏》,中华书局 1980 年版,第 2503—2504 页。

爱人,使民以时"①,"使民如承大祭"。他所以对子产大加表彰,是因为子产"有君子之道四焉:其行己也恭,其事上也敬,其养民也惠,其使民也义"②。他痛斥为季氏聚敛的冉有"小子非吾徒",要求弟子们"鸣鼓而攻之",显然是反对过重剥削。孔子主张对奴隶和平民采用温和的统治方法,反对一味镇压和杀伐,"子为政,焉用杀"③,"富之","教之","足食足兵"。这表明孔子已经认识到,劳动者只有在物质生活有了基本的保证之后,其他一切如教化、富国、强兵之类才能实现。这种思想不仅与当时奴隶主贵族的主张判然有别,而且与后来法家以百姓为敌的赤裸裸的屠戮政策也迥然有异,显示的是孔子强烈的民本意识。

孔子一方面认为君子统治小人、奴隶主剥削奴隶是天经地义、不可移易的真理,但同时也要求统治者不可无限制地放纵自己的贪欲和权势欲。他告诫统治者应加强自己的道德修养,做"恭宽信敏惠"的仁人君子,帅己正人,不仅使奴隶主贵族内部协和一致,而且也使贵族与平民、奴隶主与奴隶和安相处:即奴隶制的剥削应该正常进行,平民与奴隶的最低标准的温饱生活也要得到保证。请看《论语·尧曰》中的一段记载:

> 子张问于孔子曰:"何如斯可以从政矣?"子曰:"尊五美,屏四恶,斯可以从政矣。"子张曰:"何谓五美?"子曰:"君子惠而不费,劳而不怨,欲而不贪,泰而不骄,威而不猛。"子张曰:"何谓惠而不费?"子曰:"因民之所利而利之,斯不亦惠而不费乎?择可劳而劳之,又谁怨?欲仁而得仁,又焉贪?君子无众寡,无大小,无敢慢,斯不亦泰而不骄乎?君子正其衣冠,尊其瞻视,俨然人望而畏之,斯不亦威而不猛乎?"子张曰:"何

---

① 《论语·学而》,《十三经注疏》,中华书局1980年版,第2457页。
② 《论语·公冶长》,《十三经注疏》,中华书局1980年版,第2474页。
③ 《论语·颜渊》,《十三经注疏》,中华书局1980年版,第2504页。

谓四恶?"子曰:"不教而杀谓之虐;不戒视成谓之暴;慢令致
期谓之贼;犹之与人也,出纳之吝谓之有司。"①

这里,孔子从限制执政者的立场出发,要求通过执政者加强自身的
修养和克制贪欲调和阶级矛盾,以达到稳定统治的目的,应该说是
有积极意义的。

孔子一方面执着于周礼,一方面又要求改变当时"世卿世禄"
的落后的用人制度,逐步扩大贵族统治的基础,大胆吸收平民知识
分子中的有用之才为自己服务由此提出"举贤才"的政治主张。
他批评臧文仲是一个明知柳下惠贤却不能举的"窃位者",赞扬公
叔文子举贤的开明措施,极力鼓吹把平民中的贤才提举到国家的
各级权力机构中来,授以重任。他把"举贤"作为"为政"的重要内
容之一,屡屡加以强调:

仲弓为季氏宰,问政。子曰:"先有司,赦小过,举贤才。"曰:
"焉知贤才而举之?"子曰:"举尔所知,尔所不知,人其舍诸?"②

哀公问曰:"何为则民服?"孔子对曰:"举直错诸枉,则民
服;举枉错诸直,则民不服。"③

不可否认,孔子的"举贤才"还只限于奴隶主贵族的识才自举,并
不要求他们完全放弃"世卿世禄"的历史传统,充其量亦不过是要
求奴隶主贵族向平民敞开一条进入统治层的隙缝而已。但也应该
看到,他的这一主张还是在一定程度上迎合了平民知识分子的参
政要求,反映了他们打破奴隶主贵族在政治上垄断一切的愿望,具
有改造奴隶主贵族专政的进步意义。

孔子的时代,奴隶制向封建制的转化已接近完成。他从保守
的政治立场出发,一方面对礼乐征伐不自天子出的"天下无道"的

---

① 《论语·尧曰》,《十三经注疏》,中华书局 1980 年版,第 2535 页。
② 《论语·子路》,《十三经注疏》,中华书局 1980 年版,第 2506 页。
③ 《论语·为政》,《十三经注疏》,中华书局 1980 年版,第 2463 页。

局面痛心疾首,悲愤哀惋,发出了"觚不觚,觚哉! 觚哉!"①的浩叹,表达了在历史大潮前无可奈何的心情。另一方面,又对顺应历史潮流的奴隶主贵族的改革派人物由衷赞扬。孔子身上的矛盾正是时代矛盾的反映。在感情上,孔子对西周盛世无限向往,用最美好的语言进行讴歌。到风烛残年,生命将尽时,一听到"陈恒弑其君"的消息,他立即"沐浴而朝,告于哀公曰:'陈恒弑其君,请讨之。'"②表现了对"复礼"的"知其不可为而为之"的追求。不过,在理智上,他又清醒地看到时代的倒转困难重重,"甚矣吾衰也!久矣,吾不复梦见周公!"③因此,他对奴隶主贵族的改革派采取了现实主义的肯定态度。前面提到他对子产的肯定,但比较突出的还是他对管仲和秦穆公的出格的赞扬:

> 子曰:"桓公九合诸侯,不以兵车,管仲之力也。如其仁!如其仁!"

> 子曰:"管仲相桓公,霸诸侯,一匡天下,民到于今受其赐。微管仲,吾其被发左衽矣。"④

> 鲁昭公之二十年,而孔子盖年三十矣。齐景公与晏婴来适鲁,景公问孔子曰:"昔秦穆公国小处辟,其霸何也?"对曰:"秦,国虽小,其志大,处虽辟,行中正。身举五羖,爵之大夫,起累绁之中,与语三日,授之以政。以此取之,虽王可也,其霸小矣。"⑤

综上所述,可以看出,孔子虽然向往恢复西周奴隶制的盛世,但也赞扬对奴隶制的损益与改革;虽然在感情上对旧的一切恋恋不舍,但在理智上又能采取清醒的现实主义。因而在其基本上倾向保守

---

① 《论语·雍也》,《十三经注疏》,中华书局 1980 年版,第 2475 页。
② 《论语·宪问》,《十三经注疏》,中华书局 1980 年版,第 2512 页。
③ 《论语·述而》,《十三经注疏》,中华书局 1980 年版,第 2481 页。
④ 《论语·宪问》,《十三经注疏》,中华书局 1980 年版,第 2511 页。
⑤ 司马迁:《史记·孔子世家》,中华书局 1959 年版,第 1910 页。

的政治思想中,同时包含了相当多的积极因素。

孔子的哲学思想同样显示出过渡时代的特征,即唯物论与唯心论的成分并存,精华与糟粕杂糅。当时,殷周以来传统的天道观特别是天命论还主宰着人们的思想,以殷周传统思想后继者自居的孔子自然较多地继承了这一思想体系。在他眼里,"天"依然是自然界和人类社会的最高主宰,是君临人间、明察秋毫的人格神的上帝:"死生有命,富贵在天"①,"天生德于予"②,"君子有三畏:畏天命,畏大人,畏圣人之言"③,"获罪于天,无所祷也"④。不过,孔子有时又赋予"天"以自然的特征:"天何言哉,四时行焉,百物生焉。"⑤从而淡化了天作为人格神的威严。与此同时,孔子更重视现实社会的人事活动,特别重视人的主观能动作用。"子不语怪、力、乱、神"⑥,"祭如在,祭神如神在"⑦,"樊迟问知,子曰:'务民之义,敬鬼神而远之,可谓知矣。'"⑧"季路问事鬼神,子曰:'未能事人,焉能事鬼?'曰:'敢问死?'曰:'未知生,焉知死?'"⑨这里,孔子并未正面否定鬼神的存在,但却指出较之人事它们并不重要。由此出发,"尽人事以听天命"、"知其不可而为之"就成为他尊奉的信条。终孔子一生,从为政到办教育,他都兢兢业业,努力以求,发挥了自己最大的主观能动性,最后坦然离开人世。孔子这种对待天命鬼神的态度,与笃信昊天上帝、鬼魅神祇的殷周奴隶主

① 《论语·颜渊》,《十三经注疏》,中华书局1980年版,第2503页。
② 《论语·述而》,《十三经注疏》,中华书局1980年版,第2483页。
③ 《论语·季氏》,《十三经注疏》,中华书局1980年版,第2522页。
④ 《论语·八佾》,《十三经注疏》,中华书局1980年版,第2467页。
⑤ 《论语·阳货》,《十三经注疏》,中华书局1980年版,第2526页。
⑥ 《论语·述而》,《十三经注疏》,中华书局1980年版,第2483页。
⑦ 《论语·八佾》,《十三经注疏》,中华书局1980年版,第2467页。
⑧ 《论语·雍也》,《十三经注疏》,中华书局1980年版,第2479页。
⑨ 《论语·先进》,《十三经注疏》,中华书局1980年版,第4299页。

贵族相比,应该说是一个历史的进步。因为人类摆脱鬼神迷信的束缚,必须经历一个相当长的历史过程。一个思想家与他的前辈相比,对鬼神迷信的任何一点离心倾向都应加以肯定。事实是,在孔子以前及其同时代的思想家中,还找不到一个无神论者。即使其中最进步的历史人物,亦不过对天命鬼神产生不同程度的怀疑而已。显然,孔子与他的同时代人一样,都不可能超出历史的制约。

　　在认识论问题上,孔子思想中有明显的唯心论因素。"孔子曰:'生而知之者,上也;学而知之者,次也;困而学之,又其次也;困而不学,民斯为下矣。'"①同时又把"学而知之"的对象局限在"文行忠信"等礼乐制度和伦理道德的范围内,忽视了对自然等物质世界的认识和探索。但是,孔子更着力所强调的是"学而知之",再加上他在教育实践方面有着丰富的经验,因而在其思想中又同时包含着不少唯物论认识论的内核。你看,孔子一面承认"生知",但在《论语》涉及的当代人物中,却没有一个被他许为"生知"者,他自己就从不以"生知"者自命:"我非生而知之者,好古,敏以求之者也。"②而是以"学知"自豪:"十室之邑,必有忠信如丘者焉,不如丘之好学也。"③孔子坚定地认为,人类的知识和智慧都是通过后天的认识行为"学"和"习"获得的。他认为只有通过不断的学习才可以解惑去蔽,避免认识上的僵化。他大讲"学"的好处:

　　　　好仁不好学,其蔽也愚;好知不好学,其蔽也荡;好信不好学,其蔽也贼;好直不好学,其蔽也绞;好勇不好学,其蔽也乱;好刚不好学,其蔽也狂。④

这段话的意思是,好仁德而不注重学习,其弊病是愚蠢;好才智而

①　《论语·季氏》,《十三经注疏》,中华书局 1980 年版,第 2523 页。
②　《论语·述而》,《十三经注疏》,中华书局 1980 年版,第 2483 页。
③　《论语·公冶长》,《十三经注疏》,中华书局 1980 年版,第 2475 页。
④　《论语·阳货》,《十三经注疏》,中华书局 1980 年版,第 2525 页。

不好学习,其弊病是放荡;讲信用而不好学习,其弊病是危害别人尚不自觉;性格直率而不好学习,其弊病是语言尖刻伤人;性格刚强而不好学习,其弊病是狂妄自大。在孔子看来,仁、智、信、直、勇、刚这些仁人君子所应具备的优秀品质,也必须有一个恰如其分的"度",不足或超过都会走向反面。而能保持这个"度"的唯一办法就是学。学是获得知识和增长智慧的主要手段,也是人类认识过程中一种特定的精神劳动,在形式上被孔子肯定为知识的起源。与学相联系,孔子也比较重视感性活动在人类认识中的作用。如《论语》中就有"闻"、"见"一百多处:

> 盖有不知而作之者,我无是也。多闻,择其善者而从之,多见而识之,知之次也。①
>
> 视其所以,观其所由,察其所安,人焉廋哉? 人焉廋哉?②
> 众恶之,必察焉;众好之,必察焉。③
> 始吾于人也,听其言而信其行;今吾于人也,听其言而观其行。④

这里的"闻"、"见"、"视"、"听"、"观"、"察"等显然都是指人的感性认识活动。孔子对它们在认识活动中的地位和作用的认识虽然还停留在较浅的层次上,但本身却蕴含着朴素唯物论的因素。

孔子在强调"学"的同时,也强调"思"的作用。在他看来,学是认识的源泉,思是认识的进一步深化。由学到思,由思而学,互相补充,相辅相成,是认识过程中的两个重要环节。"学而不思则罔,思而不学则殆"⑤,"吾尝终日不食,终夜不寝,以思,无益,不如

---

① 《论语·述而》,《十三经注疏》,中华书局 1980 年版,第 2483 页。
② 《论语·为政》,《十三经注疏》,中华书局 1980 年版,第 2462 页。
③ 《论语·卫灵公》,《十三经注疏》,中华书局 1980 年版,第 2518 页。
④ 《论语·公冶长》,《十三经注疏》,中华书局 1980 年版,第 2474 页。
⑤ 《论语·为政》,《十三经注疏》,中华书局 1980 年版,第 2462 页。

学也"①。离开学的思是一种空灵的冥想,使人疲惫不堪而抓不住要领,相反,离开思的学也不能使所学得的知识条理化、系统化和深化,学得再多也不过是杂乱无章的知识堆积,对自己对社会都没有用处。这里,孔子初步猜测到感性认识和理性认识的某些联系,在人类认识史的长河中,不失为有意义有价值的探索。进一步,孔子还把"习"引进他的认识论,《论语》中有三处提到"习"字:"学而时习之"②,"传不习乎"③,"性相近,习相远也"④。这些"习"字,除含有"复习"、"温习"所学功课的意义外,还有"行事"的意思,即在所学知识的指导下去实习或力行。尽管这种"习"不过是贵族或士按照当时的礼乐制度而进行的政治活动或道德践履,即仅仅是个人的活动,它与马克思主义哲学所讲的实践活动有着本质的不同,但是,孔子把"习"这一概念引进认识论,并且能够看到它在认识中不可替代的作用,同样是难能可贵的。

孔子一生坚信教化是达到社会安定、各阶级各集团关系和谐的主要手段,他说:"道之以政,齐之以刑,民免而无耻;道之以德,齐之以礼,有耻且格。"⑤尽管他不否认刑政杀伐的作用,但认为那只是治标之策,只有教化才能起根本的长远的作用。由此出发,他对伦理道德进行了大量阐发,既奠定了他在中国伦理学发展史上万流归宗的崇高地位,又确定了儒家思想的重要内容和特色。孔子的伦理思想以"仁"为核心,"志于道,据于德,依于仁,游于艺"⑥,成为他伦理思想的总纲。《论语》中"仁"字凡 105 见,作为最高的道德准则,它有着非常丰富的内涵:

---

① 《论语·卫灵公》,《十三经注疏》,中华书局 1980 年版,第 2518 页。

② 《论语·学而》,《十三经注疏》,中华书局 1980 年版,第 2457 页。

③ 同上。

④ 《论语·阳货》,《十三经注疏》,中华书局 1980 年版,第 2524 页。

⑤ 《论语·为政》,《十三经注疏》,中华书局 1980 年版,第 2461 页。

⑥ 《论语·述而》,《十三经注疏》,中华书局 1980 年版,第 2481 页。

樊迟问仁,子曰:"克己复礼为仁,一日克己复礼,天下归仁焉。……"仲弓问仁,子曰:"出门如见大宾,使民如承大祭。己所不欲,勿施于人。在邦无怨,在家无怨。"①

子贡曰:"如有博施于民而能济众,何如?可谓仁乎?"子曰:"何事于仁,必也圣乎?尧舜其犹病诸!夫仁者,己欲立而立人,己欲达而达人。"②

子曰:"参乎!吾道一以贯之。"曾子曰:"唯。"子出,门人问曰:"何谓也?"曾子曰:"夫子之道,忠恕而已矣。"③

孔子"仁者爱人"的理论,显然是适应了当时奴隶解放的潮流。人这里是泛指,当然包括奴隶在内。不过,孔子又将人分成"君子"、"小人",主张"爱有等差",所以很难把这种"爱人"解释成"普遍的人类之爱"。但是,在当时的历史条件下,投给奴隶一丝"爱"的目光,强调"博施于民而能济众",要求减轻对奴隶平民的压迫剥削,毕竟有着不可忽视的进步意义。至于孔子一再鼓吹的"己欲立而立人,己欲达而达人"、"己所不欲,勿施于人"的"忠恕"之道,虽然充满了推己爱人的精神,千百年来受到人们不倦的赞扬,但也不过是他理想的调整"君子"之间关系的准则而已。在孔子的伦理思想体系中,与"仁"紧密联系在一起的还有义、智、勇等范畴。义经常与仁相连接使用,称仁义,亦可独立存在和使用。义独立使用时大体可训为"正义的原则",所以孔子要求见义勇为,"见义不为,无勇也"④。孔子认为在仁义这一最大原则问题上最能表现一个人的智和勇,因而三者相联系而存在,而以仁为核心,"知者不

---

① 《论语·颜渊》,《十三经注疏》,中华书局1980年版,第2502页。
② 《论语·雍也》,《十三经注疏》,中华书局1980年版,第2479页。
③ 《论语·里仁》,《十三经注疏》,中华书局1980年版,第2471页。
④ 《论语·为政》,《十三经注疏》,中华书局1980年版,第2463页。

惑,仁者不忧,勇者不惧"①,"仁者必有勇,勇者不必有仁"②。所以具有仁德的人必定是勇敢的人,但勇敢的人却不一定有仁德。这样,勇敢就成为仁德者必备的品质,成为仁的属性之一。与此相联系,智也是仁德者必具的品性和条件,就是说,所有仁德者必定是聪明好学,积极进取,充满朝气,奋不顾身地为理想奋斗,"当仁不让于师"③,"无求生以害仁,有杀身以成仁"④。在历史的长河中,这些范畴的特定的阶级含义已被剔除,变成中国人民心目中志士仁人品格的概括,成为中华民族精神的重要组成部分。"孝悌"是孔子伦理思想中仅次于"仁"的范畴,被他提到十分重要的地位。《论语》一书中,"孝悌"意识屡屡出现:

> 子曰:"君子笃于亲,则民兴于仁。故旧不遗,则民不偷。"⑤

> 有子曰:"其为人也孝弟,而好犯上者,鲜矣;不好犯上而好作乱者,未之有也。君子务本,本立而道生。孝弟也者,其为仁之本与?"

> 子夏曰:"贤贤易色,事父母能竭其力,事君能致其身。"

> 曾子曰:"慎终追远,民德归厚矣。"

> 子曰:"弟子入则孝,出则弟,泛爱众而亲仁。"⑥

孔子及其弟子们所以把孝悌看成"仁之本",就是因为孝悌对稳定社会秩序具有重要意义。在他们看来,人们只要追念祖先,孝顺父母,就少有犯上作乱的人,天下自然也就太平了。孔子对孝悌的提

---

① 《论语·子罕》,《十三经注疏》,中华书局 1980 年版,第 2491 页。
② 《论语·宪问》,《十三经注疏》,中华书局 1980 年版,第 2510 页。
③ 《论语·卫灵公》,《十三经注疏》,中华书局 1980 年版,第 2518 页。
④ 同上,第 2517 页。
⑤ 《论语·泰伯》,《十三经注疏》,中华书局 1980 年版,第 2486 页。
⑥ 《论语·学而》,《十三经注疏》,中华书局 1980 年版,第 2457—2458 页。

倡,既反映了宗法血缘纽带还强固存在的社会现实,又反过来强化了这种血缘纽带。春秋晚期,在"礼崩乐坏"的时代潮流冲击下,宗法制度虽已动摇,但强固的血缘纽带依然未能彻底斩断。孔子既然执着于恢复周礼,孝悌理所当然地也就被置于弘扬之列。不过,孔子提倡孝悌并非完全是古意的复归,而是注入了新的内容。比如,他认为孝悌应该建立在至诚的基础上,孝顺父母要真心实意,不仅有物质的奉养,而且有精神的慰藉,使父母始终生活在融融亲情的氛围里。为此,他要求"父母在,不远游,游必有方","父母之年不可不知也,一则以喜,一则以惧","三年无改于父之道"①。但子女对父母也不要"愚忠愚孝",发现父母有不对的地方,可以婉转"几谏"。这是孔子给古老的孝道吹进的一缕清新之风,当然,孔子的孝悌又与严格遵守古礼相联系。在他看来,几乎所有古代沿袭下来的礼制都是不可移易的教条,后人只有恪守的义务而没有变通或更改的权力:

> 孟懿子问孝,子曰:"无违。"樊迟御,子告之曰:"孟孙问孝于我,我对曰'无违'。"樊迟曰:"何谓也?"子曰:"生,事之以礼;死,葬之以礼。"②

> 宰我问:"三年之丧,期已久矣。君子三年不为礼,礼必坏;三年不为乐,乐必崩。旧谷既没,新谷既升,钻燧改火,期可已矣。"子曰:"食夫稻,衣夫锦,于女安乎?"曰:"安。""女安,则为之! 夫君子之居丧,食不旨甘,闻乐不乐,居处不安,故不为也。今女安,则为之。"宰我出,子曰:"予之不仁也! 子生三年,然后免于父母之怀。夫三年之丧,天下之通丧也,予也有三年之爱于其父母乎!"③

---

① 《论语·里仁》,《十三经注疏》,中华书局 1980 年版,第 2471 页。
② 《论语·为政》,《十三经注疏》,中华书局 1980 年版,第 2462 页。
③ 《论语·阳货》,《十三经注疏》,中华书局 1980 年版,第 2526 页。

孔子既把仁与礼连在一起,又把孝与礼连在一起,要求人们在对古礼的膜拜信守中体现对孝的虔诚。他不晓得,作为一种伦理观念,孝也应该与时变化,宰我的观点并不错。孔子的孝观念中尽管有消极保守的成分,但其中蕴含的敬老爱幼的积极因素也融汇在中华民族的血液里,成为传统美德为现代人所接受和颂扬。

另外,孔子的伦理思想中还有不少条目,如:

> 子禽问于子贡曰:"夫子至于是邦也,必闻其政。求之与?抑与之与?"子贡曰:"夫子温、良、恭、俭、让以得之。夫子之求之也,其诸异乎人之求之与!"①

> 子张问仁于孔子,孔子曰:"能行五者于天下,为仁矣。""请问之。"曰:"恭、宽、信、敏、惠。恭则不侮,宽则得众,信则人任焉,敏则有功,惠则足以使人。"②

这里,孔子提出了温和(温)、善良(良)、严肃(恭)、节俭(俭)、谦逊(让)、宽厚(宽)、诚实(信)、勤敏(敏)、慈惠(惠)等好的品德,认为一个人有了这些品德,就会得到别人的信任,就能够使"天下归仁"。这些道德条目都被后世继承下来,成为中华民族优秀传统道德的基本内容。

在孔子的伦理思想中,始终活跃着一个理想的道德楷模——君子形象。作为孔子理想人格的化身,君子是在与小人的对比映照中树立起来的:"君子喻于义,小人喻于利。""君子怀德,小人怀土;君子怀刑,小人怀惠。"③"君子求诸己,小人求诸人。"④在孔子心目中,这种仁人君子是正义的化身,勇敢的典型,智慧的渊薮。君子始终不渝地坚持正义和仁道,在造次和颠沛中,"无终食之间

---

① 《论语·学而》,《十三经注疏》,中华书局 1980 年版,第 2458 页。
② 《论语·阳货》,《十三经注疏》,中华书局 1980 年版,第 2524 页。
③ 《论语·里仁》,《十三经注疏》,中华书局 1980 年版,第 2471 页。
④ 《论语·卫灵公》,《十三经注疏》,中华书局 1980 年版,第 2518 页。

违仁",甚至不惜牺牲生命,"杀身成仁",以殉正义和仁道。君子刻苦自励,好学上进,"食无求饱,居无求安"①,兢兢业业,言信行果,冷静沉着,关键时刻表现大智大勇。君子胸怀坦荡,"泰而不骄",不以物喜,不以己悲,可仕则仕,可隐则隐,立人达人,成人之美。这种君子人格后来成为千百万志士仁人追求的目标,其中蕴含的道德内核,具有永久的价值。

孔子十分注重自身的道德修养,对人的自我修养方法进行了比较深入的探索。他总结自己的仁德修养历程时说:"吾十有五而志于学,三十而立,四十而不惑,五十而知天命,六十而耳顺,七十而从心所欲不逾矩。"②他认为一个人能否成为仁德之人的关键是个人的主观努力,"为仁由己"③。这就是要求自己必须接受多方面的教育,严以自责,努力"克己"、"修己"、"正身"。既要对自己充满自信,"我欲仁,斯仁至矣"④,又要从近处着手一步步地去做,在"笃实躬行"上下工夫:"先行其言而后从之"⑤,"君子耻其言而过其行"⑥。同时还必须"笃信好学",因为知识、学问、品德都不是天生的,而是后天刻苦不倦学习的结果。孔子认为,在实际生活中,在自我修养中,任何人都不可避免出现失误,这完全是正常的,并不可怕。关键在于不断自我反省,及时发现和改正错误。"闻义不能徙,不善不能改,是吾忧也"⑦,"过而不改,是谓过矣"⑧。曾子进一步把孔子的这一思想发展为"内省论":"吾日三省吾身:为

---

① 《论语·学而》,《十三经注疏》,中华书局1980年版,第2458页。
② 《论语·为政》,《十三经注疏》,中华书局1980年版,第2461页。
③ 《论语·颜渊》,《十三经注疏》,中华书局1980年版,第2502页。
④ 《论语·述而》,《十三经注疏》,中华书局1980年版,第2483页。
⑤ 《论语·为政》,《十三经注疏》,中华书局1980年版,第2462页。
⑥ 《论语·宪问》,《十三经注疏》,中华书局1980年版,第2512页。
⑦ 《论语·述而》,《十三经注疏》,中华书局1980年版,第2481页。
⑧ 《论语·卫灵公》,《十三经注疏》,中华书局1980年版,第2518页。

人谋而不忠乎？与朋友交而不信乎？传不习乎？"①严格要求自己，不断自我省察，自我约束，自我净化，显然是道德自新的一条重要途径。所以要不断地向书本学习，不断地在现实生活中向周围的人学习，这样既会增长知识，又会促进道德修养。"三人行，必有我师焉。择其善者而从之，其不善者而改之"②，"见贤思齐焉，见不贤而内自省也"③。孔子在修养方法上这些有价值的见解，不少都可以批判地继承。

　　总之，孔子在伦理思想方面不仅构筑了一套完整的体系，诠释了许多概念、范畴，而且也提出了许多有价值的修养方法，为我国伦理思想的发展奠定了初步基础，其功绩是不可磨灭的。不过，由于孔子把"仁"的核心内容定为"克己复礼"，而"礼"的不少内容在当时的时代潮流相背离，所以其理论体系中就必然保留一些落后的东西。例如，他的"孝道"就与"直道"和"忠君"有着明显的矛盾。《论语·子路》记载：

　　　　叶公语孔子曰："吾党有直躬者，其父攘羊，而子证之。"孔子曰："吾党之直者异于是。父为子隐，子为父隐，直在其中矣。"

这种以孝道牺牲直道的伦理观念，与传统的"大义灭亲"观念相比，显然是落后的。"孝道"虽然与"忠道"有相一致的一面，但两者的冲突也是明显的。后来的法家在与儒家论战时就抓住这一点猛攻一气：

　　　　鲁人从君战，三战三北。仲尼问其故，对曰："吾有老父，身死，莫之养也。"仲尼以为孝，举而上之。以是观之，夫父之

　①　《论语·学而》，《十三经注疏》，中华书局1980年版，第2457页。
　②　《论语·述而》，《十三经注疏》，中华书局1980年版，第2483页。
　③　《论语·里仁》，《十三经注疏》，中华书局1980年版，第2471页。

*孝子，君之背臣也。*①

后来封建统治者多倡导"忠孝两全"，更强调以孝从忠和牺牲孝以从忠，就是对孔子孝观念的修正。

孔子是先秦时期最负盛名的大教育家。他本人博学多能，经他删定的《诗》、《书》、《礼》、《易》、《春秋》等经典两千多年来一直是官定的教科书，孔子及其门徒在保存、发掘、整理和传播中国古代思想文化方面做出了巨大贡献。孔子"克己复礼"的理想虽然破灭了，但在办学育人方面却取得了相当大的成功。他从三十岁左右开始聚徒讲学，开创私学，一直到七十三岁病逝，四十多年间，不论在其做官从政的显赫日子，还是在周游列国，绝粮履险的困顿岁月，他始终同弟子在一起，一刻也没有停止教学活动。史载他弟子三千，贤人七十二，留下姓名的弟子近百人，的确是盛况空前。以孔子为代表的儒家学派也是当时影响最大的教育团体。孔子的教育思想体系受他的政治立场的制约，具有保守的一面。比如，他要求学生致力于"克己复礼"，鄙视劳动人民的生产活动，把学习的内容限定在当时贵族政治所需要的范围等，其阶级局限性是鲜明的。但是，阶级社会的教育是阶级性和社会性的统一。阶级在人类历史上存在的时间是短暂的，但教育却与人类社会相始终。就教育的社会性而言，它包括社会各阶级在办教育时都需遵循的客观规律。由于孔子长期从事教育实践活动，他的教育思想中，尤其是他摸索和总结的有关教育的社会性规律和教学活动的规律，包含大量丰富的合理内核。孔子"有教无类"的主张和实践，在当时具有重大的进步意义。在殷周奴隶社会，实行的是"学在官府"的教育制度，教育被严格控制在奴隶主贵族手里，平民和奴隶完全被剥夺了受教育的权利。春秋后期，随着奴隶制的没落，"学在官府"的教育制度再也不能维持。与此同时，伴随着新兴地主阶级的

---

① 王先慎：《韩非子集解·五蠹》，中华书局2013年版，第491页。

崛起、平民阶级的抬头和奴隶的逐步获得解放,私学的勃兴就成为必然的历史趋势。"礼失而求诸野"。孔子办私学之所以成绩斐然,正是时代为他创造了有利条件。所以,"有教无类"的口号正是针对"学在官府"提出来的。他的主观意图是在教育上打破等级的区别和贫富的等差,认为一切人都有受教育的权利。在他的弟子中,除少数贵族子弟外,大部分出身于平民。显然,孔子按照"有教无类"的理念进行的教育实践,不仅对当时文化的下移和广泛传播起了积极作用,而且为平民知识分子进入官吏阶层创造了条件。孔子的不少弟子在他在世时已经从政,他去世后有更多的弟子跻入了统治者的庙堂。"自孔子卒后,七十子之徒散游诸侯,大者为师傅卿相,小者友教士大夫"①。孔子弟子子夏曾讲过"学而优则仕,仕而优则学",反映了孔子教育思想的一个重要内容即选优原则。学业优秀的人做官从政,从政成绩优良的人继续读书学习,显然可以提高官吏队伍的素质。这其中贯穿的选优原则是任何积极向上、生气勃勃的当权者都应该遵循的。孔子在长期的教育实践中总结出不少好的教学经验和教学方法,其中许多具有永恒的价值。例如,孔子倡导和实行"因材施教"的原则。在他那里,"因材施教"有两方面的意义:一是根据学生的资质、爱好,扬长避短地进行定向培养。孔子熟悉自己的学生,了解每个人的特点和优长。"由也果","赐也达","求也艺"②。"由也,千乘之国,可使治其赋也","赤也,束带立于朝,可使与宾客言也"③,"雍也,可使南面"④。正因为孔子按照每个弟子的特长加意培养,使之迅速成才,从而使门徒中涌现出一批非常杰出的人才:"德行:颜渊,

---

① 司马迁:《史记·儒林传》,中华书局 1959 年版,第 3116 页。
② 《论语·雍也》,《十三经注疏》,中华书局 1980 年版,第 2478 页。
③ 《论语·公冶长》,《十三经注疏》,中华书局 1980 年版,第 2473 页。
④ 《论语·雍也》,《十三经注疏》,中华书局 1980 年版,第 2477 页。

闵子骞,冉伯牛,仲弓;言语:宰我,子贡;政事:冉有,季路;文学:子游,子夏。"①真可谓人才济济,群星璀璨。二是根据学生的特点和接受知识的能力使用不同的教学方法。《论语·先进》记载了一个人所共知的例子:

> 子路问:"闻斯行诸?"子曰:"有父兄在,如之何其闻斯行之?"冉有问"闻斯行诸?"子曰:"闻斯行之。"公西华曰:"由也问闻斯行诸,子曰'有父兄在';求也问闻斯行诸,子曰'闻斯行之'。赤也惑,敢问。"子曰:"求也退,故进之;由也兼人,故退之。"

孔子在教学过程中,总是这样,根据学生的实际情况,有所侧重,有所选择,有的放矢,灵活地回答学生提出的问题,循循善诱地引导他们发挥所长,弥补不足,在品德和学业上不断有所进步。颜渊曾以无限崇敬的心情称颂孔子说:"夫子循循然善诱人,博我以文,约我以礼,欲罢不能。既竭吾才,如有所立卓尔。虽欲从之,未由也已。"②这段话自然包含着学生对老师的过分赞美,但孔子的"因材施教"的确使弟子们的才能得到较充分的培育和发展,为日后成才创造了条件。孔子十分重视提倡和运用启发式的教学方法。应该承认,无论哪个阶级办教育,也无论传授什么内容,启发式教学的效果肯定优于注入式。孔子在教学中一贯遵循这样的原则:"不愤不启,不悱不发,举一隅不以三隅反,则不复也。"③在平时与学生接触时,他总是不断地启发学生自己动脑筋,独立思考,切忌人云亦云。颜渊对孔子的观点和传授的知识从不提出疑义,使孔子感到不快:"回也非助我者也,与吾言无所不说。"④孔子也善于诱导

① 《论语·先进》,《十三经注疏》,中华书局 1980 年版,第 2498 页。
② 《论语·子罕》,《十三经注疏》,中华书局 1980 年版,第 2490 页。
③ 《论语·述而》,《十三经注疏》,中华书局 1980 年版,第 2482 页。
④ 《论语·先进》,《十三经注疏》,中华书局 1980 年版,第 2498 页。

在师生之间、学生之间互相启发,教学相长。他同子路、曾晳、冉有、公西华那段诗意盎然的"各言其志"的对话,就是启发式教学的一个生动的例子。在孔子主持的学校里,整个教学的场面总是那么生动活泼,充满着无限的兴味和魅力。孔子还提倡学习必须有一个好的态度和风尚。"学而不厌,诲人不倦",一方面应该向任何比自己高明甚至不如自己的人请教和学习,一方面又不厌其烦地向自己的学生传道授业解惑。他自己以身作则,对学生起着表率的作用。他"入太庙,每事问"①,"发愤忘食,乐以忘忧,不知老之将至"②。他要求弟子们在读书和做学问时一定要采取老老实实的态度:"知之为知之,不知为不知"③,"子绝四:毋意,毋必,毋固,毋我"④。在《论语》和其他史籍中,找不到孔子体罚学生的记载,孔门师生之间的关系是相当融洽的。在孔子身上,所谓"师道尊严"并不突出,相反,他倒是鼓励学生独立思考,"当仁不让于师"⑤,要敢于提出与老师不同的意见和看法。孔门弟子大都敢于在先生面前各抒己见,师生之间"如切如磋,如琢如磨",充满温馨和亲情。

　　孔子作为伟大的政治家、思想家和教育家,其最大的功绩就是建立了儒家学派,创立了后来成为中国封建社会思想文化主体的儒家学说。儒在商朝即存在,徐仲舒在《甲骨文中所见的儒》⑥一文中提供了确凿无误的证明。那时的儒是一种职业,与卜、祝、巫、史同流,主要从事祭祖事鬼,办理丧事,为人相礼等事务,是进行宗教活动的教士。但因其掌握礼乐文化知识,又从事文化教育活动,

---

① 《论语·八佾》,《十三经注疏》,中华书局 1980 年版,第 2467 页。
② 《论语·述而》,《十三经注疏》,中华书局 1980 年版,第 2483 页。
③ 《论语·先进》,《十三经注疏》,中华书局 1980 年版,第 2498 页。
④ 《论语·为政》,《十三经注疏》,中华书局 1980 年版,第 2462 页。
⑤ 《论语·卫灵公》,《十三经注疏》,中华书局 1980 年版,第 2518 页。
⑥ 《四川大学学报》1975 年第 4 期。

随着时代的变化,儒士活动的重心逐渐转向文化教育,其教士的色彩日益淡化。孔子以教士的身份活动于春秋末期,他一面从事思想体系的构建,一面聚徒讲学,从而形成了以他为首,以其众多弟子为主体,有着共同信仰和共同衣冠的一个文化教育团体,这就是儒家学派。

　　孔子在世时,儒家学派已经成为有着广泛影响的群体。孔子死后,他的弟子对儒学的继续发展和传播作出了重大贡献。其中,有若、子贡、子张、曾参、漆雕开、子游、子夏是比较活跃的人物,而以子夏的作用最为突出。有若因为思想、智慧高出众人一筹,被孔门大部分弟子视为"似圣人"①的出类拔萃的人物,几乎被拥戴为儒家学派的首领,因曾子的反对作罢。但从散见于《论语》、《礼记》等典籍的有若的言论看,他的思想没有多少独到之处,对后世的影响也不大。子贡姓端本,名赐,卫国人。他长于"利口巧辞",是孔门弟子中最出色的社会活动家和外交家,曾代表鲁国出使齐、吴、越、晋诸国,"所至,国君无不分庭与之抗礼"②。他又是"家累千金"的大富豪,经常在列国间做生意,与各国政要交往密切,所到之处,都不倦地宣传儒家思想,因而在提高孔子知名度和扩大儒学的影响方面,子贡的作用是别人无法比拟的。子张,姓颛孙,名师,陈国人。他喜欢放言高论,思想有些偏激。他门下弟子众多,战国时期发展成为儒家八派之一。曾参是对孔子孝道理论的发展作出较大贡献的弟子,传说《孝经》一书即出自其手。他在思想上重视内省,强调人的主观意识活动,"日三省吾身"。对后来思孟学派的发展产生了重大影响。子游,姓言,名偃,是孔门中擅长"文学"的代表人物之一。他们一派在战国时期一直存在。从《荀子·非

---

　　① 《孟子·滕文公上》,《十三经注疏》,中华书局1980年版,第2706页。

　　② 司马迁:《史记·货殖列传》,中华书局1959年版,第3258页。

十二子》贬称他们是"偷儒惮事,无廉耻而耆(嗜)饮食"的"贱儒"的情况看,其末流在社会上的声誉不佳。孔子弟子中对儒学发展贡献最大的是子夏。他姓卜,名商,晋国温邑(一说卫人)。他是传经的宗师,经孔子整理过的儒家经典大都经过他的手传下来。他还是将儒学在齐鲁地区以外成功进行传播的第一人。孔子去世后,他回到魏国讲授"六艺"之学,做了魏文侯、李悝、吴起、段干木、田子方、禽滑釐等一批政治家和社会名流的老师。由于魏文侯是战国早期最有作为的一位国君,他不仅拜子夏为师,认真学习儒家经典,而且以礼贤下士的政策吸引了大批优秀人才在自己周围,率先在魏国进行了一系列的封建化的改革,使魏国成为战国首强的诸侯大国。帮助魏文侯进行改革的那些政治家和军事家,大都出自子夏的门下,"如田子方、段干木、吴起、禽滑釐之属,皆受业于子夏之伦,为王者师"①。如果说孔子周游列国是儒学首次向齐鲁文化区域以外的地域传播,那么,子夏在魏国的传经布道就表明儒学已经开始在更大规模上向其他地域文化领域进军,是儒学由地域文化向主流文化转化的先声。

　　以孔子为代表的早期儒家学派,以"仁者爱人"的伦理学说为中心,希冀通过"正名"、教化达到"克己复礼"的政治目的。他们对鬼神"敬而远之",对社会和人生持一种积极奋发的态度,"知其不可而为之"。同时重视教育,坚持"有教无类"和"学而优则仕"的原则,在当时尤其是以后,都产生了深刻影响。对于战国时代子学的勃兴,起了"金鸡一鸣天下晓"的作用。在春秋末和战国时期,儒家学派虽然进入"显学"之列,但也不过是"百家争鸣"中的学派之一。只是到了西汉以后,随着封建制的确立和大一统的专制主义中央集权的形成,"说忠孝,道中庸,与民言服从,与君言仁政,其道可久,其法易行"的儒学,经过董仲舒的改造,终于定于一

---

　　① 司马迁:《史记·儒林列传》,中华书局 1959 年版,第 3116 页。

尊,成为两千多年中国封建社会的统治思想。同时又由于儒学反映了宗法制下的中国广大农民的伦理观念和心理特征,因而长期为农民所认同,成为构建中华民族心理的主要素材,逐步深入中国人民的心灵深处,成为对中国历史和中华民族发展影响最大的一个学派。

（原载《山东思想文化史》一书,
山东人民出版社 2011 年版）

孔子衣食起居的启示

一

孔子是中国古代社会公认的大圣人,他创立的儒学,在秦汉以后成为历代封建王朝钦定的主流意识形态。孔子的学说由仁礼互补形成完整的思想体系。其中,他特别注重君子人格的养成,为此,他阐发了一套系统的修养理论。

孔子将君子人格作为自己和士修养的最高境界,而与君子对立的就是小人。在他心目中,君子必须是"道",即人类最高理想的信仰者和实践者,所以他认为"朝闻道,夕可死矣"。而是否信仰和践行道,关键看他对义和利、德和刑的态度:"君子喻于义,小人喻于利。""君子怀德,小人怀土;君子怀刑,小人怀惠。"(《里仁》)君子最能明晰义利之辨的真谛,他们终生追求的目标就是"道"的理想的实现,而实现这个理想的终捷途径就是"克己复礼":

> 颜渊问仁,子曰:"克己复礼为仁。一日克己复礼,天下归仁焉。为仁由己,而由乎人哉!"颜渊曰:"请问其目。"子曰:"非礼勿视,非礼勿听,非礼勿言,非礼勿动。"①

这里的"礼"就是孔子心目中最神圣的"郁郁乎文哉"的周礼,即周朝实行的礼乐制度,包括全部的政治制度、礼仪制度和社会伦理道德。而这个有形的礼所体现的是"仁"的内涵。这样,在孔子那

---

① 《论语·颜渊》,《十三经注疏》,中华书局1980年版,第2502页。

里,"仁"就具体表现为"复礼"所应达到的最高境界。而具体到个人的行为,就必须按照礼的规范,选择符合道、义的原则。如对待官位:"邦有道,谷;邦无道,谷,耻也。"(《宪问》)就是说,国家有道,可以做官拿俸禄;国家无道,也去做官拿俸禄,就是可耻的了。所以他要求正确对待富贵和贫贱:

> 子曰:"富与贵,是人之所欲也,不以其道得之,不处也。贫与贱,是人之所恶也,不以其道去之,不去也。君子去仁,恶乎成名?君子无终食之间违仁,造次必于是,颠沛必于是。"①

这段话的意思是:富贵是人人所向往的,但不用正当的方法得到它,君子便不接受。贫贱是人人所厌恶的,但不用正当的方法摆脱它,君子也不摆脱。君子离开了仁,怎能成名?君子不能片刻离开仁,在紧迫仓促时必须按仁办事,在颠沛流离时也必须按仁办事。有了对仁的信仰和执着追求,孔子在任何时候都是坦荡而镇定。周游列国时,在宋国遇险,在陈、蔡断粮,在弟子们惊慌失措的时候,他能够保持特别镇定的心态,从容应对,弦歌不辍。也正因为有着自己崇高的精神追求,所以他在生活中选择俭而摈弃奢侈:

> 子曰:"君子食无求饱,居无求安,敏于事而慎于言,就有道而正焉,可谓好学也已。"

> 子贡曰:"贫而无谄,富而无骄,何如?"子曰:"可也,未若贫而乐,富而好礼者也。"②

> 子曰:"士志于道,而耻恶衣恶食者,未足与议也。"③

> 子曰:"饭疏食,饮水,曲肱而枕之,乐亦在其中矣。不义而富且贵,于我如浮云。"

---

① 《论语·里仁》,《十三经注疏》,中华书局 1980 年版,第 2471 页。
② 《论语·学而》,《十三经注疏》,中华书局 1980 年版,第 2458 页。
③ 《论语·里仁》,《十三经注疏》,中华书局 1980 年版,第 2471 页。

子曰："奢则不孙,俭则固。与其不孙也,宁固。"①

因此,他赞扬"菲饮食"、"恶衣服"的大禹和安贫乐道的颜回:

子曰："禹,吾无间然矣!菲饮食而致孝乎鬼神,恶衣服而致美乎黻冕,卑宫室而尽乎沟洫。禹,吾无间然矣!"②

子曰："贤哉回也!一箪食,一瓢饮,在陋巷,人不堪其忧,回也不改其乐,贤哉回也!"③

孔子还要求君子认识和保持"三戒",使自己在各个年龄段都生活得愉悦而淡定,稳健而平衡:

孔子曰："君子有三戒:少之时,血气未定,戒之在色;及其壮也,血气方刚,戒之在斗;及其老也,血气既衰,戒之在得。"④

这个"三戒",看似消极,但显然是他老人家人生的经验之谈。因为人的一生中大都要经过少、壮和老三个阶段,在不同的阶段有不同的矛盾,有突出的诱惑,只有坚拒诱惑,人们才能守住生命的根本,无惊无险地度过每个阶段而不留遗憾。

特别应该指出的是,与同时代人相比,孔子是一个比较能够认识生命价值、参透生死的人。他相信"死生有命,富贵在天",认为有一个看不见的必然性主宰者每一个人的生死祸福和富贵利禄。这个"命"和"天"具有不可抗拒的威力。但同时,社会又给每一个人提供一个发挥主观能动性的舞台,所以人又不能消极等待"命"和"天"的降临,而应该充分发挥个人的主观能动性,向着自己选定的正确目标奋发努力,甚至知其不可而为之,"我欲仁,斯仁至矣!"

---

① 《论语·述而》,《十三经注疏》,中华书局 1980 年版,第 2482、2484 页。

② 《论语·泰伯》,《十三经注疏》,中华书局 1980 年版,第 2488 页。

③ 《论语·雍也》,《十三经注疏》,中华书局 1980 年版,第 2478 页。

④ 《论语·季氏》,《十三经注疏》,中华书局 1980 年版,第 2522 页。

二

但是,孔子并不认为追求富贵是一种罪恶,相反,他肯定人们通过正当的途径和手段追求富贵利禄是合理的。他自己甚至说,为了得到合乎义的富贵,拿着鞭子给人家赶车的事儿他也乐于承担。孔子也并不认为追求衣食的舒适、营养、卫生违反"俭"的原则,他自己的衣食安排,在正常情况下还是比较讲究的。如自己穿衣,他就要求既符合君子的身份而又舒适:

> 君子不以绀緅饰,红紫不以为亵服。当暑,袗絺绤,必表而出之。缁衣,羔裘;素衣,麑裘;黄衣,狐裘。亵裘长,短右袂。必有寝衣,长一身有半。狐貉之厚以居。去丧,无所不佩。非帷裳,必杀之。羔裘玄冠不以吊。吉月,必朝服而朝。①

意思是:君子不用绀色和緅色布镶边,不用红色和紫色的布料做便服。夏季穿粗细葛布做的单衣,一定要套上外衣才外出。黑色的罩衣,配羔羊皮袍;白色的罩衣,配白鹿皮袍;黄色的罩衣,配黄狐皮袍。居家穿的皮袍做得要长一些,可右边的袖子要短些。睡觉一定有小被,长度为一身半。用狐貉的厚皮做坐垫。服丧期满后可佩带各种装饰品。如果不是礼服,一定加以剪裁。不穿戴羔羊皮袍和黑色礼冠去吊丧。每月初一,一定要穿上礼服去朝拜君王。你看,孔子的穿衣够讲究了吧?他的衣服从面料选择,到式样搭配,无不遵循合礼、舒适、美观的原则。

孔子在饮食上同样是讲究的,请看:

> 食不厌精,脍不厌细。食饐而餲,鱼馁而肉败,不食。色

---

① 《论语·乡党》,《十三经注疏》,中华书局1980年版,第2494页。

恶,不食。臭恶,不食。失饪,不食。不时,不食。割不正,不食。不得其酱,不食。肉虽多,不使胜食气。唯酒无量,不及乱。沽酒市脯,不食。不撤姜食,不多食。祭于公,不宿肉。祭肉不出三日。出三日,不食之矣。① (《乡党》)

意思是:粮食不嫌舂得精,肉不嫌切得细。食物陈旧变味,鱼肉腐烂变质,不吃。食物颜色不正,不吃。气味难闻,不吃。烹调不当,不吃。蔬菜不新鲜,不吃。肉割取的部位不好,不吃。没有调味的酱,不吃。酒席上的肉虽多,但不要超过饭量。只有饮酒不限量,但不要喝醉。从市场上买来的酒和肉干,不吃。吃饭时备有姜食,但不多吃。参加国君的祭祀典礼,分得的祭肉不要再过夜。祭肉留存不得超过三天。超过三天,就不吃它了。孔子在饮食上有如此多的规定,在一般贫困的百姓眼里,肯定认为是要不得的穷讲究了。但不要忘了,孔子当时的身份是贵族,还曾担任过鲁大司寇之类的高官。他对饮食的要求,有些可能与当时的礼制有关,有些则是他自己在生活中形成的习惯。现在看来,这些习惯大部分符合科学的饮食原则。如他规定的 10 个"不吃",绝大部分是对的。其中最重要的是,不吃腐烂变质和不新鲜的食品,每顿饭都要有姜佐餐,不要吃得过饱。对祭肉的处理,因为关乎礼制,所以应该吃,但须严格限定时间,三天以后,就不能再食用,因为超过这个时间,肉就腐烂变质了。

正因为孔子的衣食起居基本符合科学原则的要求,所以尽管他一生并不顺风顺水而是屡遭坎坷:政治理想难以实现,周游列国频频遇险,少年丧父、中年丧妻、老年丧子,人生不如意的事情他几乎都遇到了,但他仍然活了七十三岁。在那个时代,这就是高龄了。根据考古资料,那时中国人的平均寿命不过四十岁左右。孔

---

① 《论语·乡党》,《十三经注疏》,中华书局 1980 年版,第 2495 页。

子之所以能够超出当时人平均寿命许多,显然与他参透生死的坦荡胸襟和良好的饮食习惯不无关系。

（原载《山东省第六届老年健康与长寿理论研讨会论文集》,后收入《山东省长寿区域分布及成因研究》一书,山东科学技术出版社 2018 年版）

项橐其人其事述论

一

项橐(又作项讬)是中国古代文献记载的孔子的老师,因为宋代王应麟所作童蒙读物《三字经》有"昔仲尼,师项橐,古圣贤,尚勤学"十二个字,使他成为中国家喻户晓的人物。但如果我们严格将其作为一个历史研究的对象,其里籍、身世、事迹就都还处于极度模糊之中,有待于经过仔细的考证加以厘清。

项橐之名最早出现于《战国策·秦策五·文信侯欲攻赵以广河间》:

> 文信侯欲攻赵以广河间,使刚成君蔡泽事燕,三年而燕太子质于秦。文信侯因请张唐相燕,欲与燕共伐赵,以广河间之地。张唐辞曰:"燕者必径于赵,赵人得唐者,受百里之地。"文信侯去而不快。少庶子甘罗曰:"君侯何不快甚也?"文信侯曰:"吾令刚成君蔡泽事燕,三年而燕太子已入质矣。今吾自请张卿相燕,而不肯行。"甘罗曰:"臣请行之。"文信君叱去曰:"我自行之而不肯,汝安能行之也?"甘罗曰:"夫项橐,生七岁而为孔子师,今臣生十二岁于兹矣,君其试臣,奚以遽言叱也?"①

这个项橐"生七岁而为孔子师"的记载不仅是项橐事迹的最早出处,也是后来所有关于项橐那些神奇美丽的故事待以生发的根据。

---

① 刘向:《战国策·秦策五》,上海古籍出版社1985年版,第282页。

《战国策》是经西汉刘向整理的一部战国时代策士们的言行录,甘罗既然将项橐"生七岁而为孔子师"作为他立论的根据,显然项橐其人其事在当时已经广为人知。西汉去战国未远,《战国策》所记载的故事想必在这时已经广为流传,刘向凭空杜撰的可能很小。所以据此可以肯定项橐是一个真实存在的历史人物。

《淮南子》有两处记载项橐。《修务训》:"项讬七岁为孔子师,孔子有以听其言也。"《说林训》:"讬使婴儿矜,以类相慕。"高诱注说:"项讬年七岁,穷难孔子而为之作师,故使小人之畴自矜大也。"此两处记载显然来自《战国策》。司马迁在《史记·樗里子甘茂列传》中基本照抄了《战国策·秦策五·文信侯欲攻赵以广河间》的文字,只是对甘罗的话作了一些改动:"甘罗曰:'大项橐生七岁为孔子师,今臣生十二岁于兹矣,君其试臣,何遽叱乎?'"其中"大项橐"的"大"字显系"夫"字之误,却害得为《史记》作索隐的司马贞深文周纳了一番,硬是编造出"尊其道德,故云'大项橐'"的说词。刘向的《新序》也在一个齐宣王与闾丘邛的故事中提到项橐:

> 齐有闾丘邛,年十八,道遮宣王曰:"家贫亲老,愿得小仕。"宣王曰:"子年尚稚,未可也。"闾丘邛对曰:"不然。昔有颛顼,行年十二而治天下。秦项橐七岁为圣人师。由此观之,邛不肖耳,年不稚矣。"[1]

这个故事中的项橐事迹较之《战国策》并没有增加新内容。与《战国策》记载不同的是,"秦项橐七岁为圣人师"不是出自甘罗之口,而是出自闾丘邛之口。鉴于齐宣王早于吕不韦,因而这一记载似更可证实项橐是一个真实存在的历史人物。东汉王充在《论衡·实知篇》中也有关于项橐的记载:

> 夫项讬年七岁教孔子。案:七岁未入小学而教孔子,性自知也。孔子曰:"生而知之,上也,学而知之,其次也。"夫言

---

[1] 刘向:《新序》卷五,文渊阁四库全书本。

生而知之,不言学问,谓若项讬之类也。①

此处的记载也没有增加项橐新的事迹,王充在这里主要对项橐"七岁未入小学而教孔子"这一常人难以做到的事情给出一个"性自知"的解释。

多数学者认定的成书于魏晋时期的《列子》,在其《汤问》篇中记载了两个童子难孔子的故事:

> 孔子东游,见两小儿辩斗。问其故,一儿曰:"我以日始出时去人近,而日中时远也。"一儿以日初出远,而日中时近也。一儿曰:"日初出大如车盖,及日中则如盘盂,此不为远者小而近者大乎?"一儿曰:"日初出沧沧凉凉,及其日中如探汤,此不为近者热而远者凉乎?"孔子不能决也。两小儿笑曰:"孰为汝多知乎?"②

《列子》是道家的著作,道家对孔子代表的儒家持严厉的批判态度。这个杜撰的故事显然是为了给孔子出丑。不过,《列子》文中的两小儿无名无姓,杜撰者似也无意将小儿安排做孔子的老师。只是到了宋代,两小儿中的一位被注释者变成了项橐。

隋唐时期,项橐的故事依然在流传。《广弘明集》所载唐释道宣撰《龙光寺竺道生法师诔并序》中,将项橐与战国时期为国为民排忧解难不求回报的鲁仲连并提,称颂说:"鲁连之屈田巴,项讬之抗孔叟,殆不过矣。"与李白同时代的诗人魏万在《金陵酬翰林谪仙子》一诗中,对孔子视年龄远小于自己的项橐为师的品格加以热情的歌颂:"宣父敬项橐,林宗重黄生。一长复一少,相看如弟兄。"《宾退录》所载唐诗人路德延《孩儿诗》,也以项橐为例,劝诫

---

① 王充:《论衡·实知篇》,《诸子集成》(七),上海书店1986年影印版,第254页。

② 张湛:《列子·汤问》,《诸子集成》(三),上海书店1986年影印版,第58页。

小儿辈加强道德修养和学识积累:"项橐称师日,甘罗作相年。明时方在德。戒尔减狂颠。"与韩愈同时代的李翱在《祭钱巡官文》一文中,对项橐少年早逝,天不假年的命运发出了悲悯的慨叹:"梁冀张让,富贵在身;童乌项橐,天枉其年。"而诗人吴筠在《项橐》一诗中,力图对项橐的早慧作出解释:"太项冥虚极,微远不可究。禀量合太初,返形寄童幼。孔父惭至理,颜生赖真授。泛然同万流,无迹世莫觏。"这说明,隋唐时期项橐的故事不仅在广泛流传,而且在流传的过程中增加着新的内容。但同时,否定项橐其人其事的意识也产生了。最具代表性的是皮日休在《文薮·无项讬》一文中所表述的观点:

> 符朗著《符子》,言项讬诋呲夫子之意者,以吾道将不胜于黄老。呜呼!孔子门惟回称少,故仲尼日:"颜氏之子,其殆庶几乎?"又日:"贤哉回也!"叹其道与己同,固未尝或蔽之也。如讬之年与回少远矣,讬之智与回又远矣,岂仲尼不称之于其时耶?夫四科之外有七十子,七十子外有三千之徒,其人也,有一善,仲尼未尝不称之,岂于项氏独掩其贤哉?必不然也。呜呼,项氏之有无,亦如乎庄周称盗跖、渔父也,墨子之称墨尿、娟婵也,岂足然哉!岂足然哉![1]

明朝的陶宗仪在《说郛·无项讬》中,一字不易地抄录了皮日休的这篇文章。作为一种学术观点,皮日休的意见是值得重视的:既然项橐是一个早慧的神童,既然他曾因诘难孔子而被这位大圣人尊为老师,为什么在孔门弟子中记载孔子言论和事迹最重要最权威的文献《论语》未留下项橐的一点信息?为什么魏晋时期出现的比《论语》内容更丰富、几乎穷尽了三国以前孔子言论和事迹的《孔子家语》也没有一点项橐的信息?再说,孔子既然是尊贤爱士、一善必称的大圣人,遇到如此聪慧的儿童,一定会收之门下,给

---

[1] 皮日休:《文薮》卷七,文渊阁四库全书本。

以继续深造的机会,但为什么在孔门弟子中找不到项橐的一点踪影? 所以皮日休只能发出这样的慨叹:"呜呼,项氏之有无,亦如乎庄周称盗跖、渔父也,墨子之称墨尿、娟婵也,岂足然哉! 岂足然哉!"不过,对于皮日休的意见,除了陶宗仪的积极肯定的回应外,实在是应者寥寥。而隋唐以降,项橐的事迹又得到进一步的丰富和发展。宋代为《战国策》作注的姚宏和鲍彪都对项橐的事迹给予关注,鲍彪第一次将《列子·汤问》记载的故事与项橐联系起来:"《列子》有问日出者,岂其人(项橐)乎?"诗人刘克庄也以《项橐》为题写了一首诗:"义理无穷尽,宣尼或未知。老聃与项橐,圣岂有常师?"一方面认为知识无穷尽,孔子即使被项橐难住也可以理解,一方面赞扬孔子不耻下问、学无常师的好学精神。元朝的郝经在其编撰的《续后汉书》中,将项橐与颜回并提,认为他们虽然都生不假年,但只要有高尚的品德和过人的智慧,就足以永存了:"项橐、颜渊,岂复百年,贵义存尔。"明清时期,项橐的事迹又有了更大的丰富和发展,同时也出现了更多的歧义。明人朱谋㙔在《骈雅》一书中说:"蒲衣项橐,任贤张堪古之圣童也。"同是明人的陈耀文在《天中记》一书中,根据《图经》的资料,记述了项橐不同于前人记述的事迹:"橐,鲁人,十岁而亡,时人尸而祝之,号小儿神。"在黄宗羲编撰的《明文海·赋》中,收录了王文禄的《拟思旧赋》,其中对项橐"夭而无成"的短暂的生命之旅,表达了他的无奈与悲哀:"黔娄贫而不污兮,项讬夭而无成。徒梓穷居之稿兮,留宇宙之空名。"清人焦袁熹在其所撰《此木轩四书说·达巷党人曰章》中,写了如下一段话:

> 达巷党人,《史记》加"童子"二字,项橐七岁为圣人师,盖相传有此言。或者孔子偶有所问于童子,童子答之,人遂以此童子为圣人师,此等事容有之也。①

---

① 焦袁熹:《此木轩四书说》卷四,文渊阁四库全书本。

面对当时越来越丰富的有关项橐的传说，焦袁熹持一种非常谨慎的态度，只说"盖相传有此言"、"此等事容有之也"，显示了历史学家严谨求实的精神。清人俞正燮在其所著《癸巳类稿·项橐考》一文中，几乎罗列了所有诗赋之外关于记载项橐的文献，仔细地加以辩证分析，最后认定项橐是一个真实存在的历史人物。

以上所征引的这些或承认项橐实有其人、或力辩项橐子虚乌有的文献，其作者都是以严肃认真的态度对待这个问题的。他们的意见作为一种学术观点都有存在的价值。

综合检视有关项橐的文献，我认为项橐应该是一个确实存在的历史人物，少年聪慧，因在与孔子接触时表现了特殊的聪明才智，被孔子尊为老师。只是去世太早，才华刚刚展露即夭折，犹如一颗美丽的彗星在发出划破夜空的耀眼的光芒之后转瞬而逝。既然项橐是一个确实存在的历史人物，为什么《论语》、《左传》、《孔子家语》等文献中未留下他的一点信息？对此问题可否这样解释：孔子与项橐的相遇非常偶然，很可能只是路上的一次不经意的邂逅。项橐自然不知道他面对的是声名赫赫的大学问家孔子，孔子对阻止他通行的项橐的言行也只看作一个天真儿童的率真无忌的表现，可能随便说了一句"你可以作我老师"的话，两人的缘分就此了结。事情过去以后不久，项橐即因病而逝，孔子及其弟子大概也没有将此事放在心上，因而在《论语》等文献中也就失记了。或许在项橐去世以后，他的家人和了解此事的人将孔子邂逅项橐的事儿传扬出去，成为当时人们的谈资，最后赖神童甘罗的一席话为项橐留下了记载。

二

显然，项橐的事迹就是与孔子的一次不经意的邂逅。但由于孔子是一个家喻户晓的伟人，这一次不经意的邂逅就为后人留下了无限广阔的想象的空间,于是《战国策》记载的甘罗的那句话就成为一代又一代编制项橐传奇故事的母体。神话和传说自然不能等同于真实的历史,但其中却有着历史的影子,从一定意义上说,神话和传说可以看作一个民族的口述历史。每一个时代的人都按照时代的需要和自己的认识随意编造项橐的传奇故事,随意改铸孔子和项橐的形象。你看,在文化多元、思想解放的隋唐时期,在项橐的故事里,孔子及其弟子成了阴险、残忍的杀害项橐的凶手;宋明以降,在《历朝故事统宗·小儿论》中,项橐成了百科全书式的神童。在诸子百家的影响下,项橐一忽儿是"与世无争"、"崇尚自然"、"珍惜生命"的道家代表,一忽儿是"兼爱"、"非攻"的墨学的中坚,一忽儿又是能言善辩的名家辩士。受道教影响,项橐成了道教教主老子的学生,满口道士话语;受佛教影响,他与孔子的答问中就充塞着佛教的义理,满口佛教的偈语,遇害以后的遗体处理方式也是和尚葬式的缸中坐化。最后,他成了庙中供奉的小儿神,送子送医,呼风唤雨,明察秋毫,赏善罚恶,既能为国家开太平,又能替百姓谋福祉。由于传说是多头创造,谁都希望项橐是自己的乡党,所以项橐的里籍就有河南叶县、河南修武、河南中牟、山西晋城、湖北黄陂、河北、山东曲阜、山东日照等多种说法,一个又一个的"筑城拦车处"和"项橐祠"就成了各地津津乐道的"古迹"。由于传说创造者们都是各自"闭门造车",项橐的传说就有了不同的版本,不同的版本之间自然也就产生了数不清的矛盾和牴牾。更由于传说是一代接一代的犹如接力赛般的数以千年计的历史创造,每一代人都给它注入自己的时代精神,添加自己的理想和愿望,所以愈往后传说的内容也愈加丰富和庞杂。而愈往后的传说离历史的真实愈遥远,这正可以用顾颉刚先生"层累地构成的古史说"的理论加以说明。

每一个民族都有自己的传说时代。中国夏朝以前的三皇五帝就是比较典型的传说时代人物,因而三皇五帝就有不同的组合。

因为传说是一个民族的口述历史。所以三皇五帝的故事就有一个长期的形成过程,并且有着不同的版本。全国几乎到处都有神农和黄帝的遗迹,有数不清的蚩尤冢和大舜耕田的历山。后世不少真实的历史人物在真实的历史之外也留下丰富的传说。传说时代的人物和真实的历史人物之所以能够留下传说,原因是很复杂的,但有一点是共同的,即这些人物本身带有一定的传奇性,其里籍、事迹也模糊而难以确定,从而给传说留下了广阔创造的空间,使后世之人可以恣意驰骋自己的想象。于是,不同版本的项橐就带着创造者的乡土气息从各地走来。

分析考察有关项橐的文献资料,对照日照岚山地区流传的许多项橐的丰富而生动的传说故事,比较各地认定的项橐的里籍,将岚山认作项橐的出生地显然具有更多的合理性。千百年来,项橐的传说已经积累了丰厚的资料,形成了内涵深邃的项橐文化,不仅在民间广为流传,而且影响深远。因此,项橐和项橐文化作为地方历史文化研究的一个题目极具开发价值。但作为学术研究的对象,最重要的似是应该理清项橐故事发生发展和定型的编年史,区别真实历史和民间传说。给历史上真实的项橐一个恰切的定位,对传说中的项橐从文化史的角度进行科学的诠释,以便从中撷取看起来合情合理的内容,发掘其中具有永恒价值的精神财富,为现代精神文明建设服务。

（2014年济南项橐研讨会参会论文）

孙武兵学思想中所展示的哲学和社会政治理念

春秋晚期,当孔子在鲁国创立儒家学派,登上思想文化的制高点的时候,在齐国则产生了晏婴、司马穰苴和孙武等思想文化的巨人。特别是作为"兵圣"的孙武和他的永垂千古的《孙子兵法》的出现,标志了当时中国的兵学文化已经占领了世界兵学文化的制高点。

有关孙武的家世、经历和业绩,流传至今的文献记载非常简单。特别是记载春秋时期历史的《左传》,竟然对指挥吴国军队直捣楚国国都的谋臣无一字记述。对此,田昌五的解释是因为孙武不是统帅而是谋士①。《史记·孙子吴起列传》仅说明他是齐人,后去吴国,以进献《孙子》十三篇得到吴王阖闾的信任,"阖庐知孙子能用兵,卒以为将。西破强楚,入郢。北威齐晋,显名诸侯,孙子有力焉"。《孙子兵法》十三篇在孙武见吴王时已经写就,它显然主要是孙武总结前人战争经验和前人兵学遗产而推出的一部兵学圣典。这部兵书诞生于齐国而不是其他地方,最主要的原因,一是因为齐国有着悠久而深厚的兵学传统,从姜尚的《六韬》到司马穰苴的《司马法》,形成了齐国远比其他诸侯国更丰厚的兵学土壤。二是齐鲁文化从西周开始经过五个多世纪的发展,形成了极其深厚的思想文化的积淀和齐鲁知识分子好思辨、善著述的风气。《孙

---

① 田昌五:《孙武子》,载孟祥才主编《齐鲁古代兵家评传》,山东大学出版社1996年版,第50—51页。

子兵法》就是在这样的文化氛围中孕育而成的。

《孙子兵法》具有丰富的内涵,它不仅全面论述了与军事有关的战略战术的各个方面,而且涉及了军事与政治、经济、社会等关系的一系列问题,最后升华到哲学的层面,形成了对事物发展普遍规律的认识。它特别强调军事与政治的关系,《孙子兵法·计篇》列出了决定战争胜负的五个基本条件,而将政治因素放在第一位:

> 一曰道,二曰天,三曰地,四曰将,五曰法。道者,令民与上同意也,故可以与之死,可以与之生,而不畏危。天者,阴阳、寒暑、时制也。地者,远近、险易、广狭、死生也。将者,智、信、仁、勇、严也。法者,曲制、官道、主用也。凡此五者,将莫不闻,知之者胜,不知者不胜。故校之以计而索其情,曰:主孰有道?将孰有能?天地孰得?法令孰行?兵众孰强?士卒孰练?赏罚孰明?吾以此知胜负矣。①

这里,孙子明确指出,战争是敌我双方综合实力的较量。在决定战争胜负的诸多因素中,将领、士卒、地理气候等条件固然重要,但关键还是政治即"主孰有道"。只有战争得到民众的拥护,只有民众以与国家共存亡的决心和意志参加对敌作战,国君才能稳操胜利之券。孙子进而认为,战争本身不是目的而是手段,是通过战胜敌人维护国家的利益。所以"不战而屈人之兵"是从事战争的国君和将帅追求的最理想的目标:

> 凡用兵之法,全国为上,破国次之;全军为上,破军次之;全旅为上,破旅次之;全卒为上,破卒次之;全伍为上,破伍次之。是故百战百胜,非善之善者也;不战而屈人之兵,善之善者也。②

---

① 《孙子十家注·计篇》,《诸子集成》(六),上海书店1986年影印版,第2—11页。

② 《孙子十家注·谋攻篇》,《诸子集成》(六),上海书店1986年影印版,第34—45页。

而为了达到"不战而屈人之兵"的目标,必须充分运用军事以外的政治、外交等手段,万不得已才使用武力,用将士的血肉之躯去夺取胜利:"故上兵伐谋,其次伐交,其次伐兵,其下攻城。攻城之法,为不得已。修橹轒辒,具器械,三月而后成;距闉,又三月而后已。将不胜其忿而蚁附之,杀士三分之一而城不拔者,此攻之灾也。"①所以善于用兵的将帅可以不通过战争达到既定的目标:

> 故善用兵者,屈人之兵而非战也,拔人之城而非攻也,毁人之国而非久也,必以全争于天下,故兵不顿而利可全,此谋攻之法也。②

孙子既深知战争给国家带来好处,更深知战争给国家带来危害,所以他提出"兵贵胜,不贵久"的速胜原则和"因粮于敌"的后勤保障原则,都是从政治出发在全局上对战争的把握。《孙子兵法》更多地是对战争规律的探索,如"先为不可胜,以待敌之可胜"③、"知彼知己者,百战不殆"④、"兵者,诡道也"⑤、"致人而不致于人"⑥、"避实而击虚"⑦等,都是战争中永恒的制胜法则。

　　《孙子兵法》不仅是一部军事宝典,而且也是一部有着丰富辩证法思想的哲学著作。孙子在认识战争规律的过程中,发现

---

　　①　《孙子十家注·谋攻篇》,《诸子集成》(六),上海书店 1986 年影印版,第 35—39 页。

　　②　同上,第 40—42 页。

　　③　《孙子十家注·形篇》,《诸子集成》(六),上海书店 1986 年影印版,第 54 页。

　　④　《孙子十家注·谋攻篇》,《诸子集成》(六),上海书店 1986 年影印版,第 52 页。

　　⑤　《孙子十家注·计篇》,《诸子集成》(六),上海书店 1986 年影印版,第 13 页。

　　⑥　《孙子十家注·虚实篇》,《诸子集成》(六),上海书店 1986 年影印版,第 83 页。

　　⑦　同上,第 101 页。

并探索了战争中的敌我、胜负、攻守、进退、速迟、利害、虚实、奇正、治乱、勇怯、强弱、远近、劳逸、饥饱等一系列的矛盾及其互相转化的现象，要求战争指导者深刻认识这些互相矛盾着的事物，并通过主观努力去促成矛盾向着有利于自己的转化。他特别强调在运用各项军事原则时"变"的重要性，因为战场上的形势瞬息万变，"兵无常势，水无常形，能因敌变化而取胜者，谓之神"①。所以必须"因敌变化"、"因敌制胜"，随时根据敌情的变化灵活变通自己的作战方针，这样才能立于不败之地。其中，孙子对"奇正"的关系作了最为精到的论述。在他看来，战争既有不变的一面，这就"正"；更有化莫测变的一面，这就是"奇"。高明的军事统帅能够取得胜利的关键就是正确、及时地处理好"正"与"奇"的关系：

> 凡战者，以正合，以奇胜。故善出奇者，无穷如天地，不竭如江河。终而复始，日月是也。死而复生，四时是也。声不过五，五声之变，不可胜听也。色不过五，五色之变，不可胜观也。味不过五，五味之变，不可胜尝也。战势不过奇正，奇正之变，不可胜穷也。奇正相生，如循环之无端，孰能穷之？②

在孙子看来，战争中"正"与"奇"的关系，如日月之循环，如四时之更替，如五声、五色、五味之变幻无穷。高明的军事统帅，应该娴熟地驾驭"奇正相生"、"因敌变化"的指挥艺术，去不断夺取战争的胜利。

孙子是在中国乃至全世界第一次从政治的高度全面探索战略

---

① 《孙子十家注·虚实篇》，《诸子集成》（六），上海书店 1986 年影印版，第 102 页。

② 《孙子十家注·势篇》，《诸子集成》（六），上海书店 1986 年影印版，第 68—70 页。

战术规律的军事家,也是那个时代最伟大的思想家之一。作为与
"文圣"孔子相伯仲的"武圣",作为世界公认的兵学巨人,他为中
华民族赢得了万世称颂的荣誉。

（原载《山东思想文化史》,山东人民出版社 2011 年版）

孙子兵法的核心内容是什么？

当今世界,尽管残酷的战争还在一些地区激烈进行,尽管能够毁灭地球多次的核武器依然是悬在全世界人民头上的达摩克利斯剑,但和平与发展作为时代的主导潮流越来越被人们认可。因为经济的发展,特别是商贸和文化的交流,将偌大的世界变成一个密切勾连的地球村。和平成为几乎所有人的热望,双赢几乎成为所有人期望的人与人、国与国交往的准则。于是,学人们研究孙子兵法的视野因而得到启迪而进一步开阔。有人认为,孙子兵法的核心内容,或者说中心主旨是"和平";也有人认定孙子兵法的最终指向是"双赢",即敌我双方谁也不追求单方的胜利而是追求双赢的和平。

孙子兵法的核心内容真的是和平或双赢吗?

两千多年来,几乎所有研究孙子兵法的政治家、军事家和学者,都公认它是"兵经",是"百代谈兵之祖",即世界顶尖级的军事著作。它涉及了军事学的几乎所有领域,如战略学、战役学、战术学、军制学、作战指挥学、军事运筹学、军事训练学、军队后勤学、军事地理学、军事心理学、军事哲学等。由于孙子兵法是一部研究战争规律、指导政治家和军事家克敌制胜的兵书,所以它的核心内容只能是研究如何保全自己,战胜敌人,取得胜利。既然战争双方的目标是消灭或打败对方,就不可能是双赢,而只能是单赢,即一方取胜,一方失败。孙子兵法就是研究如何单赢的规律和方法,即克敌制胜的战略和战术。孙子兵法十三篇,用得最多的一个字是"胜",共82次。这说明,该书一直围绕着"胜"字作文章。如《计篇》主要讲战略，即如何在宏观上把握胜敌之道。其中讲五事道、天、地、将、法，即君民一致，正义在身，占据天时地利优势，将帅具有高尚的品格和智勇双全的谋略与指挥艺术，以及军队的编组、纪律、管理和后勤供应等；讲诡道，即对敌施以诡诈之术，绝无诚信可言；讲庙算，即战前周密策划的重要性。其中说，"主孰有道？将孰有能？天地孰得？法令孰行？兵众孰强？士卒孰练？赏罚孰明？"讲的是对敌的整体战略优势。《作战篇》主要讲作战要付出巨大的人、财、物的消耗，所以要重视战前敌我力量的精密计算，要慎战，"兵贵胜，不贵久"，必须"取用于国，因粮于敌"，重赏立功士卒，使在自己损失最小、时间最短的情况下结束战斗。《谋攻篇》讲以最小的代价克敌制胜的原则与方法："凡用兵之法，全国为上，破国次之；全军为上，破军次之；全旅为上，破旅次之；全卒为上，破卒次之；全伍为上，破伍次之。是故百战百胜，非善之善者也；不战而屈人之兵，善之善者也。"为贯彻这一原则，必须明晰并遵循取胜的层次："上兵伐谋，其次伐交，其次伐兵，其下攻城……故善用兵者，屈人之兵而非战也，拔人之城而非攻也，毁人之国而非久也，必以全争于天下，故兵不顿而利可全，此谋攻之法也。"能否做到以最小的代价取得最大的效果，关键在于真正能够"知彼知己"："知彼知己者，百战不殆；不知彼而知己，一胜一负；不知彼，不知己，每战必殆。"《形篇》讲的是如何才能立于不败之地，关键就是"先为不可胜，以待敌之可胜"，创造自己不可战胜的条件，才能毫无悬念地战胜敌人。《势篇》讲的是克敌制胜的战术，创造有利于自己的态势，掌握正、奇变化的规律，"以正合，以奇胜"。《虚实篇》讲的也是战术，"致人而不致于人"，"趋其所不意"，"攻其所不守"，避实击虚，以众击寡。《军争篇》仍然是讲战术，重点讲如何处理各种矛盾，如先后、迂直、疾徐、分合，应该遵循"以诈立，以利动"的原则，"避其锐气，击其惰归"，"以治待乱，以静待哗"，"以近待远，以逸待劳，以饱待饥"。《九变篇》，同样讲战术原则，论述对各种地形条件的利用和规避,通九变之利,将在外,君命有所不受,去五危,辨清利害,"用兵之法,无恃其不来,恃吾有以待也;无恃其不攻,待吾有所不可攻也。"《行军篇》讲行军作战时对各种地形、敌情和各种征兆的判断与处置,特别强调严格纪律,"令之以文,齐之以武,是谓必取"。《地形篇》重点讲地理条件在作战中的地位和作用,并涉及将帅品质和带兵方法等问题。《九地篇》主要分析九种不同的地理条件以及军队在九种地理条件下行军作战的指导原则。《火攻篇》是对我国古代火攻经验的专题论述,最后又强调了慎战的意义:"主不可以怒而兴师,将不可以愠而致战。合于利而动,不合于利而止……此安国全军之道。"《用间篇》论述了利用间谍进行侦察的重要作用,分析了间谍的种类和使用方法。总的来看,孙子兵法包括了战争理念即战争观、治军理论即军队编组、训练纪律、将帅品格、后勤供应和用兵理论即战略战术,所有这一切,都是围绕克敌制胜作文章,其中丝毫看不到"双赢"的影子。当然,战胜敌人后,一般会相应带来或长或短时期的和平,这个和平是战胜敌人的结果,从一定意义说,和平是战胜敌人的副产品。不能战胜敌人,根本就没有和平,即使有和平,那也不过是城下之盟,一种屈辱的和平。

"战争——从有私有财产和有阶级以来就开始了的、予以解决阶级和阶级、民族和民族、国家和国家、政治集团和政治集团之间、在一定发展阶段上的矛盾的一种最高的多种形式。"①所以,战争从它产生那天起,追求的就是胜利,即单赢,从来没有一个军事家追求双赢。中国和世界历史上发生的多达千百次的战争,几乎都以单赢而结束,从来没有一次双赢的战争。北美独立战争,取得胜利的是美国,失败的是英国。美国南北战争,取得胜利的是北方的

———————————

① 毛泽东:《中国革命战争的战略问题》,《毛泽东选集》(一卷本),人民出版社 1966 年版,第 164 页。

新兴资产阶级，失败的是南方的奴隶主。中国近代自鸦片战争以来的反侵略战争，除抗日战争外，都是中国为失败一方的战争，单赢的是外国侵略者。第一次世界大战，以协约国的单赢而结束，第二次世界大战，以同盟国的单赢而告终。十月革命后，新生的苏联遭到14个境外国家的武装干涉，其中就有至今很多中国人不知道的中国北洋军阀的军队。然而，这场战争，失败的是外国干涉者，而胜利的是苏联。三年解放战争，以中国共产党领导的人民解放军的胜利和国民党军的失败写入历史。历史上的有些战争，在交战双方打得精疲力尽、谁也无法赢得胜利时，于是签订一个停战协定结束战争，那也不叫双赢，而只能是双输，因为它给双方带来的是军人与百姓的死亡和巨大的经济损失。如两伊战争，最后签订停战协定，但伊朗和伊拉克谁也没赢，彼此都输得凄惨不堪。再以朝鲜战争的结局而论，无论对美国、南韩还是北朝鲜，就既不是双赢，更不是单赢，而只能是双输。北朝鲜赢了吗？没有！它发动对南韩的战争，如意算盘是全部占领南韩，实现祖国统一，结果是引来美国的干预，没有中国人民志愿军替其火中取栗，以数以十万计将士的英勇牺牲拼死与"联合国军"对抗，它作为国家早就从地图上消失了！它以自己几十万人的牺牲和无量财富的毁灭，勉强回到战争开始时的出发点，实在是得不偿失的大输，何来赢哉？美国操纵的"联合国军"赢了吗？也没有。它以数以十万人死亡和数以亿计财富的毁灭为代价，仅仅是将中朝军队的进攻阻挡在三八线一带，即使不是大输也是小输，不是全输也是半输。所以克拉克将军才在停战协定签字后解嘲说他是在没有取得胜利的协定上签字的第一个美国将军。南韩也没有赢，尽管它靠美国为首的"联合国军"保住了自己的地盘，但同样付出了巨大的人力物力的代价。朝鲜战争中，唯一的赢家是中国。因为是中国人民志愿军将所谓"联合国军"从鸭绿江畔一直赶至三八线，并迫使它坐在谈判桌前与中朝商谈和平停战。虽然这个胜利是以十八万中华优秀儿女的牺牲和巨量财富的消耗为代价的,但它向美国和全世界表明,中国人民是不可侮的。朝鲜战争改变了第二次世界大战后东亚的国际格局,从此奠定了中国作为举足轻重的世界大国的地位。近一个时期以来,台湾的学者用孙子兵法研究两岸关系,特别钟情于"两岸双赢"的未来预期。这种愿望当然是应该肯定的。如果两岸在一个中国的框架下沿着和平发展的方向顺利前行,并最终导向中国又一次的大统一,"两岸双赢"自然可以实现,这也是两岸亿万同胞最为乐见的前景。然而,这样的"双赢"尽管与《孙子兵法》的"不战而屈辱之兵"有些联系,但主要是政治谋略的成功。现在的问题是,如果有人突破"两岸同属一个中国"的底线,硬是冒天下之大不韪大搞"台独",甚至不惜将两岸拖入战火,那就一定是"台独"分子的彻底失败,连"双赢"的影子也看不到。

显然,孙子兵法的核心内容是在战争中通过正确的战略战术赢得胜利,因为战争无双赢而只有单胜。至于灵活运用孙子兵法的战略战术原则进行国与国之间的外交谈判、商贸磋商、投资开发等活动,当然必须照顾双方的利益,谈出双方都满意的成果,让双赢成为双方关系的主旋律,为世界的和平和发展作出贡献。但这已经是孙子兵法原理的引申和运用,尽管与孙子兵法阐发的理论并不矛盾,却与孙子兵法的基本指向拉开了距离。不可否认,孙子兵法的应用的确具有极其广泛的空间,然而,不能也不应该将所有应用的领域所追求的目标都说成是孙子兵法的核心内容。就像毛泽东《论持久战》的中心内容是中国战胜日本侵略军的战略战术,而不能因为其阐发的辩证思维可以运用于后发国家的经济建设而将其核心理念说成是国民经济指导原则一样。

（原载《孙子研究》2016 年第 6 期）

白公胜"革命"论质疑

公元前479年,楚平王的孙子白公胜愤于子西、子期不为其父(太子建因受谗于楚,逃到郑国,但又勾结晋国袭取郑国,谋泄,被郑国人杀死)报仇攻郑,发动政变,袭取首都,杀死子西、子期。但不久兵败,自缢而死。郭沫若先生认为这是一场"革命","搞到几乎成功而失败了的"。因此断言,白公胜是与陈成子一样的"革命政治家"①。这个结论,似大有商榷的余地。

稽诸史实,从先秦到魏晋南北朝,记载白公胜事迹的《左传》、《国语》、《淮南子》、《史记》、《汉书》、《韩诗外传》、《说苑》、《列女传》等书里,都找不到白公胜革命的影子。在这些典籍中,成书最晚的《列子》记载白公胜与孔子的对话,宣扬"至言去言,至为无为"的道家思想,说白公胜"死于浴室"②,与史实无征,纯属子虚;《汉书·贾谊传》记载了对白公胜事迹的评论,其中也未说白公胜"革命";《列女传》记述白公胜死后其妻拒绝吴王征聘,为白公胜守节终身之事③,或有或无,都与白公胜"革命"关系不大;《韩诗外传》和《说苑》都表彰了楚国左司马申鸣在白公胜劫持其父、威胁

---

① 《奴隶制时代》,《郭沫若全集》历史编第三卷,人民出版社1984年版,第43页。

② 张湛:《列子·说符》,《诸子集成》(三),上海书店1986年影印版,第93页。

③ 刘向:《列女传》卷四《楚白贞姬》,文渊阁四库全书本。

他反叛楚王时大义凛然，"援桴鼓之"①，杀掉白公胜，之后又自刎为死去的父亲尽孝。事迹尽管悲壮，但仍与白公胜"革命"无涉。《说苑》还有两段关于白公胜的材料，其一记载白公胜宾客齐人于兰子，在白公胜为乱于楚时，既不赞助，亦不逃脱的"忠义两全"的行动②；其二记载白公胜对屈建称颂自己"至于室无营，所下士者三人，与己相若者臣五人，所与同衣食者千人"③等礼贤下士的话，仍与白公胜"革命"关涉甚少。

记载白公胜事迹的典籍以《左传》成书最早，记事最详，价值也最高。请看它是如何记载的吧：

> 楚太子建之遇谗也，自城父奔宋。又避华氏之乱于郑，郑人甚善之。又适晋，与晋人谋袭郑，乃求复焉。郑人复之如初。晋人使谍于子木（即太子建），请行而期焉。子木暴虐于其私邑，邑人诉之，郑人省之，得晋谍焉，遂杀子木。其子曰胜，在吴。子西欲召之。叶公曰："吾闻胜也诈而乱，无乃害乎？"子西曰："吾闻胜也信而勇，不为不利。舍诸边境，使卫藩焉。"叶公曰："周仁之谓信，率义之谓勇。吾闻胜也好复言，而求死士，殆有私乎！复言，非信也。期死，非勇也。子必悔之！"弗从。召之，使处吴境，为白公。请伐郑，子西曰："楚未节也。不然，吾不忘也。"他日，又请，许之。未起师，晋人伐郑，楚救之，与之盟。胜怒曰："郑人在此，仇不远矣。"胜自厉剑，子期之子平见之，曰："王孙何自厉也？"曰："胜以直闻，不告女，庸为直乎？将以杀尔父。"平以告子西。子西曰："胜如卵，余翼而长之。楚国第，我死，令尹、司马，非胜而谁？"胜闻

───────────────

① 韩婴：《韩诗外传》卷一〇，《说苑》卷四《立节》，文渊阁四库全书本。

② 刘向：《说苑》卷四《立节》，卷一三《权谋》，文渊阁四库全书本。

③ 刘向：《说苑》卷一三《权谋》，文渊阁四库全书本。

之,曰:"令尹之狂也,得死,乃非我。"子西不悛。……吴人伐
慎,白公败之,请以战备献,许之。遂作乱。秋七月,杀子西、
子期于朝,而劫惠王。……石乞曰:"焚库弑王,不然不济。"
白公曰:"不可。弑王不祥,焚库无聚,将何以守矣?"……弗
从。……白公欲以子闾为王,子闾不可,遂劫以兵。子闾曰:
"王孙若安靖楚国,匡正王室,而后庇焉,启之愿也,敢不听从?
若将专利以倾王室,不顾楚国,有死不能。"遂杀之,而以王如
高府……叶公亦至……使与国人以攻白公。白公奔山而缢,
其徒微之。生拘石乞而问白公之死焉,对曰:"余知其死所,而
长者使余勿言。"曰:"不言,将烹。"乞曰:"此事克则为卿,不
克则烹,固其所也,何害?"乃烹石乞。①

《国语》详细记载了叶公与子西关于白公品质的争论,是《左传》的
姊妹篇,可以互相补充。《史记·楚世家》关于白公事迹的记载与
《左传》、《国语》大致相似。所不同的是,一是删掉了子西和叶公
关于白公品质的大段辩论,二是白公曾自立为王而不是胁迫子闾
为王,其结局也不是"自缢山中",而是死于叶公和国人的斧钺。
这与《左传》、《国语》明显抵牾,恐怕出于司马迁的推断。我们宁
可舍《史记》而信《左传》、《国语》。

总覆《左传》、《国语》和《史记》有关白公的记载,可以看出以
下几点:第一,在这些材料中找不到白公"革命"的具体政治经济
内容。第二,叶公与子西关于召白公胜回楚国与否的争论所涉及
的主要是白公胜的品质。子西夸奖白公胜是一个"直而刚"的大
有可为的勇士。叶公则认为他诡诈多端,不可信用,"展而不信,爱
而不仁,诈而不智,毅而不勇,直而不衷,周而不淑"②,是个危险人

① 《春秋左传正义·哀公十六年》,《十三经注疏》,中华书局1980年
版,第2177—2178页。

② 左丘明:《国语·楚语下》,上海古籍出版社2015年版,第386页。

物。以此,丝毫不能断定白公胜是地主阶级革命家。第三,白公胜是一个有本事的人:落难国外能立定脚跟,返回国内有一批石乞那样的党徒;再加上他"直而刚"的声名,使握有楚国大权的子西和子期也将其视为令尹、司马的当然候补者;在其发难前夕,他甚至直言不讳地将密谋计划告诉子期的儿子,的确有点豪气逼人;最后,他以献捷为名,终于轻而易举地袭取了楚国的首都。但是,白公胜的才能和胆气似乎也不能作为他是地主阶级革命家的根据。因为在当时奴隶主贵族的行列里,类似他这样的人物大有人在。第四,推动白公胜行动的并不是革命的雄心,而是替父报仇的冲动。否则,当他已经控制首都,虏获国君,王冠唾手可得时,为什么对石乞"焚库弑王"的建议无动于衷、偏偏想立子闾为王呢? 正如汉代的贾谊在一次上疏中评论的:"白公为乱,非欲取国代主也,发愤快志,剚手以冲仇人之匈,固为俱靡而已。"①清代韩席筹对此说得更清楚:"胜以平王嫡孙,既杀子西、子期于朝,以报父怨,倘并非杀惠而代君楚国,如卫出公、阖闾故事,谁曰非宜? 乃不敢焚库弑王,是其志惟在复仇,不在为乱,亦明矣。而目为乱人者,未免以成败论人也。"②这个意见是相当中肯的。

　　据此,我们认为白公胜此举缺乏革命的政治经济内容,故不能称为革命,而只能是一次复仇行动,或者至多不过是一次短命的军事政变。即使如司马迁所说白公胜自立为王,并且政变成功,据有楚国,也很难说他是进行了一场地主阶级革命。因此,说他是一位地主阶级的革命家,实在太拔高了。

　　但是,问题还没有解决。因为郭老依据的是《淮南子·人间训》对白公胜事迹有异于《左传》、《国语》和《史记》的记载。所以

---

　　①　班固:《汉书·贾谊传》,中华书局 1962 年版,第 2263 页。
　　②　韩席筹:《左传分国集注·楚白公之乱》,江苏人民出版社 1963 年版,第 699 页。

还必须对《淮南子》的记载进行一番分析。郭老特别重视"白公胜卑身下士,不敢骄贤,其家无筦籥之信,关楗之固,大斗斛以出,轻斤两以内"两句话,因此,弄清这两句话的含意就十分重要。首先,礼贤下士作为一种品格和作风,不是地主阶级革命家所独有的,而是在某些奴隶主国王、贵族身上早就有所表现。如商汤用伊尹,武丁拔傅说,齐桓公礼管仲,战国四公子养食客,等等。其次,"大斗斛以出,轻斤两以内"是否就意味着改变了奴隶制的剥削呢?似乎也不好断然下此结论。因为,除此十字之外,再也找不到白公胜"革命"的资料。而仅就此十个字,就说白公胜在其统治范围内减轻了剥削则可,而说这就是剥削方式的改变则不行。事实上,不论是在奴隶制还是在封建制度下,其剥削量往往因时间、地点和剥削者的不同而出现轻重差异的。历史上有不少统治着出于各种情况而减轻剥削和降低利率的例子。孟尝君食客冯骥焚债券,汉吴王刘濞减免租税,文景时期轻徭薄赋等都很出名。但他们未必是革命者。再说《淮南子》中的两句话,是否为刘安的宾客仿照陈成子的事迹凭空加给白公胜的溢美之辞,也未可知。不然,为什么早出的《左传》、《国语》,晚出的《史记》等文献中都没有一点记载呢?

　　总之,白公胜不过是奴隶主贵族中的一位复仇篡政者,可以和伍子胥比美,却不能与韩康子、赵简子、魏献子、陈成子以及商鞅、吴起等地主阶级革命派并列。

(原载《东岳论丛》1985 年第 2 期)

论范蠡

公元前522年（周景王二十三年·鲁昭公二十年），楚国贵族公子伍员（字子胥）在父兄被平王双双诛杀的惨剧中，机智地逃往吴国，开始了攻楚复仇的积极谋划。楚国为了对付吴国，极力支持越国与吴国为敌。于是，在长江中下游广阔的平原湖网和山林中，吴、楚、越三国就展开了空前剧烈的赌国家命运的争霸战争。一批命士之杰阖闾、夫差、孙武、伍员、申包胥、勾践、范蠡、文种，在这场长达五十余年的激烈复杂、曲折血腥、惊心动魄、高潮迭起的政治、军事和外交斗争中，作了出神入化、精彩纷呈的表演，充分展示了自己的政治智慧、军事谋略和外交才干。其中的大部分人在建树了辉煌的功业后悲惨地死于非命，只有范蠡功成身退、辞官经商，财源滚滚，优游岁月，得以寿终正寝。当公元前473年（周元王三年），吴王夫差在越王勾践的胁迫下自杀身亡、勾践自己登上霸主的宝座顾盼自雄的时候，春秋时期威武雄壮的大国争霸的话剧也接近落幕了。

在吴、越争霸的生死搏斗中，实际上是四个韬略超群的人物斗智斗力，他们是吴王阖闾、夫差的谋主伍员、孙武，越王勾践的谋主范蠡、文种。当孙武、伍员、文种等人一一惨死在他们为之立下不朽功业的君王之前的时候，范蠡却悄然离去，自由自在地从事着他钟爱的种植与商贸事业，他是在这场血雨腥风的斗争中唯一一个不曾失败的英雄。他的事功、思想、情操以及对后世的影响，理应引起人们的兴趣与关注。

一

范蠡的事迹散见于《国语》中的《越语》、《吴语》,《史记》中的《吴太伯世家》、《越王勾践世家》、《货殖列传》以及《吴越春秋》、《越绝书》等史籍中。范蠡是楚国宛城(今河南南阳)三户(今河南淅川)人。史籍所记载的他的形象,是一个高瞻远瞩的政治家、勇敢坚毅的军事家、多谋善断的谋略家、纵横捭阖的外交家、才气超群的思想家、独具只眼的天文学家和言则必中的大企业家。从其对君主的忠贞、对国家的责任感,他颇似儒家;从其鼓吹顺天地自然而求人事之成功,他接近道家;从其机智权变,巧于应付,他类似纵横家;从其对敌人的残酷无情、不假辞色,他又酷似法家。春秋末期,文化下移,思想界正酝酿着一次辉煌的超越。当孔子在北方的鲁国创立儒家学说,为子学勃兴而"金鸡一鸣天下晓"之时,范蠡则以其流光溢彩的思想在遥远的东南水乡发出有力的回应。

范蠡的政治智慧、军事才干和权谋韬略,突出表现在他襄赞越王勾践雪会稽之耻、剪灭吴国的全过程。

公元前494年(周敬王二十六年·鲁哀公元年),越王勾践在其即位的第三年,就按捺不住扩张的野心,准备征伐吴国。范蠡深知越国同吴国开战的时机与条件均不成熟,不具备取胜的希望,劝他切勿冒险犯难。范蠡的规劝是用极富哲理的语言表述的:

> 持盈者与天,定倾者与人,节事者与地……天道盈而不溢,威而不骄,劳而不矜其功。夫圣人随时以行,是谓守时。天时不作,弗为人客;人事不起,弗为之始。今君王未盈而溢,未威而骄,不劳而矜其功,天时不作而先为人客,人事不起而创为之始,此逆于天而不和于人。王若行之,将妨于国家,靡

王躬身。①

然而,此时的勾践已经被自己幻化的胜利前景陶醉得忘乎所以了,对范蠡的逆耳之言怎么也听不进去,决心一意孤行,实施征吴的计划。范蠡眼看勾践即将给越国招来一场严重灾难,于是毫不犹豫地再次进谏:"夫勇者,逆德也;兵者,凶器也;争者,事之末也。阴谋逆德,好用凶器,始于人者,人之所卒也;淫佚之事,上帝之禁也,先行此者,不利。"②不管范蠡如何言之谆谆,但勾践却听之藐藐。他决心铁定,伐吴之事,犹如在弦之箭,不可抑止。而此时的吴王夫差,在伍员、孙武的辅佐下,正为报杀父之仇而厉兵秣马。吴军准备充分,士气高昂,正严阵以待,迎击越军。越军发动进攻,双方激战于五湖(今太湖),结果是越军一败涂地,狼狈逃回越国。吴军乘胜直追,连战皆捷。勾践最后只剩下五千疲惫之卒,退保会稽山。眼看亡国在即,社稷难保,勾践只得向范蠡求教摆脱危机的方略。范蠡明白,事到如今,只有对吴国低首下心,委屈求和,以待时来运转。他教给勾践的方针是:"卑辞尊礼,玩好女乐,尊之以名。如此不已,又身与之市。"③勾践此时总算省悟,立即遣大夫文种至吴军求和,卑辞厚礼,通过贿赂吴国权臣伯嚭,终于说通夫差答应保留越国社稷。之后,范蠡建议由文种留守越国,行政抚民,自己则陪伴勾践夫妇一起到吴国,为吴王做了三年服役的奴隶。由于勾践与范蠡在夫差面前装得特别恭顺、矫情,骗取了夫差的信任。三年之后,夫差恩准勾践与范蠡一同返国,范蠡在越国最危难的时刻的表现赢得了勾践的绝对信任。返越后,勾践又请教范蠡如何刷新政治,安定民生,富国强兵。范蠡要求勾践"节事者与地",即效法大地,顺时养生,抚民保教,力图振兴,以待吴国可乘之隙。

---

① 左丘明:《国语·越语下》,上海古籍出版社 2015 年版,第 423 页。
② 同上。
③ 同上,第 423—424 页。

他说：

> 惟地能包万物以为一,其事不失。生万物,容畜禽兽,然后受其名而兼其利。美恶皆成,以美其生。时不至,不可强生;事不究,不可强成。自若以处,以度天下,待其来者而正之,因时之所宜而定之。同男女之功,除民之害,以避天殃。田野开辟,府仓实,民众殷。无旷其众,以为乱梯。时将有反,事将有间,必有以知天地之恒制,乃可以有天下之成利。事无间,时无反,则抚民保教以须之。①

显然,范蠡这段寓意深长的话定下了此后越国生聚教训、自力更生、发愤图强、报仇雪耻的总战略和总政策。勾践真诚地愿将整个越国托付给范蠡,要他全盘秉持国政,率意而行。但是,范蠡认为在行政理民方面文种比他更内行,建议由文种主内,由他专注对外事务,即根据形势的变化决定战守与和平。他颇有点自负地说：

> 四封之外,敌国之制,立断之事,因阴阳之恒,顺天地之常,柔而不屈,强而不刚,德虐之行,因以为常;死生因天地之形,天因人,圣人因天;人自生之,天地形之,圣人因而成之。是故战胜而不报,取地而不反,兵胜于外,福生于内,用力甚少而名声章明。种亦不如蠡也。②

此后,勾践依照范蠡谋划的总方针,卧薪尝胆,励精图治,采取了一系列安定民生、奖励生育、发展生产、繁荣经济的政策。勾践以身作则,与臣民攻苦食啖,全国士农工商,同仇敌忾,决心一战而雪会稽之耻。返国后的勾践,复仇心切,期望早日实施伐吴的计划。返越的第四年(前486年·周敬王三十四年·鲁宪公九年),勾践就伐吴的问题征求范蠡的意见。范蠡告诉他,天时未到,不能轻举妄动:"上帝不考,时反是守,强索者不祥。得时不成,反受其殃。失

---

① 左丘明:《国语·越语下》,上海古籍出版社2015年版,第424页。
② 同上。

德不名,流走死亡。有夺,有予,有不予,王无蚤图。"①下一年,勾
践见吴王奢侈无度,"乱民功,逆天时,信谗喜优,憎辅远弼",认为
伐吴的时机已到,再次征求范蠡的意见,范蠡仍以"天时未至"作
答。公元前484年(周敬王三十六年·鲁哀公十一年),是勾践返
国的第六个年头,吴国君臣反目,极力主张灭掉越国的伍员被勒令
自杀。勾践认为伐吴的时机应该成熟了,再次征求范蠡的意见。
范蠡再次以"天地未形"对之,不同意立即发动伐吴的战争。第二
年,吴国蟹食稻,农业歉收,百姓饥贫。勾践认为天时人事均对越
国有利,于是再次征询范蠡对伐吴的意见,范蠡仍然不同意,理由
是"天应至矣,人事未尽"。这次,勾践被深深地激怒了,他怀疑范
蠡故意拖延伐吴的时日,气愤地质问说:"道固然乎?忘其欺不谷
邪?吾与子言人事,子应我以天时;今天应至矣,子应我以人事。
何也?"范蠡平心静气地劝慰勾践,此时伐吴时机之所以尚未成熟,
原因是天时、地利、人事三者还未相参。因而不仅仍须耐心等待,
而且自己还应制造荒淫奢侈的假象以麻痹吴国君臣,使之放松警
惕,诱导他们向最荒唐的方向发展,以便进一步造成伐吴的最佳
条件:

> 夫人事必将与天地相参,然后乃可以成功。今其祸新民
> 恐,其君臣上下,皆知其资财之不足以支长久也,彼将同其力,
> 致其死,犹尚殆。王其且驰骋弋猎,无至禽荒;宫中之乐,无至
> 酒荒;肆与大夫觞饮,无忘国常。被其上将薄其德,民将尽其
> 力,又使之望而不得食,乃可以致天地之殛。②

公元前476年(周元王二年·鲁哀公十九年)伐吴的条件终于成熟
了:一方面,越国经过近二十年的准备,国力强大,君臣同心,民气
昂扬;另一方面,夫差倾全国之力,北上中原争霸,使国力严重消

① 左丘明:《国语·越语下》,上海古籍出版社2015年版,第428页。
② 同上,第430页。

耗,后方空虚,"吴王北会诸侯于黄池,吴国精兵从王,惟独老弱与太子留守"①,且国内君臣、君民之间矛盾重重,不能组织有效的抵抗。于是范蠡建议勾践立即兴兵伐吴。越国"乃发习流二千人,教士四万人,君子六千人,诸御千人"②,以突然的奇袭攻至五湖。吴国仓促应战,太子被杀。夫差急忙自黄池回军,双方在吴都对峙。吴军复仇心切,反复向越军挑战。范蠡审时度势,主张对吴军采取长期围困的策略,对吴军的挑战不予理会。他对勾践说:

> 臣闻古之善用兵者,赢缩以为常,四时以为纪,无过天极,究数而止。天道皇皇,日月以为常,明者以为法,微者则是行。阳至而阴,阴至而阳;日困而还,月盈而匡。古之善用兵者,因天地之常,与之俱行。后则用阴,先则用阳;近则用柔,远则用刚。后无阴蔽,先无阳察,用人无艺,往从其所。刚强以御,阳节不尽,不死其野,彼来从我,固守勿与,若将与之,必因天地之灾,又观其民之饥饱劳逸以参之。尽其阳节、盈吾阴节而夺之。宜为人客,刚强而力疾;阳节不尽,轻而不可取。宜为人主,安徐而重固;阳节不尽,柔而不可迫。凡陈之道,设右以为牝,益左以为牡,蚤晏无失,必顺天道,周旋无究。今其来也,刚强而力疾,王姑待之。③

上面一席话,突出表现了范蠡深厚的军事素养和高超的智谋韬略。他深谙吴国的国势军力,知道它已是强弩之末,经不起长久对峙的消耗。只要不理会其挑战,对吴军采取围而不战的策略,必然不断增强其心理压力,消耗其战争资源,就会导致其最后的崩溃,达到"不战而屈人之兵"的目的。公元前473年(周元王三年),吴军全线崩溃,首都没有经过大的战斗即被越军攻克。吴王夫差带领他

---

① 司马迁:《史记·越王勾践世家》,中华书局1959年版,第1744页。
② 同上。
③ 左丘明:《国语·越语下》,上海古籍出版社2015年版,第431页。

的嫔妃、大臣,携带大量珍宝,在一支敢死队的保护下,逃到姑苏台上固守,同时派出使者向勾践乞和,企望勾践也能像他二十年前一样倒过来宽容,允许保留吴国社稷;而自己也会像当年的勾践一样倒过来为之服役。看着吴国君臣乞哀告怜的样子,勾践的复仇心理得到极大的满足,他甚至想答应吴国的请求。但此时的范蠡却丝毫不为所动,力劝勾践拒绝吴国的求和之请:"臣闻之,圣人之功,时为之庸,得时不成,天有还形。天节不远,五年复反,小凶则近,大凶则远。先人有言曰:'伐柯者其则不远。'今君王不断,其忘会稽之事乎?"①一席话使勾践坚定了灭吴的初衷。但是,以后由于吴国求和的"使者往而复来,辞愈卑,礼愈尊",使勾践又陷于犹豫之中。范蠡为了使勾践不再动摇,只得再一次进谏,以激烈的言辞刺激他:"孰使我蚤朝而晏罢者,非吴乎? 与我争三江、五湖之利者,非吴耶? 夫十年之谋,一朝而弃之,其可乎?"②勾践认为范蠡的道理讲得特别充分,就把对付吴王及其残余势力的事宜交给他全权处理。范蠡于是"左提鼓,右援枹",以胜利者的姿态出现在吴国使者王孙雒面前,义正词严地宣告:"昔者上天降祸于越,委制于吴,而吴不受。今将反此义以报此祸,吾王敢无听天之命,而听君主之命乎?"③王孙雒尽管为败国之使,但毫不示弱,严厉谴责范蠡是"助天为虐",警告他不要为"不祥"之事。范蠡不再答话,也不再向勾践请示,而是"击鼓兴师以随使者,至于姑苏之宫,不伤越民,遂灭吴"④。

吴国灭亡了,越王勾践成为春秋争霸战争最后一个执时代之牛耳的叱咤风云的英雄。在长达二十多年吴越两国的生死较量

---

① 左丘明:《国语·越语下》,上海古籍出版社 2015 年版,第 433 页。
② 同上。
③ 同上。
④ 同上,第 434 页。

中,范蠡作为勾践的头号谋主,充分展示出自己作为军事谋略家和智谋兼备的统帅的风采。他高瞻远瞩,洞悉世事,所谋必中;他坚韧不拔,意志如钢,一旦选定目标,就坚定不移地走下去,没有丝毫的犹豫逡巡;他沉毅果决,耐得住屈辱,善于选择最佳斗争时机。在伐吴条件不具备时,任凭勾践如何狂躁暴跳,他也不为所动,而是晓之以理,苦撑待变;而一旦条件成熟,他又迅如脱兔,义无反顾地投入战斗,直到致敌于死命。对于敌手,他冷若冰霜,残酷无情,既不相信眼泪,也不怜悯死亡,不达目的决不罢休。在他心目中,最后的胜利高于一切。为此,可以不择手段,不讲信义,两面三刀,出尔反尔。在吴越搏战的二十多年中,尽管斗争无比惨烈,不时处于千钧一发的险境,但范蠡却一直能够处变不惊,应付裕如。他是"每逢大事有静气",充满自信,胸有成竹,举重若轻,游刃有余。政治舞台上的范蠡,犹如一位高明的乐队指挥,潇洒自如地指挥着他庞大的乐队,不断奏出激越美妙的乐章。他的斗争艺术在血与火的搏战中锤炼到炉火纯青的地步。

二

吴国灭亡后,勾践礼葬自杀身死的吴王夫差,诛杀吃里扒外的奸佞之辈吴国太宰伯嚭。之后,在范蠡的谋划下,勾践"北渡兵于淮以临齐、晋,号令中国,以尊周室"[1],登上他梦寐以求的霸主的宝座。范蠡也因功被任命为上将军,位极人臣,其政治生涯达到顶峰。依人之常情,此后的范蠡就应该心安理得地享受他应得的荣华富贵了。然而,就在这个节骨眼上,范蠡却采取了一个似乎有悖常理的惊世骇俗的行动,功成身退,对于到手的官位、权力、财富和

---

① 司马迁:《史记·越王勾践世家》,中华书局1959年版,第1751—1752页。

荣誉弃之如敝屣，"范蠡以为大名之下，难以久居，且勾践为人可与同患，难与处安"，于是上书勾践，决定辞官去职："臣闻主忧臣劳，主辱臣死。昔者君王辱于会稽，所以不死，为此事也。今既已雪耻，臣请以会稽之诛。"①话虽说得委婉含蓄，但去意明确。勾践览奏，出乎意料，震惊之余，威胁说："孤将与子分国而有之，不然，将加诛于子。"勾践的态度早在范蠡的意料之中。但他去意已决，对勾践的威胁以掷地有声的六个字作回答："君行令，臣行意。""乃装其珍宝珠玉，自与其私徒属乘舟浮海以行"②。当勾践知悉其出走的消息时，范蠡已经乘风破浪，航行在万顷波涛之上。勾践知道范蠡已经与自己决绝，但自己觉得还应该对他的功劳有所表示，于是下令以会稽三百里作为范蠡的奉邑。此举当然只有象征意义，是做给其他臣子看的。范蠡到齐国后，没有忘记与他共过患难的朋友文种，他千里致书，劝文种赶快离开越国，以免遭杀身之祸。书中说："蜚鸟尽，良弓藏；狡兔死，走狗烹。越王为人长颈鸟喙，可与共患难，不可与共乐。子何不去？"③文种接书后，半信半疑。他一方面认为自己功劳显赫，在臣民中享有崇高的威望，勾践不见得忍心杀他；另一方面也不愿抛弃刚刚享受到的荣华富贵，因而没有当机立断，尽快离开越国。只是对勾践采取消极态度，"称病不朝"。这时有人向勾践进谗，诬陷文种"作乱"。此时的勾践已经感受不到敌国的威胁，也就不需要治世之能臣为之服务了。于是残忍地赐剑给文种说："子教寡人伐吴七术，寡人用其三而败吴，其四在子，子为我从先王试之。"④文种面对绝情的勾践，悲愤莫名地伏剑自杀了。文种是与范蠡相伯仲的名臣，范蠡甚至认为其治国

---

① 　司马迁：《史记·越王勾践世家》，中华书局 1959 年版，第 1752 页。
② 　同上。
③ 　同上，第 1746 页。
④ 　同上，第 1746—1747 页。

抚民的才具超过自己,据《越绝书·内经九术》的记载,文种为越国贡献的是"灭吴九术"而非七术。其内容是:

> 一曰尊天地,事鬼神;二曰重财币,以遗其君;三曰贵籴粟稿,以空其邦;四曰遣之好美,以为劳其志;五曰遣之巧匠,使起宫室高台,尽其财,疲其力;六曰遗其谀臣,使之易伐;七曰强其谏臣,使之自杀;八曰邦家富而备器;九曰坚甲利兵,以乘其弊。①

勾践在伐吴的过程中,的确是充分利用了文种的"九术"配以范蠡的军事和外交谋略,才取得了最后的胜利。此"九术",显示了文种过人的才智和老谋深算。然而,文种却同当时一般追逐富贵利禄的文武之士一样,陷入了"当局者迷"的误区。他只知道自己凭才干与功劳可以从君王那里市得富贵利禄,并把它作为自己最重要的人生追求,却忽视了重要的一点:君王既有权给予臣子富贵利禄,同时也有权随时收回富贵利禄,还可以牺牲那些功高震主的臣子的生命以维护自己君位的安全,正因为如此,历史上才一再上演兔死狗烹的悲剧。

伍员、文种等人,就才能和谋略而言,都是当时的出类拔萃之辈,他们的事功也的确展示了人生辉煌的一面。然而,他们在建立了不世之功以后,却都悲惨地走向了自己生命的尽头。他们并非不了解官场的黑暗和仕途的险恶,也并非不知道"伴君如伴虎"的古训。他们之所以最后未能摆脱悲惨的结局,一是痴迷富贵利禄不能自拔,二是自信自己的聪明才智足以摆脱任何困厄。他们真是聪明反被聪明误了。反观范蠡,尽管就才能而言与上述二人不分轩轾,各有千秋,但是,他对君臣关系明若观火的洞察和对官位利禄的淡薄态度,上述二人却难以望其项背。在范蠡身上,透出了

---

① 袁康:《越绝书》卷一二,董治安主编:《两汉全书》第十六册,山东大学出版社2006年版,第9932页。

他对人生价值理想的特殊理解。尽管他不能摆脱当时的社会环境踽踽独行,但是,他却一直坚持自己的独立人格,坚持自己掌握自己命运的权力。在越国面临亡国危险、勾践处境最困难的时候,他坚定地留下来,与之一起受辱,一起奋斗,一起谋划艰难的崛起。终于一战而雪会稽之耻,为越国和勾践赢得了无上荣光,也展示了范蠡对日月可表的耿耿忠心、世罕其匹的才智以及超越当时所有臣子的勇毅和果敢。作为一个臣子,他已经完美地履行了自己的职责,不欠勾践的一分一毫,他无愧于越国和勾践。但是,范蠡又反对愚忠,反对臣子将自己像金银财宝一样一劳永逸地出卖给君主。他坚持自己是自己命运的主宰,他的生命与智慧不属于任何人,而只能属于他自己。由此出发,范蠡对勾践发出的威胁嗤之以鼻,我行我素,毫无顾忌地离开了越国的王廷。在勾践看来,生活在越国界内的任何人都是他的奴才,他对之都有生杀予夺之权。但是,在范蠡的观念中,每个人都有自己独立的人格,独立的意志,都有权决定自己的进退出处,别人不应该也无权干涉。既然留在越国已经没有发挥自己才能的余地,并且连生命也时时处在危殆中,自己就完全没有必要坐以待毙,无辜牺牲。这时,毅然离开就是一种最聪明的选择。在范蠡看来,臣子对君主的忠诚不应该是绝对的、无条件的,这个君主起码自己有所作为又能知人善任,臣子在其麾下服务,立功可以不受奖,但起码不应该遭到无理诛杀。一个臣子有对君主选择的权力,这就是所谓"择木而栖"。因此,他不必要也不应该对一个喜怒无常的君主忠心到底。当一个君主变得暴戾恣睢、昏庸无能、刚愎自用、拒谏饰非,听不进逆耳之言,甚至滥杀无辜,达到不可救药的程度时,一个臣子为什么还必须忠于他,并且以自己毫无价值的牺牲去换取忠臣孝子的美名呢!范蠡出走越国的行动之所以值得珍视,是因为此一行动体现的是人的自我意识的觉醒。在奴隶社会向封建社会过渡的时代,在人的生命、人的尊严还被统治阶级普遍漠视的情况下,范蠡身上所体现的人的自我意识的觉醒不啻报春的燕子,特别难能可贵,应该大书而特书。

<h1 style="text-align:center">三</h1>

范蠡离开越国后,来到齐国,隐姓埋名,自号"鸱夷子皮",意即盛酒的皮袋子,在海边住了下来。他自食其力,"耕于海畔,苦身戮力,父子治产。居无何,致产数十万"。可以想见他经营有方。齐国贵族知悉范蠡的真实身份后以后,钦佩他的才能,就建议齐君聘请他做了齐国相。据各种情势推断,范蠡在齐国为相的时间不长,就又辞官了。他辞官的理由很简单,用他自己的话说:"居家则致千金,居官则为卿相,此布衣之极也。久受尊名,不祥。"于是交出相印,"尽散其财,以分与知友乡党"。然后悄然远行,来到陶(今山东定陶),"以为此天下之中,交易有无之路通,为生可以致富矣"①。他自号"陶朱公",父子家人宾客,各司其职,利用"陶为天下之中"的优越的地理位置,进行大规模的商贸活动,"逐什一之利,居无何,则致赀累巨万"②,"十九年之中三致千金,再分散与贫交疏昆弟,此所谓富好行其德者也"③。遂成为闻名天下的富商大贾,活了七十多岁,得以寿终。在今日山东的定陶、枣庄、滕州和肥城,都有陶朱公的坟墓。由于范蠡后半生主要从事商贸活动,不少地方留下了他的足迹,因而一些地方附会他的古迹并不奇怪。据唐人《括地志》记载,范蠡真实的坟墓在位于今日山东肥城的陶山,墓址选在松柏覆盖的向阳的山坡上。当年,这个地方背靠半环形的险峻的山梁,面对波涛浩渺的湖水,林壑幽深,人迹罕至,比较

---

① 司马迁:《史记·越王勾践世家》,中华书局 1959 年版,第 1752 页。
② 同上,第 1753 页。
③ 司马迁:《史记·货殖列传》,中华书局 1959 年版,第 3257 页。

符合范蠡不慕荣华、漠然处世的品格。

范蠡之所以成为中国人公认的商人之祖，一是因为他经商致富，三致千金，"子孙修业而息之，遂至巨万"，是一个成功的富商大贾。二是因为他总结出一套经济理论，是不亚于管仲的大经济学家。范蠡的经济思想比较丰富。他当时已经意识到，包括经商在内的人的活动，必须顺应不以人的意志为转移的客观规律才能成功。他对急于伐吴、盲动冒险的勾践说，"人事必将与天地相参，然后乃可以成功"，如果"逆于天而不和于人"，任意妄为，则必然失败。《史记·货殖列传》所引的"计然之术"比较集中地反映了范蠡的经济理论：

> 知斗则修备，时用则知物，二者形则万货之情可得而观已。故岁在金，穰；水，毁；木，饥；火，旱。旱则资舟，水则资车，物之理也。六岁穰，六岁旱，十二岁一大饥。夫粜，二十病农，九十病末。末病则财不出，农病则草不辟矣。上不过八十，下不减三十，则农末俱利。平粜齐物，关市不乏，治国之道也。积著之理，务完物，无息币。以物相贸，易腐败而食之货勿留，无敢居贵。论其有余不足，则知贵贱。贵上极则反贱，贱下极反贵。贵出如粪土，贱取如珠玉，财币欲其行如流水。①

不可否认，这里范蠡对于农业丰歉的认识尽管还带有形而上学的循环论色彩，但反映了他对自然经济条件下农业生产发展规律的探索。因为农业的丰歉在很大程度上受天候条件的制约，掌握了天候的变化规律，也就掌握了农业丰歉的规律。这对于一个国家备战备荒、保持社会稳定，在任何艰难险峻的情况下立于不败之地具有重要意义。强调本末俱利是范蠡经济理论的一大特点。他要求既不谷贱伤农，也不要谷贵伤工商。因为经济的发展，社会的稳

---

① 司马迁：《史记·货殖列传》，中华书局 1959 年版，第 3256 页。

定,需要调动农民和工商业者两方面的积极性。他认为谷价在三十至八十之间波动是正常的,超出这一范围,国家就应该以平籴的政策进行干预。农末俱利的观点是范蠡首次推出来的,其平籴政策为战国时期李悝和后世不少封建王朝所继承,成为一项利国利民的影响深远的政策。只是后世的传统经济思想过于强调"重本抑末",丢掉了范蠡"农末俱利"的理论精华。

范蠡的商品经济理论丰富而深邃。如他认为商品"贵上极则反贱,贱下极反贵",就不仅是对商品运行规律的认识,而且包含着对价值规律的朦胧猜测。正常的商品价格只能围绕着商品的生产价值上下波动,太贵与太贱都背离价值。范蠡还认为,商业活动尽管充满风险,有其捉摸不定的一面,但毕竟有规律可循。因为商情在很大程度上是可以预测的。他主张在准确预测商情的基础上,运用"积蓄"原理,在商品流通中通过贱买贵卖的不等价交换,获取最大利润。为此,要储物以"待乏","旱则资舟,水则资车",但又不能囤积居奇。物价看涨时不能惜销,必须加快货物与资金的周转,并以高质量的货物去赢得市场,"务完物,无息币"。物价涨到一定水平即有利可图时要毫不犹豫地抛出;相反,物价跌到一定程度时则大力收购。这就是"贵出如粪土,贱取如珠玉,财币欲其行如流水"。范蠡这些对商品运行规律的认识十分难能可贵。可惜在中国封建社会里,由于"重本抑末"的传统经济思想占据主导地位,范蠡的商品经济理念未能发扬光大。

综上所述,可以看出,生活于春秋末期的范蠡,无论从功业、思想、情操、品格哪一方面看,都是一个不可多得的英才。然而,不仅在中国长期封建社会里他没有受到应有的重视,而且在近代以来的学术研究中他也没有获得相应的地位。在不少著作中,他甚至成为无人问津的盲点。有的学者指出形成这种局面的原因有三:一是范蠡未能忠于一君到底,违背了封建道德对臣子的要求;二是他弃官经商,选择了封建士大夫们所鄙视的"贱业";三是他带着西施姑娘出走,生活不够检点。其实,这三点恰恰是范蠡不同流俗的过人之处,正是范蠡之所以拔出同列、独放异彩的地方。春秋战国时代是我国人才流动最好的时代之一。当时各国君主普遍礼贤下士,众多的文武之士更是不惮风尘仆仆奔走列国之间,"择主而仕"。卿士们的观念是,合则留,不合则去,不必从一而终。而对一个不念恩义、对功臣宿将随意诛伐的君主,范蠡的离去不能不说是明智的选择。不要说当时还没有臣子对君王从一而终的道德要求,即使有此要求也是不合理的"愚忠"观念。范蠡敢于蔑视这一观念,正说明他具有可贵的叛逆精神。范蠡弃官经商也不应该受到谴责。第一,当时还未形成"重本抑末"的社会风气,富商大贾有着与国君分庭抗礼的崇高地位,如子贡和弦高。第二,弃官经商,发财致富,较之贪官污吏贪赃枉法、盘剥百姓不啻高尚千百倍,何况范蠡致富不忘宗族邻里乡党,轻财好施,赢得了百姓广泛的赞誉呢! 至于范蠡与西施的关系,我们认为,所有西施及其故事很可能是好事之徒造出来的。因为在《国语》、《史记》等严肃的历史著作中根本看不到她的影子。退一步说,即使此事确实存在,也不能影响对范蠡肯定的评价。因为当时的达官贵人大都是美女环绕,妻妾成群,我们没有必要苛求于范蠡。再说,如果范蠡与西施二人真像戏剧小说描述的那么彼此钟情,那就是一桩难得的爱情佳话,歌颂还来不及,更不应该受到谴责了。

　　总而言之,范蠡是一个思想与性格特别鲜明的历史人物,他的有关商品经济的理论中有不少精华,认真深入地进行发掘和研究,对于发展今天的商品经济可以提供许多具有积极意义的资鉴。

（原载《烟台大学学报》1998 年第 1 期）

有关范蠡身后评论的评论

　　范蠡是春秋末期中国政治舞台上一个功业盖世、智谋超群、思想卓异、性格独特的人物,因而在他身后,也一直没有淡出政治家、思想家、史学家和文学家的视野。不仅政治家和思想家对他的评论连篇累牍,历代诗人歌咏他的诗词积案盈箱,而且更被文学家,尤其是戏剧家以各种剧种和剧目不断推到舞台上,使他与那个可能并不存在的绝代佳人西施姑娘演出了一幕幕荡气回肠、缠绵悱恻的爱情佳剧。这种情况之所以屡屡出现,原因在于,一是范蠡的确是春秋末期中国政治舞台上顶尖级的人物,他的活动构成了时代的热点,影响着当时历史的走向。二是范蠡事迹本身就具有很强的传奇性,有着巨大的想象空间,文学家,尤其是戏剧家可以在这里放胆驰骋自己形象思维的不羁之马。

　　　　　　　　　　一

　　唐朝以前,思想家和史学家对范蠡的评价基本上是肯定和赞扬的。如司马迁就将他与勾践并列,作为主明臣忠的双子星座加以歌颂:

　　　　太史公曰:禹之功大矣,渐九川,定九州,至于今诸夏艾安。及苗裔句践,苦身焦思,终灭强吴,北观兵中国,以尊周室,号称霸王。句践可不谓贤哉! 盖有禹之遗烈焉。范蠡三迁皆有荣名,名垂后世。臣主若此,欲毋显得乎!①

为《史记》做补编的褚少孙更是赞扬范蠡功成身退的大智慧,在《史记·田叔列传》中,他说:"夫因月满则亏,物盛则衰,天地之常也。知进而不知退,久乘富贵,祸积为祟。故范蠡之去越,辞不受官位,名传后世,万岁不忘,岂可及哉! 后进者慎戒之。"刘向同样赞颂范蠡以义合、以义退的人生决策:

> 贤人君子者,通乎盛衰之时,明乎成败之端,察乎治乱之纪,审乎人情知所去就,故虽穷不处亡国之势,虽贫不受污君之禄。是以太公年七十而不自达,孙叔敖三去相而不自悔。何则? 不强合非其人也。太公一合于周,而侯七百余岁。孙叔敖一合于楚,而封十世。大夫种存亡越而霸勾践,赐死于前;李斯积功于秦,而卒被五刑。尽忠忧君,危身安国,其功一也。或以封侯而不绝,或以赐死而被刑,所慕所由异也。故箕子弃国而佯狂,范蠡去越而易名,智过去君弟而更姓,皆见达识微,而仁能去富势,以避萌生之祸者也。②

显然,在司马迁、褚少孙和刘向的心目中,臣子有着自己的独立人格和自由意志,他们有权"择木而栖",可以、而且应该有权选择自己适意的君主。对君主是"智忠"而非"愚忠",合则留,不合则去,没有必要"一棵树上吊死"。在司马迁等人的潜意识里,孟子君臣对等、君臣各有权力和互相承担义务的观念还占有一席之地,对君主绝对忠诚,任何情况下都必须一死报君王的伦理观念还没有生根,死扎下去。司马迁等人能够如此认识范蠡,是因为汉代去古未远,春秋战国思想界"百家争鸣"的流风余韵还影响着相当一部分知识分子的思维,"士为知己者死"的观念还盘踞在不少人的头脑中。君主作为一个服务对象,可以是知己者,也可以是非知

---

① 司马迁:《史记·越王句践世家》,中华书局 1959 年版,第 1756 页。
② 刘向:《说苑》卷一七《杂言》,文渊阁四库全书本。

己者,非知己者的君主就不是臣子为之而死的对象。在他们看来,勾践还不是范蠡的知己者,至少在越国灭吴后,他已经不再是范蠡的知己者。范蠡在勾践最艰难的时候不仅没有离他而去,而且还尽上自己最大的努力帮助他完成了复国灭吴的伟业,就算他是知己者,范蠡也不欠他一分一毫。何况此时的勾践已经被灭吴和北上争霸的胜利冲昏了头脑,变得暴戾恣睢、刚愎自用、拒谏饰非,听不进逆耳之言,甚至滥杀无辜,达到不可救药的程度。当范蠡意识到这个"只可共患难,不可共安乐"的君王随时可能将他这个功高震主的臣子送上不归之路时,毅然离去就不仅是一个明智的决断,而且也是一个道德无愧的选择。司马迁等人向他送上深情的颂歌是顺理成章的真情流露。

　　然而,随着专制主义中央集权制度的不断强化,臣子绝对忠于君主的观念作为头号伦理信条便不断被强化和神圣化,由此使得臣子对君王的人身依附关系日益加强,愚忠被愈来愈多的人视为臣子的美德。这样一来,臣子的权力必然被日益挤压、缩小,最后就剩下"只有一死报君王"的义务了。请看唐宋八大家之首的韩愈是如何评论范蠡的吧:

　　　　蠡既辞越到齐,乃移书文种,亦令云去,以逃其长颈之难。遂使种假疾不朝,竟承赐剑之诛。悲夫! 为人谋而不忠者,范蠡其近之矣。夫君存与存,君亡与亡。备三才之道,未有不显然而自知矣。勾践奋乌栖之势,申鼠窜之息,竟能焚姑苏,虏夫差,方行淮泗之上,以受东诸侯之盟者,范蠡、文种有其力也。既有其力,则宜闭雷霆,藏风云,截断三江,叱开四方,高提霸王之器,大弘夏禹之烈,使天下徘徊,知越有人矣! 奈何反未及国,则背君而去。既行之于身,又移之于人,人臣之节,合如是耶? 且臣之于君,其道在于全大义,宏休烈。生死之际,又何足道哉! 况君者,天也,天可逃乎? 君以长颈之状,难以同乐,则举吴之后,还越之日,泛轻舟游五湖者,岂惟范子

乎? 静而言之,则知范子有匡君之智,而无事君之义明矣。其
所以移文种之书,亦犹投勾践之剑也,勾践何过哉? 予所谓为
人谋而不忠者,其在于此也①。

这里,范蠡被韩愈认定为"为人谋而不忠"的典型,原因就在于范
蠡违背了"君存与存,君亡与亡"的臣子道德,是一个"有匡君之
智,而无事君之义"的大义有亏的臣子。按照韩愈的逻辑,范蠡一
旦做了勾践的臣子,他就是一劳永逸地卖身于勾践,任凭勾践生杀
予夺,范蠡都应该甘之如饴。勾践最后要他的脑袋,他也只能甘心
情愿地"引颈就戮",口中还要高唱"臣罪当诛兮,天王圣明"。看
来,在韩愈心中,臣子的奴隶道德意识何止应该融化在血液里,简
直是必须沦肌浃髓,渗透到骨节中了。另一个唐宋八大家的代表
人物苏轼,对范蠡有一番有别于韩愈的评论:

> 越既灭吴,范蠡以为勾践为人长颈鸟喙,可与共患难,不
> 可与同安乐,乃以其私徒属浮海而行。至齐,以书遗大夫种
> 曰:"蜚鸟尽,良弓藏。狡兔死,走狗烹。子可以去矣!"
>
> 苏子曰:范蠡独知相其君而已,以吾相蠡,蠡亦鸟喙也。
> 夫好货,天下之贱士也。以蠡之贤,岂聚敛积实者? 何至耕于
> 海滨,父子力作,以营千金,屡散而复积,此何为者哉? 岂非才
> 有余而道不足,故功成、名遂、身退,而心终不能自放者乎! 使
> 勾践有大度,能终始用蠡,蠡亦非清静无为以老于越者也。吾
> 故曰:蠡亦鸟喙者也。鲁仲连既退秦军,平原君欲封连,以千
> 金为寿,连笑曰:"所贵于天下士者,为人排难解纷而无所取
> 也。即有取,是商贾之事,连不忍为也。"遂去,终身不复见,逃
> 隐于海上,曰:"吾与其富贵而屈诎于人,宁贫贱而轻世肆志
> 焉。"使范蠡之去如鲁仲连,则去圣人不远矣。呜呼! 春秋以

---

① 韩愈:《范蠡招大夫种议》,郭预衡主编:《唐宋八大家散文总集》卷
一,河北人民出版社1995年版,第68页。

来用舍进退未有如范蠡之全者也,而不足于此,吾是以累叹而深悲焉①。

这里,苏轼尽管没有像韩愈那样将范蠡视为"为人谋而不忠"的典型,甚至赞扬"春秋以来用舍进退未有如范蠡之全者",这可能与苏轼自己屡屡"忠而见疑,信而遭谤"的人生经历有关。但是,苏轼又认定范蠡与勾践不过是"一丘之貉":"以吾相蠡,蠡亦鸟喙也。"因为在他看来,范蠡并不是"功成名遂身退",如果勾践始终用他,他不会"清静无为以老于越",不得已而离开越国的富贵利禄,却又从事种植业和商贸活动,以发财为务,与"为人排难解纷而无所取"的鲁仲连相比,就不可同日而语了。在苏轼的价值观念中,"好货,天下之贱士",而范蠡恰恰是一个孜孜追求财富的好货者,所以范蠡也就只能是一个"才有余而道不足"的令苏轼"深悲"的人物了。在范蠡的评价问题上,苏轼比韩愈高明的地方是没有谴责他离开勾践的举动,但他对范蠡"好货"的指责却显然是不切实际的苛求。范蠡离开官禄,从事种植业和商贸活动只是一种谋生的手段,他和他的家族要生活下去,必须有衣食之源,他自力更生解决衣食之源,不偷、不抢、不乞食于权贵,其从事种植业和商贸活动,既对己有利,又能促进社会经济的繁荣,不仅不应该受到谴责,而且应该得到赞扬。要知道,被苏轼颂扬的鲁仲连虽然拒绝了平原君千金的封赏,但他的衣食之需还是靠达官贵人的赏赐。与范蠡的自力更生相比,谁更值得赞扬呢? 不过,这位东坡居士中年以后的遭际实在太差,他头脑中的老庄意识日益引导自己向范蠡靠拢。有三首诗正是这种心境的自然流露:

《和欧阳少师寄赵少师次韵》:

　　　　朱门有遗啄,千里来燕雀。公家冷如冰,百呼无一诺。平

___

① 苏轼:《论范蠡》,郭预衡主编:《唐宋八大家散文总集》卷六,河北人民出版社 1995 年版,第 4638—4639 页。

生亲友半迁逝,公虽不怪旁人愕。世事如今腊酒浓,交情自古春云薄。二公凛凛和非同,畴昔心亲岂貌从。白头相映松间鹤,清句更酬雪里鸿。何日扬雄一廛足,却追范蠡五湖中①。

《次韵送张山人归彭城》:

> 羡君飘荡一虚舟,来作钱塘十日游。水洗禅心都眼净,山供诗笔总眉愁。雪中乘兴真聊尔,春尽思归却罢休。何日五湖从范蠡,种鱼万尾橘千头②。

《正辅既见和复次前韵慰鼓盆劝学佛》:

> 无心逐定远,燕颔飞虎头。君方卒功名,一泛范蠡舟③。

苏轼之后,宋代有一个叫林亦之的人,对范蠡的谴责更加出格。他说:"如范蠡之扁舟遁去,张子房之闭门谢事,虽或可以保身,然亦非文王所敢知也。范蠡之去似可全身,然卒使后世君臣猜忌百出,无一日相安者,其患自范蠡始也。"④这真是"欲加之罪,何患无词"了。其实,"君臣猜忌"是自君臣产生以来就存在的客观现象,正是矛盾普遍性规律的显现。范蠡之前有,范蠡之后也有。将"君臣猜忌"这一现象的存在归罪于范蠡,这是所有对范蠡指责的观点中最荒唐、最没有道理的一种。

二

范蠡的《遗种书》是展现他思想的精彩绝伦之笔,也是他毅然离开越国、抛弃富贵利禄行动的理念支撑,更是后世人们赞颂的热点。然而,到了宋代一些人那里,这却成了范蠡的罪过之一。王宗

---

① 《东坡全集》卷三,文渊阁四库全书本。
② 《东坡全集》卷一八,文渊阁四库全书本。
③ 《东坡全集》卷二三,文渊阁四库全书本。
④ 林亦之:《论文王》,《网山集》卷三,文渊阁四库全书本。

传有这样一段高论：

> 昔扬子云以范蠡遗文种书而曰："至蠡策种肥哉！"盖尝论之，夫为人谋而不忠乎？莫若蠡之策种也。而谓之肥可乎？且以蠡之身既遁于五湖之上，其姓名既遁而为鸱夷子皮，又遁而为陶朱公矣。三徙成名，赀累巨万，散而复积，是遁也，可谓肥矣，可谓无不利矣。然而文种今日得书，明日复得赐剑而不得为子皮朱公之肥者，盖教人疑人，是乃所以促人之死也。蠡遗种之书曰："蜚鸟尽，良弓藏。狡兔死，走狗烹。越王为人长颈鸟喙，可与共患难，不可与共安乐。子何不去此？"教人疑人也。夫蠡教种疑勾践，是乃教勾践疑种也。种今日得书，明日复得赐剑，又何怪乎？①

这个王宗传将文种的死一股脑儿推给了范蠡，认为是这封书信造成了勾践和文种的互疑，似乎没有这封书信勾践和文种就会融洽相处，相得益彰了。这种看法对范蠡真是一种强加之罪了。其实，对于功高震主的文种来说，自灭吴后，头上就悬上了一把得摩克利斯剑。作为他的相知甚深又有着不分轩轾之功的朋友，范蠡早已看到了这种危险，而沉浸在成功的喜悦和富贵利禄享受中的文种对此却浑然不觉。范蠡出于朋友之情，遗书提醒他应该像自己一样秘密迅速地离开越国。然而文种不知是没有体味其中的真意，还是自认他的"伪病不朝"能够脱祸，结果适得其反，反而加速了自己死亡的步伐。这个责任显然不应该由范蠡承担，因为只要文种不离开越国，悬在他头上的那柄得摩克利斯剑迟早会落下来的。还有宋朝的林之奇，尽管也将文种的死因归到范蠡身上，但与王宗传的观点略有不同：

> 范蠡相越王勾践，既平吴而反，则泛五湖而遁去。贻大夫种书曰："狡兔死，走狗烹。蜚鸟尽，良弓藏。越王为人长颈鸟

---

① 王宗传：《童溪易传》卷一五，文渊阁四库全书本。

喙,可与同患难,不可与同安乐。子何不亡?"种得书,伪病不
朝。越王赐剑,种遂自杀。夫越王虽长颈鸟喙,亦未为大无道
之主。蠡既舍之而去矣,彼种留而辅之,何所不可? 而亦舍之
而去,彼既非势之所宜,心之所安,徒迫于人言,强勉而为此,
适足以杀其躯而已,岂所谓致命遂志哉!①

你看,这位林之奇先生简直就将范蠡看成挖勾践墙角的罪人:你
离开越国那位可爱的君王已经是大逆不道了,再动员一个栋梁之
材离开越国更是错上加错,由此造成文种的速死也就是"罪不容
诛"了。其实他的论点完全建立在假设之上:一是勾践"未为大无
道之主",二是文种的举措"既非势之所宜,心之所安,徒迫于人
言,强勉而为此"。这两个假设都是不成立的。勾践对范蠡出走的
态度已经证明他的品格,他要求臣子必须是绝对愚忠的奴才,而不
是具有独立人格的人才。文种的失误在于对于这样的一位君王没
有参透,还以为凭自己的功劳可以在他面前拿拿架子而不被惩罚,
并且还能保住富贵利禄。他没有接受范蠡出走的前车之鉴,也就
只能酿成走向断头台的悲剧了。

同是在宋代,黄震对王、林两人的观点做了针锋相对的有力回
应,他认为范蠡辅佐勾践灭吴和"功成身退"都是尽臣子之义:

春秋战国近五百年,以功名始终者惟范蠡一人,且其言
曰:"君辱臣死。昔者君王辱于会稽,所以不死者,为此事也。
今事已济,请从会稽之罚。"陈谊坚谦而不可破,吴灭即行,曾
不留刻,蠡真烈丈夫哉②!

谓范蠡背君而去,又招大夫种使竟承赐剑之诏,无事君之
义,为人谋而不忠。愚谓种方假疾,勾践即赐剑,蠡称不可与
共安乐之言验矣。蠡不去,与俱死何益? 勾践岂能弘夏禹之

---

① 林之奇《尚书全解》卷二一,文渊阁四库全书本。
② 黄震:《黄氏日抄》卷五二《读杂史》二,文渊阁四库全书本。

烈者哉？明哲保身，蠡未为无所见种不去而及，岂蠡陷之使然？而曰犹拔勾践之剑，其言似微刻也。然则事君不可，则去之乎？曰君臣以义合，君辱臣死，处变之义也；功成身退，处常之义也。使勾践栖会稽时蠡舍而去之，又招种欲所去之，蠡则为万世罪人①。

唐朝以降，虽然韩愈之类全盘否定范蠡的观点有了比较广阔的市场，但是，对范蠡颂扬的声音并没有被完全压下去，原因是中国传统思想是以"儒道互补"构建的。尽管儒家思想居于主导地位，可是道家思想作为它的补充总是不时闪现，即使比较纯正的儒家学者和以儒学为自己做人行事原则的政治家，也很难将道家的理念完全屏之于头脑之外。所以后世对范蠡功成身退的赞颂也就声声不绝。就是在唐朝的诗人中，对范蠡的赞颂也不乏其人。如高适在《古乐府飞龙曲留上陈左相》一诗中就有如下充满向往的语句：

　　折腰知宠辱，回首见沈浮。天地庄生马，江湖范蠡舟。逍遥堪自乐，浩荡信无忧。去此从黄绶，归欤任白头。风尘与霄汉，瞻望日悠悠。②

宋朝及其后的文人学士对范蠡赞颂者仍不乏其人。如罗大经不仅赞扬范蠡的功成身退，连偕西施出走也解释为不忘情于越的举措："范蠡霸越之后，脱屣富贵，扁舟五湖，可谓一尘不染矣。然犹挟西施以行，蠡非悦其色也，盖惧其复以蛊吴者而蛊越，则越不可保矣。于是挟之以行，以绝越之祸基。是蠡虽去越，未尝忘越也。"③这看起来就未免有点深文周纳了，因为范蠡出走只能解释为高蹈避祸，偕西施而去也只是对个人幸福的追求。为了提升范

①　黄震：《黄氏日抄》卷五九《外集》，文渊阁四库全书本。
②　高适：《高常侍集》卷五，文渊阁四库全书本。
③　罗大经：《鹤林玉露》卷一〇，文渊阁四库全书本。

蠡的道德水准,罗大经将偕西施出走硬说成是"谋国之忠",这显然是将宋朝时期愚忠臣子对忠臣的理解加到范蠡的身上了。但更多的诗歌还是赞颂范蠡的功成身退,如:

《悼古》:碧城楼角重凝眸,迤逦平原接古丘。七国战争人不见,六朝兴废水长流。远烟芳草年年事,明月清天夜夜愁。范蠡功成在何处,五湖波上一扁舟。①

《舟泊太湖》:区区朝市逐纷华,不信湖心有海槎。八十丈虹寒卧影,一千顷玉碧无瑕。古今风月归诗客,多少莼鲈属酒家。安得扁舟如范蠡,烟波深处卜生涯。②

《观潮》二首之一:雪屋银山满上头,年年伟观近中秋。只言沧海无回浪,岂信长江有逆流。——樯帆如过鸟,时时烟雨要沉牛。青衫白鬓功名晚,何日翩然范蠡舟。③

元朝诗人黄庚在《酒边呈张景纯》一诗中,将庄周、范蠡的退隐生活视为"达人乐事":

蓬莱阁上笑谈余,别后思君看画图。萍水相逢俱老矣,家山自好盍归乎。清风一榻庄周蝶,明月扁舟范蠡湖。此是达人真乐事,客中何必叹穷途。④

赵孟頫对于范蠡参透"功名危机"的智慧由衷赞美,在《题范蠡五湖杜陵浣花》一诗中送上了深情的颂歌:"功名自古是危机,谁似先生早拂衣。好向五湖寻一舸,霜黄木叶雁初飞。"⑤侯克中则将范蠡称颂为千载一人,在《秋晚》一诗中,他借范蠡发出了老年悟道的浩叹:

---

① 陈襄:《古灵集》卷二四,文渊阁四库全书本。
② 杨杰:《无为集》卷六,文渊阁四库全书本。
③ 李处权:《崧庵集》卷五,文渊阁四库全书本。
④ 黄庚:《月屋漫稿》,文渊阁四库全书本。
⑤ 赵孟頫:《松雪斋集》卷五,文渊阁四库全书本。

少年湖海不知愁,景入桑榆事事休。富贵未尝希晋楚,功名定不到巢由。西风篱落黄花晚,明月关河白雁秋。千载有谁如范蠡,五湖容我泛扁舟。①

而萨都拉的秋暮遇吴值雨感怀一诗则对陶渊明和范蠡作了一"乐"一"高"的评判,在历代诗人对范蠡的评价中似乎别具一格:

长啸拂吴钩,篷窗起白鸥。江山同逆旅,风雨忽穷秋。乐矣陶潜酒,高哉范蠡舟。一簪吾有雪,道路尚悠悠。②

明朝的文人学士也有大量以范蠡为题的吟咏,绝大多数依然是对其功成身退的赞颂和向往。但也有人对范蠡的退隐做老诚谋国的解释,如高启《范蠡宅》:

功名不恋上将军,一舸归游笠泽云。载去西施岂无意,恐留倾国更迷君。③

清朝统治全中国后,范蠡不仅受到一般文人学士的赞誉,也引起皇帝的兴趣。皇帝当然不希望臣子们都走范蠡功成身退的路子,所以他们必须发掘范蠡事迹中忠贞为国的内容。如雍正皇帝在《题范蠡载归图》一诗中将范蠡离开越国说成是为了带走西施避免"红颜祸国",实际上是袭用了宋人罗大经的观点:"独有艰危时,方见子臣职。吴越争雌雄,彼此各努力。夫差好拒谏,只为红颜惑。所以范大夫,留之恐倾国。功成载归湖,斯意无人识。朗然照青史,去住皆可式。"④乾隆皇帝似乎比雍正开明一点,他既赞扬范蠡的避世行为,又对文种的不悟"几先"表示惋惜:"事济飘然避世喧,五湖烟水意行存。种山不听几先语,第八徒悲犯玉门。"⑤但对

------

① 侯克中:《艮斋诗集》卷一一,文渊阁四库全书本。
② 萨都拉:《雁门集》卷四,文渊阁四库全书本。
③ 钱毂:《吴都文粹续集》卷一七,文渊阁四库全书本。
④ 《世宗宪皇帝(雍正)御制文集》卷二一,文渊阁四库全书本。
⑤ 《(乾隆)御制诗二集》卷六三,文渊阁四库全书本。

范蠡从事种植业和商贸活动发财致富不以为然。在这位皇帝老爷看来,既然退隐,就必须彻底无为,什么营生的事业都不能做,以喝西北风度过余年:

> 避祸先几泛五湖,高于文种信诚乎? 虽然既识身世累,治产逐时又底须?①

清代文人学士颂扬的还是范蠡功成身退的明智与潇洒。如王士祯《分赋得馆娃宫送子吉编修归吴》:

> 馆娃宫中花蕊红,美人白纻娇春风。馆娃宫中烟草绿,蝴蝶双飞井栏宿。回首秾华能几时,美君一舸逐鸱夷。五湖森森烟波阔,何处黄金铸范蠡?②

看来,范蠡的功成身退、潇洒三江五湖的人生价值取向还是拨动了几乎所有古代文人学士的心弦,这其中最重要的是对个体生命的珍视。"一死报君王"的愚忠观念虽然被最高统治者和部分臣子奉为圭臬,卖力地宣传,但终因其蔑视个体生命,将人生价值归位于奴才的自觉,所以没有得到绝大多数人的认同。宋朝李纲在《论范蠡张良之谋国处身》一文中所表达的观点,应该是中国绝大多数传统知识分子的心声:

> 范蠡张良,其所以谋国处身者,何其相似也。方句践栖于会稽,范蠡劝其卑身以事吴,厚赂太宰嚭以解其难,而谋所以报吴者。及句践乘吴之弊而伐之,复栖吴王姑苏之上求哀请命,而句践不忍,欲赦之。范蠡独以为不可,援桴进兵,卒刎其颈。句践既霸,蠡以书辞句践,乘舟浮海以行,终身不反。而大夫种遂赐剑以自杀。方高祖困于鸿门,张良劝其屈己以谢项羽,深交项伯以脱于祸,而谋所以破羽者。及高祖还定三秦,与楚相持于荥阳、成皋间,既割鸿沟以为界,羽解而东,高

---

① 《(乾隆)御制诗五集》卷五,文渊阁四库全书本。
② 王士祯:《精华录》卷二,文渊阁四库全书本。

祖亦欲罢兵归。张良独谏曰："此天亡之时,不因几而遂取之,
此养虎自遗患也。"汉兵追羽,卒灭之。高祖既帝,良道引辟
谷,杜门不出,欲从赤松子游。而韩、彭、英、卢皆被菹醢,虽萧
何不免缧绁之患。故夫智谋之士,处困阨之时,能忍辱以伸其
志;当事几之会,能决断以收其功;功成名遂,能高举远引以全
其身。微二子,吾谁与归?①

既渴望建功立业,又谋求避祸全身。这种面对两难而能够机智巧
妙的选择者,在中国古代社会也只有范蠡、张良等少数几个人做到
了。唯其难,所以少;唯其少,所以贵。因此,中国绝大多数传统知
识分子对此也就只能停留在心向往之的阶段,能够完美的实现者
实在是凤毛麟角。

三

当然,在中国古代社会,对于范蠡功成身退的人生选择,除了
赞誉神往的主流意向外,也还有另外的声音。一种是上面提到的
愚忠者的视弃官为罪恶,一种是从传统儒家国家民族责任感出发
的对弃官的非议,再一种就是道隐者的对先立功后退隐的"何必当
初"的责难。唐朝的白居易就对范蠡的退隐不以为然,认为那是放
弃对国家民族的责任。他自己辞官时写诗明志,声明他与陶渊明、
范蠡不一样:"腰痛拜迎人客倦,眼昏勾押簿书难。辞官归去缘衰
病,莫作陶潜范蠡看。"②宋朝的汪藻从做官的实践中体味出其中
的无限风光和倾情享受,嘲讽范蠡实在太傻了:"早冠清朝玉笋班,
忽乘归兴拂衣闲。聊将诗酒关心地,尽占江湖在眼山。人坐数州

---

① 李纲:《梁溪集》卷一五二,文渊阁四库全书本。
② 白居易:《白氏长庆集》卷二四《酬别周从事》二首之一,文渊阁四库
全书本。

空翠下,月行万顷水云间。当时范蠡曾知此,那得扁舟去不还?"①
王质与汪藻同一心态,他在《和虞相喜雪二首》中的一首中明确点
明,范蠡不是为官从政者学习的榜样:"缟夜寒辉花雨天,洒空飞羽
箭离弮……见在十方惟此佛,后来千古说今年。乾坤正待君调理,
未用轻寻范蠡船。"②郑獬嘲讽范蠡的美人计,将破吴之功归于西
施:"千重越甲夜成围,宴罢君王醉不知。若论破吴功第一,黄金只
合铸西施。"③刘挚则认为范蠡的退隐不如王猷的从不入官场而一
直隐居山林:"不知芳物过春风,傲兀扁舟怯浪翁。得似王猷剡溪
上,何须范蠡五湖中。"④元朝的李存与汪藻唱同样的调子,认为范
蠡"扁舟老五湖"是不得已而为之:"往往闻人说上都,白沙青草世
间无。千官拥驾云朝起,万帐随营雪夜铺。业广殷周天所与,兴追
风雅客难孤。不知范蠡当时意,独肯扁舟老五湖。"⑤明朝的李雪
菴认定范蠡本质上是一个追逐富贵利禄的人物,他之退隐完全是
不得已而为之的退而求其次的举措,在《题范蠡归湖图》中,对范
蠡的退隐提出质疑:"名遂功成泛五湖,知几千日擅良图。向教句
践堪同乐,不识先生肯退无?"⑥明朝的郑岳也认为范蠡不是做官
从政者值得学习的人物,在《送陶司马南京参赞》一诗中,他将这
种思想表露无遗:

才解计台朝北阙,复司留钥赴南都。成周召伯尝分陕,晋

---

① 汪藻:《浮溪集》卷三一《横山堂》二首之一,文渊阁四库全书本。

② 王质:《雪山集》卷一四《和虞相喜雪》二首之一,文渊阁四库全
书本。

③ 郑獬:《陨溪集》卷二八《嘲范蠡》,文渊阁四库全书本。

④ 刘挚《忠肃集》卷二八《泛舟南湖二绝句寄公秉》二首之一,文渊阁
四库全书本。

⑤ 李存:《俟菴集》卷八《和宗师泺京诗》二首之一,文渊阁四库全
书本。

⑥ 王存理编:《珊瑚木难》卷四,文渊阁四库全书本。

代陶公亦镇吴。万里长江天共险,六朝遗迹草空芜。庙谟方
尔资黄发,莫美扁舟范蠡图。①

　　然而,在道隐者看来,范蠡还不是一个完全彻底的隐逸者,只
能算一个半路出家的半隐逸者。所以范蠡也不是他们心目中的理
想人物。唐朝韦庄的《月波楼咏怀》就反映了这种情绪:

　　　　自甘成潦倒,无复事声猷。身世喻泡幻,衣冠如赘瘤。放
　　意亡何乡,谁分亲与仇。寓形朝籍中,毁誉任啁啾。君恩无路
　　报,民瘼无术瘳。唯惭恋禄俸,未去耕田畴。题诗郡楼上,含
　　毫思夷犹。功名非范蠡,何必泛扁舟。②

在他看来,如果范蠡一开始就没有对功名的追求,也就不存在中途
弃功名泛扁舟之事了。宋朝的慕容彦逢较之韦庄更进一步,因为
韦庄表达的是一个做官者的体验,而慕容彦逢的诗反映的则是一
个从未涉足官场的道隐之人的心声:

　　　　园池佳处辟幽轩,西揖湖光入坐筵。药本自生芳草地,花
　　阴长到夕阳天。就闲顾似陶潜径,适意何须范蠡船。此览清
　　虚有真趣,不劳他境觅林泉。③

也是宋朝的赵蕃写了一首《渔父》,认为渔父自由自在的生活是范
蠡的半隐逸不可拟的:

　　　　自得江湖乐,信无朝市求。扁舟载妻子,没齿是春秋。见
　　客如成愕,问鱼多掉头。严陵疑可亚,范蠡岂其流?④

显然,在他们的心目中,最理想的榜样不是半路出家的半隐逸者范
蠡,而是东汉时期那个坚决拒绝刘秀送来官帽的严子陵。

　　①　郑岳:《山斋文集》卷六,文渊阁四库全书本。
　　②　韦庄:《浣花集》卷四,文渊阁四库全书本。
　　③　慕容彦逢:《摛文堂集》卷二《咏蒋秀才西轩诗》,文渊阁四库全
书本。
　　④　赵蕃:《淳熙稿》卷一〇,文渊阁四库全书本。

元朝时期,知识分子的地位空前低下,在各色人等的排行中是名副其实的"臭老九",因而避世隐居的思潮对他们有着更强烈的吸引力,这自然使其在诗篇中不时发出对半隐逸者范蠡的责难:

> 短笛逐秋风,孤舟钓月中。绿蓑烟浪远,白发世情空。不让严陵操,宁贪范蠡功。江山无限好,蘋白蓼花红。①

> 野饭鱼羹何处无,不将身作系官奴。陶朱范蠡逃名姓,那似烟波一钓徒。②

明朝的陈政在《寿丰城范处士》一诗中,对一直隐居的范处士倍加赞扬,同时映照半隐逸者范蠡的不足为训:

> 先生清隐处,孺子昔曾游。山近云生户,江空月映楼。飞觞迎媚景,展席俯清流。轩冕元无梦,何须范蠡舟。③

尽管道隐者对范蠡的半隐逸发出种种责难,但不少深谙官场磁石般吸引力的文人学士都明白,对于已经进入官场的知识分子来说,能如范蠡当机立断能如范蠡洞悉官场进退出处的明智者实在是寥寥无几,弃富贵利禄如敝屣者更是少之又少。对于后世追随范蠡脚步者百不一见的官场现实,诗人也只能发出无可奈何的浩叹:

> 东上高山望五湖,云涛烟浪起天隅。不知范蠡乘舟后,更有功臣继踵无?④

因为身在官场者迷,所以范蠡的行为就更显得难能可贵。元朝的刘壎在《题范蠡泛湖图》中对此作了很好的申述:

> 老范霸越沼吴,功存宗社,盖一代智士也。世论率谓有大

---

① 叶颙:《樵云独唱》卷五《赠渔父》,文渊阁四库全书本。

② 倪瓒:《清閟阁全集》卷七《寄王叔明》,文渊阁四库全书本。

③ 曹学佺编:《石仓历代诗选》卷三八〇《明诗次集》一四,文渊阁四库全书本。

④ 胡曾:《咏史诗》卷上《五湖》,文渊阁四库全书本。

勋劳,宜享大富贵,顾乃虑及鸟喙翩其鸿冥,不旋踵弃钟鼎等敝屣,何大早计邪? 噫! 以功名自见易,以功名自终难,古今功臣弗令终,正坐挟勋恃权,不思勇退,傥此老亦然,即黄金之铸,将易为属镂之赐焉。得智易曰"知几其神乎",蠡也。得之老子曰"功成名遂身退",蠡又得之。展卷快睹,神采如生,故为之赋诗曰:"霸越功成早见几,春风一舸泛鸱夷。丹青半幅人千载,胜似黄金铸就时。"①

范蠡的一生,既有轰轰烈烈、沸沸扬扬、大智大勇、耸动列国视听的辉煌功业,又有"功成身退"、避祸全生、我行我素、潇洒自如的人生追求。在春秋末年那个风雷激荡,变幻莫测,个人命运如飘蓬的岁月里,他始终稳稳地把持自己生命的航船,溯急流,越险滩,进退有据,快慢有度,大开大阖,纵横驰骋,该出手时坚定果决;该退场时机智从容。自己做自己命运的主人,从不看别人的眼色。自行设计,自主行动,无怨无悔地度过了自己多姿多彩的一生。在春秋战国数以千百计的英雄豪杰中,无一人能出范蠡之右。人生如棋局,逝者长已已。范蠡逝去,并没有出现"寂寞身后事",这正是他足以自豪的所在,也正是发后人深思的所在。

（原载《史学月刊》2011 年第 10 期）

---

① 刘埙:《水云村稿》卷七,文渊阁四库全书本。

述论西门豹

西门豹,战国时期在魏国文侯当国年间任邺县令,里籍、生卒年均不详。他任职期间办了两件大事,一是废除了延续多年的虐民害物的"河伯娶妇"陋规,使百姓在思想上打破神道迷信的束缚。二是组织百姓兴修水利,开凿水渠十二条,引漳水灌溉农田,大大改善了当地的生产条件,提高了农民的生活水平。他还推行轻徭薄赋、藏富于民的政策,体现了"以民为本",富民、富国、强兵的执政理念。

一、智破"河伯娶妇"

公元前475—公元前221年的二百五十余年间,是中国历史上的战国时代。在这两个半世纪多的悠长岁月里,被后世历史学家称为战国七雄的齐、楚、燕、韩、赵、魏、秦等诸侯国,一方面在各自国内进行以加速封建化为核心内容的变法,招贤纳士,延揽人才,奖励耕战,富国强兵;一方面整军经武、选将练兵,彼此间不断进行以掠夺土地和人口为目的的兼并战争。当时的中原大地,狼烟四起,杀声阵阵,笼罩在血雨腥的战火之中。

这一时期,七国的君王在为争夺统一中国的权利投入一场你死我活的竞技。而在很大程度上,这场竞技的胜负决定于谁能得到最多顶尖级的人才。在这场争夺人才的竞争中,第一个胜出的是魏文侯。

魏文侯在位的五十年(前445年—前395年),魏国是七雄中延揽人才最多的诸侯国。他师事孔子的弟子子夏,礼敬贤明之士李克、段干木、田子方;任李悝为相主持变法,"尽地力之教",使经济得到迅速发展;任吴起、乐羊为将,训练出威震列国的"魏武卒",在战国初期的兼并战争中迭获胜利。他重视基层地方官县令的人选,选取西门豹去政乱民贫的邺县(今河北磁县南)任县令。在那里,西门豹以颇具戏剧性的手法处理了一起残民虐物的陋俗"河伯娶妇",从而使自己成为一个万古流芳、家喻户晓的历史名人。《战国策》、《韩非子》、《吕氏春秋》、《淮南子》、《史记》、《说苑》等文献,都从不同的侧面记载了他的引人入胜的故事。

西门豹的里籍、生卒年、任邺令前和离开邺县后的经历,文献都没有记载,只知道他是由魏文侯的一个谋士翟黄推荐的。大概他见到魏文侯不久,就被任命为邺令。《战国策》和《说苑》记载了他接受任命时与魏文侯的谈话内容:

魏文侯任命西门豹为邺县令,要他立马前去上任,指示说:"先生此次前去,必然获得完全的成功,暴得大名,布施仁义!"面对国君如此高的期望和要求,西门豹不无疑惑地问:"大王的要求太高了!敢问怎么做才能达到全功、成名、布义的目标?"魏文侯回答说:"先生放胆前去吧!无论什么地方,都有足智多谋的贤明之人,都有爱提意见、挑毛病的不顺遂之辈,都有专门散布别人之恶、掩盖别人之善的无良之徒。你上任之后,首先访问贤明之人,同他们亲近,取得他们的帮助;对于爱提意见、挑毛病的人,要以诚恳、谦逊的态度接待,接受他们正确的意见,视他们为老师;对于那些人们讨厌的扬人之恶、蔽人之善的无良之徒,也要仔细观察,千万不可仅凭回报就贸然采取措施。要知道,耳朵听的,不如眼睛看的;眼睛看的,又不如亲自走到实地勘查;实地勘查的又不如亲自辨别的。做官的人初到一个地方,就好像进入一栋黑暗的房子,只有待久了才能看清里面的情况,只有明了情况,才能进行有效的治理。"这段对话表明,魏文侯确是一位具有高超政治智慧并且深谙地方治理之道的国君,他的一番话无疑给西门豹在邺县的行政指明了方向。

西门豹担任县令的邺县,地处魏国的东北边陲,西临南北走向的巍巍太行山脉,东接广阔的华北大平原,北距赵国的首都邯郸不过百里之遥,是由燕国经赵国、魏国到楚国的交通要道和军事走廊上的重镇,战略地位十分重要。魏国如能牢牢控制此地,就等于占据了一个北抗赵国、燕国,东拒齐国的坚固的战略支点。显然,魏文侯将如此重要的地方交给西门豹治理,是寄托了多大的信任和期望!

西门豹带着魏文侯的嘱托,从国都大梁(今河南开封)昼夜兼程,匆匆赶到邺县,来不及休息,即将在百姓中很有威望的长老召集到县衙见面交谈,询问风俗民情,特别调查了解给百姓造成痛苦的弊政和陋规。长老异口同声说:"百姓最受不了的就是'河伯娶妇'了,许多人家被折腾得一贫如洗,甚至家破人亡。"西门豹问这究竟是怎么回事,长老们回答说,早年有一个名叫冯夷的华阴(今属陕西)潼乡人,到流经本县的漳水中洗浴,不幸溺水而亡,好事者就说他死后变成了漳水的神即河伯。此后,邺县的三老和廷掾就以祭祀河伯并为之娶妇为名,每年向百姓强行收取赋税数百万,用其中的二三十万作为河伯娶妇的费用,其余的钱就被三老、廷掾和巫祝们贪污了。尤其让百姓胆战心惊的是,每到河伯娶妇的日子,巫祝就提前到一些小户人家窥视,看中谁家的女儿长得娇美,就指认为河伯应娶的夫人,强行娉娶。他们先在河堤上搭建一个帷帐,作为斋宫,让被选中的女儿居于其中,沐浴斋戒,穿上新娘的漂亮衣服,以牛酒饭食侍候。十多天后,将这个女儿盛装打扮起来,让她坐在婚床上,然后放到河水中,任其漂流,多则几十里,少则十几里,女儿和婚床即在激流中沉没。年年如此。县城和周围乡里有漂亮女儿的人家,害怕女儿被巫祝选中,纷纷携女逃亡。这样一来,城里人就越来越少,百姓也越来越贫困。这样的日子已经持续好长时间了。三老、廷掾和巫祝故意放话吓唬百姓："如果不为河伯娶妇，河水就会泛滥无边，将百姓统统淹死！"西门豹听了，内心十分气愤，同时一个破解这个虐民陋习的计划也在脑中形成了。他不动声色地对长老们说："今年河伯娶妇的日子，你们看到三老、巫祝、父老送女儿到河上的时候，请来告诉我，我也去送送这个女儿。"长老们不知西门豹葫芦里卖的什么药，但因出于县太爷的指令，只好答应下来。

这一天，河伯娶妇的日子到了，长长的河堤上彩旗招展，锣鼓喧天，聚集了二三千看热闹的百姓。西门豹带着县衙一班属吏赶到河堤时，与河伯娶妇有关的三老、官吏、豪长、里父老等皆恭敬地迎接他的到来。年过七十岁的女巫身着宽大的丝织衣服，一脸严肃地端坐临时搭建的舞台中央，身后是十多个身穿华丽丝质服饰的女弟子。见西门豹一行走来，也起身迎接。稍示寒暄，待众人依次坐定后，西门豹对随来的县吏发话："将今年选送的河伯妇叫过来，让我看看这个女子漂亮不漂亮。"很快，打扮得花枝招展的女子被从帷幕中引到面前。西门豹看了一眼这位满面愁容、泪迹犹存的姑娘，故作生气地说："我看这个姑娘长得不怎么样，那就烦劳大巫妪到河里走一遭，向河伯报告，待我们重新选到更好的姑娘，改日再给他送过去。"立在一旁等待的吏卒，立马抱起大巫，不由分说将她抛进漳水，随即没入波浪滚翻的激流中。西门豹出人意料的举措，惊得在场的所有人目瞪口呆，面面相觑，不知所措，数千人聚集的河堤上静得可以听到一根针落地的声音。所有的目光都投向西门豹，惊恐不安地等待这位县太爷下一步的动作。稍后，西门豹又发话："巫妪毕竟年纪大了，办事不利索，去了这么久还不回来报告，那就烦劳她的弟子再走一遭吧！"吏卒应声将一个弟子投入河中，不大工夫，三个弟子就葬身滚滚波涛。稍顷，西门豹又把目光转向三老一行人，故作愤激地说："巫妪和她的弟子皆是女流之辈，看来没有对河伯讲清楚，那就再烦三老走一遭，对河伯讲个明白吧!"于是指挥吏卒将三老抛进河中。接着,西门豹站立,久久对着河水深深鞠躬,似乎在虔诚地等待巫妪和三老回来复命。而参与仪式的长老和官吏已经吓得面如土色,唯恐下一个被抛入水者轮到自己。这时,西门豹转身对着他们说:"你看,巫妪、三老这么长时间还不回来,怎么办? 是不是请廷掾和豪长再跑一趟?"这时,廷掾、豪长、里父老一行人再也坐不住,纷纷起身,一呼啦跪伏在西门豹脚下,"叩头且破,额血流地,色如死灰"。西门豹说:"暂且不让你们去,再等等看。"过了稍一会儿,西门豹说:"廷掾等你们起来吧。看样子河伯要留他们多住些日子,你们就先回去吧。"廷掾等听过这话,犹如死囚遇到大赦,连向西门豹叩了几个响头,屁滚尿流地滚下河堤,慌不择路地逃跑了。西门豹这一破除迷信、废除陋习的举措很快传遍邺县城乡,从此,邺县吏民谁也不敢再言河伯娶妇之事。

西门豹破河伯娶妇的惊人之举,充分展示了他坚定的无神论观念和超人的政治智慧。他知道,在当时的历史条件下,如果他以县令之尊下令禁止河伯娶妇这一残民虐物的陋习,尽管也能收效,但不足以教训操持这一陋习并从中牟利的三老、官吏、豪长、里父老和巫祝,还有可能贻他们以造谣惑众的口实,也不足以教育对此将信将疑的众多百姓,使他们误以为西门豹不通人情。于是采取了将计就计、顺势而为的策略:他故意以参与者的身份前往,用看起来似乎合情合理的请巫祝、三老与所谓河伯沟通的办法击破河伯的虚妄,这不仅使百姓受到一次生动的无神论教育,更重要的揭破了三老、官吏、豪长、里父老和巫祝通过残民敛财的丑行,特别是借此树立了新任县令的威望,给以后的顺利行政创造了条件。

二、兴修水利　藏富于民

接着,西门豹对邺县的自然条件进行调查研究,查清了这里发展农业生产最大的障碍是土地盐碱化和旱涝不均,而扫除这些障碍的根本办法是兴修水利。他于是全面规划,发动百姓,在漳水两岸开凿了布局合理、排灌结合的十二条水渠,引河水灌溉农田,以水洗碱,使以前为盐碱所苦的土地变成了旱涝保收的良田。这项用工巨大的工程开始的时候,的确给百姓造成较沉重的负担,使他们怨声不断。西门豹不为所动,严令吏民必须按时出工,保质保量、善始善终地完成全部工程。他语重心长地对身边的吏卒说:"百姓乐于看到成功,却不愿忍受艰难的开始。现在父老子弟虽然怨恨我给他们带来的辛苦和劳累,但百年以后受益的子孙会怀念我当初的决定。"

西门豹大兴水利的效果很快显现,邺县农业发展,经济繁荣,展现出一片兴旺景象。他一面采取藏富于民的政策,轻徭薄赋,使百姓普遍富裕起来,一面又在农闲时节对百姓进行军事训练,增强维持治安和抗击邻国侵扰的力量。然而这样做的结果是官府收入减少,使邺县"廪无积粟,府无储钱,库无甲兵,官无计会"。这种情况很快被人汇报到魏文侯那里,不由使他产生疑忌,于是亲临邺县视察,看到的情况果然与听到的汇报符合。魏文侯气不打一处来,怒斥西门豹:"翟黄向我推荐你能干,我就任命你治邺。可是你竟将邺治理得如此不堪!今天你能说出正当理由就算了,说不出正当理由,你就将承受诛杀之罪!"面对魏文侯的盛怒,西门豹一点也不惊慌,而是胸有成竹地回答说:"臣听说期望王天下的君主致力于使百姓富裕,想着称霸天下的君主致力于强军经武,亡国之君则致力于聚敛财富于国库。今天大王是一位期望王天下的君主,所以臣也就藏富于民,让百姓先富起来,同时又对他们进行军事训练,以便随时听从召唤投入战阵。大王如果不信,就请您随臣登上城楼,亲眼见识见识:百姓只要听到鼓声,甲兵和粟米就会立刻准备停当!"说罢,西门豹就引导魏文侯一行人登上城楼,命令士卒击鼓。一鼓之后,合城的青壮年男子迅速被甲带箭、手持枪刀弓弩,列队整齐地集合于城楼下。再鼓之后,百姓赶车载粮,井然有序地排列于军士近旁,肃然待命。魏文侯既惊异又佩服,对西门豹赞誉有加:"我算见识了先生的能力了!下令让集合的百姓回去吧!"西门豹却说:"与百姓约定的互信关系,不是一日形成的,而是经过了多次反复演练。这次两度击鼓,是告诉他们发生了战事。如果现在让他们回去,就表明县令欺骗了他们,以后再击鼓,就无法调动他们了。前些年燕国侵占了魏国八个城池,臣请求大王批准我率领他们北向进击,以夺回被燕国侵占的地方。"魏文侯批准了他的请求,西门豹于是出其不意地进击燕国守军,很快取得胜利,以前燕国侵占的八个城池全被夺了回来。

历史文献记载的西门豹史迹就是这么一些,对于他离开邺县以后的经历和最后的结局没有留下任何记述,但就是这些事迹,也足以展示他卓越的政治智慧和行政才能了。你看,他到邺县履职伊始,即召集当地长老问民生疾苦,从而明了该县害民最深的是所谓河伯娶妇的迷信陋习,他于是决定从解决这个问题入手打开局面。他出手第一招是出人意料地惩处了巫祝和三老,这不仅破除了迷信,教育了百姓,而且凸显了他干脆利落的行政风格,树立了强势县令的威望,给以后的顺利治邺创造了有利条件。接着,他又找准影响当地农业生产发展的最大障碍——土地盐碱化和水旱不时,进而抓住破解这一障碍的关键——兴修水利。为此,他精心引导民众,科学组织施工,在困难面前不动摇,对民众暂时的不理解加以疏导,最终使这一造福百姓的世纪工程得以顺利进行和取得最后成功,从而在相当大的程度上改善了当地的生产和生活条件,为富民、教民奠定了坚实基础,又以轻徭薄赋、藏富于民的政策导向使当地百姓逐渐富起来。

作为一个掌控基层政权的县令,西门豹的最可贵之处在于他始终坚持"以民为本"的行政理念,坚持以富民、利民为核心的施政导向,进而通过富民达到富国强兵的目标,而这正是战国时代各诸侯国君们的梦想和追求。

三、代代称颂　影响深远

西门豹虽然仅仅是一个职级很低的县令,但由于他的施政风格特别鲜明,施政成绩特别显著,就不仅在当时受到百姓的拥戴,而且倍受后世的颂扬。韩非最早记述他的事迹并加以表彰,刘安继之,称颂他富民教民的施政方略。褚少孙将他的事迹附录于司马迁写的《史记·滑稽列传》之中,赞颂他:"名闻天下,泽流后世,无绝已时,几可谓非贤大夫哉!"大概从汉代起,邺县吏民就开始为他建立祠庙,四时祭祀。后世的不少政治家、思想家、文学家写了颂赞他的诗文。北朝时期的庾信在路经邺县时,专门去西门豹庙拜谒,并写下《西门豹庙》一诗,赞誉他为"为利博"的"君子"和"树德深"的"达人",寓情于景,抒发了自己的怀念之思:

> 君子为利博,达人树德深。蘋藻由斯荐,樵苏幸未侵。恭闻正臣祀,良识佩韦心。容范虽年代,徽猷若可寻。菊花随酒馥,槐影向窗临。鹤飞疑逐舞,鱼惊似听琴。漳流鸣磴石,铜雀影秋林。①

宋代的蒲寿宬写了《魏邺令西门豹》一诗,特别赞扬了他破除河伯娶妇的惊人之举,认定那是"其事深可效"的大快人心之事:

> 吾爱西门豹,其事深可傚。波神岂荒淫,巫言亦机巧。大姬去不来,小姬足蹀蹀。豪长涕叩头,从此识政教。②

元代的王恽,在路经位于丰乐镇束南一里的西门豹祠时,写下一首七绝,赞扬西门豹笑谈中惩罚了策划河伯娶妇的巫祝和三老,但认为司马迁将他编入《史记·滑稽列传》是放错了地方:

---

① 庾信:《庾子山集》卷四,文渊阁四库全书本。
② 蒲寿宬:《心泉学诗稿》卷一,文渊阁四库全书本。

　　古人办事笑谈中,常爱西门禁暴功。邂逅马迁称善史,不
应排比滑稽雄。①

王恽的显然记忆有误,将西门豹附录于《滑稽列传》的不是司马
迁,而是褚少孙。想来褚少孙所以将西门豹归入《滑稽列传》,大
概看中的是他破除河伯娶妇举措中展现的幽默感。其实,幽默尽
管是西门豹的性格特点之一,但就其思想和行政的总体倾向看,他
是有着"为官一任,造福一方"抱负的理想和行动的好官,实在应
该归入《循吏传》。

　　　　　　　　　　(原载孟祥才、刘宝贞著《中国古代贤明县令》,

　　　　　　　　　　　　　　　　　　人民出版社 2015 年版)

---

① 王恽:《秋涧集》卷二八,文渊阁四库全书本。

战国时期的"百家争鸣"与墨家学派的崛起

一

公元前 475 年(周元王元年),中国历史进入战国时代。根据郭沫若的中国古代史分期意见,这是中国封建社会的开始。自此至公元前 221 年(秦始皇二十六年)秦朝统一中国的两个半世纪的岁月里,中国社会经历了急剧的变化。经济上,封建的生产关系继续成长并逐步占据统治地位;政治上,封建化的变法运动与大国之间的兼并战争如火如荼地进行;思想文化上,出现了一个人才辈出、群星璀璨、著作如林的"百家争鸣"的局面,形成了中国历史上第一个思想文化的高峰。这一局面之所以在此时出现,一是政治经济的深巨变化的影响,二是多年思想文化的丰厚积淀,三是各诸侯国"礼贤下士"的社会风气和思想自由的时代氛围为知识分子的创造才能提供了施展的广阔的空间。当时的形势,正如梁启超所描述的:"孔北老南,对垒互峙,九流十家,继轨并作。如春雷一声,万绿齐茁于广野;如火山乍裂,热石竟飞于天外。"①西汉的司马谈总结这一时期的思想文化成果,写了《论六家要旨》,将当时的思想学术流派分为儒、墨、名、法、道、阴阳六家。东汉的班固在《汉书·艺文志》中,根据刘向、刘歆父子《七略》的分类,又将当时的思想学术流派分为儒、墨、名、法、道、阴阳、农、杂、纵横、小说等

---

① 梁启超:《论中国学术思想变迁之大势》,《饮冰室合集·文集之七》,中华书局 1989 年版,第 11 页。

十家。除去小说,其余各家又称"九流"。这就是习惯上所称"十家九流"的来历。这一时期,老子(李耳)崛起于南方,以《道德经》一书名世,创立道家学派。战国晚期的庄周继之,以《庄子》一书丰富了道家的思想内容。他们思想中的丰富的辩证法内容,显示了中华民族的抽象思维在当时达到的最高水平。而他们"小国寡民"的政治理想又恰恰表现了没落奴隶主贵族在社会进步潮流冲击下无可奈何的哀鸣。墨(翟)子以《墨经》一书名世,与其弟子结成了"显学"重要一翼的墨家学派。这一学派的思想反映了小生产者的理想和幻想。他们作为儒家学派的对立面曾在战国前期展示了自己浩荡的阵容。儒家学派以子思、孟轲、荀卿为代表,以《中庸》、《孟子》、《荀子》等著作名世,在战国中期以后成为越来越强势的一个学派。名家学派以惠施、公孙龙为代表,前者"合同异",抹煞事物间的质的差别;后者"离坚白",把事物的属性分离绝对化,最后以惊世骇俗的"白马非马"写下了中国逻辑学史的第一章。农家以许行为代表,主张"耕而食,织而衣",其门人陈相等身体力行,希冀建立一个共同劳动、平等交换的理想社会,这种空想最后终因逆时代潮流而销声匿迹了。法家以慎到、申不害、李悝、商鞅、吴起等为代表,而以韩非集其大成。此派主张"以法为教"、"以吏为师",建立以皇帝独裁中心的专制主义中央集权的行政体制,适应了新兴地主阶级的政治要求。法家的理想由秦始皇变成现实。但实践证明单纯的法家政治必然导向暴政,所以它自己无法单独承担治国平天下的指导思想。阴阳家以邹衍为代表,以阴阳五行为基本范畴,蕴含着不少朴素唯物论与辩证法的内容,曾深深地影响了后世儒家的历史观和中医的发展。纵横家为战国策士的总汇,他们的言行结集为《战国策》一书。其纵横捭阖的外交术和精湛的语言能力虽然显示了过人的智慧和胆略,但在思想史上并未留下有价值的吉光片羽。作为"街谈巷议"的小说家本来就没有资格进入思想之林。只有以吕不韦的《吕氏春秋》为代表的杂家显示了伴随政治统一而在学术上出现的综合趋势,对保存春秋战国时代的思想资料有着不可磨灭的功劳。战国时期同样是齐鲁思想文化的发皇期。齐鲁两国深厚的文化积淀不仅为诸子百家的产生准备了得天独厚的沃土,而且以稷下学宫为代表的学术教育机构更为来自全国各地的学者提供了自由辩诘、互相交流、切磋学习的平台。千姿百态、灿烂辉煌的思想之花正是从这里绽放并逐步传播到全国各地的。应该说,齐鲁大地是"百家争鸣"的母体,战国时期的齐鲁文化就是这个母体上开出的最艳丽的花朵。从一定意义上说,战国时期中国文化在更广泛范围内的发展,为即将到来的秦朝统一奠定了思想文化的基础。

二

墨学的创始人墨翟,其生活年代在公元前490年到公元前403年之间[1]。他的里籍至今在学术上存在争议,比较流行的是宋人说和鲁人说,其中"鲁人之说最得其实"[2]。近年不少学者认同山东滕州说[3]。墨翟虽然一生没有做官,但由于他与众多弟子组成了一个带有民间秘密结社性质的政治、学术团体,他本人及其弟子又热心参与当时的政治学术活动,他曾"止楚攻宋",还留下了《墨子》一书,所以在战国初期成为影响很大的学术流派。孟子就曾惊呼:"杨朱、墨翟之言盈天下,天下之言,不归杨则归墨。"[4]墨家学派究竟反映当时哪个阶级或集团的利益? 较多学者认为他们是由小生产者上升而来的士,代表了"农与工肆之人",是当时唯一代

----

① 方授楚:《墨学源流》,中华书局1934年版,第10—14页。
② 同上,第8页。
③ 张知寒:《墨子里籍新探》,《山东社会科学》1988年第6期。
④ 《孟子·滕文公下》,《十经注疏》,中华书局1980年版,第2714页。

表劳动人民的学术流派。也有学者认为他们代表了"王公大人"①。我们还是从墨翟的著作中寻找答案吧。

墨子曾经将自己的主张归纳为十项"纲领":

> 凡入国,必择务而从事焉。国家昏乱,则语之尚贤尚同;国家贫,则语之节用节葬;国家熹音湛湎,则语之非乐非命;国家淫僻无礼,则语之尊天事鬼;国家务夺侵凌,即(则)语之兼爱非攻。②

墨子看到了几乎无日不在进行的兼并战争给广大劳动人民带来的危害,所以他提出"兼爱"、"非攻"的口号,要求人们"兼相爱,交相利",每个人都换位思考,"视人之国若视其国,视人之家若视其家,视人之身若视其身"③。这里,墨子的理想虽然反映了广大劳动人民希冀避免战争、渴求和平的愿望,但他用说服人们信仰"兼爱"而放弃互相攻伐只能是一种幻想。因为当时从事兼并战争的各国统治者都力图通过战争的手段获取人口、土地和财富,墨子"兼爱"的说教不啻对牛弹琴。

墨子的"非乐"、"非命"、"节用"、"节葬"的主张比较集中反映小生产者的愿望。面对王公大人,尤其儒家宣扬的"死生有命,富贵在天"的说教,面对王公大人的恣意享乐、奢淫无度和厚葬之风的蔓延,墨子直斥"命者暴王所作",是用以欺骗劳动人民的,因而提出"非命"与之对抗,要求"赖其力者生,不赖其力者不生"④;提出"非乐"、"节用"、"节葬"的口号,要求全社会都向劳动人民的最低生活标准看齐。音乐没有实用价值,干脆弃之如敝屣;豪宅精

①　郭沫若:《十批判书·孔墨思想的批判》,《郭沫若全集》(历史编二),人民出版社 1982 年版,第 114 页。

②　吴毓江:《墨子校注·鲁问》,中华书局 2006 年版,第 737 页。

③　吴毓江:《墨子校注·兼爱中》,中华书局 2006 年版,第 159 页。

④　吴毓江:《墨子校注·非乐上》,中华书局 2006 年版,第 375 页。

舍、轻裘华服、山珍海味统统是浪费社会财富,必须弃之不用,而代之以低檐茅屋、粗衣芒鞋、粗茶淡饭;凿山为圹、棺椁数重、随葬器物无数的厚葬必须废止,而代之以"衣衾三领,桐棺三寸"的薄葬。这些主张自然有其反对贫富不均、要求平等平均,反对铺张浪费、要求节俭勤朴的善良愿望,但也同时反映了小生产者安于最低生活水平的局限。这种理念是不利于生产发展和社会进步的。

墨子的"尊天"、"事鬼"尽管赋予天、鬼以墨家思想守护神的人世情怀,因而具有"工具理性"的意义,然而,墨子也同时赋予天、鬼以人格神的定位,这就使他的天与殷人的"帝"、周人的"天"具有了一脉相通之处。他认为天同样是法力无边的:它既能够将王权交给"顺天意者",又能够将王权从"反天意者"那里取走,并且不时地与地上的王者互相感应和沟通:

> 然则禹汤文武其得赏何以也?子墨子言曰:其事上尊天,中事鬼神,下爱人。故天意曰:"此之我所爱、兼而爱之,我所利、兼而利之。爱人者此为博焉,利人者此为厚焉。"故使贵为天子,富有天下,业万世子孙。传称其善。方施天下,至今称之,谓之"圣王"。然则桀纣幽厉得其罪何以也?子墨子言曰:其事上诟天,中诟鬼,下贼人。故天意曰:"此之我所爱、别而恶之,我所利、交而贼之。恶人者此为之博也,贼人者此为之厚也。"故使不得终其寿,不殁其世,至今毁之,谓之"暴王"。①

> 子墨子言曰:吾所以知天贵且知于天子者,有矣。曰:天子为善,天能赏之。天子为暴,天能罚之。天子有疾病祸祟,必斋戒沐浴,洁为酒醴粢盛,以祭祀天鬼,则天能除去之。②

这表明,墨子既相信君权神授说,又相信"天人感应论",并以天意

---

① 吴毓江:《墨子校注·天志上》,中华书局 2006 年版,第 295 页。
② 吴毓江:《墨子校注·天志中》,中华书局 2006 年版,第 303 页。

之然否解释王朝的更替。在墨子所处的战国初期,除个别思想家对天帝鬼神表示怀疑外,从正面完全否定天帝鬼神的还未出现。因而,我们没有理由对墨子的"尊天""事鬼"进行过多的非议。但也必须指出,墨子的"尊天""事鬼"比孔子的"不语怪、力、乱、神"、"未知生,焉知死"和"祭如在,祭神如神在"的思想不能不说是一种历史的退步。而到了汉代,墨子的"尊天""事鬼"论就成为董仲舒构筑他"神学目的论"的重要思想资料之一。

有的学者认为墨子的"尚同"、"尚贤"思想中有与近代民主意识相通的一面,这自然不无道理。但是,作为一种思想资料,"尚同"恰恰成为中国封建社会专制主义中央集权理论的渊源之一。先看墨子对国家起源的解释:

> 子墨子言曰:古者民始生未有刑政之时,盖其语,人异义。是以一人则一义,二人则二义,十人则十义。其人兹众,其所谓义者亦兹众。是以人是其义,以非人之义,故交相非也。是以内者父子兄弟作怨恶,离散不能相和合。天下之百姓,皆以水火毒药相亏害,至有余力不能以相劳,腐朽余财不以相分,隐匿良道不以相教。天下之乱,至若禽兽然。夫明乎天下之所以乱者,生于无政长。①

这里,墨子在断定无政府的社会必然导致混乱的前提下,引出他的"尚同"的理念。其思路是:上天选立天子,设立从上到下的各级政府以建立秩序,消除无政府状态,共同遵守"兼相爱,交相利"的"一同天下之义",太平盛世也就出现了。墨子把消除无政府状态、恢复秩序作为政府的重要功能无疑是有见地的。不过,在他设计的"尚同"的社会里,只要剔除其中的幻想成分,剩下的也就只能是专制主义了。他说:

> 明乎民之无政长,以一同天下之义,而天下乱也,是故选

---

① 吴毓江:《墨子校注·尚同上》,中华书局 2006 年版,第 109 页。

> 择天下贤良圣知辩慧之人,立以为天子,使从事乎以一同天下
> 之义。天子既已立矣,以为唯其耳目之请,不能独一同天下之
> 义,是故选择天下赞阅贤良、圣知辩慧之人,置以为三公,与从
> 事乎一同天下之义。①

而后层层选择诸侯国君、左右将军、大夫、乡里之长。这些人自然
都是"贤者"。无疑,这些从天子到乡里之长的"贤者"系列就是墨
子"一同天下之义"的前提。墨子接着说:"民之政长,既已定矣。
天子为发施政教,曰:'凡闻见善者必以告其上,闻见不善者亦必以
告其上。上之所是必亦是之;上之所非必亦非之。已有善傍荐之,
上有过规谏之。尚同义其上,而毋有下比之心,上得则赏之,万民
闻则誉之。'"②如此一来,也就达到了墨子设想的理想境界:里长
"率其里之万民,以尚同乎乡长","乡长之所是必亦是之,乡长之
所非必亦非之。去而不善言,学乡长之善言;去而不善行,学乡长
之善行"。乡长又"率其乡万民,以尚同乎国君","国君之所是必
亦是之,国君之所非必亦非之"。国君再率国之万民"尚同乎天
子"。这样,全国的百姓就在乡里之长、大夫、将军、诸侯国君、三公
等的统帅下,逐级"尚同",最后同天子保持绝对一致:以天子之所
是为是,同天子保持绝对一致:以天子之所是为是,以天子之所非
为非。天子以下的各级政长以及百姓如果违反了"尚同"之义,天
子就有权以"五杀之刑"加以惩罚。表面看起来,墨子这个"尚同"
是很令人神往的。从天子到各级政长都是"圣知辩慧"的贤良之
人,自下而上的"尚同"既维持了统一,又维持了秩序,一个"兼相
爱,交相利"的理想国不就实现了么!然而稍加推敲,就会发现,墨
子设计的这个"尚同"的前提在事实上是不存在的:因为他没有办
法保证从天子到各级政长都是贤人。而一旦抽掉了前提,"兼相

---

①　吴毓江:《墨子校注·尚同中》,中华书局 2006 年版,第 116 页。

②　同上。

爱,交相利"的理想国自然就成了空中楼阁,"上之所是必亦是之,上之所非必亦非之"的逐级"尚同"也就成了赤裸裸的专制主义。如果从这个意义上理解,郭沫若的论点"尚同是绝对的王权统治"、"以一人的意志为天下人的意志,以一人的是非为天下人的是非"①,就是可以接受的。事实上,墨子的"尚同"论与法家的"事在四方,要在中央,圣人执要,四方来效"的中央集权论确有异曲同工之妙。这个"尚同"论后来被法家的李斯、儒家的董仲舒充分吸收了。墨子的幻想自然无法实现,但以皇帝为代表的专制主义中央集权的行政体制却实实在在地在中国实行了两千多年。

墨子思想中最有价值的部分是他的"尚贤"理论。"尚贤"的理论并不是墨子第一个提出来的。在他之前,周公、姜尚、管仲、孔子,在他之后,孟子、荀子、慎到、商鞅,都提出或对"尚贤"理论进行了充分阐述。但是,应该承认,在其前后所有提倡任贤使能的思想中,以墨子的"尚贤"理论视野最广阔,内涵最丰富。他的"尚贤"有两层含义:一是要求当时的王公大人坚持任人唯贤的原则,选取贤人做各级政长;二是要求从王公大人到各级政长都依照贤人的标准修养自己成为君子人格的表率。墨子列举大量事实,论证"尚贤"为"政之本",同时猛烈批判西周以来任人唯亲、世卿世禄、"王公大人骨肉之亲,无故富贵面目美好者"②被举荐的弊端。要求王公大人广揽贤才,委以重任:

> 故古者圣王之为政,列德而尚贤,虽在农与工肆之人,有能则举之。高予之爵,重予之禄,任之以事,断予之令……举三者授之贤者,非为贤赐也,欲其事之成。故当是时,以德就列,以官服事,以劳殿赏,量功而分禄。故官无常贵,而民无终

---

①　郭沫若:《十批判书·孔墨思想的批判》,《郭沫若全集》(历史编二),人民出版社1982年版,第113页。

②　吴毓江:《墨子校注·尚贤下》,中华书局2006年版,第98页。

贱,有能则举之,无能则下之。举公义,避私怨。①

　　古者圣王甚尊尚贤而任使能。不党父兄,不偏富贵,不嬖
颜色。贤者举而上之,富而贵之,以为官长;不肖者抑而废之,
贫而贱之,以为徒役。是以民皆劝其赏,畏其罚,相率而
为贤。②

这里,墨子要求打破当时还残存的奴隶制等级贵贱身份的限制,以
贤能面前人人平等的原则,公正地在社会各类人,包括"农与工肆
之人"中选取贤能之士,给以高官,授以重禄,使之有职有权,充分
发挥自己的聪明才智。同时对在职的各级官吏依政绩事功进行奖
惩,"有能则举之,无能则下之",破除终身制,防止某些人对官位
的垄断。墨子的"尚贤"论反映了"农与工肆之人"参政的愿望,较
之其他各家的举贤思想要进步得多。不过,墨子真正关注的还是
"士"为代表的平民知识分子的参政要求。因为这部分人最具与
那些贵族执政者相抗衡的知识和能力。他说:"故士者,所以为辅
相承嗣也。故得士则谋不困,体不劳,名立而功成,美章而恶不
生……故子墨子言曰:得意,贤士不可不举;不得意,贤士不可不
举。"③又说:"入国而不存其士,则国亡矣。见贤而不急,则缓其君
矣。非贤无急,非士无与虑国。缓贤忘士而能以其国存者,未曾有
也。"④这里墨子简直将贤与士等同起来了。既然贤士关乎国家的
生死存亡,所以国君就必须有容士的雅量、尊士的风度、亲士的至
诚、用士的眼光,使贤能之士各得其所,以发挥他们最大的潜能。

　　在墨子心目中,贤良之士是他理想的君子人格的化身。这些
人忠于墨子的理想,笃行"兼相爱,交相利"的信条,讲仁义,重事

───────────

① 吴毓江:《墨子校注·尚贤上》,中华书局 2006 年版,第 67 页。
② 吴毓江:《墨子校注·尚贤中》,中华书局 2006 年版,第 74 页。
③ 吴毓江:《墨子校注·尚贤上》,中华书局 2006 年版,第 68 页。
④ 吴毓江:《墨子校注·亲士》,中华书局 2006 年版,第 1 页。

功,以法办事,忠于职守,兢兢业业,夜以继日,为官一任,造福一方,使饥者得食,寒者得衣,劳者得息,乱者得治:

> 贤者之治国也,蚤朝晏退,听狱治政,是以国家治而刑法正。贤者之长官也,夜寝夙兴,收敛关市、山林、泽梁之利,以实官府,是以官府实而财不散。贤者之治邑也,蚤出莫入,耕稼树艺,聚菽粟,是以菽粟多而民足乎食。故国家治则刑法正,官府实则万民富……内有以食饥息劳,将养其万民,外有以怀天下之贤人……外者诸侯与之,内者万民亲之,贤人归之。以此谋事则得,举事则成,入守则固,出诛则强。①

同时墨子理想中的贤士还必须努力加强自身修养,以宗教的赤诚约束自己,"见毁而反之身","潜慝之言无入之耳,批扞之声无出之口,沙伤人之孩无存之心",以"君子之道"要求自己,"贫则见廉,富则见义,生则见爱,死则见哀",志强智达,言信行果,有财分人,有力助人,守道而笃,偏物而博,"心辩而不繁说,多力而不伐功"。"言无务为多而务为智,无务为文而务为察"②。如此高大的贤士是墨子理想中的圣人、君子、智者和循吏的综合形象。"尚贤"论是墨子政治思想中最有价值的部分,是他对中国传统文化的重大贡献。

墨子的认识论在中国思想史上占有重要一席地位,因为他提出了著名的"三表"原则:

> 子墨子言曰:言必立仪。言而毋仪,譬犹运钧之上而立朝夕者也,是非利害之辨,不可得而明知也,故言必有三表。何谓三表? 子墨子言曰:有本之者,有原之者,有用之者。于何本之? 上本之于古者圣王之事。于何原之? 下原察百姓耳目之实。于何用之? 废以为刑政,观其中国家百姓人民之利。

---

① 吴毓江:《墨子校注·尚贤中》,中华书局 2006 年版,第 75 页。
② 吴毓江:《墨子校注·修身》,中华书局 2006 年版,第 11 页。

此所谓言有三表也。①

这里,墨子在中国思想史上第一次提出了检验认识正确与否的标准,即"三表"。这个"三表"中有着唯物论认识论的因素,如第三表就隐含着实践检验真理的倾向。但总体上看,墨子的"三表"带有很强的经验主义和实用主义倾向。因为无论是"古者圣王之事",还是"百姓耳目之实",甚至"国家百姓人民之利",都主要是依据过去和现在的感性经验。而这些感性经验与马克思主义所说的"实践"还有着本质的区别。因为前者是已经过去的经验,后者是未来充满变数的行动。而已有的文献记载则被他视为真实的存在,无怪乎他在使用三表进行具体论证时得出了"鬼神为有"和"明鬼"的结论。

墨子去世后,据《韩非子·显学篇》记载,墨家学派"离为三",但后世对三派的情况已经不太清楚。只是在《墨子》的《经上》、《经下》、《经说上》、《经说下》、《大取》、《小取》等篇章中,可以看到墨家后学对墨子思想的发展。例如,在义利观方面,他们进一步发展修正墨子的功利至上的观念,提出义利统一的理念:"义,利也。""忠,以为利而强低也。""孝,利亲也。""利,所得而喜也。""害,所得而恶也。"②这里,对利的解释已不完全注重物质的层面,而是把情感和精神的感受也纳入其中,这显然较墨子的理念更加完善了。墨家后学还提出了"权"的概念,《大取》篇说:

> 于所体之中而权轻重,之谓权。权非为是也,亦非为非也,权正也。断指以存腕,利之中取大,害之中取小也。害之中取小,子非取害也,取利也。其所取者,人之所执也。遇盗人,而断指以免身,利也;其遇盗人,害也。断指与断腕,利于

① 吴毓江:《墨子校注·非命上》,中华书局2006年版,第400页。
② 吴毓江:《墨子校注·经上》,中华书局2006年版,第483—484页。

　　天下相若,无择也。死生利若,一无择也。①

这种"两利相权取其大,两害相权取其轻"的选择原则是对墨子功
利学说的发展和完善,对后世的影响很大。墨家后学对墨子的认
识论也有所发展。他们认为生命是形体和认识能力结合而成的,
"生,刑与知处也"②。认识是由感性到理性逐步深入的过程:人
有认识事物的能力,"知,材也",就是人有认识事物的感觉器官。
这种感觉器官只有同外界接触才能产生认识,"知,接也"③。但这
种感觉获得的材料还必须经过"智"即理性思维的处理才能达到
"明"的境界,"知也者,以其知遇物,而能貌之,若见"④,即对事物
的全面、彻底和清楚的理解和把握。这比墨子的经验论显然提高
了一个层次。

　　墨家后学在"百家争鸣"的激烈辩诘中,对中国逻辑学的发展
作出了独特的贡献。例如,他们对辩诘的作用和方法进行了系统
阐述:

　　　　夫辩者,将以明是非之分,审治乱之纪,明同异之处,察名
　　实之理,处利害,决嫌疑焉。摹略万物之然,论求群言之比。
　　以名举实,以辞抒意,以说出故。以类取,以类予。有诸己不
　　非诸人,无诸己不求诸人。⑤

认为辩诘的目的是"明是非"、"审治乱"、"明同异"、"察名实"、
"处利害"、"决嫌疑"即追求和认识真理,而辩诘必须严守逻辑
规则,尊重客观事实,尊重各种不同的说法,做到"以名举实,以
辞抒意,以说出故",以保证得出的结论既符合事实又全面周密。

---

①　吴毓江:《墨子校注·大取》,中华书局 2006 年版,第 611 页。

②　吴毓江:《墨子校注·经说上》,中华书局 2006 年版,第 471 页。

③　同上,第 469 页。

④　同上,第 469 页。

⑤　吴毓江:《墨子校注·小取》,中华书局 2006 年版,第 642 页。

墨家后学对形式逻辑中的概念、判断和推论都作了深刻的分析。例如他们将"名"即概念分为三类:"达"名是最高的类概念,如包括所有物品在内的"物"即是;"类"名是一般的类概念,如包括所有马的"马"即是;"私"名是指个别事物的概念,如专指奴隶的"臧"即是。他们以"盈坚白"说批判了公孙龙"离坚白"的诡辩。他们还指出判断必须"以故生,以理长,以类行",区分"有之不必然,无之必不然"的个"小故"和"有之必然,无之必不然"的"大故",并且探索了推理方法中的选言判断"或"、假言判断"假"、类比推理"援"、归纳推理"推"等,还接触到"排中律"和"矛盾律"等重要问题。在先秦逻辑学领域是贡献最多和最大的学派。

尽管在战国中期以前墨家学派曾一度超过儒家,其代表人物在楚、越、卫、宋、齐、秦等诸侯国做官从政,都有不俗的表现,可以说极尽风光。然而,随着战国时代的落幕,墨家就声光消歇了。当西汉初年诸子中的儒、道、法、阴阳、纵横各家再度活跃的时候,却再也见不到墨家的身影了。原因何在?学者们可以给出各种各样的答案,但有几点似乎应该形成共识。首先,从墨家学派本身说,由于其坚持最低生活水准的禁欲主义倾向不利于生产的发展和人民生活的提高,坚持"非乐"的反文化倾向不利于人民对精神文化的追求,这种学说不可能得到广大人民的长期拥护。其次,墨学的"尚同"、"尚贤"的理念并非它所独有,西汉初年,儒学在自我改造的过程中将其吸收消化,它为这些理论而单独存在的价值已经没有了。最后,墨学的侠义精神虽然被下层社会的民间结社所保留,但在理论上却没有新的发展,就不可能对知识分子具有吸引力,也不可能在知识阶层中传播和发展了。尽管墨学在秦汉以后销声匿迹,但在齐鲁文化发展史上,仍然占有重要地位。"墨学的广泛传播扩大了齐鲁文化的影响,使齐鲁人执着追求真理、坚守高尚情操、好学而且笃行的精神风貌得到更加充分的展示。特别重要的是,墨学的兴起带动了齐鲁地区学术文化的发展,对宋钘尹文学派、许行学派、阴阳家和儒家的发展都起到了强有力的推动作用。"①

（原载《山东思想文化史》,山东人民出版社 2011 年版）

---

① 孟祥才、胡新生:《齐鲁思想文化史》,山东大学出版社 2002 年版,第 231 页。

齐国稷下学派与淳于髡

战国时期,齐国的统治者由姜氏变为田氏。这一时期的齐国比春秋的齐国更加强大,曾一度与称为"西帝"的秦国并峙而立,称为"东帝"。齐国不仅在经济和军事上是雄踞东方的大国,而且在思想文化上成为当时列国的中心,孕育出影响深远的稷下学派。

稷下学派因稷下学宫而得名,而稷下学宫则因其位于齐国国都临淄城的西门即稷门之外而得名。稷下学宫始建于田齐第三代国君田午(前373—前357)统治时期。此后,历经齐威王、齐宣王、齐闵王、齐襄王和齐王建五代国君一百多年时间,这个学宫一直保持着列国学术文化中心的地位。齐宣王在位期间(前319—前301),稷下学宫进入鼎盛时期。《史记·田完世家》描述学宫的盛况说:

> 宣王喜文学游说之士,自如驺衍、淳于髡、田骈、接予、慎到、环渊之徒七十六人,皆赐列第,为上大夫,不治而议论。是以齐稷下学士复盛,且数百千人。①

《史记·孟子荀卿列传》对学宫的盛况也有一段近似的描述:

> 自驺衍与齐之稷下先生,如淳于髡、慎到、环渊、接子、田骈、驺奭之徒,各著书言治乱之事,以干世主,岂可胜道哉!……于是齐王嘉之,自如淳于髡以下,皆命曰列大夫,为开第康庄之衢,高门大屋,尊宠之。览天下诸侯宾客。言齐能

---

① 司马迁:《史记·田敬仲完世家》,中华书局1959年版,第1895页。

致天下贤士也。[1]

齐闵王在位期间（前300—前284）齐国经历了由盛及衰的转折。他一度与秦昭王分称"东帝"、"西帝"，灭掉宋国，南吞楚国淮北之地，西夺三晋大片土地，"泗上诸侯、邹鲁之君皆称臣，诸侯恐惧"。国势达到顶点，统一中国的雄图暴露无遗。但不久，风云突变。公元前284年，燕将乐毅率燕、秦、韩、赵、魏五国之师大举攻齐，很短时间内占领了包括国都临淄在内的七十余城，齐闵王也在流亡过程中被楚人杀死。估计此时曾安居于稷下的学者，面对攻入临淄的联军，或死或逃，风流云散了。其实，由于齐闵王晚年的好大喜功，穷兵黩武，稷下学士中的不少人已从齐国的繁盛中预测衰乱将至，因而纷纷出走避祸。《盐铁论·论儒》追述当时的情景说：

> 齐威、宣之时，显贤进士，国家富强，威行敌国。及湣王，奋二世之余烈，南举楚、淮，北并巨宋，苞十二国，西摧三晋，却强秦，五国宾从，邹、鲁之君、泗上诸侯皆入臣。矜功不休，百姓不堪。诸儒谏不从，各分散，慎到、捷子亡去，田骈如薛，而孙卿适楚。内无良臣，故诸侯合谋而伐之。[2]

田单率齐军驱逐五国联军后，齐国在襄王和齐王建统治时期虽然又延续了五十多年，但再也无法恢复昔日的辉煌，而是在不断的衰落中导向灭亡。稷下学宫尽管一度恢复起来，并凭藉过去浑厚积累继续保持了列国学术文化中心的地位，然而，与齐国的国势一样，它的走向也只能是"无可奈何花落去"，在不断的衰颓中走向结束。这是因为，一方面齐国的国力已难以为稷下学者提供往日优厚的待遇，稷下学宫的吸引力已大不如前，另一方面，老一代学

---

[1]　司马迁：《史记·孟子荀卿列传》，中华书局1959年版，第2346—2348页。

[2]　王利器：《盐铁论校注·论儒》，中华书局2015年版，第164—165页。

者如田骈、淳于髡等都已凋谢,学术队伍也没有了昔日的阵容。虽然,荀子在这期间已来到学宫,并且三次担任学宫的主持人"祭酒",荀子之后,也有邹衍、邹奭、田巴、鲁仲连等著名学者加盟,但毕竟形变势异,学宫的衰败已是不可挽回了。公元前221年,当强大的秦军轻而易举地攻占齐国,将齐王建俘虏之后,稷下学宫也黯然收场,为自己画上了句号。残存的学者也只能悲哀地悄然离去,带着无限的惆怅和迷惘寻找新的生活之路。

稷下学宫在近一个半世纪的悠长岁月里,成为战国中后期我国教育与学术文化的中心,在培养人才,催生学派,推动百家争鸣的学术论争中起了至关重要作用。这所集中了官学教育和私学教育优长的高等学府,之所以能够在文化教育学术领地上独领风骚百余年,成为齐鲁乃至全国思想文化的重镇,首先是因为齐国发达的经济为稷下学宫的创立和繁荣奠定了坚实的物质基础,为数以千百计的学人提供了优厚的待遇,使他们衣食丰足,心无旁骛、潜心从事学术研究和教育学生。其次是因为齐鲁地区有着丰厚的文化积累,不仅为新的思想文化的再创造提供了沃土,而且也为新的思想文化的再创造建立了新的出发点。再次是因为齐国的几代国君,尤其是威王和宣王,高瞻远瞩,礼贤下士,使稷下学宫大师云集,人才荟萃,极一时之盛。最后,从学术的角度看也许是最重要的,这就是思想自由、百家争鸣,形成了良好的学风。战国时代列国竞争的环境,造成了当权者礼贤下士的时代氛围。各国统治者不仅给贤士们优厚的物质待遇,而且尊重他们的人格,给他们充分的言论自由和学术自由。即使国君参与辩诘,他也是平等的一员。纵然被辩得无话可说,不得不"王顾左右而言他",也不能以行政命令压服对方。国君与贤士都在自由地双向选择,没有任何一个知识分子因言获罪。齐国的稷下学宫为当时的列国学者搭建了一个百家争鸣的舞台,成为当时最令人向往的学术中心。一方面,齐国当政者热诚欢迎来自四面八方的学者,保证学者来去自由,来者欢迎,去者欢送,再来同样以礼相待;一方面不以政治,不以君王的好恶干预学者的学术活动,使学者们在百无禁忌的条件下独立思考,自由辩论。这种环境和政策使战国时代的学者名流,不分国别,不分学派,频繁地出入稷下学宫。司马谈在《论六家要旨》中论述的儒、墨、名、法、道、阴阳等学派,几乎都有代表人物登台亮相。据现存文献,钱穆《先秦诸子系年》中考证稷下学宫留下姓名的学者有 17 人,张秉楠在《稷下钩沉》中考证有 19 人。他们是:儒家代表人物孟子、荀子、徐劫、鲁仲连;墨家代表人物宋钘(兼治道)、告子(兼治儒);名家代表人物兒说、田巴;法家代表人物慎到;道家即黄老代表人物彭蒙、尹文、接予、季真、田骈、环渊、王斗;阴阳家代表人物邹衍、邹奭;还有"学无所主"的淳于髡。在这些代表人物中,以道家即黄老学派的阵容最为强大。由于稷下学宫是诸子百家自由争鸣的论坛,就使学派与学派、各学派内部以及师友之间时时展开平等的论争。这种平等、自由、生动活泼的思想学术论争,既促进了每个学派的发展,也促进了各学派之间的互相渗透、吸收、融合,促进了新学派如黄老思想的形成,进而促进了大师级的伟大学者如彭蒙、宋钘、尹文、孟轲、慎到、田骈、环渊、荀况、邹衍等脱颖而出,同时更使数以千百计的优秀人才培养出来,在战国、秦与西汉的文化传承中起了承上启下的作用。稷下学宫所培养的优良学风和独特的行之有效的教学模式,对我国两千年封建社会的思想与文化教育的发展都产生了深远而巨大的影响。

淳于髡是稷下学宫领袖群伦的人物,在威、宣、闵三代半个多世纪的岁月里,他是稷下学宫的掌门人。正是在他的领导运作下,稷下学宫盛况空前,达到了辉煌的顶点。他之所以能够起到如此重大的作用,一是因为他是稷下学宫中又议又治的人物,具有杰出的外交才干,多次完成重要的外交使命。他直言敢谏,多次为齐国推荐优秀人才,因而获得齐王的绝对信任。由此使他成为稷下学宫与齐王联系最密切的人物,在齐王眼里,他是学者;在稷下学者眼里,他又是官员,是齐王的代表。这种一身兼二任的身份,就使他成为稷下学者与齐王联系的纽带和桥梁。同时,由于淳于髡"博文强识,学无所主",就使他处于超然地位,具有学派立场鲜明的人所没有的亲和力、吸引力,从而被各学派看成自己的知音,也就很容易地成为各学派都能接受的领袖人物。如果说稷下学宫是一个巨大的磁场,淳于髡就是这个磁场的中心。正是通过他的组织和协调,使稷下学宫作为战国时代的思想学术中心,较长时间处于最佳运行状态,最大限度地调动和激发了各学派代表人物的积极性和创造性,推出了一大批具有永恒魅力和不朽价值的思想学术成果,将中华民族的思维水平大大提升了一步。特别是由于淳于髡的精心的组织和协调,由于一代又一代稷下学者的不断努力,培育出了兼容、独立和自由的学术精神。而这种学术精神具有超越时空的恒久价值,因为思想和学术的创新只有在这种精神的照耀下才能获得成功。

在稷下学宫的诸多学派中,黄老道家学派的阵容最为强大。《史记·孟子荀卿列传》记载的当时该学派的代表人物是:"慎到,赵人。田骈、接子,齐人。环渊,楚人。皆学黄老道德之术,因发序其指意。"其实这一学派的代表人物还有彭蒙、尹文、季真、王斗等。他们奉传说中的黄帝和老子为创始人,大大拓展了道家的理论。其中宋钘、尹文、慎到、田骈等人的学术贡献最大。学术界虽然一般不把宋钘、尹文算在黄老道家学派之中,但他们对老子学说的吸纳却推动了道家学说在稷下的传播和发展,并对黄老学派的形成和发展产生了直接而具体的影响。《庄子·天下篇》是中国最早的学术史,它对宋钘、尹文的学说作过比较详细的评介:

> 不累于俗,不饰于物,不苟于人,不忮于众,愿天下之安宁以活民命,人我之养毕足而止,以此白心,古之道术有在于是者。宋钘、尹文闻其风而悦之。作为华山之冠以自表,接万物以别宥为始;语心之容,命之曰心之行,以聏合欢,以调海内。

请欲置之以为主。见侮不辱，救民之斗；禁攻寝兵，救世之战。以此周行天下，上说下教，虽天下不取，强聒而不舍也，故曰上下见厌而强见也。

　　虽然，其为人太多，其自为太少；曰："请欲固置五升之饭足矣。"先生恐不得饱，弟子虽饥，不忘天下，日夜不休。曰："我必得活哉！"图傲乎救世之士哉！曰："君子不为苛察，不以身假物。"以为无益于天下者，明之不如已也。以禁攻寝兵为外，以情欲寡浅为内，其小大精粗，其行适至是而止。①

显然，宋钘、尹文的学说作为"别墨"一派，基本上继承了墨子"救民之斗；禁攻寝兵"的思想，但它同时也吸收了老子的"情欲寡浅"和"见侮不辱"的理念。他们认为人对物质财富和其他享受的需求是很有限的，适足即止而不多求应该是人之常情，所以"以己之情为欲多"②是人之常情的一种扭曲。因而他们要大力宣传自己的主张，让人们明白，"知情欲之寡"。欲寡则无贪心，无争端，"愿天下之安宁以活民命"的理想也就能够实现了。所谓"见侮不辱"就是受到欺侮不以为羞辱。目的是为了"救民之斗"，即制止人间没完没了的争斗。正如《荀子·正论》引宋钘的话所作的解释："明见侮之不辱，使人不斗。人皆以见侮为辱，故斗也；知见侮之不辱，则不斗矣。"《韩非子·显学》对这一观点也作了近似的诠释："宋荣子（即宋钘）之议，设不斗争，取不随仇，不羞囹圄，见侮之不辱，世主以为宽而礼之。"这实际上是要求人们对外来的"辱"保持最大的克制，在内心予以化解，以"辱"为不辱，人人如此，自然也就斗不起来了。显然，"情欲寡浅"和"见侮不辱"是宋尹学派从老子那里继承来的一种人生理念，基本精神就是以退为进，以柔克刚，以退让求和平，达到消解战国时期国与国、集团与集团、人与人

①　陈鼓应：《庄子今注今译》，中华书局2009年版，第924—925页。
②　王先谦：《荀子集解·正论》，中华书局2013年版，第406页。

之间无休止斗争的目的。

宋尹学派在认识论上提出了"接万物以别宥为始"的思想，要求人们在认识过程中自觉地破除妨碍正确认识事物的屏障、宥蔽，如错觉、偏见、习惯心理定势等，以便人们能够迅速准确、毫无阻碍地认识事物的本质或真相。不少学者认为《吕氏春秋》的《去尤》和《去宥》两篇反映了宋尹学派的观点，可以作为对"别宥"的注解：

> 世之听者多有所尤，多有所尤则听必悖矣。所以尤者多故，其要必因人所喜与因人所恶。东面望者不见西墙，南乡视者不睹北方，意有所在也。[1]

> 夫人有所宥者，固以昼为昏，以白为黑，以尧为桀，宥之为败亦大矣。亡国之主，其皆甚有所宥邪？故凡人必别宥然后知，别宥则能全其天矣。[2]

"别宥"说要求人们在认识过程中摒弃主观成见和其他一切障碍，全面客观地认识和把握事物的真相，无疑是正确的。后来荀子的"解蔽"说显然是受了它的影响。

齐宣王、闵王时期，稷下黄老学派达到最兴盛的时期。彭蒙、慎到、接予、季真、田骈、环渊等黄老学派最负盛名的代表人物都在这一时期活跃在稷下学宫。其中彭蒙、接予、季真、环渊等的事迹和学说都比较模糊，只有慎到和田骈的事迹和学说尚能依稀可辨。《荀子·非十二子》将二人归入"上法"一派的代表。《汉书·艺文志》将田骈归入道家，著录《田子》二十五篇，今已佚；将慎到归入法家，著录《慎子》四十二篇，现在只剩下七篇不足二千字的残本。但不少学者考证《管子》的《内业》、《心术上》、《心术下》、《白心》四篇可以视为二人的作品，能够作为研究他们思想的主要材料。慎到和田骈从老子的道论引申出刑名法术之学，即汉代人所说的

---

①　许维遹：《吕氏春秋集释·去尤》，中华书局 2016 年版，第 249 页。

②　许维遹：《吕氏春秋集释·去宥》，中华书局 2016 年版，第 370 页。

"黄老道德之术"。他们首先从对老子"道"和"德"的解释建立起
自己的宇宙观：

> 天之道,虚其无形,虚则不屈,无形则无所低赶(牴牾),
> 无所低迕,故遍流万物而不变。德者,道之舍(施行),物得以
> 生生,知得以职(识)道之精。故德者,得也。得也者,谓得其
> 所得以然也。以无为之谓道,舍之之谓德,故道之与德无间,
> 故言之者不别也。①

他们认为"道"是世界万物的本体,它空虚无形,无比深广,没有穷
尽,因而能畅行无阻,遍及万物。"道"是万物生成的本源,它的最
高的规律或道理就是"无为",即一切顺其自然。"德"是"道"的体
现,是万物自行运转,自生自灭,自我生成自我消失的过程。所以
最后推出了"道"和"德"的经典定义："虚而无形谓之道,化育万物
谓之德。"由于"道"的本性是"无为",就进而引申为普遍和公平,
而礼义和法度就体现了这种普遍和公平,它们也就是由"道"而
生,因而也就具有了合理性和必然性："君臣父子人间之事谓之义;
登降揖让,贵贱有等,亲疏之体谓之礼。简物小未一道,杀戮禁诛
谓之法。"②对于义、礼、法与"道"的关系,《心术上》还有一段更深
入的阐发：

> 义者,谓各处其宜也。礼者,因人之情,缘义之理,而为之
> 节文者也。故礼者,谓有理也。理也者,明分以喻义之意也。
> 故礼出乎义,义出乎理,理因乎宜者也。法者,所以同出(参
> 差),不得不然者也,故杀戮禁诛以一之也。故事督乎法,法出
> 乎权,权出乎道。③

---

① 戴望《管子校正·心术上》,《诸子集成》(五),上海书店 1986 年影
印版,第 220—221 页。
② 同上,第 219 页。
③ 同上,第 221 页。

尽管绕了不少圈子,其实他们要说的也就是义、礼、法皆出乎"道"。在老子那里,义、礼、法是"道"被废弃以后出现的违反人类本性、溢出文明轨道的"恶"事物,而经过慎到和田骈的改造,义、礼、法就是"道"这个母体自然生出的具有合理性和必然性的健康活泼的婴儿了。

慎到和田骈在认识论上提出了虚静专一和"弃知去己"的观点。他们认为,要想认识"道",就必须保持心灵的虚静专一:

> (道)不远而难极也,虚之与人也无间。唯圣人得虚道……去欲则宣(畅),宣则静矣。静则精,精则独矣。独则明,明则神矣……虚者无藏也,故曰:去知则奚求矣?无藏则奚设矣?无求无设则无虑,无虑则反复虚矣。①

他们认为,为了认识和体悟"道",必须排除一切情感欲望和成见,使心灵保持空白"无藏"的"虚"的状态;还必须排除一切躁动和冲动,使心灵处于绝对静止和安定的"静"的状态;同时还必须排除一切杂念,使心灵保持绝对纯净集中的"一"的状态。在他们看来,心灵如同"馆舍",对"道"的认识或体悟如同贵客,虚静和专一就如同打扫馆舍使之安静清爽,这样才能使贵客入住,正所谓"洁其宫,开其门,去私毋言,神明若存。纷乎其若乱,静之而自治"。而虚静专一的最终目的和最高境界是"弃知(智)去己"、"去私"、"无为",进而与"道"融为一体:

> 过在自用,罪在变化。自用则不虚,不虚则忤(逆)于物矣;变化则为(刻意有为)生,为生则乱矣……君子之处也若无知,言至虚也。②

这里的"至虚"指的是一种心境,即认为自己一无所知和完全没有

① 戴望《管子校正·心术上》,《诸子集成》(五),上海书店1986年影印版,第320页。
② 同上,第222页。

私心杂念的程度,只有这样,才能懂得"无为"的奥妙,做到"动静不离于理"①。也就是说,达到这种极高的修养境界以后,人们就能够在认识过程中做到"道贵因"、"物至则应"和"督言正名",绝对遵循事物固有的规律,准确客观地反映事物的本来面貌,从而不犯主观主义和任意胡为的错误。

最后,慎到和田骈的理论落脚点归结为"事断于法"。他们认为,"法"是"道"的公正无私精神的体现,因而应该成为人人必须遵守的最高规范:

> 法虽不善,犹愈于无法,所以一人心也。夫投钩以分财,投策以分马,非钩策为均也,使得美者不知所以德,使得恶者不知所以怨,此所以塞愿望也。故著龟,所以立公识也;权衡,所以立公正也;书契,所以立公信也;度量,所以立公审也;法制礼籍,所以立公义也。凡立公,所以弃私也。②

在他们看来,法虽然不是尽善尽美的,但因为它代表着必然和公道,所以能够抑制私情和调节欲望,从而保证社会的正常和有序的运行。为了使法能够得到正确的贯彻执行,必须反对舍法而"慕贤智":

> 今也国无常道,官无常法,是以国家日缪。教虽成,官不足,官不足则道理匮,道理匮则慕贤智,慕贤智则国家之政要在一人之心矣。③

还必须反对舍法而任忠臣。因为历史事实证明"忠未足以救乱世,而适足以重非"④,所以治国主要不能依靠臣子对君主的忠心,而

---

① 陈鼓应:《庄子今注今译》,中华书局 2009 年版,第 930 页。

② 钱熙祚校:《慎子·威德》,《诸子集成》(五),上海书店 1986 年影印版,第 2—3 页。

③ 同上,第 2 页。

④ 钱熙祚校:《慎子·知忠》,《诸子集成》(五),上海书店 1986 年影印版,第 4 页。

是倚靠他们遵守法令恪尽职守：

> 明主之使其臣也,忠不得过职,而职不得过官。是以过修
> 于身,而下不敢以善骄矜。守职之吏,人务其治,而莫敢淫偷
> 其事。官正以敬其业,和顺以事其上,如此,则至治矣。①

显然,他们并不是完全否定臣子对君主的忠心,而是防止有人以
"忠君"为名超越权限,违法乱纪。进而,他们还反对"舍法而以身
治"。即要求君主也必须在法的范围内活动,而不能以个人意志实
施赏罚。因为如果君主以个人意志实施赏罚,则必然导致"同功殊
赏,同罪殊罚",结果是私情横行,政治混乱。反之,"大君任法而
弗躬,则事断于法矣。法之所加,各以其分,蒙其赏罚而无望于君
也,是以怨不生而上下和矣"②。为了防止出现君主"舍法而以身
治"的弊端,君主必须坚持"无为"的原则：

> 君臣之道,臣事事,而君无事;君逸乐,而臣任劳;臣尽智
> 力以善其事,而君无与焉,仰成而已。故事无不治,治之正道
> 然也。③

这里强调的是君主和臣下应该在法的范围内有一个职权上的明确
分工,君主不应该越权干预臣下职权范围内的活动。但是,并不是
要求君主轻视势位和放弃本应属于自己的权力。慎到等人已经看
到权位的重要性,他形象地说,如果君主没有居高临下的势位,就
像螣蛇失去雾,飞龙失去云,就只能落得与蚯蚓一样任人宰割,遑
论什么统治国家。慎到等人的重势的思想是战国时代封建专制主
义中央集权和尊君抑臣思潮不断发展的反映,后来被韩非吸收并

---

① 钱熙祚校:《慎子·知忠》,《诸子集成》(五),上海书店1986年影印
版,第5页。

② 钱熙祚校:《慎子·君人》,《诸子集成》(五),上海书店1986年影印
版,第6页。

③ 钱熙祚校:《慎子·民杂》,《诸子集成》(五),上海书店1986年影印
版,第3—4页。

加以发展,成为他完整的法治理论的重要组成部分。不过,慎到和田骈的道法相结合的法治思想与韩非思想还是有区别的,这主要体现在他们虽然主张"任法"和"势位",但并不主张君主绝对专制,《慎子·威德》就认为天下、国家大于天子和国君:

> 古者,立天子而贵者,非以利一人也。曰:"天下无一贵,则理无由通,通理以为天下也。"故立天子以为天下,非立天下以为天子也;立国君以为国,非立国以为君也;立官长以为官(职),非立官以为长也。

慎到和田骈的黄老道法学说后来在黄老帛书《经法》、《十大经》、《称》和《道原》那里得到较充分的继承和发展,形成了西汉初年"因阴阳之大顺,采儒墨之善,撮名法之要"①的黄老刑名之学,并被统治者采纳,成为西汉前期六十年左右的政治上的指导思想。

(原载《山东思想文化史》,山东人民出版社 2011 年版)

---

① 司马谈:《论六家要旨》,《史记·太史公自序》,中华书局 1959 年版,第 3289 页。

思孟学派儒学在战国的崛起

战国时期,儒家学派中影响最大的是以曾子、子思和孟子为代表的思孟学派和以荀子为代表的孙氏之儒。

子思(前483—前403),名伋,鲁国人,孔子之孙。相传由他撰写的《中庸》一书发展了孔子的"中庸"思想,成为连接孔子和孟子的桥梁。"中庸"是孔子思想的重要内容之一,他说:"中庸之为德也,其至矣乎!"①程颐解释"中庸"云:"不偏之谓中,不易之谓庸。不偏不易,谓之至中。"即是说做任何事情都要掌握一个恰如其分的"度",既不"过"亦不"不及",以达到"中和"。从思想方法论的角度看,程颐的解释接近孔子的原意。子思发挥孔子的"中庸"思想,进而为孔子以仁、礼为核心的学说寻来一个天道性命的哲学基础:

> 天命之谓性,率性之谓道,修道之谓教……中也者,天下之大本也;和也者,天下之达道也。致中和,天地位焉,万物育焉。②

> 诚者,天之道也;诚之者,人之道也。③

> 唯天下至诚,为能尽性;能尽其性,则能尽人之性;能尽人之性,则能尽物之性;尽物之性,则可以赞天地之化育;可以赞

---

① 《论语·雍也》,《十三经注疏》,中华书局1980年版,第2479页。
② 陈来、王志民主编:《中庸解读》,齐鲁书社2019年版,第55页。
③ 同上,第183页。

天地之化育,则可以与天地参矣。①

　　至诚之道,可以前知。国家将兴,必有祯祥;国家将亡,必有妖孽……祸福将至,善,必先知之;不善,必先知之。故至诚如神。②

显然,《中庸》将天人合一作为自己的哲学核心,认为天—诚—性—命—道—教都是相通的。天的精神是诚,诚化育万物,在人身上体现为性与命,率性而行又体现为道。道既是天地万物的总规律,又是人类社会制度与伦理道德的总汇。而使人认识道,进而认识诚,就要靠教。人们认识性、命、道,最后认识诚,至诚通天,天人合一。这样,人就不仅可以认识自己,主宰人事,而且还可以"赞天地之化育","与天地参",参与天地的运行,并能预知吉凶祸福,达到"至诚如神"的境界。子思继承了乃祖自强不息、昂扬向上的精神,自然有其可贵之处,但是,他并不了解自然界(天)与人类社会的区别,更不了解人的主观能动性的发挥始终处于时代的制约之中,不可能达到任意和无限的程度。子思夸大了人类主观能动性的作用,最后滑向了神秘主义,与宗教神学合流了。子思上承孔子,下启孟子,成为二者之间的桥梁,在孔孟之道的形成过程中起了重要作用。后世学者将他与孟子结合起来,合称思孟学派,是有道理的。《中庸》对宋明理学的形成也产生了重大影响。宋以后,《中庸》作为四书之一成为封建士子的教科书,而子思也成为"四配"之一的"述圣"跻入大成殿,与乃祖一起享受着封建帝王的儒生的隆重祭典。

　　战国时期孟氏之儒的代表人物孟子(前372—前289),名柯,邹(今山东济宁邹城)人,为鲁国贵族孟孙氏的后裔。他幼年丧父,家境贫寒,靠母亲纺纱织布维持生计。母亲十分重视对他的教

---

① 陈来、王志民主编:《中庸解读》,齐鲁书社2019年版,第198页。
② 同上,第200页。

育,留下了"孟母三迁"的佳话。据说他少年时期曾跟子思的弟子学习,对孔子崇拜得五体投地,自称"私淑弟子"。他后来的经历也与孔子颇多相似之处。壮年以后聚徒讲学,后来周游列国,经常有数百学生同行,在旅途中随时进行教学活动。孟子热爱教育,对其倾注了深厚的感情,曾说"得天下英才而教育之"是人生最大的乐事。公元前 320 年,孟子应邀来到魏国,向梁惠王大讲义利之辨,力劝他减轻赋役和刑罚,实行"仁政",使国家强盛起来。但未得到重用。第二年,梁惠王死去,其子襄王继位,对孟子十分冷淡。孟子知道事无可为,只得离开魏国去齐国,在那里又盘桓了六七年。这期间,他一面在稷下学宫讲学,一面向齐王兜售"王道政治"的方案,并一度被任命为卿大夫,是孟子政治生涯中最得意的时期。但是,齐宣王并不真心重用他。孟子看到自己的许多建议得不到采纳,只好恋恋不舍地离开齐国。此后,他又到过宋国、薛地,公元前 309 年来到滕国(今山东滕州市),建议滕文公恢复"井田制",实行"仁政",并为之描绘了一幅近者悦、远者来的诱人图景。不过,当时处于大国夹缝中的小小的滕国已经风雨飘摇,岌岌可危,哪里还有什么条件去实行孟子的主张? 这时候,孟子已年届六十五岁,知道自己在政治上再也不会有什么作为,只得离开滕国,返回自己的老家邹国,以孔子为榜样,继续从事教育工作,同时与弟子公孙丑、万章等一起,把自己的言论编为《孟子》七章,这是后人研究孟子生平和思想的主要资料。

孟子生当战国中期,正处于封建社会刚刚建立但还不完善的时期,各种社会和阶级矛盾复杂而尖锐。孟子以强烈的社会责任感,发挥孔子"仁"的理想,提出了一整套解决当时社会矛盾的"仁政"学说。其主要内容是"制民之产",使百姓获得一定的土地和住宅,办法就是恢复"井田制":

> 夫仁政,必自经界始。经界不正,井地不钧,谷禄不平,是故暴君污吏,必慢其经界。经界既正,分田制禄,可坐而定也。

夫滕壤地褊小,将为君子焉,将为野人焉;无君子莫治野人,无野人莫养君子。诸野九一而助,国中什一使自赋,卿以下必有圭田,圭田五十亩,余夫二十五亩。死徙无出乡。乡田同井,出入相友,守望相助,疾病相扶持,则百姓亲睦。方里而井,井九百亩,其中为公田,八家皆私百亩,同养公田,公事毕,然后敢治私事,所以别野人也。①

这种"八家共井"的制度,显然是一种劳役地租的剥削方式。不过,他的这一"井田制"的理想在当时土地占有已经比较复杂的情况下是不可能推行的。然而,与之相联系,他提倡的一系列诸如"制民恒产"、轻徭役、薄赋敛、减刑罚的思想却有着不可忽视的积极意义:

民之为道也,有恒产者有恒心,无恒产者无恒心。苟无恒心,放僻邪侈,无不为己,及陷于罪,然后从而刑之,是罔民也。焉有仁人在位,罔民而可为也? 是故贤君必恭俭礼下,取于民有制。②

明君制民之产,必使仰足以事父母,俯足以畜妻子,乐岁终身饱,凶年免于死亡,然后驱而之善,故民之从也轻。今也制民之产,仰不足以事父母,俯不足以畜妻子,乐岁终身苦,凶年不免于死亡,此惟救死而恐不赡,奚暇治礼义哉! 王欲行之,则盍反其本矣。五亩之宅,树之以桑,五十者可以衣帛矣。鸡豚狗彘之畜,无失其时,七十者可以食肉矣。百亩之田,勿夺其时,八口之家可以无饥矣。谨庠序之教,申之以孝悌之义,颁白者不负戴于道路矣。老者衣帛食肉,黎民不饥不寒,然而不王者,未之有也。③

---

① 《孟子·滕文公上》,《十三经注疏》,中华书局 1980 年版,第 2702—2703 页。

② 同上,第 2702 页。

③ 同上,第 2671 页。

孟子认识到小农经济是封建生产关系的基础,稳定小农,给他们创造较好的生产条件和生活条件具有至关重要的意义,而制民恒产和减轻赋役与刑罚的主张的确抓住了稳定小农的关键。孟子的这些主张对后世产生了良好的影响。所有"好皇帝"和"清官"、廉吏都是继承了他的"仁政"理想,采取措施使小农与土地相结合,并以轻徭薄赋之类政策为之创造过得去的生产和生活条件,从而创造出"文景"、"贞观"之类封建社会的"盛世"。

孟子已经隐隐地认识到劳动人民的力量,他上承周公"敬德保民"的思想,在许多方面阐发了重民的观念。他说:"民为贵,社稷次之,君为轻,是故得乎丘民而为天子。"①而能否得民的关键是能否得民心:"桀纣之失天下也,失其民也。失其民者,失其心也。得天下有道,得其民,斯得天下矣。得其民有道,得其心,斯得民矣。"②孟子认为,夏桀、商纣失去民心,所以失败;商汤、周武王得到民心,因而成功。他甚至把桀、纣看成独夫民贼,认为诛杀他们完全是一种正义行动,不能看作"弑君"。再进一步,从重民思想出发,孟子反对给当时劳动人民带来沉重灾难的兼并战争,斥责"春秋无义战",对在战争中登上霸主地位的齐桓公、晋文公之类,也不予称道。同时,他还把人心向背看成战争胜负的决定因素:

> 孟子曰:"天时不如地利,地利不如人和……故曰:域民不以封疆之界,固国不以山溪之险,威天下不以兵革之利。得道者多助,失道者寡助。寡助之至,亲戚畔之;多助之至,天下顺之。以天下之所顺,攻亲戚之所畔,故君子有不战,战必胜矣。"③

---

① 《孟子·尽心下》,《十三经注疏》,中华书局 1980 年版,第 2774 页。
② 《孟子·离娄上》,《十三经注疏》,中华书局 1980 年版,第 2721 页。
③ 《孟子·公孙丑下》,《十三经注疏》,中华书局 1980 年版,第 2693 页。

这里,孟子指出人的因素对政治和战争的决定性影响,不失为一种卓越的识见。但他不加区别地反对一切战争,把"仁者无敌"夸大到不要任何物质条件仅凭正义就能战胜敌人,显然是片面的。

孟子还认为君臣之间也应有一种互相信任、互相理解、互相承担义务的关系他对齐宣王说:

> 君之视臣如手足,则臣视君如腹心;君之视臣如犬马,则臣视君如国人;君之视臣如土芥,则臣视君如寇仇。
>
> 无罪而杀士,则大夫可以去;无罪而戮民,则士可以徙。
>
> 君仁,莫不仁;君义,莫不义。①

孟子自己当时虽然只属于士的阶层,但他敢于藐视那些达官贵人,"说大人则藐之"。在周游列国时,他见到不少诸侯国的国君,尽管他们声势显赫,人莫予毒,但孟子在他们面前总是侃侃而谈,议论风发,敢于同他们辩论,甚至将其逼得"王顾左右而言他"。在孟子身上,丝毫没有后来专制王朝臣子在君王面前的奴颜和媚骨。这是后世保留在一部分知识分子身上的最可贵的品格。秦汉以后,在君主独裁专制有着无上权威的封建时代,孟子重视民众和君臣对等的思想,包含着对君主独裁专制的批评和对最高封建统治者的制约。因此,明朝开国皇帝朱元璋对孟子大发雷霆之怒,甚至要把他赶出孔庙,也就不足为怪了。

孟子的重民思想和君臣对等的观念虽然在当时和其后长期的封建社会中都有进步意义,但是,孟子毕竟是剥削阶级的思想家,等级观念在其头脑中还是根深蒂固的。在剥削还具有"历史正当性"的时候,孟子不会认识到剥削只是暂时的历史现象,而是将其看作永恒的合理存在。他把从事体力劳动的人叫"小人"、"野人",把统治者称为"大人"、"君子"他们之间的关系是:"无君子莫

① 《孟子·离娄下》,《十三经注疏》,中华书局 1980 年版,第 2726 页。

治野人,无野人莫养君子。"①不过,孟子已经意识到社会分工的重
要性,特别是体脑分工的意义。他在与农家许行之徒陈相辩论时
说:"有大人之事,有小人之事。且一人之身,而百工为之备,如必
自为而后用之,是率天下而路也。故曰:或劳心,或劳力;劳心者
治人,劳力者治于人;治于人者食人,治人者食于人,天下之通义
也。"②孟子以分工为剥削辩护自然有其片面性,但他看到社会分
工特别是体脑分工的必要性、合理性和进步性是很了不起的。因
为正是分工,特别是体脑分工带来了社会生产和科学文化的巨大
进步。在阶级社会里,分工虽然不可避免地与剥削联系在一起,
但消灭剥削后,分工仍然存在。与分工相联系,孟子也朦胧地意
识到商品的价值的大小决定于其中隐含的物化劳动的多少。陈
相说:"从许子之道,则市贾不贰,国中无伪。虽使五尺之童适
市,莫之或欺。布帛长短同,则贾相若;麻缕丝絮轻重同,则贾相
若;五谷多寡同,则贾相若;屦大小同,则贾相若。"陈相只注重数
量,而忽视了质量,即忽视了隐含在商品中的价值,所以孟子据
理反驳说:"夫物之不齐,物之情也。或相倍蓰,或相什百,或相
千万。子比而同之,是乱天下也。巨屦小屦同贾,人岂为之哉?
从许子之道,相率而为伪者也,恶能治国家?"③在中国思想史上,
在中国思想史上,孟子是最早发现商品二重性的学者之一,说明他
对社会上的许多事物有着十分锐敏的洞察力。孟子的社会分工论
和商品价值论长期被定位为为剥削阶级辩护的理论,显然是有失
偏颇了。

　　在中国历史上,孔子最早提出人性问题。他说:"性相近也,习

---

　　①　《孟子·滕文公上》,《十三经注疏》,中华书局 1980 年版,第
2702 页。

　　②　同上,第 2705 页。

　　③　同上,第 2706 页。

相远也。"①以后，人性问题就成为中国思想史上长期争论不休的问题之一。孟子是第一个提出性善论的人。他认为人生来就具备的先验的"良知"、"良能"是善的因素和萌芽："人之所不学而能者，其良能也；所不虑而知者，其良知也。孩提之童，无不知爱其亲者，及其长也，无不知敬其兄也。"②由此推断，仁、义、礼、智这四种基本的道德规范都是与生俱来，先天具备，不需要后天的教育和社会实践：

> 恻隐之心，人皆有之；羞恶之心，人皆有之；恭敬之心，人皆有之；是非之心，人皆有之。恻隐之心，仁也；羞恶之心，义也；恭敬之心，礼也；是非之心，智也。仁义礼智，非由外铄我也，我固有之也，弗思而已。故曰："求则得之，舍则失之。"③

在孟子看来，"恻隐之心"、"恻隐之心"、"恭敬之心"、"是非之心"是仁、义、礼、智四种道德规范的萌芽和出发点，都是先天就有的。后天的学习努力，只不过使这种先天固有的道德更加充实和完善罢了。既然人生来都具备先验的道德规范，为什么社会上的人又有善恶之分呢？对此，孟子解释说，虽然人人都具有先天的善性，但并非每个人都能保持它，由此区别了君子和庶民（小人）："人之所以异于禽兽者几希，庶民去之，君子存之。"④为了保持自己的善性，孟子提出了一套修养理论。一是"寡欲"，"养心莫善于寡欲"⑤，坚持"良心"，不为外物所引诱。二是遇事"反求诸己"⑥，时

---

① 《论语·阳货》，《十三经注疏》，中华书局1980年版，第2524页。
② 《孟子·尽心上》，《十三经注疏》，中华书局1980年版，第2765页。
③ 《孟子·告子上》，《十三经注疏》，中华书局1980年版，第2749页。
④ 《孟子·离娄下》，《十三经注疏》，中华书局1980年版，第2727页。
⑤ 《孟子·尽心下》，《十三经注疏》，中华书局1980年版，第2779页。
⑥ 《孟子·离娄上》，《十三经注疏》，中华书局1980年版，第2718页。

刻省察自己的缺陷与不足,认真加以克服。三是善于养"浩然之气"①,即养成和保持一种至大至刚、无坚不摧的精神和道义的力量。孟子的人性论是一种唯心论的先验论,客观上为君子统治小人寻找人性上的根据。他的人性修养论也有着脱离社会实践的缺陷。但他提出的"养气"、"反求诸己"等方法仍含有不少合理因素,对人的品格修养有一定的启示作用。同时,由于孟子承认人人先天具有善性,也就承认了人生来在人性上是平等的。明代王阳明就是由此生发开去,在"良知"、"良能"的基础上提出了"灵明论",对程朱理学有一种思想解放的作用。

孟子上承孔子、子思的天命论,肯定天是自然界和人类社会的主宰。他引证《尚书》之文"天降下民,作之君,作之师"②,认为天生万民,为之立君进行统治,立师进行教化。"尧舜禅让"和"禹传子,家天下"也不过是遵天意而行罢了。在他看来,最终决定人们生死祸福的是冥冥之中的"天命":"莫之为而为者,天也;莫之致而至者,命也。"③人们只能加强自我修养,以待天命的安排:"修身而俟之,所以立命也。"④显然,孟子与孔子一样保留了天的人格神的地位。不过,孟子也与孔子一样重视人的主观能动性的发挥。他引证《尚书·泰誓》之为"天视自我民视,天听自我民听"⑤,说明百姓的好恶影响和左右天的好恶,这显然是一种进步的思想。孟子还讲过如下一段著名的话:

　　　　天将降大任于是人也,必先苦其心志,劳其筋骨,饿其体

① 《孟子·公孙丑上》,《十三经注疏》,中华书局1980年版,第2685页。
② 《孟子·滕文公上》,《十三经注疏》,中华书局1980年版,第2675页。
③ 《孟子·万章上》,《十三经注疏》,中华书局1980年版,第2738页。
④ 《孟子·尽心上》,《十三经注疏》,中华书局1980年版,第2764页。
⑤ 《孟子·万章上》,《十三经注疏》,中华书局1980年版,第2737页。

肤,空乏其身,行拂乱其所为,所以动心忍性,曾益其所为能。①

这里,孟子把"天命"的主宰者去掉,着力说明人的才干和品格需要在实践中经过艰苦的磨炼,则是完全正确的。孟子尽管还不能完全抛弃"天"和"天命"在形式上的主宰地位,但在接触到人事时,他注意的主要是人自身的努力。这其中包含着朴素唯物论的因素。不过,作为一种哲学体系,孟子的思想还是属于主观唯心论,它是由"尽心—知性—知天"这一逻辑结构构成的天人合一体系,与子思的思想是一脉相承的。他说:

　　　尽其心者,知其性也,知其性则知天矣。存其性,养其性,所以事天也。②

　　　诚者,天之道也。思诚者,人之道也。③

　　　万物皆备于我矣。反身而诚,乐莫大焉。④

　　　君子所过者化,所存者神,上下与天地同流。⑤

在孟子的哲学体系中,天是一个最高的主宰,又是客观存在的精神本体,这个本体也可以叫"诚",体现在人身上就是性,而这个性又存在于人的心即精神中,所以尽心也就是知性,知性也就是知天了。因为"诚"、"性"、"心"包含了宇宙的全部真理,"万物皆备于我",所以"反身而诚",既认识自我也就认识了整个宇宙,也就达到了天人合一的最高境界,"上下与天地同流"了。如此一来,孟子实际上否认了客观世界的存在,把自然界和人类社会排除在认识的客体之外,认为认识的主体和客体都是人自身。人们认识的

---

① 《孟子·告子下》,《十三经注疏》,中华书局 1980 年版,第 2764 页。

② 《孟子·尽心上》,《十三经注疏》,中华书局 1980 年版,第 2764 页。

③ 《孟子·离娄上》,《十三经注疏》,中华书局 1980 年版,第 2721 页。

④ 《孟子·尽心上》,《十三经注疏》,中华书局 1980 年版,第 2764 页。

⑤ 同上,第 2765 页。

任务就是通过"内视"、"内省"、"收其放心"、"反求诸己"等方法，去发现和把握先天存在于人身上的宇宙真理。孟子虽然也提出了"心之官则思"这样有意义的命题，但他的"思"基本上乃是一种脱离感觉、脱离社会实践的空灵"内省"，因而还没有脱离唯心主义范畴。

　　孟子从唯心主义先验论和性善论出发，提出了"天才论"。他把社会上的人分成两类："先知先觉"——天生的圣人、"大人"，任务是"先觉之后觉"，即对百姓进行统治和教化。"后知后觉"——天生的群氓、"小人"、庶民，接受统治，从事体力劳动以养君子。历史就是由前一种人创造和决定的。他认为尧、舜、禹、汤、文王、武王、周公、孔子等大"圣人"都是很长时间才出一个，"五百年必有王者兴，其间必有名世者"①，所以历史才呈现"一治一乱"的循环状态。孟子以当代圣人自居，自视甚高，"如欲平治天下，当今之世，舍我其谁也？"②然而，孟子的豪言壮语在当时只能变成一种无可奈何的哀叹，因为在位的君王谁也不会把治国平天下的重任交到他的手上。尽管孟子一生在政治上都不得意，但他终生充满自信。他将人划分为先觉后觉相矛盾，他不仅自视甚高，而且对所有人都不小觑，而是充满期待。因为他深信"人皆可以为尧舜"③，只要你坚定信心，持之以恒地去做，尧舜能做到的，其他人也可以做到。这里的区别仅仅在于愿意做和不愿意做，而不在于哪个能做哪个不能做。"人皆可以为尧舜"的命题虽然不无偏颇之处，但它显示的是孟子对人的主观能动性的信心和张扬。孟子还期望每个男子汉都成为他心目中顶天立地的大丈夫。景春在与孟子谈话时

---

　　①　《孟子·公孙丑下》，《十三经注疏》，中华书局 1980 年版，第 2699 页。

　　②　同上，第 2699 页。

　　③　《孟子·告子下》，《十三经注疏》，中华书局 1980 年版，第 2755 页。

大吹纵横家的公孙衍、张仪等人,认为他们是自己心目中的大丈夫,因为这些人在战国时代威风八面:"一怒而诸侯惧,安居而天下熄。"①孟子对这些人的大丈夫地位坚决不予认同。他认为这些人是战国时代战乱频繁的罪魁祸首之一,他们风尘仆仆于列国之间,纵横捭阖,挑拨离间,唯力是视,唯利是视,唯恐天下不乱,一切活动都围绕着他们服务的国君的利益旋转,没有一个道德底线。这些人"以顺为正",行的是"妾妇之道"。孟子心目中的大丈夫是据守仁义,永远不为外力所屈服,不为外物所引诱,以坚定的信念,不变的操守,傲视天地间:"居天下之广居,立天下之正位,行天下之大道;得志,与民由之;不得志,独行其道。富贵不能淫,贫贱不能移,威武不能屈,此之谓大丈夫。"②这样的大丈夫显然不是人人都能做到的,但它显示了孟子对人之作为人的主体地位的期望,在一定意义上也是孟子的夫子自道。孟子的历史哲学虽然是英雄史观和循环论的结合,但其政治思想仍有许多积极因素,如民本主义、选贤任能、倡导分工、力主统一、制民恒产、轻徭薄赋等,都有深远的进步意义。

　　总起来看,孟子对许多哲学问题的回答都是唯心主义的,但是应该看到,他的性善论促进了后世对人性问题的深入探索,构成了我国哲学史发展的必然环节。他的政治思想中有更多的积极因素,构成了政治思想史上民本主义的主流。尤其是他那自强不息、勇于进取的生活态度,关怀国家民族命运的责任感以及"富贵不能淫,贫贱不能移,威武不能屈"的大丈夫气概和顶天立地的刚毅精神,都是十分可贵的精神财富。它曾鼓舞着我国历史上的许多志

---

　　①　《孟子·滕文公下》,《十三经注疏》,中华书局 1980 年版,第2710 页。

　　②　《孟子·公孙丑下》,《十三经注疏》,中华书局 1980 年版,第2710 页。

士仁人,为了民族的复兴,祖国的富强,去进行殊死的战斗,留下了许多惊天地泣鬼神的英雄业绩。孟子是从孔子到董仲舒的桥梁,为董仲舒的儒学,韩愈的道学,特别是宋明理学提供了重要的思想资料。由于孟子对儒学的发展作出了划时代的贡献,因而被后世封建王朝追封为仅次于孔子的"亚圣",作为四配之一与孔子一起享受隆重的祭典。

(原载《山东思想文化史》,山东人民出版社 2011 年版)

孟子关于统治权合法性问题的论述

  自从人类进入阶级社会、国家政权出现以后,统治权合法性问题就引起政治家和思想家的关注。每一个登上最高权位的统治者,都不约而同地为自己的统治寻找合法性的依据。传说中的五帝继承,一是因为习惯,二是靠武力,血缘继承、武力夺取和禅让尊位成为三种主要模式。其时人们对于统治权合法性问题的认识是比较模糊的。到司马迁写《史记·五帝本纪》的时候,又强调他们的个人因素:品德高尚,能力卓越。如果说,五帝时代的当权者刚刚萌生统治权的合法性意识,那么,夏、商、周三代的统治者这种意识就越来越明晰了。在"禹传子,家天下"代替"禅让"的传贤制度以后,统治者一方面强化了血缘传递中的"天意所钟",给自己的统治罩上神圣的灵光。一方面将夏桀、商纣的被推翻归结于他们的"虐政淫荒"以表明他们的咎由自取。如周武王在《泰誓》和《牧誓》中就将自绝于天、坏三正、疏远贵族、宠信妇人、重用罪犯、暴虐百姓、弃祖乐、变正声等违天意、弗人伦、虐百姓的罪名加到纣王的头上。周朝初年的卓越政治家和思想家周公旦用"以德配天"和"敬德保民"的理论论证了周朝代殷的合法性。他尽管保留了虚置的天意,但更注重君王个人的品格修养和保民的行政理念在合法性中的分量。春秋战国时期,对统治权合法性的论辩主要在诸子间进行。老子坚持"合道即合法",崇尚"无为而治"。孔子继承周公,既肯定"君权天授",又特别强调君王以自己的行政求得统治权的合法性,要求君主"为政以德",信实无欺,节省费用,爱护官吏,不误农时,"足食""足兵"、藏富于民、"富而教之"。"礼让为国",加强自身修养,首先做到"身正",尽力维护"君君,臣臣,父父,子子"的等级秩序。墨子认为君王虽然出于"天选",但必须通过自己的行政实践,通过自己不折不扣地践行十项"纲领",才能保住这个位子。这其中,最重要的是君王必须实行"尚贤"的官吏选拔政策,执行利于百姓的节用、节葬的经济财政政策,全面推行尚同、尊天、事鬼、兼爱、非攻、非乐、非命的理念。

以猛烈批判墨家和杨朱而高扬儒家旗帜的孟子,在先秦思想学术之林中,是对统治权合法性问题重要性认识最深刻、论述最明晰的政治家和思想家。孟子认为君主统治权的合法性来源于"天授"和"民受",即天授予,民接受。这一观念在孟子与万章的对话中作了最清晰的表述:

> 万章曰:"尧以天下与舜,有诸?"孟子曰:"否;天子不能以天下与人。""然则舜有天下也,孰与之?"曰:"天与之。""天与之者,谆谆然命之乎?"曰:"否。天不言,以行与事示之而已矣。"曰:"以行与事示之者,如之何?"曰:"天子能荐人于天,不能使天与之天下;诸侯能荐人与天子,不能使天子与之诸侯;大夫能荐人于诸侯,不能使诸侯与之大夫。昔者,尧荐舜于天而天受之,暴之于民,而民受之。故曰:天不言,以行与事示之而已矣。"曰:"敢问荐之于天而天受之,暴之于民而民受之,如何?"曰:"使之主祭,而百神享之,是天受之;使之主事,而事治,百姓安之,是民受之也。天与之,人与之,故曰:天子不能以天下与人。舜相尧二十有八载,非人之所能为也,天也。尧崩,三年之丧毕,舜避尧之子于南河之南,天下诸侯朝觐者,不之尧之子而之舜;讼狱者,不之尧之子而之舜;讴歌者,不讴歌尧之子而讴歌舜,故曰天也。夫然后之中国,践天子位焉。而居尧之宫,逼尧之子,是篡也,非天与也。《太誓》曰,'天视自我民视,天听自我民

听',此之谓也。"①

孟子通过对尧、舜禅让传说的诠释,给舜的统治权的合法性一个"天与之"的解读,而紧接着这个"天与之"的是"暴之于民而民受之"的解读。显然,孟子知道,他所处的时代,"天",即人格神的上帝在君王百姓中还有着巨大的威势,"天与之"定能给合法性罩上神圣的灵光。然而,孟子也明白,"天与之"毕竟是一个既难以证实却比较容易以证伪的说词,所以,必须将可以证实的"民受之"作为"天与之"的一个最坚强有力的证明。而在孟子那里,这两者是可以互证,甚至是能够等同的,它们之间的关系就是《泰誓》的"天视自我民视,天听自我民听"。这样,孟子就将"天与之"的"虚置"落实到"民受之"的实基上。不过,这个对尧、舜禅让的解释如何应对"禹传子"的合法性呢? 孟子依然用他的"天与之"和"民受之":

> 万章问曰:"人有言,'至于禹而德衰,不传于贤,而传于子。'有诸?"孟子曰:"否,不然也。天与贤,则与贤;天与子,则与子。昔者,舜荐禹于天,十有七年,舜崩,三年之丧毕,禹避舜之子于阳城,天下之民从之,若尧崩之后不从尧之子而从舜也。禹荐益于天,七年,禹崩,三年之丧毕,益避禹之子于箕山之阴。朝觐讼狱者不之益而之启,曰:'吾君之子也。'讴歌者不讴歌益而讴歌启,曰:'吾君之子也。'丹朱之不肖,舜之子亦不肖。舜之相尧,禹之相舜也,历年多,施泽于民久,启贤,能敬承继禹之道。益之相禹也,历年少,施泽于民未久。舜、禹、益相去久远,其子之贤不肖,皆天也,非人之所能为也。莫之为而为者,天也;莫之致而至者,命也。匹夫而有天下者,德必若舜、禹,而又有天子荐之者,故仲尼不有天下。继世以

---

① 《孟子·万章上》,《十三经注疏》,中华书局 1980 年版,第 2737—2738 页。

有天下,天之所废,必若桀、纣者也,故益、伊尹、周公不有天下。伊尹相汤以王于天下,汤崩,太丁未立,外丙二年,仲壬四年,太甲颠覆汤之典刑,伊尹放之于桐三年,太甲悔过,自怨自艾,于桐处仁迁义三年,以听伊尹之训己也,复归于亳。周公之不有天下,犹益之于夏、伊尹之于殷也。孔子曰:'唐虞禅,夏后殷周继,其义一也。'"①

孟子依据自己"天与之"和"民受之"的理念,顺理成章地解释了"禹传子,家天下"的合法性:尽管禹在生前推荐益为继承人,但禹崩之后,民不拥戴益而拥戴禹的儿子,这就证明天与禹的儿子而不与益,人的推荐扭不过天意,这就是"天与贤,则与贤;天与子,则与子",而夏、殷、周的传子,其合法性就在于"天与之"。所以在孟子看来,孔子的解释"唐虞禅,夏后殷周继,其义一也",与自己的解读是相通的。

孟子在统治权合法性问题上的最大贡献是将"民受之"的理念建立在仁政的理想之上,也就是说,君王统治权的合法性体现在始终不渝地实施仁政理想。而一旦背离这个理想,其合法性也就失去了依据。仁政是一个完整的思想体系。它是由民本观念、施仁百姓、尊贤使能、反对战争和君主自律等一系列内容构成的。

孟子仁政理想的理论基础是民本思想。他说:

民为贵,社稷次之,君为轻。是故得乎丘民而为天子。

诸侯之宝三:土地、人民、政事。②

在孟子看来,在百姓、土谷之神和君主三者之中,百姓的重要程度远远超过后二者,因为只有得到百姓的欢心和拥护才能稳坐

---

①　《孟子·万章上》,《十三经注疏》,中华书局 1980 年版,第 2737—2738 页。

②　《孟子·尽心下》,《十三经注疏》,中华书局 1980 年版,第 2774、2778 页。

天子之位,所以在诸侯之宝中,人民也就与土地和政事并列为三。孟子之所以将被统治的百姓认定为国之本,是因为他从历史经验中悟出一个"得民心者得天下"的颠扑不破的真理:

> 桀纣之失天下也,失其民也;失其民者;失其心也。得天下有道:得其民,斯得天下矣;得其民有道:得其心,斯得民矣;得其心有道:所欲与之聚之,所恶勿施,尔也。民之归仁也,犹水之就下,兽之走圹也。故为渊殴鱼者,獭也;为丛殴爵者,鹯也;为汤武殴民者,桀与纣也。①

孟子这段话把民、民心与天下的关系说得再明白不过了:桀和纣丧失天下,是由于失去了百姓的支持;他们失去百姓的支持,是由于失去了民心。获得天下有方法:获得了百姓的支持,便获得天下了;获得百姓的支持有方法:获得了民心,便获得百姓的支持了;获得心也有方法:他们所希望的,替他们聚积起来;他们所厌恶的,不要加在他们头上,如此罢了。百姓向仁德仁政归附,正好比水之向下流、兽之旷野奔走一样。所以替深池把鱼赶来的是水獭,替森林把鸟雀赶来的是鹯鹰,替商汤、周武王把百姓赶来的是夏桀和商纣。这里,孟子在中国历史上第一次提出民心向背问题,使只有赢得民心才能得天下的理念成为影响整个中国历史的重要政治理念。当然,孟子的民本思想与现代民主思想还不是一个概念,他的民本思想只是西周以来"民为邦本,本固邦宁"理念的延续和发扬,骨子里仍然是居高临下的"为民作主"。他不是站在百姓的立场上,而是站在统治者的立场上,从得天下和长治久安的目的出发。而且,他更明白当时社会上最富有的阶层是统治的基础,必须照顾好他们的利益,所以他毫不讳言:"为政不难,不得罪于巨室。巨室之所慕,一国慕之;一国之所慕,天下慕之;故沛然德教,

---

① 《孟子·离娄上》,《十三经注疏》,中华书局 1980 年版,第 2721 页。

溢乎四海。"①在他看来,搞政治并不难,最重要的是不得罪那些有
影响的巨室即卿大夫。因为这些人影响到全国百姓的走向,他们
所敬慕的,一国都会敬慕,天下的人也会敬慕,在他们的影响下,德
教就会浩浩荡荡地洋溢于天下了。

　　孟子仁政思想的主要内容是对百姓施仁,即从各方面给百姓
以看得见的实际利益。因为只有施仁才能得民心,也才能得天下:

　　　　三代之得天下也以仁,其失天下也以不仁。国之所以废
　　兴存亡者亦然。天子不仁,不保四海;诸侯不仁,不保社稷;卿
　　大夫不仁,不保宗庙;士庶人不仁,不保四体。今恶死亡而乐
　　不仁,是犹恶醉而强酒。②

你看,孟子说的多好呀:夏、商、周三代的获得天下是由于仁,他们
的丧失天下是由于不仁。国家的兴起和衰败、生存和灭亡也是这
个道理。天子如果不仁,便不能保持他的天下;诸侯如果不仁,便
不能保持他的国家;卿大夫如果不仁,便不能保持他的祖庙;士人
和老百姓如果不仁,便不能保全自己的身体。最后,他慨叹说,现
在有些人害怕死亡,却乐于不仁,这就像害怕醉却偏要饮酒一样
啊! 那么,如何施仁呢? 首先,要"制民之产",使百姓,主要是农
民有稳定的赖以生活和进行生产的各种资料,同时,又要保证农
时,使其有充裕的时间从事劳作:

　　　　明君制民之产,必使仰足以事父母,俯足以畜妻子,乐岁
　　终身饱,凶年免于死亡……五亩之宅,树之以桑,五十者可以
　　衣帛矣。鸡豚狗彘之畜,无失其时,七十者可以食肉矣。百亩
　　之田,勿夺其时,八口之家可以无饥矣。③

　　①　《孟子·离娄上》,《十三经注疏》,中华书局 1980 年版,第 2719 页。
　　②　同上,第 2718 页。
　　③　《孟子·梁惠王上》,《十三经注疏》,中华书局 1980 年版,第
2671 页。

孟子的时代,中国社会正经历由奴隶社会向封建社会的过渡,随着大量的奴隶挣脱枷锁变成具有相对自由身份的农民,随着土地私有化的加剧,土地所有者的国家和封建主手中集中的土地越来越多,而无地和少地的农民也越来越多。由此形成严重的社会问题,正如孟子所说:"经界不正,井地不钧,谷禄不平,是故暴君污吏,必慢其经界。"①因此,"制民之产",使无地少地的农民拥有一小块土地就成为缓和社会矛盾的当务之急。孟子拟定的具体办法就是恢复他理想的"井田制":

> 夫仁政,必自经界始……经界既正,分田制禄,可坐而定也……诸野九一而助,国中什一使自赋。卿以下必有圭田,圭田五十亩,余夫二十五亩。死徒无出乡。乡田同井,出入相友,守望相助,疾病相扶持,则百姓亲睦。方里而井,井九百亩,其中为公田。八家皆私百亩,同养公田,公事毕,然后敢治私事,所以别野人也。此其大略也。②

按照孟子的方案,公卿以下的官吏每家分50亩的圭田用于祭祀,如果他家还有剩余的劳动力,再分给每人25亩。无论埋葬或者搬家,都不离开本乡本土。共一井田的各家,平日出入,互相友爱;防御盗贼,互相帮助;一有疾病,互相照顾,百姓之间便亲爱和睦了。办法是,每一方里的土地为一个井田单位,每一井田单位有900亩,当中100亩是公田,以外800亩分给各家作私田。这样8家来耕种公田,先把公田耕种完了,再来料理私人的事务,这就是区别官吏和劳动人民的办法。因为这个方案是孟子为滕文公设计的,带着孟子式的理想主义色彩。是否具有普遍意义很难说,是否具有可操作性也不好说,但有一点可以肯定:他是希望通过这一方

---

① 《孟子·滕文公上》,《十三经注疏》,中华书局1980年版,第2702页。

② 同上,第2702—2703页。

案实现百姓"五口之家,百亩之田"的愿望,是他"制民之产"思想的具体政策化的实施细则。百姓有了自己的土地,有了比较充裕的劳动时间,自然就保证了正常年景下农业的丰收。这是百姓"仰足以事父母,俯足以畜妻子"的基础。但是,仅此还不足以保持百姓生活的安定和富足。孟子还要求统治者"省刑罚,薄税敛","取于民有制","耕者九一,仕者世禄,关市讥而不征,泽梁无禁,罪人不孥"[1],他反对横征暴敛,减轻剥削的力度:"有布缕之征,粟米之征,力役之征。君子用其一,缓其二。用其二而民有殍,用其三而父子离。"[2]对鳏、寡、孤、独等"穷民而无告者"给予特别的关爱和照顾。同时,还应该实行一系列招徕人才、吸引百姓的政策措施,让天下所有人都愿意成为君王的臣民。针对当时列国林立的状况,他认为理想的诸侯国应该是这样的:

> 尊贤使能,俊杰在位,则天下之士皆悦,而愿立于其朝矣;市廛而不征,法而不廛,则天下之商皆悦,而愿藏于其市矣;关讥而不征,则天下之旅皆悦,而愿出于其路矣;耕者助而不税,则天下之农皆悦,而愿耕于其野矣;廛无夫里之布,则天下之民皆悦,而愿为之氓矣。信能行此五者,则邻之民仰之若父母矣。率其子弟,攻其父母,自有生民以来未有能济者也。如此,则无敌于天下。[3]

孟子这里描绘的是一幅人人各得其所、人与人和谐相处的仁政社会的美好图画。在这里,尊重有道德的人,重用有能力的人,杰出的人才都有官位,所以天下的士子都愿意到这个朝廷寻个一官半

---

① 《孟子·梁惠王下》,《十三经注疏》,中华书局 1980 年版,第2676 页。

② 《孟子·尽心下》,《十三经注疏》,中华书局 1980 年版,第 2778 页。

③ 《孟子·公孙丑上》,《十三经注疏》,中华书局 1980 年版,第2690 页。

职;这里的市场,给予空地储存货物,却不征收货物税;如果滞销,依法征购,不让它长久积压,所以天下的商人都会高兴,愿意把货物堆放在那个市场上;关卡只稽查而不征税,所以天下的旅客都会高兴,愿意从这里的道路经过;对耕田的人,实行井田制,只助耕公田,不再征税,所以天下的农夫都高兴,愿意在这里的田野上种庄稼;人们居住的地方,没有额外的雇役钱和地税,所以天下的百姓都愿意在这里居住。一个诸侯国真正能够做到这五项,那么,邻近国家的老百姓都会像对待爹娘一样地对待它的国君。如果邻国之君要率领这样的人民来攻打他,便正好比率领他的儿女来攻打他的父母一样,从有人类以来,这种事没有能够成功的。像这样,就会天下无敌。这种理想,也正是他同齐宣王讲的:"使天下仕者皆欲立于王之朝,耕者皆欲耕于王之野,商贾皆欲藏于王之市,行旅皆欲出于王之途,天下之欲疾其君者,皆欲赴愬于王。其若是,孰能御之?"①与此同时,他还提出"以佚道使民"、"以生道杀民"的观念:"以佚道使民,虽劳不怨。以生道杀民,虽死不怨杀者。"②意思是,在求百姓安逸的原则下来役使百姓,百姓虽然劳苦,也不怨恨。在求百姓生存的原则下来杀人,那人虽然被杀死,也不会怨恨那杀他的人。如此的仁政理想,显然带有强烈的乌托邦色彩,但其中透出的却是孟子胸怀天下、关心民瘼和建立和谐社会的人文情怀。孟子尽管认为"民为贵",但同时又认为民的道德水准低下,他们一旦"无恒产",即"无恒心",就会"放辟邪侈"。所以必须重视对他们进行经常的规范化的教化:

> 设为庠序学校以教之。庠者,养也;校者,教也;序者,射也。夏曰校,殷曰序,周曰庠;学则三代共之,皆所以明人伦

---

① 《孟子·梁惠王上》,《十三经注疏》,中华书局 1980 年版,第 2671 页。

② 《孟子·尽心上》,《十三经注疏》,中华书局 1980 年版,第 2765 页。

也。人伦明于上,小民亲于下。①

教化的目的是"明人伦",即认识当时等级秩序的合理性,明确并安于自己所在的等级位置,既不犯上作乱,也不凌辱周围的同类小民,父子、兄弟、夫妻都能自守本分,做到父子有亲,兄弟有义,夫妻有情,人人和睦,这样才能达到和谐社会的目标。

孟子所处的战国时代,是一个列国纷争、战乱无已的时代。他渴望统一,但反对以战争的手段统一,认为"不嗜杀人者"能够统一。他理想的仁政社会是没有战争的世界,所以他痛斥"春秋无义战",主张"善战者服上刑":

> 争地以战,杀人盈野;争城以战,杀人盈城,此所谓率土地而食人肉,罪不容于死。故善战者服上刑,连诸侯者次之,辟草莱、任土地者次之。②

孟子认为实现仁政理想的关键是要有一个仁人之君。这个仁人之君首先是一个有天下国家情怀的伟大人物,知道"天下之本在国,国之本在家,家之本在身"③和"保民而王"的道理,以解民倒悬、救民水火为己任,"发政施仁"、"推恩及人","老吾老,以及人之老;幼吾幼,以及人之幼"④,与民同忧,与民同乐,与民同好:

> 乐民之乐者,民亦乐其乐;忧民之忧者,民亦忧其忧。乐以天下,忧以天下,然而不王者,未之有也。

> 王如好货,与百姓同之,于王何有?

---

① 《孟子·滕文公上》,《十三经注疏》,中华书局 1980 年版,第 2702 页。

② 《孟子·离娄上》,《十三经注疏》,中华书局 1980 年版,第 2722 页。

③ 同上,第 2718 页。

④ 《孟子·梁惠王上》,《十三经注疏》,中华书局 1980 年版,第 2670 页。

王如好色,与百姓同之,于王何有?①

不惟如此,在对民实行"善政"的前提下,进而实施"善教"更为必要:"仁言不如仁声之入人深也,善政不如善教之得民也。善政,民畏之;善教,民爱之。善政得民财,善教得民心。"②他深知,仁德的言语赶不上仁德的音乐深入人心,良好的政治赶不上良好的教育获得民心。良好的政治,必须怕它;良好的教育,必须爱它。良好的政治得到百姓的财物,良好的教育能够得到百姓的心。更重要的是,仁人之君必须成为一国的道德楷模,成为万民学习的榜样:"君仁,莫不仁;君义,莫不义;君正,莫不正。一正君而国定矣。"③

孟子多次赞扬尧、舜、禹、汤和周文王、周武王以及周公,赞扬他们的事功,特别赞扬他们的品格,将他们视为推行仁政的楷模。如:

禹,闻善言则拜。大舜有大焉,善与人同,舍己从人,乐取于人以为善。自耕稼、陶、渔以至为帝,无非取于人者。④

舜明于庶物,察于人伦,由仁义行,非行仁义也。

禹恶旨酒而好善言。汤执中,立贤无方。文王视民如伤,望道而未之见。武王不泄迩,不忘远。周公思兼三王,以施四事;其有不合者,仰而思之,夜以继日;幸而得之,坐以待旦。⑤

文王一怒而安天下之民……武王一怒而安天下之民。⑥

---

① 《孟子·梁惠王上》,《十三经注疏》,中华书局 1980 年版,第 2675—2677 页。

② 《孟子·尽心上》,《十三经注疏》,中华书局 1980 年版,第 2765 页。

③ 《孟子·离娄上》,《十三经注疏》,中华书局 1980 年版,第 2723 页。

④ 《孟子·公孙丑上》,《十三经注疏》,中华书局 1980 年版,第 2691 页。

⑤ 《孟子·离娄下》,《十三经注疏》,中华书局 1980 年版,第 2727 页。

⑥ 《孟子·梁惠王下》,《十三经注疏》,中华书局 1980 年版,第 2675 页。

显然,孟子只认定死去的圣帝名王为仁政楷模,这里寄托的其实是自己的理想,也是为生者树立一批学习的榜样。在他看来,在世的诸侯王们没有一个仁人之君,孟子只希望他的"教诲"能够在他们身上发生作用,使自己钟情的仁政理想能够在当世再现光芒。

不难看出,孟子的仁政理想既带有强烈的感情色彩,又带有浓烈的理想化色彩。这样的仁政,在孟子的时代只能是一种乌托邦式的幻想,在以后中国两千多年的历史上,也没有真正实行过。尽管如此,孟子的仁政理想仍然具有不可磨灭的积极意义。这是因为,这个仁政理想设计了中国古代最理想的美好政治的模式,成为日后衡量政治优劣的标准和一切仁人志士努力追求的目标。几乎每一个有作为的圣君贤相,都以仁政理想为的鹄,通过自己的努力,再加上客观条件的配合,从而创造出名垂史册的"盛世",在中华民族的历史上谱写了辉煌的篇章。

与仁政理想相联系,孟子的君王统治权合法性的理论自然也是一种理想化的理论,在现实政治中,真正符合这种合法性要求的君王几乎是不存在的。然而,孟子的理论仍然具有不可忽视的积极意义。第一,他力图建立一个君王统治权合法性的标准,而这个标准主要是对君王的要求,从而促使有作为的君王朝着这个目标努力。第二,君王达不到这个标准就失去了统治权的合法性,人民起来推翻他就是合理的,这就论证了人民革命的合理性和合法性。

(原载《天下》2016 年第 1 期)

孟子在梁（魏）的主要活动和理论创造

　　公元前 320 年,孟子离滕赴大梁(今河南开封),在此盘桓了约一年的时间。第二年即离开大梁再回齐国。孟子在大梁待的时间虽然短暂,但在他的思想发展史上却是重要的节点,因为正是在这一年的时间内,他提出了对中国后世影响深远的"大一统"观念,完善了"仁政"理论和义利之辩,对当时熏焰张天的纵横家做了完全否定的评价,同时阐发了他心目中的"大丈夫"理念,第一次提出了"行政成本"的理论,等等。这一年,是孟子 53 岁至 54 岁之年,可以说是他思想最重要的创造之年。

　　第一,提出"大一统"观念。

　　　　孟子见梁襄王,出,语人曰:"望之不似人君,就之而不见所畏焉。卒然问曰:'天下恶乎定?'吾对曰:'定于一。''孰能一之?'对曰:'不嗜杀人者能一之。'"①

孟子所处的战国时代,尽管统一的趋势日渐形成,但能清醒地看出这一趋势并且抽象出"定于一"三个字的,只有孟子,这就是他高于其他思想家的地方。此后,董仲舒进一步将这一观念发展为《春秋》大一统者,天地之常经,古今之通义"的著名论断。孟子之后,在中国历史上,统一的观念日益深入人心,构成爱国主义的重要内容,成为中华民族的核心价值观之一,是持久不衰的民族凝聚力和向心力的源泉,对维系中国历史上较长期的统一局面起了

　　① 《孟子·梁惠王上》,《十三经注疏》,中华书局 1980 年版,第2670 页。

重要的作用。更重要的是它影响了国内众多少数民族对祖国的认同，强化了各族人民对民族英雄的崇拜，在外敌入侵、中华民族遭遇严重危机的岁月里，中国各族人民总能团结一致、众志成城，以鲜血和生命为祖国的独立自由而战，一次次度过艰难险巇，谱写了中国历史上在最动人心扉的辉煌篇章。

第二，完善了"仁政"理论和义利之辩。

孟子在与梁惠王谈话时，阐发了儒家的义利观：

> 孟子见梁惠王。王曰："叟！不远千里而来，亦将有以利吾国乎？"孟子对曰："王何必曰利？亦有仁义而已矣。"①

孟子的义利观的基本要点就是义高于利，利寓于义，利服从义。发展至董仲舒，就成了"正其谊不谋其利，明其道不计其功"。以后，在中国历史上，"杀身成仁，舍生取义"就成为最高的道德境界。孟子尽管有将义、利绝对对立和将"仁义"的力量强调到脱离物质基础无往而不胜的偏颇，但他以义统利的基本观念与"仁政"相结合，奠定了中国伦理本位的传统思想，其影响基本上是积极的。反观当前社会上由于对"官本位"和"钱本位"的痴迷所带来的道德滑坡，再回望孟子的义利之辨，不能不由衷佩服他的高明和远瞻。

孟子在梁，进一步完善和充实了他"仁政"理论。孟子仁政理想的理论基础是民本思想。他说：

> 民为贵，社稷次之，君为轻。是故得乎丘民而为天子。
> 诸侯之宝三：土地、人民、政事。②

在孟子看来，在百姓、土谷之神和君主三者之中，百姓的重要程度远远超过后二者，因为只有得到百姓的欢心和拥护才能稳坐天子之位，所以在诸侯之宝中，人民也就与土地和政事并列为三。孟子

---

① 《孟子·梁惠王上》，《十三经注疏》，中华书局1980年版，第2665页。

② 《孟子·尽心下》，《十三经注疏》，中华书局1980年版，第2774、2778页。

之所以将被统治的百姓认定为国之本,是因为他从历史经验中悟出一个"得民心者得天下"的颠扑不破的真理:

> 桀纣之失天下也,失其民也;失其民者;失其心也。得天下有道:得其民,斯得天下矣;得其民有道:得其心,斯得民矣;得其心有道:所欲与之聚之,所恶勿施,尔也。民之归仁也,犹水之就下,兽之走圹也。故为渊殴鱼者,獭也;为丛殴爵者,鹯也;为汤武殴民者,桀与纣也。①

孟子仁政思想的主要内容是对百姓施仁,即从各方面给百姓以看得见的实际利益。因为只有施仁才能得民心,也才能得天下:

> 三代之得天下也以仁,其失天下也以不仁。国之所以废兴存亡者亦然。天子不仁,不保四海;诸侯不仁,不保社稷;卿大夫不仁,不保宗庙;士庶人不仁,不保四体。今恶死亡而乐不仁,是犹恶醉而强酒。②

如何施仁呢? 首先,要"制民之产",使百姓,主要是农民有稳定的赖以生活和进行生产的各种资料,同时,又要保证农时,使其有充裕的时间从事劳作:

> 明君制民之产,必使仰足以事父母,俯足以畜妻子,乐岁终身饱,凶年免于死亡……五亩之宅,树之以桑,五十者可以衣帛矣。鸡豚狗彘之畜,无失其时,七十者可以食肉矣。百亩之田,勿夺其时,八口之家可以无饥矣。③

孟子的时代,中国社会正经历由奴隶社会向封建社会的过渡,随着大量的奴隶挣脱枷锁变成具有相对自由身份的农民,随着土地私有化的加剧,土地所有者的国家和封建主手中集中的土地越来越

---

① 《孟子·离娄上》,《十三经注疏》,中华书局 1980 年版,第 2721 页。
② 同上,第 2718 页。
③ 《孟子·梁惠王上》,《十三经注疏》,中华书局 1980 年版,第 2671 页。

多，而无地和少地的农民也越来越多。由此形成严重的社会问题，正如孟子所说："经界不正，井地不钧，谷禄不平，是故暴君污吏，必慢其经界。"因此，"制民之产"，使无地少地的农民拥有一小块土地就成为缓和社会矛盾的当务之急。孟子拟定的具体办法就是恢复他理想的"井田制"：

> 夫仁政，必自经界始……经界既正，分田制禄可坐而定也……诸野九一而助，国中什一使自赋。卿以下必有圭田，圭田五十亩，余夫二十五亩。死徙无出乡。乡田同井，出入相友，守望相助，疾病相扶持，则百姓亲睦。方里而井，井九百亩，其中为公田。八家皆私百亩，同养公田，公事毕，然后敢治私事，所以别野人也。此其大略也。①

在中国历史上，孟子第一次提出了"井田制"这个概念，引来两千多年学术界聚讼纷纭的论辩，至今仍然是莫衷一是。按照孟子的方案，公卿以下的官吏每家分 50 亩的圭田用于祭祀，如果他家还有剩余的劳动力，再分给每人 25 亩。无论埋葬或者搬家，都不离开本乡本土。共一井田的各家，平日出入，互相友爱；防御盗贼，互相帮助；一有疾病，互相照顾，百姓之间便亲爱和睦了。办法是，每一方里的土地为一个井田单位，每一井田单位有 900 亩，当中 100 亩是公田，以外 800 亩分给各家作私田。这样 8 家来耕种公田，先把公田耕种完了，再来料理私人的事务，这就是区别官吏和劳动人民的办法。因为这个方案是孟子为滕文公设计的，带着孟子式的理想主义色彩。是否具有普遍意义很难说，是否具有可操作性也不好说，但有一点可以肯定：他是希望通过这一方案实现百姓"五口之家，百亩之田"的愿望，是他"制民之产"思想的具体政策化的实施细则。百姓有了自己的土地，有了比较充裕的劳动时间，自然

---

① 《孟子·滕文公上》，《十三经注疏》，中华书局 1980 年版，第 2702—2703 页。

就保证了正常年景下农业的丰收。这是百姓"仰足以事父母,俯足以畜妻子"的基础。但是,仅此还不足以保持百姓生活的安定和富足。孟子还要求统治者"省刑罚,薄税敛","取于民有制"、"耕者九一,仕者世禄,关市讥而不征,泽梁无禁,罪人不孥"(《孟子·梁惠王下》),他反对横征暴敛,减轻剥削的力度:"有布缕之征,粟米之征,力役之征。君子用其一,缓其二。用其二而民有殍,用其三而父子离。"(《孟子·尽心下》)对鳏、寡、孤、独等"穷民而无告者"给予特别的关爱和照顾。同时,还应该实行一系列招徕人才、吸引百姓的政策措施,让天下所有人都愿意成为君王的臣民。针对当时列国林立的状况,他认为理想的诸侯国应该尊重有道德的人,重用有能力的人,杰出的人才都有官位,士、农、工、商各得其所:"使天下仕者皆欲立于王之朝,耕者皆欲耕于王之野,商贾皆欲藏于王之市,行旅皆欲出于王之途,天下之欲疾其君者,皆欲赴愬于王。其若是,孰能御之?"(《孟子·梁惠王下》)与此同时,他还提出"以佚道使民"、"以生道杀民"的观念:"以佚道使民,虽劳不怨。以生道杀民,虽死不怨杀者。"(《孟子·尽心上》)意思是,在求百姓安逸的原则下来役使百姓,百姓虽然劳苦,也不怨恨。在求老百姓生存的原则下来杀人,那人虽然被杀死,也不会怨恨那杀他的人。如此的仁政理想,显然带有强烈的乌托邦色彩,但其中透出的却是孟子胸怀天下、关心民瘼和建立和谐社会的人文情怀。孟子同时认为,在保证百姓最基本的生产和生活的物质条件的前提下,还必须重视对他们进行经常的规范化的道德教化:

> 设为庠序学校以教之。庠者,养也;校者,教也;序者,射也。夏曰校,殷曰序,周曰庠;学则三代共之,皆所以明人伦也。人伦明于上,小民亲于下。①

---

① 《孟子·滕文公上》,《十三经注疏》,中华书局 1980 年版,第2602 页。

这种教化的目的是"明人伦",即认识当时等级秩序的合理性,明确并安于自己所在的等级位置,既不犯上作乱,也不凌辱周围的同类小民,父子、兄弟、夫妻都能自守本分,做到父子有亲,兄弟有义,夫妻有情,人人和睦,这样才能达到和谐社会的目标。

孟子认为实现仁政理想的关键是要有一个仁人之君。这个仁人之君首先是一个有天下国家情怀的伟大人物,知道"天下之本在国,国之本在家,家之本在身"(《孟子·离娄上》)和"保民而王"的道理,以解民倒悬、救民水火为己任,"发政施仁"、"推恩及人","老吾老,以及人之老;幼吾幼,以及人之幼"(《孟子·梁惠王上》),与民同忧,与民同乐,与民同好:

> 乐民之乐者,民亦乐其乐;忧民之忧者,民亦忧其忧。乐以天下,忧以天下,然而不王者,未之有也。
>
> 王如好货,与百姓同之,于王何有?
>
> 王如好色,与百姓同之,于王何有?①

不惟如此,在对民实行"善政"的前提下,进而实施"善教"更为必要:"仁言不如仁声之入人深也,善政不如善教之得民也。善政,民畏之;善教,民爱之。善政得民财,善教得民心。"(《孟子·尽心上》)他深知,仁德的言语赶不上仁德的音乐深入人心,良好的政治赶不上良好的教育获得民心。良好的政治,必须怕它;良好的教育,必须爱它。良好的政治得到百姓的财物,良好的教育能够得到百姓的心。更重要的是,仁人之君必须成为一国的道德楷模,成为万民学习的榜样:"君仁,莫不仁;君义,莫不义;君正,莫不正。一正君而国定矣。"孟子多次赞扬尧、舜、禹、汤和周文王、周武王以及周公,赞扬他们的事功,特别赞扬他们的品格,将他们视为推行仁政的楷模。如:

---

① 《孟子·梁惠王下》,《十三经注疏》,中华书局 1980 年版,第 2675—2677 页。

　　子路,人告之以有过则喜,禹,闻善言则拜。大舜有大焉,善与人同,舍己从人,乐取于人以为善。自耕稼、陶、渔以至为帝,无非取于人者。①

　　舜明于庶物,察于人伦,由仁义行,非行仁义也。

　　禹恶旨酒而好善言。汤执中,立贤无方。文王视民如伤,望道而未之见。武王不泄迩,不忘远。周公思兼三王,以施四事;其有不合者,仰而思之,夜以继日;幸而得之,坐以待旦。②

　　文王一怒而安天下之民……而武王亦一怒而安天下之民。③

显然,孟子只认定死去的圣帝名王为仁政楷模,这里寄托的毋宁是自己的理想,也是为生者树立一批学习的榜样。在他看来,在世的诸侯王们没有一个仁人之君,孟子只希望他的"教诲"能够在他们身上发生作用,使自己钟情的仁政理想能够在当世再现光芒。

　　不难看出,孟子的仁政理想既带有强烈的感情色彩,又带有浓烈的理想化色彩。这样的仁政,在孟子的时代只能是一种乌托邦式的幻想,在以后中国两千多年的历史上,也没有真正实行过。尽管如此,孟子的仁政理想仍然具有不可磨灭的积极意义。这是因为,这个仁政理想设计了中国古代最理想的美好政治的模式,成为日后衡量政治优劣的标准和一切仁人志士努力追求的目标。几乎每一个有作为的圣君贤相,都以仁政理想为的鹄,通过自己的努力,再加上客观条件的配合,从而创造出名垂史册的"盛世"。同时,孟子的这个仁政理想,还是他心目中统治权合法化的标准之

---

　　① 《孟子·公孙丑上》,《十三经注疏》,中华书局 1980 年版,第 2691 页。

　　② 《孟子·离娄下》,《十三经注疏》,中华书局 1980 年版,第 2727 页。

　　③ 《孟子·梁惠王下》,《十三经注疏》,中华书局 1980 年版,第 2675 页。

一,从而给古老的"君权神授"的统治权合法化标准增添了新的人文内容。

第三,严厉斥责纵横家,阐发了他心目中的"大丈夫"理念。

以苏秦、张仪为代表的纵横策士,是当时列国间激烈斗争的产物。他们与军事斗争相配合,在外交战线上演出了一幕幕波谲云诡、变化莫测的活剧。他们活跃于列国间,时而激化矛盾,时而消解冲突,谈笑间,使和平的边界燃起烽火;一番折冲,又使双方化干戈为玉帛。他们"一怒而诸侯惧,安居而天下熄",仿佛这几个人左右着列国的历史和时代的命运。其实,从一定意义上看,他们只是历史的不自觉的工具。列国斗争导向统一,统一的进程在斗争中完成。这个斗争将各类政治、军事和外交精英呼唤出来,给他们提供了施展才干的广阔舞台。

纵横之士就是外交精英的代表,他们洞悉列国形势,深谙每一个国家的政治、经济、军事状况以及山川民俗和社会风气,对各国国君的性格、爱好、脾气等也都了然于胸。他们善于揣摩国君的心理,反应机敏,长于辩论,口若悬河。他们为达目的不择手段,无中生有,颠倒黑白,不讲信义,反复无常,阴谋诡计,翻手为云,覆手为雨。他们的人生追求是荣华富贵,为此,不惜投机钻营,卖友求荣。他们的人格是卑微的,但是作为历史的不自觉工具,正是他们的活动推进了列国之间的斗争,构成了战国统一进程中最为扣人心弦、多姿多彩、酣畅淋漓的剧目。

在魏国期间,学纵横之术的景春拜见孟子,大肆吹捧公孙衍、张仪等纵横家,被孟子狠狠地批了一通。《孟子·滕文公下》记述了他们的对话:

> 景春曰:"公孙衍、张仪岂不诚大丈夫哉? 一怒而诸侯惧,安居而天下熄。"孟子曰:"是焉得为大丈夫乎? 子未学礼乎? 丈夫之冠也,父命之;女子之嫁也,母命之,往送之门,戒之曰:'往之女家,必敬必戒,无违夫子!'以顺为正者,妾妇之道也。

居天下之广居，立天下之正位，行天下之大道；得志，与民由
之；不得志，独行其道。富贵不能淫，贫贱不能移，威武不能
屈，此之谓大丈夫。"①

景春作为服膺纵横之术的一介策士，对公孙衍和张仪自然充满无
限崇敬，将他们看作那个时代的英雄，真正的"大丈夫"。因为在
他看来，正是他们左右着当时的政局，决定着历史的走向。然而，
在孟子眼里，这帮毫无节操、朝秦暮楚、唯利是视、唯力是视的纵横
家，不仅算不上大丈夫，简直就是一帮时代的罪人。因为正是由于
他们在列国之间的纵横捭阖、挑拨离间，才使战乱不息，社会难以
安宁。从一定意义上说，他们正是孟子推行仁政理想的最大障碍，
是社会的"蟊贼"。所以孟子听了景春的议论后，立即给予义正词
严的反驳。认为纵横家的行为不过是"妾妇之道"，真正的大丈夫
应该住在天下最宽广的住宅"仁"里，站在天下最正确的位置"礼"
上，走着天下最光明的大路——"义"；得志的时候，偕同百姓循着
大道前进；不得志的时候，也独自坚持自己的理想继续奋斗，"富贵
不能淫，贫贱不能移，威武不能屈"，这样的人才配叫做大丈夫。孟
子所以将纵横家的行为视为"妾妇之道"，原因就是他们像顺从丈
夫一样地顺从他服务的君王，没有正义的头脑和独立的品格。孟
子这里推出的大丈夫品格，两千多年来为中国的知识分子确立了
行事的准则和人格标准，产生了极其深远而巨大的影响，对中国的
士人阶层高尚品格的铸造起了重要作用，至今还被人们视为千古
不磨的人生信条。

第四，在与白圭的辩论中，孟子除了讲治水的原则不能"以邻
为壑"外，重要的是在中国历史上第一次提出了"行政成本"的
理论：

————————

① 《孟子·滕文公下》，《十三经注疏》，中华书局 1980 年版，第
2710 页。

白圭曰:"吾欲二十而取一,何如?"孟子曰:"子之道,貉道也。万室之国,一人陶,则可乎?"曰:"不可,器不足用也。"曰:"夫貉,五谷不生,惟黍生之;无城郭、宫室、宗庙、祭祀之礼,无诸侯币帛饔飧,无百官有司,故二十取一而足也。今居中国,去人伦,无君子,如之何其可也?陶以寡,且不可以为国,况无君子乎?欲轻之于尧舜之道者,大貉小貉也;欲重之于尧舜之道者,大桀小桀也。"①

孟子这里认为必要的行政成本是行政运行的物质基础,是不能省的。孟子的高明之处在于,尽管"轻徭薄赋"是他仁政理想的重要内容之一,但他从行政成本的计算中得出什一税负的计量,给"轻徭薄赋"划定了一个限度,从而兼顾和协调了国家和百姓各自的需要。这显示,孟子具有超出当时几乎所有思想家的清醒的政治学和经济学的头脑。

(原载 2013 年开封孟子思想研讨会参会论文)

---

① 《孟子·告子下》,《十三经注疏》,中华书局 1980 年版,第 2760—2761 页。

孟子的"性善论"

　　长期以来,人性是中国古代思想家着力探索的一个重要问题。孔子最早提出"性相近,习相远"的命题,承认社会上的每个人在其初生之时有共同的相近的人性,但由于后来的"习"——社会实践的不同,就使他们的品性表现出较大的差异甚至天壤之别。

　　孔子的"性相近,习相远"的人性理论,被后世的思想家朝不同的方向发展了。就先秦思想家而言,除告子坚持"生之谓性",人性"无分于善与不善"(《孟子·告子上》)外,其他人基本上分为"性善"与"性恶"对立的两派。"性善"论的代表是孟子,"性恶"论的代表是荀子和他的弟子韩非。荀子把人性看作人与生俱来的生理本能,即与社会无关的、抽象的自然生物性:"今人之性,饥而欲饱,寒而欲暖,劳而欲休,此人之情性也。""若夫目好色,耳好声,口好味,心好利,骨体肤理好愉佚,是皆生于人之情性也,感而自然,不待事而后生之者也。"①这种生理本能如不加以节制,任其发展,其社会性就必然是恶的了:"今人之性,生而有好利焉,顺是,故争夺生而辞让亡焉;生而有疾恶焉,顺是,故残贼生而忠信亡焉;生而有耳目之欲,有好声色焉,顺是,故淫乱生而礼义文理亡焉。"②既然人性都恶,那么"善"是哪里来的呢?荀子认为是在圣人教化下,学习礼义,对性恶进行改造的结果,"善者伪也"。与孟子的性善论一样,荀子的性恶论也是一种抽象的人性论,并且有着

---

①　王先谦:《荀子集解·性恶》,中华书局 2013 年版,第 516—517 页。
②　同上,第 513 页。

不可克服的矛盾：既然人性都是恶的。圣人也不应该例外，为什么他的人性是善的并且还能以礼义对其他人进行教化呢？不过，较之孟子的性善论，性恶论有着更多的合理性。荀子似乎隐隐地感觉到了，"正是人的恶劣的情欲——贪欲和权势欲成了历史发展的杠杆"①。他认识到，任何人类个体离开集体即社会都无法生存，而人类之所以异于其他动物的是他们组成了社会即"群"。为了使每个个体性恶的人在"群"中能够和睦相处，就必须有圣人出来对他们进行教化。荀子认为，只要社会创造一个外部良好的环境，如俗语所说，"蓬生麻中，不扶自直，白沙在涅，与之俱黑"，人人努力学习礼义法度，就可以"化性起伪"，就会改造成具有善性的人。与此同时，还必须有一套完整的礼法制度，将每个人固定在一定的社会角色的位置上，这就是"分"。这套礼法制度是，"丧祭朝聘师旅"、"贵贱生杀予夺"、"君君臣臣父父子子兄兄弟弟夫夫妇妇"、"农农士士工工商商"。实际上指的是全部的封建的经济基础和上层建筑以及每个人的定位，而这又是永恒的："君臣、父子、兄弟、夫妇，始则终，终则始，与天地同理，与万世同久，夫是之谓大本。"②法家代表人物韩非师承乃师的性恶论，认为人性恶不仅是绝对的，而且是不可改变的。这种"性恶"的社会表现就是对个人私利的无厌追求，而这种追求是完全合理的。所以一切仁义道德的说教统统都是骗人的鬼话，统统都应该弃之如敝屣。在他看来，规范社会上人与人关系的准则就是利害：

> 故王良爱马，越王勾践爱人，为战与驰。医善吮人之伤，含人之血，非骨肉之亲也，利所加也。故舆人成舆，则欲人之

---

① 恩格斯：《路德维希·费尔巴哈和德国古典哲学的终结》，《马克思恩格斯选集》第4卷，人民出版社1972年版，第233页。

② 王先谦：《荀子集解·王制》，中华书局2013年版，第193页。

富贵；匠人成棺，则欲人之夭死也。非舆人仁而匠人贼也，人
不贵则舆不售，人不死则棺不买。情非憎人也，利在人之
死也。①

所以人与人之间也就根本不存在道德亲情的联系，只是建立在赤
裸裸的利害关系基础上的交换和买卖关系。他将这一论断推延至
所有的人与人之间的关系，认为君臣、君民，甚至父母和子女之间
的关系也是如此。他认为，如果说上古时代生产不发达、民风淳朴
的条件下道德还起点作用的话，那么，当历史已经发展到利益至上
的战国时代，仁义道德的功用就丧失净尽了："上古竞于道德，中世
逐于智谋，当今争于气力。"②法家的这种绝对功利主义的社会伦
理学说，斩断了社会上本来就存在的非功利的伦理亲情的联系，将
社会上所有人与人的关系全说成是弱肉强食的狼与羊的关系。这
种理念作为真理广泛宣传，其对国家民族和社会的危害是显而易
见的。

孟子是儒家中对人性最感兴趣的思想家之一，《孟子》七篇中
有不少章节论及人性问题，其中最集中讨论人性的是《告子》篇记
载的他同告子的辩论。孟子认为人的本性是"善"的，这个善的内
容就是对仁、义、礼、智等伦理道德观念的认同。而这个善发端于
"人皆有不忍人之心"：

人皆有不忍人之心。先王有不忍人之心，斯有不忍人之
政矣。以不忍人之心，行不忍人之政，治天下可运之掌上。所
以谓人皆有不忍人之心者，今人乍见孺子将入于井，皆有怵惕
恻隐之心，非所以内交于孺子之父母也，非所以要誉于乡党朋
友也，非恶其声而然也。由是观之，无恻隐之心，非人也；无羞
恶之心，非人也；无辞让之心，非人也；无是非之心，非人也。

---

① 王先慎：《韩非子集解·备内》，中华书局 2013 年版，第 123 页。
② 同上，第 487 页。

恻隐之心,仁之端也;羞恶之心,义之端也;辞让之心,礼之端
也;是非之心,智之端也。人之有是四端也,犹其有四体也。
有是四端而自谓不能者,自贼者也;谓其君不能者,贼其君者
也。凡有四端于我者,知皆扩而充之矣,若火之始然,泉之始
达。苟能充之,足以保四海;苟不充之。不足以事父母。①

孟子这段话的意思是,每个人都有怜恤别人的同情心。先王因为
有怜恤别人的同情心,因而就有了善于体恤下情的政治。凭着怜
恤别人的同情心来实施体恤下情的政治,治理天下就可以像运转
小物件于手掌上一样容易。我所以说每个人都有怜恤别人的同情
心,可以举下面的事例作为证明:譬如现在有人突然看到一个小
孩子要掉到井里去了,任何人都会有惊骇怜悯的心情。这种心情
的产生,既不是为着要来和这小孩的父母攀交情,也不是为着要在
乡里亲朋中间博取美誉,更不是因为厌恶那小孩的哭声。由此看
来,一个人,如果没有恻隐之心,简直不是个人;如果没有廉耻之
心,简直不是个人;如果没有谦让之心,简直不是个人;如果没有是
非之心,简直不是个人。恻隐之心是仁的萌芽,廉耻之心是义的萌
芽,谦让之心是礼的萌芽,是非之心是智的萌芽。人心具有这四种
萌芽,正好比他有手足四肢一样,是很自然的。有这四种萌芽却认
为自己不行的人,是自暴自弃的人;认为他的君主不行的人,是暴
弃他君主的人。具有这四种萌芽的人,如果晓得将这种萌芽扩充
起来,便犹如刚刚燃烧的火,终必不可扑灭;犹如刚刚流出的泉水,
终必汇为江河。假若能继续扩充,便足以安定天下;假若不扩充,
让它消灭,便连赡养父母都做不到。孟子这里从人人都有怜恤别
人的同情心引申开来,进而说人人都有恻隐之心、羞恶之心、辞让
之心、是非之心,而这四心又恰恰是仁、义、礼、智的发端和萌芽,将

---

① 《孟子·公孙丑上》,《十三经注疏》,中华书局 1980 年版,第 2690—
2691 页。

这四端扩而充之,人人就具备了善,即仁、义、礼、智的品性了。这样,孟子性善论就有了他设定的一个前提:人人具有善端。而事实上,这个前提是否存在却大成问题。

孟子与告子关于人性的辩论,进一步深化了他的理论,让我们随着他们的辩论,一一加以检视:

> 告子曰:"性犹杞柳也,义犹桮棬也。以人性为仁义,犹以杞柳为桮棬。"孟子曰:"子能顺杞柳之性而以为桮棬乎?将戕贼杞柳而后以为桮棬也?如将戕贼杞柳而以为桮棬,则亦将戕贼人以为仁义与?率天下之人而祸仁义者,必子之言夫!"①

这里,告子首先提出问题说,人的本性好比杞柳树,义理好比杯盘;使人的本性变得符合仁义,正好比用杞柳树来制成杯盘。他的意思很明确:杯盘虽然是杞柳树制成的,但杞柳树和杯盘却不是一回事。也就是说,人性与仁义即善是不能画等号的。对此,孟子回敬说:您还是顺着杞柳树的本性来制成杯盘呢?还是毁伤杞柳树的本性来制成杯盘呢?如果要毁伤杞柳树的本性来制成杯盘,那也要毁伤人的本性然后使之符合仁义吗?率领天下的人来损害仁义的,一定是您的这种理论!孟子的意思是,可以顺着杞柳树的本性来制成杯盘,也就可以顺着人的本性达到仁义,所以人的本性与仁义的联系是自然而然的。在这一论题的辩论中,其实告子是对的:杞柳树虽然是制造杯盘的原料,但杞柳树并不等于杯盘;人性虽然可以为仁义,但人性却不等于仁义。

孟子与告子继续辩论。告子说,人性好比湍急的流水,从东方开一个口子便向东流,从西方开一个口子便向西流。人的本性没有善与不善的定性,就好比水没有向东流向西流的定向一样。孟子反驳告子说,水诚然没有向东流向西流的定向,难道也没有向上

---

① 《孟子·告子上》,《十三经注疏》,中华书局 1980 年版,第 2747 页。

向下的定向吗？人性的善良，就好像水性的向低处流。人没有不善良的，水没有不向低处流的。当然，拍水使它翻腾起来，可以高过额角；戽水使它倒流，可以引上高山。这难道是水的本性吗？是形势的改变使它如此的。就像有的人做坏事，其本性的改变也正是这样。在继续的辩论中，告子和孟子都以水的流向做比喻：告子以水的没有东流西流的定向为喻，证明人性没有善与不善的定性。孟子以水性的向低处流为喻，证明人性没有不善良的。其实人性和水性是不可比的。告子以水的没有东流西流的定向证明不了人性没有善与不善的定性，孟子以水性的向低处流也证明不了人性没有不善良的结论。然而，他们却硬是以水的这种品性证明自己想要的结论。不过，由于孟子以击水使之向上改变水性向低处的品性来证明人性的背善不符合人的本性，实在是较告子棋高一着。再往下的辩论，孟子就将告子引入毂中了：

> 告子曰："生之谓性。"孟子曰："生之谓性也，犹白之谓白与？"曰："然。""白羽之白也，犹白雪之白；白雪之白，犹白玉之白与？"曰："然。""然则犬之性犹牛之性，牛之性犹人之性与？"①

你看，告子说，天生的资质叫做性。孟子立即问：天生的资质叫做性，好比一切东西的白色都叫做白吗？告子不知孟子的提问是陷阱，顺着说，正是如此。看到告子入毂，孟子再问：白羽毛的白就像白雪的白，白雪的白就像白玉的白吗？此时的告子已经在孟子设定的陷阱里难以自拔，又顺着说正是如此。孟子于是来了一个有力的反诘：那么，狗性犹如牛性，牛性犹如人性吗？在这段辩论中，孟子是用偷换概念的办法赢了告子：告子讲"生之谓性"，说的是人的生理本能就是性，虽然不太确切，但不无道理。孟子的"生之谓性也，犹白之谓白与？"却是将"生之谓性"偷换成"白之谓

---

① 《孟子·告子上》，《十三经注疏》，中华书局 1980 年版，第 2748 页。

白"。再后，又以"白羽之白"、"白雪之白"、"白玉之白"同是白色
这个并不错误的论断引出"然则犬之性犹牛之性，牛之性犹人之性
与"的反诘，置告子于被动的境地。这里，孟子既偷换了概念，又犯
了无类比附的错误，因为犬、牛和人是三种不同的生物，它们的性
显然是不能放在一个平台上比较的。孟子以自己几经转换的逻辑
错误，使告子在不知不觉中跌入他布好的陷阱，将其置于无言以对
的困境，显示的是自己近于诡谲的智慧。再往下，孟子和告子就辩
论到仁、义这些伦理本身的问题。孟子依然坚持人性本善的观点，
而告子则仍然以"生之谓性"与之颉颃：

> 　　告子曰："食色，性也。仁，内也，非外也；义，外也，非内
> 也。"孟子曰："何以谓仁内义外也？"曰："彼长而我长之，非有
> 长于我也；犹彼白而我白之，从其白于外也，故谓之外也。"曰：
> "异于白马之白也，无以异于白人之白也；不识长马之长也，无
> 以异于长人之长与？且谓长者义乎？长之者义乎？"曰："吾
> 弟则爱之，秦人之弟则不爱也，是以我为悦者也，故谓之内。
> 长楚人之长，亦长吾之长，是以长为悦者也，故谓之外也。"曰：
> "耆秦人之炙，无以异于耆吾炙，夫物则亦有然者也，然则耆炙
> 亦有外与？"①

这里，告子说，食欲和性欲，都是人的本性。仁是内在的东西，不是
外在的东西；义是外在的东西，不是内在的东西。他的意思是，仁
属于人的内在的本性，而义则是外加的东西。告子如此将仁义分
开，就犯了一个致命的错误。因为作为伦理观念，仁义是不能分内
外的。孟子坚持仁义不能分内外，都是人的本性的反映。为了战
胜告子，就要求他将"仁内义外"的观点再解释一下。告子解释
说：因为他年纪大，于是我去恭敬他，恭敬之心不是我原先就有；
正好比外物是白的，我便认它是白色之物，这是因为外物具有白色

---

　　① 《孟子·告子上》，《十三经注疏》，中华书局 1980 年版，第 2748 页。

而我加以认识的缘故,所以说是外在的东西。孟子于是对告子反诘说,白马的白和白人的白或者没有什么不同,但不知道对老马的怜悯心和对老者的恭敬心,是不是也没有什么不同呢? 而且,您说,所谓义,在于老者呢? 还是在于恭敬老者的人呢? 孟子的反诘已经将告子逼到很不利的境地,但告子还要继续坚持他的观点。他说,是我的弟弟便爱他,是秦国人的弟弟便不爱他,这是因为我自己的关系而高兴这样做的,所以说仁是内在的东西。恭敬楚国的老者,也恭敬我自己的老者,这是因为外在的老者的关系而这样做的,所以说义是外在的东西。这毋宁说,对弟弟的爱心发自内心,而对别人的恭敬之心却是因为对象是老者引起的。也就是说,自己只有爱心而没有恭敬心。孟子抓住告子论点的矛盾进一步反驳说,喜欢吃秦国人的烧肉,和喜欢吃自己的烧肉没有什么不同,各种事物也有如此的情形,那么,难道喜欢吃烧肉的心也是外在的东西吗? 那不是和您说的食欲和性欲都是本性的论点矛盾了吗? 在这一段辩论中,告子坚持饮食男女是本性并不错,错在将仁义分内外,从而使自己陷入矛盾状态。孟子坚持仁义是发自内心的本性,尽管是一个假设,但却避免了矛盾,所以也就赢得了对告子辩论的成功。

　　接着,公都子由转述告子和其他人关于人性的观点并向孟子发问,引来孟子对人性问题的进一步阐述:

　　公都子曰:"告子曰:'性无善无不善也。'或曰:'性可以为善,可以为不善;是故文、武兴,则民好善;幽、厉兴,则民好暴。'或曰:'有性善,有性不善。是故以尧为君而有象;以瞽瞍为父而有舜;以纣为兄之子,且以为君,而有微子启、王子比干。'今曰'性善'然则彼皆非与?"孟子曰:"乃若其情,则可以为善矣,乃所谓善也。若夫为不善,非才之罪也。恻隐之心,人皆有之;羞恶之心,人皆有之;恭敬之心,人皆有之;是非之心,人皆有之。恻隐之心,仁也;羞恶之心,义也;恭敬之心,礼也;是非之心,智也。仁义礼智,非由外铄我也,我固有之也,弗思耳矣。故曰:'求则得之,舍则失之。'或相倍蓰而无算者,不能尽其才者也。《诗》曰,'天生蒸民,有物有则。民之秉彝,好是懿德。'孔子曰:'为此诗者,其知道乎! 故有物必有则;民之秉彝也,故好是懿德。'"①

公都子这里转述的是关于人性的三种观点。他说,告子说,本性没有什么善良,也没有什么不善良。也有人说,本性可以使它善良,也可以使它不善良;所以周文王、武王执政时,百姓便向善乐道;周幽王、厉王在位时,百姓便趋向强横暴戾。也有人说,有些人本性善良,有些人本性不善良;所以虽有尧这样的圣人为君王,却有像这样品质恶劣的百姓;以瞽瞍这样不慈的父亲,却有舜这样孝顺的好儿子;以纣这样暴虐的侄儿,而且做了君王,却有微子启、比干这样的仁人。如今老师说本性善良,那么,他们都错了吗? 对于公都子提出的问题,孟子平心静气地作了这样的回答:从天生的资质看,所有人都可以使它善良,这便是我所谓的人性善良的涵义。至于有些人不善良,不能归罪于他的资质。同情心,每个人都有;羞耻心,每个人都有;恭敬心,每个人都有;是非心,每个人都有。同情心属于仁,羞耻心属于义,恭敬心属于礼,是非心属于智。这仁义礼智,不是有外人给予我的,而是我本来固有的。不过自己不曾思考它罢了。所以说,一经思考探求,便会得到;一旦放弃思考探求,便会失掉。人与人之间有相差一倍、五倍甚至无数倍的,就是不能充分发挥他们人性的本质的缘故。《诗经·大雅·烝民》说,上天生育众民,每一样事物都有它的本质规律。百姓把握了那些固有规律,于是尊崇美好的品德。孔子说,这篇诗的作者真懂得道呀! 有事物,便有它的固有规律;百姓把握了这些固有规律,所以尊崇美好的品德。孟子这里一力坚持的,仍然是本性善的理念,而

---

① 《孟子·告子上》,《十三经注疏》,中华书局 1980 年版,第 2749 页。

这个本性善的资质,不是"外铄",而是我"固有"。至于有的人在现实生活中表现善,有的人在现实生活中表现恶,原因是有的人探索和发挥了本性中的善,有的人没有探索和发挥了本性中的善。接下来,孟子进一步阐述说:

> 富岁,子弟多赖;凶岁,子弟多暴。非天之降才尔殊也,其所以陷溺其心者然也。今夫麰麦,播种而耰之,其地同,树之时又同,浡然而生,至于日至之时,皆熟矣。虽有不同,则地有肥硗,雨露之养、人事之不齐也。故凡同类者,举相似也,何独至于人而疑之?圣人,与我同类者。故龙子曰:'不知足而为屦,我知其不为蒉也。'屦之相似,天下之足同也。口之于味,有同耆也;易牙先得我口之所耆者也。如使口之于味也,其性与人殊,若犬马之与我不同类也,则天下何耆皆从易牙之于味也?至于味,天下期于易牙,是天下之口相似也。惟耳亦然。至于声,天下期于师旷,是天下之耳相似也。惟目亦然。至于子都,天下莫不知其姣也。不知子都之姣者,无目者也。故曰,口之于味也,有同耆焉;耳之于声也,有同听焉;目之于色也,有同美焉。至于心,独无所同然乎?心之所同然者何也?谓理也,义也。圣人先得我心之所同然耳。故理义之悦我心,犹刍豢之悦我口。①

孟子这一段论证,意在说明人类有共同的道德意识。他说,丰收年成,少年子弟多半好吃懒做;灾荒年成,少年子弟多半强取豪夺,这不是天生资质的不同造成的,而是由于环境使他们心情变坏的缘故。以大麦作比喻吧,播了种,耘了地,如果土地一样,种植的时间一样,便会郁郁葱葱地生长起来,待到夏至时节,都会成熟。各地段的收成纵有所不同,那是由于土地的肥瘠,雨露的多少,人工的勤惰不同造成的。所以一切同类的事物,都是不大体相同的,为什

---

① 《孟子·告子上》,《十三经注疏》,中华书局 1980 年版,第 2749 页。

么一讲到人类就怀疑这个规律了呢？圣人也是我们的同类。龙子说，"即使不看清脚样去编草鞋，我知道也不会编成筐子。"草鞋的相近，是因为每个人的脚大体相同。嘴巴对于味道，也有相同的辨别标准；易牙就是掌握了这一点，所以才练就了高超的烹调技艺。假设嘴巴对于味道一人一个标准，就像狗马和我们人类本质上的不相同一样，那么，凭什么天下的人都喜欢易牙烹调出的美味呢？一讲到口味，所有人都期望做到易牙那样，这就说明了所有人对味道的品评有一个大体相同的标准。耳朵也如此。一讲到声音，所有人都期望做到师旷那样，这就说明了所有人的听觉有大体相同的标准。眼睛也如此。一说起子都，所有人没有不知道他潇洒俊美的。不认为子都潇洒俊美的，那就是没长眼睛的人。所以说，嘴巴对于味道，有相同的嗜好；耳朵对于声音，有相同的听觉；眼睛对于容色，有相同的美感。谈到心，就独独没有相同之处吗？心的相同之处是什么呢？就是理和义。圣人早就懂得了我们内心有着相同的理义。所以理义之使我内心爽然畅快，正像猪狗牛羊肉使我们感觉味美一般。这里，孟子通过人的生理本能（味觉、听觉、视觉）的相似，进而论证人性，即人所秉持的伦理道德观念也应该相似。但他不了解，人的生理本能是与生俱来的，而人的伦理道德观念的养成却是后天的。将人的先天的生理本能与后天的伦理道德观念完全等同起来显然是说不通的。然而，在孟子那里，这二者却是完全相通的。请看他在《尽心上》一章中的论述：

> 人之所不学而能者，其良能也；所不虑而知者，其良知也。
> 孩提之童无不知爱其亲者，及其长也，无不知敬其兄也。亲
> 亲，仁也；敬长，义也；无他，达之天下也。①

孟子认为，人不待学习就能做到的，是良能；不待思考就会知道的，是良知。两三岁的小孩儿没有不爱他父母的，等到他长大，没有不

---

① 《孟子·尽心上》，《十三经注疏》，中华书局1980年版，第2765页。

知道恭敬兄长的。亲爱父母是仁,恭敬兄长是义,这没有其他原因,因为这两种品德可以通行于天下。这里孟子仍然是将人的伦理道德观念等同于人的先天的生理本能。在《尽心下》一章中,孟子再次强调将善的本性即良知、良能的扩充:

> 人皆有所不忍,达之于其所忍,仁也;人皆有所不为,达之于其所为,义也。人能充无欲害人之心,而仁不可胜用也;人能充无穿逾之心,而义不可胜用也。人能充无爱尔汝之实,无所往而不为义也。①

孟子认为,每个人都有不忍心做的事,把它扩充到所忍心做的事上,便是仁;每个人都有不愿做的事,把它扩充到所愿做的事上,便是义。换句话说,人能够把不想害人的心扩而充之,仁就用不尽了;人能够把不挖洞跳墙的心扩而充之,义就用不尽了;人能够把不受轻贱的实际言行扩而充之,以致所有言行都不遭受轻贱,那无论到哪里都合于义了。这里强调的仍然是将"善端"扩充而成为持久的善的品质。这也是他一直坚持的"自求"精神:

> 求则得之,舍则失之,是求有益于得也,求在我者也。
>
> 万物皆备于我矣,反身而诚,乐莫大焉。强恕而行,求仁莫近焉。②

孟子的意思是,善的东西,努力探求便会得到;放弃探求便会失掉。这是有益于收获的探求,因为所探求的对象是我本身固有的。因为我一切都具备了,反躬探求,自己是忠诚踏实的,便是最大的快乐。不懈地以推己及人的恕道去做,达到仁德的道路没有比这更便捷的了。最后,孟子将心、性、天、命联系在一起,构筑起一个完整的天人合一的思想体系:

> 尽其心者,知其性也。知其性,则知天矣。存其心,养其

① 《孟子·尽心下》,《十三经注疏》,中华书局 1980 年版,第 2778 页。
② 《孟子·尽心上》,《十三经注疏》,中华书局 1980 年版,第 2764 页。

性，所以事天也。夭寿不贰，修身以俟之，所以立命也。①

在孟子看来，充分扩张善良的本心，也就是懂得了人的本性。懂得了人的本性，也就懂得天命了。保持人的本心，培养人的本性，这就是对待天命的方法。短命也好，长寿也好，我都不三心二意，只是培养身心，等待天命，这就是安身立命的方法。

至此，孟子构筑了他人性论的基本观点，这就是：

一，所有人类都有共同的人性，这个人性可以用"善"来概括，内容包括仁、义、礼、智等当时社会公认的伦理道德信条；

二，"善"是人类与生俱来的生理本能，这个本能就是"善端"，来源于恻隐之心、羞恶之心、辞让之心、是非之心。"善端"扩而充之，就是恒久不变的仁、义、礼、智。

三，因为"善"是我"固有"，非"外铄"，所以道德修养的根本途径是"反身而诚"，即在不断的反躬自问中开掘、扩充和发扬光大自己具有的优良品德。

四，"尽心"也就是"知性"，"知性"也就能知天命。培养身心，等待天命，也就是仁人君子"安身立命"的人生态度。

五，社会上人之恶行表现是"孳孳为利"，人之所以弃善从恶，是由于这种人自身不能保持和发扬"善端"，"人之所以异于禽兽者几希，庶民去之，君子存之"（《孟子·离娄下》）。

不难看出，孟子人性论的缺失是明显的。由于他混淆了人的自然本性和社会本性，同时又从自然本性的相同推及社会本性的相同，从而得出人的自然本性和社会本性都是相同的结论。事实是，人的自然本性尽管是相同的，社会本性也有其相同的方面，但由于社会本性是人在社会生活中形成的，而社会地位的不同，谋取生活资料的方式不同，对待社会矛盾和人与人之间关系的看法不同，由此形成了不同的人性。不过，孟子的人性论也有其合理内

---

① 《孟子·尽心上》，《十三经注疏》，中华书局1980年版，第2764页。

核。第一,他意识到人之为人,不论是生物的人还是社会的人,都有其共性的一面,因而即使在道德伦理观念方面,也表现出一定的共性。第二,他将道德与修养联系起来,特别强调美好的道德是持之以恒、刻苦自励、认真修养的结果,从而对中国古代君子人格的形成产生了积极的影响。

(原载《孟子传》,齐鲁书社2013年版)

孟子的"君子人格"论

建立一个和谐的人类社会,一直是中国古代的圣人贤人追求的目标。孔子最早提出"君子和而不同"思想,向往着"大道之行也,天下为公"和"四海之内皆兄弟"的理想社会。在春秋战国时代出现的思想文化领域的"百家争鸣"思潮中,儒、墨、法、道等学派,都推出了自己的理想社会的蓝图。其中,儒家的"大同",墨家的"尚同",道家的"至德之世",法家的"不分贵贱亲疏一断于法"等,最具代表性。他们都有自己理解的和谐社会理想。比较而言,儒家和道家学说中和谐社会的理论最为丰富。不过,道家理想的"至德之世"虽然强调了人与自然的和谐和人自身的和谐,但由于它消极避世,逃避社会责任,其负面影响较大,很难成为主流意识存在。儒家的和谐社会理想积极入世,强调对国家、民族和社会的责任,因而成为中国主流意识的重要组成部分。在先秦儒家学派的代表人物中,孟子上承孔子、子思,提出了较完整的和谐社会理论。其中对人的自身和谐问题的阐发,超过了同时代的任何思想家。

孟子自我和谐论的核心,是确立人在自然界和社会中的主体地位。因为人与自然界能否和谐关键在人,人与社会、人与人之间能否和谐关键更在人。人不仅是自然的主人,更是社会的主人。从这个意义上说,"万物皆备于我"①就不能作为一个唯心论的命题去理解了。孟子笃信人在自然和社会中的主体地位,对自己的

---

① 《孟子·尽心上》,《十三经注疏》,中华书局1980年版,第2764页。

聪明才智更是充满自信：

> 五百年必有王者兴，其间必有名世者。由周而来，七百有
> 余岁矣。以其数，则过矣；以其时考之，则可矣。夫天未欲平
> 治天下也；如欲平治天下，当今之世，舍我其谁也？吾何为不
> 豫哉？①

他不仅自视甚高，而且对所有人都不小觑，而是充满期待。因为他
深信"人皆可以为尧舜"②，只要你坚定信心，持之以恒地去做，尧
舜能做到的，其他人也可以做到。这里的区别仅仅在于愿意做和
不愿意做，而不在于哪个能做哪个不能做。"人皆可以为尧舜"的
命题虽然不无偏颇之处，但它显示的是孟子对人的主观能动性的
信心和张扬。孟子还期望每个男子汉都成为他心目中顶天立地的
大丈夫。景春在与孟子谈话时大吹纵横家的公孙衍、张仪等人，认
为他们是自己心目中的大丈夫，因为这些人在战国时代威风八面：
"一怒而诸侯惧，安居而天下熄。"③孟子对这些人的大丈夫地位坚
决不予认同。他认为这些人是战国时代战乱频繁的罪魁祸首之
一，他们风尘仆仆于列国之间，纵横捭阖，挑拨离间，唯力是视，唯
利是视，唯恐天下不乱，一切活动都围绕着他们服务的国君的利益
旋转，没有一个道德底线。这些人"以顺为正"，行的是"妾妇之
道"。孟子心目中的大丈夫是据守仁义，永远不为外力所屈服，不
为外物所引诱，以坚定的信念，不变的操守，傲视天地间："居天下
之广居，立天下之正位，行天下之大道；得志，与民由之；不得志，独

---

　　① 《孟子·公孙丑下》，《十三经注疏》，中华书局 1980 年版，第
2699 页。
　　② 《孟子·告子下》，《十三经注疏》，中华书局 1980 年版，第 2755 页。
　　③ 《孟子·滕文公下》，《十三经注疏》，中华书局 1980 年版，第
2710 页。

行其道。富贵不能淫,贫贱不能移,威武不能屈,此之谓大丈
夫。"①这样的大丈夫显然不是人人都能做到的,但它显示了孟子
对人之作为人的主体地位的期望,在一定意义上也是孟子的夫子
自道。

人既是天地万物的主体,又是他自己的主人。那么,这个人应
该以怎样的形象回应自己的主体地位呢? 孟子认为人人都应该成
为君子人格的实践者。他的君子人格,其实也就是大丈夫的另一
种表述,或者说是大丈夫行为规范的具体化。这个君子人格的内
涵是什么呢? 在孟子心目中,君子就是天地间的完人,君子人格就
是所有人学习的目标和榜样。君子是天命在人间的代表,他能"尽
心知性",能"知天安命"。他的最高境界就是与天地融为一体,
"赞天地之化育":"夫君子所过者化,所存者神,上下与天地同
流。"②为此,他必须充分弘扬自身从上天那里秉承的良知良能,即
仁、义、礼、智、信这些天然的道德律。正因为君子具备并最大限度
地弘扬了先天的道德律,所以他的行动是自由的,几乎可以随心所
欲:"大人者,言不必信,行不必果,惟义所在。"③像孔夫子那样,
"可以仕则仕,可以止则止,可以久则久,可以速则速。"④君子并不
是不要富贵利禄,而是"君子爱财,取之有道":"彭更问曰:'后车
数十乘,从者数百人,以传食于诸侯,不以泰乎?' 孟子曰:'非其
道,则一箪食不可受于人;如其道,则舜受尧之天下,不以为泰。子

---

① 《孟子·滕文公下》,《十三经注疏》,中华书局 1980 年版,第
2710 页。

② 《孟子·尽心上》,《十三经注疏》,中华书局 1980 年版,第 2765 页。

③ 《孟子·离娄下》,《十三经注疏》,中华书局 1980 年版,第 2726 页。

④ 《孟子 · 公孙丑上》,《十三经注疏》,中华书局 1980 年版,第
2686 页。

以为泰乎?'"①君子生当世间,对什么事都有自己的标准,例如,对取、与、死就有自己的取舍:"可以取,可以无取,取伤廉;可以与,可以无与,与伤惠;可以死,可以无死,死伤勇。"②当然,君子对于自己的行为也有一个最高标准,这就是"杀身成仁"、"舍生取义"。

> 鱼,我所欲也,熊掌亦我所欲也;二者不可得兼,舍鱼而取熊掌者也。生亦我所欲也,义亦我所欲也;二者不可得兼,舍生而取义者也。生亦我所欲,所欲有甚于生者,故不为苟得也;死亦我所恶,所恶有甚于死者,故患有所不辟也。如使人之所欲莫甚于生,则凡可以得生者,何不用也? 使人之所恶莫甚于死者,则凡可以辟患者,何不为也? 由是则生而有不用也,由是则可以辟患而有不为也,是故所欲有甚于生者,所恶有甚于死者。非独贤者有是心也,人皆有之,贤者能勿丧耳。③

孟子同时认为,由于每个人在社会上的地位不同,对其行为规范的要求也有不同的具体标准:"规矩,方员之至也;圣人,人伦之至也。欲为君,尽君道;欲为臣,尽臣道。二者皆法尧、舜而已矣。"④这实际上是说,每个人都要安于其本位,在本位上尽君子之道。人们虽然地位不同,所从事的活动各异,但只要按照君子的标准要求自己并达到了这个标准,他也就是君子了。这说明,孟子认为所有的人,不管身份、地位、职业有何不同,在道德上可以达到同样的水准。

君子必须守住自己行仁居义的人生理念,不自侮,不自毁,因

---

①　《孟子·滕文公下》,《十三经注疏》,中华书局 1980 年版,第2711 页。

②　《孟子·离娄下》,《十三经注疏》,中华书局 1980 年版,第 2729 页。

③　《孟子·告子上》,《十三经注疏》,中华书局 1980 年版,第 2752 页。

④　《孟子·离娄上》,《十三经注疏》,中华书局 1980 年版,第 2718 页。

为"人必自侮,然后人侮之;家必自毁,而后人毁之;国必自伐,而后人伐之"。不自暴。不自弃,因为"自暴者,不可与有言也;自弃者,不可与有为也"①。努力守住自己的节操,"志士不忘在沟壑,勇士不忘丧其元"②。永远有一种正义感和耻辱心:"人不可以无耻,无耻之耻,无耻矣。"③无论什么时候,都应该知道什么事该做,什么事不该做。特别应该摆正内在品德与富贵利禄的关系,即"天爵"与"人爵"的关系:"有天爵者,有人爵者。仁义忠信,乐善不倦,此天爵也;公卿大夫,此人爵也。古之人修其天爵,而人爵从之。今之人修其天爵,以要人爵;既得人爵,而弃其天爵,则惑之甚者也,终亦必亡而已矣。"④君子不仅要修"天爵"以待"人爵",而且随时准备以身殉道:"天下有道,以道殉身;天下无道,以身殉道。"⑤君子必须以博大的胸怀"仁民爱物",爱惜万物,与大自然和谐相处,最终目的是为了"仁民",为了百姓在与万物的关系上各得其所。

君子立于天地间,要与各式各样的人打交道,每个人即使具有相同的信仰,在具体行事时也会有不少差异,因此,君子待人处事不要强求一律,特别不要以自己为标准要求别人,要做到"仁而不同":"居下位,不以贤事不肖者,伯夷也;五就汤,五就桀者,伊尹也;不恶污君,不辞小官者,柳下惠也。三子者不同道,其趋一也。一者何?曰:仁也。君子亦而已矣,何必同?"⑥所以,君子必须有容人之量,对己严,对人宽,听信善言,尤其不要追求物质的享受:

---

① 《孟子·离娄上》,《十三经注疏》,中华书局 1980 年版,第 2721 页。

② 《孟子·滕文公下》,《十三经注疏》,中华书局 1980 年版,第 2710 页。

③ 《孟子·尽心上》,《十三经注疏》,中华书局 1980 年版,第 2764 页。

④ 《孟子·告子上》,《十三经注疏》,中华书局 1980 年版,第 2753 页。

⑤ 《孟子·尽心上》,《十三经注疏》,中华书局 1980 年版,第 2770 页。

⑥ 《孟子·告子下》,《十三经注疏》,中华书局 1980 年版,第 2757 页。

"堂高数仞,榱题数尺,我得志,弗为也。食前方丈,侍妾数百人,我得志,弗为也。般乐饮酒,驱骋田猎,后车千乘,我得志,弗为也。"①君子当然也有自己的追求,这就是蹈仁居义的内心的快乐:"尊德乐义,则可以嚣嚣矣。故士穷不失义,达不离道。穷不失义,故士得己焉;达不离道,故民不失望焉。古之人,得志,泽加于民;不得志,修身见于世。穷则独善其身,达则兼善天下。"②孟子甚至认为,君子的快乐是王天下所不可比拟的:"君子有三乐,而王天下不与存焉。父母俱存,兄弟无故,一乐也;仰不愧于天,俯不怍于人,二乐也;得天下英才而教育之,三乐也。君子有三乐。而王天下不与存焉。""广土众民,君子欲之,所乐不存焉;中天下而立,定四海之民,君子乐之,所性不存焉。君子所性,虽大行不加焉,虽穷居不损焉,分定故也。仁义礼智根于心,其生色也晬然,见于面,盎于背,施于四体,四体不言而喻。"③

　　孟子的君子人格基本上涵盖了他的人生理念和理想追求,一定程度上也是他的夫子自道。孟子一生都在追求君子人格,修炼君子人格,希望在那个人欲横流,诸侯们杀人盈城与杀人盈野,智能之士为富贵奔走权势之门的恶浊的时代,正身帅人,挽狂澜于既倒,恢复社会的理性与秩序。孟子作为一个理想主义者,尽管视野宏阔,志高才大,心雄万夫,"说大人而藐之",但是,想以在野之身,仅仅以思想的力量影响社会,改变潮流,扭转士风,是不可能的。孟子只能带着无限的遗憾走向生命的终点。不过,他倡导的大丈夫精神和君子人格,对战国以后的中国知识分子产生了广泛、巨大而深远的影响,从中涌现了一大批具有大丈夫精神和君子人格的志士仁人。他们坚持理想,笃守正义,始终以生命和鲜血捍卫

---

① 《孟子·尽心下》,《十三经注疏》,中华书局1980年版,第2779页。
② 《孟子·尽心上》,《十三经注疏》,中华书局1980年版,第2765页。
③ 同上,第2766页。

民族独立和社会正义,为百姓谋福祉,为文化增光彩,让伟大的人格展示永恒的魅力,留下了许多可歌可泣的英雄业绩和做人的榜样,他们作为历史的脊梁永远绽放不灭的光芒。

孟子鼓吹大丈夫精神和君子人格,认为达到这一目标的标志是践履仁、义、礼、智、信这些美好的先验的道德律。这些道德信条虽然是人人从天命那里承受的"善端",因而人人具有成为大丈夫和君子的可能性,但是,将可能性变为现实性却要通过自身的坚持不懈的修养和磨炼:"仁义礼智,非由外铄我也,我固有之也,弗思耳矣。故曰:求则得之,舍则失之。"①有人坚持不断地修养和磨炼保住了"善端"并发扬光大,就成为君子;有人放弃修养和磨炼保不住"善端",就成为小人。

孟子认为坚持不懈的自我修养和磨炼是达到大丈夫和君子人格境界的必由之路,因而要求人们不仅有坚定的信仰和信心,"人皆可以为尧舜",而且还必须通过持之以恒的不懈努力,艰苦的修养和磨炼,不断地向这一目标前进。孟子总结了一套自我修养的方法,其荦荦大端有以下几项:

一、养浩然之气。孟子认为,"天下之本在国,国之本在家,家之本在身"②。因此,自身成为君子,扩而大之于家国天下,世界的一切问题都会迎刃而解。而成为君子的首途就是养"浩然之气":"其为气也,至大至刚,以直养而无害,则塞于天地之间。其为气也,配义与道;无是,馁也。是集义所生者,非义袭而取之也。"③这个孟子也感到难以解释清楚的至大至刚的"浩然之气",实际上也就是他讲的仁义精神、刚正气质、大丈夫风骨。时刻保持并发扬这

---

①　《孟子·告子上》,《十三经注疏》,中华书局 1980 年版,第 2749 页。

②　《孟子·离娄上》,《十三经注疏》,中华书局 1980 年版,第 2718 页。

③　《孟子·公孙丑上》,《十三经注疏》,中华书局 1980 年版,第 2685 页。

种"浩然之气",也就保住了君子人格的根本。由于孟子讲的"浩然之气"是一种与生俱来的精神,因而养"浩然之气"的方法就主要是向自己内心的追求,而不是向自身之外的开拓。为此,就要"求放心","不动心",反身而诚:"诚身有道,不明乎善,不诚其身矣。是故诚者,天之道也;思诚者,人之道也。"①孟子的这一修身养性的方法,以前论者多将其归入"唯心论"。其实他讲的主要是一个人对崇高人格理想的不断地自觉地追求,要求人们无论在任何条件下都不放弃这种追求。即使没有制度和社会制约,也使自己在"慎独"的状态下,将自己的思想和行为置于道德的约束之下。

二、专心致志。孟子说:"虽有天下易生之物也,一日暴之,十日寒之,未有能生者也。""今夫弈之为数,小数也;不专心致志,则不得也。弈秋,通国之善弈者也。使弈秋诲二人弈,其一人专心致志,惟弈秋之为听。一人虽听之,一心以为有鸿鹄将至,思援弓缴而射之,虽与之俱学,弗若之矣。为是其智弗若与? 曰:非然也。"②孟子这里讲的是学习的普遍规律,修养品德,磨炼性格,锻炼意志,更需要坚持不懈,持之以恒,永远不自我满足,不自我放弃,更不自我放纵。而是咬定青山不放松,盯住目标不回头,永远前进不停步。

三、持之以恒。孟子认为,人们对君子人格的追求是持久不懈的一个过程,只有起点,没有终点。他以牛山的植被为例,由于生长抵不住砍伐,曾经林木茂密的青山就变成"濯濯"的秃岭。由此比喻,人们如果在君子人格的修为中不能持之以恒,就会在不断地被砍伐中日益粗卑,君子人格也就渐行渐远了:

　　　　孟子曰:牛山之木尝美矣,以其郊于大国也,斧斤伐之,

---

① 《孟子·离娄上》,《十三经注疏》,中华书局1980年版,第2721页。
② 《孟子·告子上》,《十三经注疏》,中华书局1980年版,第2751页。

可以为美乎？是其日夜之所息，雨露之所润，非无萌蘖之生焉，牛羊又从而牧之，是以若彼濯濯也。人见其濯濯也，以为未尝有材焉，此岂山之性也哉？虽存乎人者，岂无仁义之心哉？其所以放其良心者，亦犹斧斤之于木也，旦旦而伐之，可以为美乎？其日夜之所息，平旦之气，其好恶与人相近也者几希，则其旦昼之所为，有梏亡之矣。梏之反覆，则其夜气不足以存；夜气不足以存，则其违禽兽不远矣。人见其禽兽也，而以为未尝有才焉者，是岂人之情也哉？①

四、艰苦磨炼。孟子认为，艰苦的环境，困难的条件，是磨炼意志，增强才干，锻炼身体，不断走向成熟的重要条件。任何一个成就卓著的人物，无论是帝王还是臣子，是大学问家还是技艺精湛之手艺人，无不经过了在艰苦环境中的长期锻炼：

> 舜发于畎亩之中，傅说举于版筑之间，胶鬲举于鱼盐之中，管夷吾举于士，孙叔敖举于海，百里奚举于市。故天将降大任于是人也，必先苦其心志，劳其筋骨，饿其体肤，空乏其身，行拂乱其所为，所以动心忍性，曾益其所不能。②

这里孟子其实总结了人才成长的普遍规律，即人才不是在一贯风调雨顺的环境和鲜花美酒的条件下成长的。要想成为一个优秀人才，成为一个具有君子人格的卓荦之士，只有在极其艰苦的环境和复杂多变的条件下，全身心地投入，坚持不懈的奋斗，九死一生，万苦备尝，才能脱颖而出，拔出同列，成为时代的精英。

五、独立思考。任何人都不能选择他的时代，当他来到世界上的时候，他碰到的是既定的社会现实和各种关系以及各种不同的思想观念。在这种情况下，一个人很容易为外物、外力和外来的思想观念所左右，很容易随波逐流。而这恰恰是君子所不齿的。

---

① 《孟子·告子上》，《十三经注疏》，中华书局 1980 年版，第 2751 页。
② 《孟子·告子下》，《十三经注疏》，中华书局 1980 年版，第 2762 页。

要想成为一个始终保持君子人格的大丈夫,就必须每时每刻保持清醒的头脑,遇事独立思考,问个为什么。孟子是一个一生保持独立思考的人,他无论走到哪里,无论见到什么人,不管是高高在上的君王,还是大名鼎鼎的思想家,孟子都是坚持自己的观点,宣传自己的主张,既不媚俗,更不媚权,越是在君王面前,他越是侃侃而谈,顽强地维护自己的观点。在他身上,没有丝毫的奴颜和媚骨。他对于自己最崇拜的人,也不苟同。例如孔子对齐桓、晋文等春秋五霸是赞扬的,这在《论语》中有明确的记载,但孟子却说:"仲尼之徒,无道桓文之事者。"他对儒家视为神圣的经典如《尚书》就提出质疑:"尽信《书》,则不如无《书》。吾于《武成》,取二三策而已矣。仁人无敌于天下,以至仁伐至不仁,而何其血之流杵也?"①学者多将其归入"唯心论"。其实他讲的主要是一个人对崇高人格理想的不断地自觉地追求,要求人们无论在任何条件下都不放弃这种追求。即使没有制度和社会制约,也使自己在"慎独"的状态下,将自己的思想和行为置于道德的约束之下。

　　孟子的自我和谐论比较全面地论述了人的自尊、自爱、自强、自立、自省、自我加压、自找苦吃等一系列自我完善的论理论,以向内的不倦追求应对外界不断变化的环境和形势。不论外界如何变化,都要保持自己的独立人格、独立见解、独立思考和行事的原则,不屈服压力,不屈服强权,不献媚流俗,苟心之所善,虽千夫所指,勇往直前。孟子的这种品格和作风,正是在战国时代思想言论自由、百无禁忌的环境中培育出来的。这几乎是那一代知识分子普遍具有的品性和行事风格,而在孟子身上得到了最集中的体现。这是中国知识分子最可宝贵的品格。然而,这种品格却与后来中国封建社会的君主绝对专制不相容,而越来越多的知识分子在专制的淫威下,为了荣华富贵和趋利避祸,逐渐将孟子自我和谐、自

———————————

① 《孟子·尽心下》,《十三经注疏》,中华书局 1980 年版,第 2773 页。

我完善的理论和实践原则变成了揣摩、迎合君主和上司的理论和实践原则,孟子之类的人物也就只能是凤毛麟角了,这是中国知识分子的悲哀。孟子的自我和谐、自我完善的理论和实践原则虽然有其特定的时代内容,但其中蕴含的具有普世价值的真理则是永恒的。

(原载《儒家思孟学派论集》,齐鲁书社 2008 年版)

荀子创立孙氏之儒整齐百家

战国时期,较孟子稍后而与之齐名的另一位儒学大师是荀子,他是孙氏之儒的创始人。荀子(约前316—前235),名况,字卿,又名孙卿,赵国人。他博学多才,少年时期即有名于时。十五岁左右,游学于齐国,入稷下学宫。当时正是齐威王当政时期,稷下学宫云集着来自各国的著名学者,轮番讲学,互相辩诘,创造了浓厚的"百家争鸣"的气氛。荀子在这里广采博取,奠定了坚实的基础。大约在公元前279年,荀子离开齐国到楚国。此时,乐毅率燕、赵等五国之师攻齐,连下七十余城,稷下学宫的文人学者风流云散。前279年,齐国即墨守将田单大举反击,收复临淄。齐襄王即位,重整稷下学宫,荀子于此时又回到齐国。由于老辈学者都已死去,荀子在稷下学宫"最为老师","齐尚修列大夫之缺,而荀卿三为祭酒焉"①。荀子在齐国生活了十多年,大约在齐襄王死后的前264年,他离开齐国,应邀到秦国考察。他在对秦国的政治、军事、民俗和自然形势等多方面进行了详细考察后,认为经过商鞅变法的秦国蒸蒸日上,已经具备了统一中国的条件。他建议秦昭王重用儒者,"力求止,义求行",用"王道"统一中国。这一主张与秦国推行的霸道的国策相抵触,因而受到冷落。荀子见在秦国无事可为,又返回齐国。此时,齐国最后一个国君田建在位,母后专权,朝政日非。荀子劝说齐相"求贤",刷新国政。因遭谗言。于前255年离齐赴楚,被春申君任为兰陵令。其后,因有人进谗,一度

---

① 司马迁:《史记·孟子荀卿列传》,中华书局1959年版,第2348页。

离楚赴赵国,与楚将临武君一起在赵孝成王前议兵。后经春申君敦请,又返回楚国,继续做兰陵令。公元前238年,春申君死于楚国内乱,荀子也废居兰陵。大约此后不久,这位八十多岁的老人就寿终正寝,永远留在兰陵的土地上了。

荀子生活于战国时代的晚期,又长期在当时的学术文化中心的稷下学宫学习和讲学,熟悉各家学说,有着丰厚的学识积累,这就使他有条件对诸子百家学说加以批判地继承,成为一个百科全书式的学者,一个集诸子百家之大成的思想家。郭沫若曾这样评论荀子:"荀子是先秦诸子的最后一位大师,他不仅集了儒家的大成,而且可以说集了百家的大成……他是把百家的学说差不多都融会贯通了。先秦诸子几乎没有一家没有经过他的批判……这些固然表示他对于百家都采取了超越的态度,而在他的学说思想里面,我们明显地可以看得出百家的影响。或者是正面地接受与发展,或者是反面地攻击与对立,或者是综合地统一于衍变。"①荀子写了《非十二子》一文,对它嚣、魏牟、陈仲、史鳅、墨翟、宋钘、慎到、田骈、惠施、邓析、子思、孟轲等进行了批判。在其他文章中,几乎对先秦诸子都进行了评判。他批评老子"有见于诎,无见于信"②。批评庄子"蔽于天而不知人"③,同时把老庄的"道"改造为自然界和人类社会的总规律,提出"明天人之分"和"制天命而用之"的思想。他批评宋钘"蔽于欲而不知得"④,同时吸收了宋尹学派关于"气"和礼法相结合的思想。他批评墨子"有见于齐,无见于畸"⑤,"蔽于用而不知文"⑥,同

① 郭沫若:《十批判书·荀子的批判》,《郭沫若全集》(历史编二),人民出版社1982年版,第213页。
② 王先谦:《荀子集解·天论》,中华书局2013年版,第377页。
③ 王先谦:《荀子集解·解蔽》,中华书局2013年版,第464页。
④ 同上,第463页。
⑤ 王先谦:《荀子集解·天论》,中华书局2013年版,第377页。
⑥ 王先谦:《荀子集解·解蔽》,中华书局2013年版,第463页。

时吸收其"尚贤"的主张以及认识论和逻辑学的成果。他批评慎到"蔽于法而不知贤",申不害"蔽于势而不知知"①,但也吸收了其法治的观点。荀子对于子思、孟子一派儒者进行十分尖锐的批评,说他们"略法先王而不知其统,犹然而材剧志大,闻见杂博。案往旧造说,谓之五行,其僻违而无类,幽隐而无说,闭约而无解"②。而对子张、子夏、子游等儒家学派亦斥为"贱儒",并对他所谓的"贱儒"、"俗儒"、"陋儒"、"腐儒"等严加抨击。在先秦诸子中,他唯一只赞誉不批评的是孔子。他以孔子的嫡传自居,以弘扬儒家学说为己任。实际上对孔子的思想也进行了改造,抛弃其"天命论",将"礼"与法衔接起来,把孔子学说改造成适应新兴地主阶级需要的意识形态。荀子是先秦唯物论思想的集大成者,他最大的功绩是把殷周以来由孔孟继承的人格神的天还原为自然界,剥去了加在它身上的一切神圣的灵光。他说:

> 列星随旋,日月递炤,四时代御,阴阳大化,风雨博施,万物各得其和以生,各得其养以成,不见其事而见其功,夫是之谓神。皆知其所以成,莫知其形,夫是之谓天。③

在荀子看来,一切自然界的运动都是物质之间作用的结果,天就是不断发展变化的自然界。在物质运动之中和之外,都不存在一个神秘的主宰,"天地合而万物生,阴阳接而变化起"④,事物之间和事物内部的矛盾促成了事物的运动发展变化。宇宙的事物尽管千差万别,但都统一于共同的本原"气"。"水火有气而无生,草木有生而无知,禽兽有知而无义,人有气、有生、有知,亦且有义,故最为

---

① 王先谦:《荀子集解·解蔽》,中华书局2013年版,第463页。

② 王先谦:《荀子集解·非十二子》,中华书局2013年版,第110—111页。

③ 王先谦:《荀子集解·天论》,中华书局2013年版,第365页。

④ 王先谦:《荀子集解·礼论》,中华书局2013年版,第433页。

天下贵也。"①这里,荀子已经对无机物、有机物、植物、动物和人的区别进行了界定,认为事物的多样性统一于物质的"气",这就坚持了唯物论的一元论。荀子同时认为事物的发展变化有自己的规律,这个规律就是"道"或"天道",它不受任何外力的支配和主宰:"天行有常,不为尧存,不为桀亡。"社会的治乱兴废与天、地、时都没有关系:

> 治乱天邪? 曰:日月星辰瑞历,是禹桀之所同也。禹以治,桀以乱,治乱非天也。时邪? 曰:繁启蕃长于春夏,畜积收臧于秋冬,是又禹桀之所同也。禹以生,桀以乱,治乱非时也。地邪? 曰:得地则生,失地则死,是又禹桀之所同也,禹以治,桀以乱,治乱非地也。②

这就是说,社会的治乱兴废有自己的规律,与自然界的变化是没有关系的。荀子认识到自然规律与社会规律的不同,指出人的生死祸福同样不是由天主宰,而是由人自己造成。只要人们顺应规律办事,灾祸就不会降临到自己头上:"强本而节用,则天不能贫;养备而动时,则天不能病;修道而不贰,则天不能祸。"与之相反,"本荒而用侈,则天不能使之富;养略而动罕,则天不能使之全;倍道而妄行,则天不能使之吉"③。这种吉凶由人的观点实际上充分估计了人的主观能动性,把人类的历史还给了人自己。顺此前进,荀子不仅否定了天命鬼神的宗教迷信,而且提出了"明天人之分"、"制天命而用之"的光辉命题:

> 大天而思之,孰与物畜而制之;从天而颂之,孰与制天命而用之;望时而待之,孰与应时而使之;因物而多之,孰与骋能而化之;思物而物之,孰与理物而勿失之也;愿于物之所以生,

---

① 王先谦:《荀子集解·王制》,中华书局2013年版,第194页。
② 王先谦:《荀子集解·天论》,中华书局2013年版,第367—368页。
③ 同上,第362—364页。

孰于有物之所以成。故错人而思天,则失万物之情。①
显然,荀子已经认识到,人与自然是一对矛盾。人在顺应自然规律
的同时,必须通过自己的主观努力向自然索取所需要的一切。荀
子对人的主观能动性、对人改造自然能力的赞扬,正是战国时期处
于封建社会上升阶段的农民阶级发展生产、改造自然所表现的巨
大威力的反映。

　　荀子唯物论的自然观导致了唯物论的认识论。他认为,事物
是可以认识的,人是有认识事物能力的:"凡以知,人之性也;可以
知,物之理也。"②人类的认识过程是以是以人的感觉器官接触外
界事物产生感性认识开始的。他把感觉器官称之为"天官",感觉
器官接触外界事物就是"缘天官",通过"天官"反映事物就是"天
官之意物"③。荀子也看到了单纯感性认识的局限,即它只能反映
事物外表的映象,并且容易为假象所蒙蔽,如"从山上望牛者若
羊","从山下望木者,十仞之木若箸"④。因此,仅仅依靠感性经验
还难以得到正确的认识。所以还必须依靠理性思维器官"天君"
(心)来获得正确的认识,"心居中虚以治五官,夫是之谓天君"⑤。
而为了使思维器官发挥准确的作用还需要"清其天君",使心保持
"清明"状态,"虚一而静",才可以发挥"征知"的功能。荀子对感
性认识和理性认识的关系已经有了朴素辩证的理解:"心有征知。
征知,则缘耳而知声可也,缘目而知形可也。然而征知必将待天官
之当簿其类然后可也。五官簿之而不知,心征知而无说,则人莫不
然谓之不知。"⑥更可贵的是荀子把"行"引进了他的认识论,认为

---

①　王先谦:《荀子集解·天论》,中华书局 2013 年版,第 374—375 页。
②　王先谦:《荀子集解·解蔽》,中华书局 2013 年版,第 480 页。
③　王先谦:《荀子集解·正名》,中华书局 2013 年版,第 491 页。
④　王先谦:《荀子集解·解蔽》,中华书局 2013 年版,第 478 页。
⑤　王先谦:《荀子集解·天论》,中华书局 2013 年版,第 366 页。
⑥　王先谦:《荀子集解·正名》,中华书局 2013 年版,第 493—494 页。

认识的目的不是"入乎耳,出乎口",而是为了学以致用;"不闻不若闻之,闻之不若见之,见之不若知之,知之不若行之,学至于行之而止矣……故闻之而不见,虽情必谬;见之而不知,虽识必妄;知之而不行,虽敦必困。"①荀子的"行"虽然仅指个人的活动特别是道德践履,还不是唯物论所指的实践的意义,但已经看到"行"在认识中的决定意义,应该说是中国古代认识论发展史上的一次飞跃。当然,与唯物论的认识论相比,荀子的认识论还是直观和朴素的,他不了解认识从感性到理性到实践是一个辩证过程,更不了解认识是一个无限深化、循环往复以致无穷的过程。不过,应该看到,荀子的唯物论的认识论毕竟达到了那个时代的高峰,他的前辈和同辈无一人能望其项背。

在人性论问题上,荀子对孟子的性善论进行了猛烈批判,并针锋相对地提出了性恶论。他把人性看作人与生俱来的生理本能,即与社会关系无关的、抽象的自然生物性。"今人之性,饥而欲饱,寒而欲暖,劳而欲休,此人之情性也"。"若夫目好色,耳好声,口好味,心好利,骨体肤理好愉佚,是皆生于人之情性者也,感而自然,不待事而后生之者也"②。这种生理本能如不加以节制,任其发展,其社会性就必然是恶的了:

> 今人之性,生而有好利焉,顺是,故争夺生而辞让亡焉。生而有疾恶焉,顺是,故残贼生而忠信亡焉。生而有耳目之欲,有好声色焉,顺是,故淫乱生而礼义文理亡焉。③

既然人生来就性恶,那么,"善"是从哪里来的呢? 荀子认为是在圣人教化下,学习礼义,对性恶进行改造的结果,"善者伪也"。与孟子的性善论一样,荀子的性恶论也是一种抽象的人性论,并且有

---

①　王先谦:《荀子集解·儒效》,中华书局 2013 年版,第 168 页。

②　王先谦:《荀子集解·性恶》,中华书局 2013 年版,第 517 页。

③　同上,第 513 页。

着不可克服的矛盾：既然人性都是恶的，圣人自然也不能例外，为什么他的人性不仅是善的并且还能以礼仪对百姓进行教育呢？不过，较之孟子的性善论，性恶论有着更多的合理因素。这里荀子似乎隐隐地感到了，"正是人的恶劣的情欲——贪欲和权势欲成了历史发展的杠杆"①，而这种"恶"恰恰在当时的奴隶主和封建主身上得到了集中体现。荀子还以人性恶作为实施礼法对人进行教育和强制其遵守礼法规范的根据。他认为社会环境对人性的改造有重要作用，所谓"蓬生麻中，不扶自直；白沙在涅，与之俱黑"。只要创造一种良好的外部环境，促使人人努力学习礼仪法度，就可以"化性起伪"，成为具有善性的人。

荀子在政治思想上一方面继承了孔子的礼治观念，并且成为先秦礼学的集其大成者，另一方面，他更多地使礼向法倾斜，提出了一套较完整的封建专制的理论。他意识到人类所以异于其他动物，就是因为人有自己的社会组织"群"。而这个"群"之所以能够彼此协和存在，是因为有"分"，即有一整套礼法制度来规范人们的行为："丧祭朝聘师旅"、"贵贱生杀予夺"、"君君臣臣父父子子兄兄弟弟夫夫妇妇"、"农农士士工工商商"，实际上指的是封建的经济基础和上层建筑，即全套的封建制度。而这套制度又是永恒的："君臣、父子、兄弟、夫妇，始则终，终则始，与天地同理，与万世同久，夫是之谓大本。"②任何剥削阶级都把自己建立的制度视为最美好和永恒的制度。荀子不仅为封建制度献上了深情的颂歌，而且为这个制度的巩固和发展设计了一系列的政策措施。他认识到农业是国民经济的基础，农民是封建国家赋税和徭役的主要承担者，所以提出了稳定小农的"裕民"主张。首先是"分田而耕"，"量地而立国，计利而畜民，度人而授事，使民必胜事，事必出利，利

---

① 《马克思恩格斯选集》第 4 卷，人民出版社 1972 年版，第 233 页。
② 王先谦：《荀子集解·王制》，中华书局 2013 年版，第 193 页。

足以生民,皆使衣食百用出入相掩,必时藏余,谓之称数"①,使农民与生产资料相结合。其次,要减轻农民负担,"轻田野之税","田野什一","相地而衰政"。同时,还要求封建国家在财政上"开源节流"、"强本节用",防止无限制的奢侈浪费。最后,还要求"农以力尽田,贾以察尽财,百工以巧尽械器"②,使工商业有一个与农业相适应的发展。这些思想与孔子是基本一致的,显然是维护封建统治长治久安的理论。

荀子顺应战国晚期大一统的趋势,继承儒家"以德服人者王"的思想,一方面提出"以德兼人"的导向统一的主张,要求有志统一的君王推行仁义,争取人心归服,从根本上保证统一战争的胜利,另一方面,要求奖励耕战,富国强兵,即"辟田野,实仓廪,便备用,上下一心,三军同力"③,保证战争胜利的物质基础。同时又为正在形成的封建国家提出了全套的统治理论,即"法后王,一制度"的主张。他要求借鉴商周时期的制度,"刑名从商,爵名从周,文名从礼"④,建立一套完整的封建等级制度,"立君上之势以临之,明礼义以化之,起法正以治之,重刑罚以禁之"⑤。这其中虽不乏儒家的基本观念,但已经大量吸收了法家学说。他明确提出加强君主专制:"君者,国之隆也;父者,家之隆也。隆一而治,二而乱。自古及今,未有二隆争重而能长久者。"⑥在选官制度上主张"任贤使能",在君民关系上主张实行"惠民"的安抚政策:

> 马骇舆,则君子不安舆;庶人骇政,则君子不安位。马骇舆,则莫若静之;庶人骇政,则莫若惠之。选贤良,举笃教,兴

---

① 王先谦:《荀子集解·富国》,中华书局2013年版,第211页。
② 王先谦:《荀子集解·荣辱》,中华书局2013年版,第83页。
③ 王先谦:《荀子集解·富国》,中华书局2013年版,第232页。
④ 王先谦:《荀子集解·正名》,中华书局2013年版,第486页。
⑤ 王先谦:《荀子集解·性恶》,中华书局2013年版,第520页。
⑥ 王先谦:《荀子集解·致仕》,中华书局2013年版,第310页。

孝弟,收孤寡,补贫穷,如是,则庶人安政矣。庶人安政,然后
君子安位。《传》曰:"君者,舟也;庶人者,水也。水则载舟,
水则覆舟。"此之谓也。①

由此基本认识出发,他主张"爱民"、"利民"同时用礼乐对民进行
教化,用刑罚对奸民进行惩罚,把"教"与"诛"结合起来:"故不教
而诛,则刑繁而邪不胜;教而不诛,则奸民不惩;诛而不赏,则勤励
之民不劝。"②这样就将教化和刑罚紧密结合在一起了。

　　总之,由孔子创立的儒家学派,经过荀子的发展改造,内容更
加丰富,体系更加完整,与已经确立统治地位的新兴地主阶级的需
要更加贴近,特别是他综合儒法所创造的大一统的君主专制论更
为日后中国的封建君主提供了一套较完备的统治理论。然而,在
战国晚期日益剧烈的兼并战争环境中,各国统治者都普遍属意于
急功近利的法家学说,荀子的理论因而被冷淡。秦朝时期,荀子的
学生韩非集其大成的法家学说备受青睐。当单纯的法家思想随着
秦朝的灭亡而从统治思想的宝座上跌下来的时候,经董仲舒对先
秦儒家思想改造而成的新儒家思想在汉武帝时期获得了独尊的地
位。实际上,董仲舒的社会政治思想吸取了荀子思想的许多内容。
然而,由于荀子哲学上鲜明的唯物论特色,再加上令人感情上难以
认同的性恶论,就使荀子成为一个长期被冷落的人物。其实,荀子
的社会政治理论一直为中国封建社会的统治者所运用,在实际上
发挥着巨大的功效。正如谭嗣同所说:"二千年之政,秦政也……
二千年之学,荀学也。"③

　　孔子创立的儒学,经过其后学,特别是子思、孟子、荀子等人的
发展改造,在战国时期形成了一个影响巨大的学派。孔子、孟子、

---

①　王先谦:《荀子集解·王制》,中华书局 2013 年版,第 180 页。
②　王先谦:《荀子集解·富国》,中华书局 2013 年版,第 226 页。
③　《谭嗣同全集》(下),中华书局 1981 年版,第 337 页。

荀子虽然都以干世为己任,祈望得到当权者的重用,憧憬着治国平天下的成功。但是,由于时处列国纷争时期,各国统治者都钟情于易于操作、立竿见影的法家学说。而此时的儒家学说又有着"博而寡要,劳而少功"、"累世不能通其学,当年不能究其礼"①的明显缺陷,自然也就无法取得统治者的垂顾。孔子、孟子、荀子这些儒学大师也就只能抱终身之憾,赍志以殁。但他们怎么也想不到,一百多年后,儒学就被推上独尊的地位,独领风骚两千年。孔孟等大师也被供奉到神圣的殿堂,享受着国家和百姓的最高的祭典。

（原载《山东思想文化史》,山东人民出版社 2011 年版）

---

① 司马迁:《史记·太史公自序》,中华书局 1959 年版,第 3290 页。

邹衍与阴阳五行学派的创立

战国阴阳五行学派的创立和发展与两位姓邹的齐国人有着十分密切的关系。邹衍首创五德终始说,以善言天道、雄辩无敌而被誉为"谈天衍"。邹奭基础和发展邹衍的学说,对其"闳大不经"的理论体系进行了更加细密的雕琢,因而被誉为"雕龙奭"。他们都曾游学稷下学宫,是晚期稷下学者中享有盛誉的人物。尤其是邹衍,成名后曾访问魏、赵、燕等国,所到之处都受到崇高的礼遇。燕昭王更是"拥彗先驱,请列弟子之座而受业,筑碣石宫,身亲往师之"①。《汉书·艺文志》著录《邹子》49篇,《邹子始终》56篇,《邹奭子》12篇,可惜这些著作在东汉以后都失传了。

邹衍的五德终始说主要包括"五德转移"、"治各有宜"和"符应"等相关联的思想。阴阳观念在中国起源很早,是说明事物变化的基本观念。如西周末年的伯阳父就曾以阴阳二气的郁结来解释地震的成因。《老子》说"万物负阴而抱阳",《易传·系辞》说"一阴一阳之谓道",范蠡在与勾践论兵时说:"天道皇皇,日月以为常,明者以为法,微者则是行。阳至而阴,阴至而阳,日困而还,月盈而匡。"②逐渐将事物的发展变化理解是循环往复式的运动。这些思想对邹衍构筑他的思想体系产生了重要影响。同阴阳观念一样,五行相生相克的观念起源也很早。《尚书·洪范》最早以水、火、木、金、土为"五行",将这五种物质看作国家必须控制的资源。

---

① 司马迁:《史记·孟子荀卿列传》,中华书局1959年版,第2345页。
② 左丘明:《国语·越语下》,上海古籍出版社2015年版,第431页。

西周末年,史伯提出"先王以土与金木水火杂,以成百物"①,五行开始被看作构成万物的五种元素。春秋时期,五行之间相生相胜的观念就产生了。如史墨提到"火胜金"、"水胜火",孙武也说"五行无常胜"②。再后,到战国时期,五行生克的理论就用于解释社会的变迁,孟子与邹衍共同完成了这一理论的创建。

邹衍的思想始终依存于一个基本哲学观念:世界从时间上说是无始无终,从空间上说是无边无际。其思想方法是"必先验小物,推而大之,至于无垠"。由此出发,推出了他的惊世骇俗的"大九州说":

> 先列中国名山大川,通谷禽兽,水土所殖,物类所珍,因而推之,及海外人之所不能睹……以为儒者所谓中国者,于天下乃八十一分居其一分耳。中国名曰赤县神州。赤县神州内自有九州,禹之序九州是也,不得为州数。中国外如赤县神州者九,乃所谓九州也。于是有裨海环之,人民禽兽莫能相通者,如一区中者,乃为一州。如此者九,乃有大瀛海环其外,天地之际焉。③

"大九州说"反映了战国时代中国人,尤其是齐人开阔的地理视野,对中国在世界地理中的位置作了天才的猜测,这显然与齐人在海上远航有关。这一学说尽管同五德终始没有直接联系,但其开阔的视野对于破除自我为中心的保守观念有重要启示作用。邹衍的五德终始说贯穿着"变"的理念,他说:"政教文质者,所云救也,当时则用,过则舍之,有则易之,故守一而不变者,未睹治之至也。"④在此基

---

① 左丘明:《国语·郑语》,上海古籍出版社 2015 年版,第 339 页。

② 《孙子十家注·虚实篇》,《诸子集成》(六),上海书店 1986 年影印版,第 103 页。

③ 司马迁:《史记·孟子荀卿列传》,中华书局 1959 年版,第 2344 页。

④ 班固:《汉书·严安传》引邹子说,中华书局 1962 年版,第 2809 页。

础上建立起他的"五德转移,治各有宜,而符应若兹"①的一整套理
论。这一理论的内容一是说明历代王朝的更替规律和新朝应当采
取的礼仪制度,二是说明统治者在一年当中应当顺应五行的变化
按月采用的不同的礼仪和安排的不同的政治活动。他认为王朝是
按"五德从所不胜"的规律不断更替的。虞土,夏木,殷金,周火,
它们的更替是依木克土、土克水、水克火、火克金、金克木的相克的
规律进行的,将来代替周朝的一定是水德。邹衍的这一理论虽然
是一种机械的历史循环论,但它取代了皇天上帝操纵社会历史变
迁的"天命论",将王朝更替看成不以人的意志,也不以鬼神的意
志为转移的必然过程,在当时的历史条件下是有积极意义的。邹
衍同时认为一年四时也是依五德转移的规律不断更替的。他运用
五行相生的理论,将春、夏、秋、冬配属于木、火、金、水,并以时令物
候的变化相比附,目的是将自然界的变化也看成不以人的意志为
转移的必然过程,就其排除上帝鬼神的意志而言也仍然有进步
意义。

　　邹衍认为,每一个王朝都应该实行与它代表的德相对应的礼
仪制度,如取代商朝的周朝是火德,它的正朔、服色等都与火德相
对应。秦朝就是依五德终始的理论规划自己的礼仪制度的。《史
记·秦始皇本纪》对此有较翔实的记载:

　　　　始皇推终始五德之传,以为周得火德,秦代周德,从所不
　　胜。方今水德之始,改年始,朝贺皆自十月朔。衣服旄旌节旗
　　皆上黑。数以六为纪,符、法冠皆六寸,而舆六尺,六尺为步,
　　乘六马。更名河曰德水,以为水德之始。刚毅戾深,事皆决于
　　法,刻削毋仁恩和义,然后合五德之数。

同时,五德终始理论还要求,每一季度和每一月的政令和礼仪也必
须与五德转移和要求相对应,这就是各类"月令"性文献的基本内

---

① 　司马迁:《史记·孟子荀卿列传》,中华书局 1959 年版,第 2344 页。

容。如《吕氏春秋·十二纪》所载孟春之月的政令就包括迎春、施肥、祈谷、劝农、入学、习武、修正祭典、禁止伐木、禁杀幼虫等内容。其中有些内容与农业生产应该遵循的时令节气有较密切的关系。

五德终始理论还认为,当五德转移或王朝的政治举措变化时,自然界就有与之相对应的符瑞或灾异现象出现。《吕氏春秋·应同》对此作了详细阐述:

> 凡帝王者之将兴也,天必先见祥乎下民。黄帝之时,天先见大螾大蝼,黄帝曰:"土气胜。"土气胜,故其色尚黄,其事则土。及禹之时,天先见草木秋冬不杀,禹曰:"木气胜。"木气胜,故其色尚青,其事则木。及汤之时,天先见金刃生于水,汤曰:"金气胜。"金气胜,故其色尚白,其事则金。及文王之时,天先见火,赤乌衔丹书集于周社,文王曰:"火气胜。"火气胜,故其色尚赤,其事则火。代火者必将水,天且先见水气胜。水气胜,故其色尚黑,其事则水。水气至而不知,数备,将徙于土。

在邹衍看来,"符应"是天道依五行定律运转时必然派生的征兆,帝王必须根据这些征兆采取与之相应的政治举措。显然,"符应"说具有沟通天人的意义。"符应"说应用到月令理论方面,就成为灾异惩罚说。主要思想是,如果统治者不按月令的规定行事,打乱四季施政的次序,就会引发各种自然灾害。《管子·幼官》《管子·四时》《吕氏春秋·十二纪》等文献都有各种灾异惩罚的记载。

五德终始理论是邹衍在中国由列国割据走向统一的前夕为未来的新王朝提供的一种与众不同的政治理论,"它把道家的天道思想、儒家墨家的仁爱思想和法家的刑罚思想巧妙地纳入五行四时的框架之中,既有杂家思想内容的广博,又有杂家所没有的理论形式的严整;它设计的礼仪制度和政治日程表比任何一个学派的学说都更为细致。这些特点使得邹衍的五德终始说不但能在战国末年轰动一时,而且能在邹衍死后产生更加广泛深远的影响。"①这种影响主要体现在礼仪制度的模式选择、主流思想主要内容的确定和古代思维模式的形成等方面。秦朝建立以后,邹衍的弟子们以博士的身份进入秦始皇的庙堂,他们进奏的五德终始理论迎合了秦始皇好大喜功、锐意创新的政治需要,因而被迅速付诸实践,秦朝就依水德建立起自己的全套礼仪制度。再后的西汉、新朝和东汉也都郑重其事地确定自己的所当之运并建立与之相应的礼仪制度。即使东汉以后的王朝,虽然对自己的所当之运没有此前的王朝那么认真和执着,但总也摆脱不了"运"的影子。这只要看几乎所有皇帝的诏书无不以"奉天承运"作为起始语就足兹证明了。五德终始理论与后来成为中国封建社会主流思想的儒家学说有着不解之缘。这不仅体现在它在形成的过程中曾深受思孟学派的影响,而且更体现在以后对儒学的渗透。如秦汉的礼学就大量吸收了邹衍的学说,而阴阳五行更是董仲舒构筑他春秋公羊学派理论的最重要的资源之一。正是通过这两个环节,使五德终始理论由民间学术走向官方学说,在制度创设和主流思想构建中发挥了极其重要的作用。正因为如此,也就为五行思维模式的普及化创造了条件。秦汉以来,将所有事物分为阴阳、配于五行就成为人们常用的思想方法,从而也就使阴阳五行的公式成为了解中国古代学术的一把钥匙。尤其在医药、术数等实用技术领域,阴阳五行就像魔方一样诠释着所有事物的复杂性和多样性。邹衍在中国传统文化中的影响几乎无所不在,他是一个不可低估的历史人物。

（原载《山东思想文化史》,山东人民出版社 2011 年版）

---

① 孟祥才、胡新生:《齐鲁思想文化史·先秦秦汉卷》,山东大学出版社 2002 年版,第 349 页。

庄子道学述论

　　以老子为创始人的道家学派,是楚文化孕育出来的。至战国中期,宋国人庄周成为老子道家学派的传人。他的《庄子》一书,以其智慧雄辩、机敏诡异、汪洋恣肆而使道家学派再展辉煌。庄子基本上是一个隐逸之人,远离政坛,与同辈思想界的雄杰之士也很少交往,因而在当时影响不大。《史记·老子韩非列传》对其事迹有一个简略的记载:

　　　　庄子者,蒙人也,名周。周尝为蒙漆园吏,与梁惠王、齐宣王同时。其学无所不窥,然其要本归于老子之言。故其著书十余万言,大抵率寓言也。作《渔父》、《盗跖》、《胠箧》,以诋訿孔子之徒,以明老子之术。《畏累虚》、《亢桑子》之属,皆空语无事实。然善属书离辞,指事类情,用剽剥儒、墨,虽当世宿学不能自解免也。其言洸洋自恣以适己,故自王公大人不能器之。

　　　　楚威王闻庄周贤,使使厚币迎之,许以为相。庄周笑谓楚使者曰:"千金,重利;卿相,尊位也。子独不见郊祭之牺牛乎?养食之数岁,衣以文绣,以入太庙。当是之时,虽欲为孤豚,岂可得乎? 子亟去,无污我。我宁游戏污渎之中自快,无为有国者所羁,终身不仕,以快吾志焉。"

庄子故里蒙地的方位,后世学者有安徽、河南、山东三说。比较而言,山东东明说较为可信①。《庄子》一书今存 33 篇,其中包括内

---

　　① 孟祥才、胡新生:《齐鲁思想文化史》,山东大学出版社 2002 年版,第 403 页。

篇 7,外篇 15,杂篇 11。这些著作与庄子的关系,学术界长期聚讼纷纭。我们认定,33 篇应大部分出自庄子之手,也都经过其后学的润色并添加了一些内容,大部分也符合庄子的理念,可视为庄子及其学派的思想资料。

老子作为道家学派的创始人,他赋予"道"特别丰富的内涵,使其成为独立存在而又创造天地万物的精神本体:"有物混成,先天地生。寂兮寥兮,独立而不改,周行而不殆,可以为天下母。吾不知其名,字之曰道。"①"道生一,一生二,二生三,三生万物。"②庄子接续老子,在《大宗师》中对"道"作了进一步的阐发:

> 夫道,有情有信,无为无形,可传而不可受,可得而不可见;自本自根,未有天地,自古以固存;神鬼神帝,生天生地;在太极之上而不为高,在六极之下而不为深,先天地生而不为久,长于上古而不为老。③

此一阐发,基本上没有超越老子的藩篱,但是,庄子没有就此止步。在《齐物论》中他又对宇宙万物的"始"、"未始"与"有"、"无"作了一番认真的追寻:

> 有始也者,有未始有始也者,有未始有夫未始有始也者。有有也者,有无也者,有未始有无也者,有未始有夫未始有无也者。俄而有无矣,而未知有无之果孰有孰无也。④

这显然是一番没有结果的追寻,因为对始于未始、有与无的终极追问是不可能有结果的。最后,庄子以突现的自我与造物主的"道"合流:"天地与我并生,而万物与我为一。"至此,庄子完成了"道"由客观存在的精神向"道"我合二而一的转化,即由客观唯心论向

① 陈鼓应:《老子今注今译》,商务印书馆 2016 年版,第 169 页。
② 同上,第 233 页。
③ 陈鼓应:《庄子今注今译》,中华书局 2009 年版,第 199 页。
④ 同上,第 80 页。

主观唯心论的转化。不过,在大多数论述中,庄子仍然使"道"保持了其客观独立性,而将那个与"道"同体的"自我"隐于幕后。有些认定庄子是唯物论的学者,力图从"道"与万物的关系中找到答案:

> 天之自高,地之自厚,日月之自明。①

> 天地固有常矣,日月固有明矣,星辰自有列矣,禽兽固有群矣,树木固有立矣……循道而趋,已至矣。②

乍一看,在庄子那里,天地日月星辰禽兽等自然界的具体事物都在自生自灭,自己运动,没有外力的干预和支配,而实际上谁也离不开那个"无为而无不为"的"道"的制约,它们只能"循道而趋"而不可能离"道"而行。下面两段话将"道"物之间的关系讲得更加分明:

> 道无终始,物有死生,不恃其成;一虚一盈,不位乎其形。年不可举,时不可止;消息盈虚,终则有始……物之生也,若骤若驰,无动而不变,无时而不移。何为乎,何不为乎? 夫固将自化。③

> 夫昭昭生于冥冥,有伦生于无形,精神生于道,形本生于精,而万物以形相生,故九窍者胎生,八窍者卵生……天不得不高,地不得不广,日月不得不行,万物不得不昌,此其道与!④

当人们面对物"自化"和天、地、万物"不得不"的表述时,很容易将其与唯物论联系在一起,因为物的自生自化与自己运动正是唯物论物质观的朴素表述。但是,不要忘了,在庄子那里,天地万物之

———————————

① 陈鼓应:《庄子今注今译》,中华书局 2009 年版,第 577 页。
② 同上,第 375 页。
③ 同上,第 456—457 页。
④ 同上,第 607 页。

上还有一个"无为而无不为"的最高主宰"道",其"无为"似乎给了天地万物以"自为"、"自化"的空间,但其"无不为"又恰恰表明了天地万物一刻也离不开"道"的制约。而此时,"道"已经与庄子这个我合而为一了。不过,在庄子的著作中,"我"自身并不张扬,而被一再张扬的是"道"。这个"道"是自然的,也是虚无的,实在的世界的一切都是虚无自然的一切衍化出来的。在这个自然虚化而又全能的造物主面前,人类自身的活动既是无能为力的,也是不必要的:"日月出矣,而爝火不息,其于光也,不亦难乎! 时雨降矣,而犹浸灌,其于泽也,不亦劳乎!"①由此出发,庄子演绎出自己独特的认识论和人生哲学。

人类作为认识主体诞生以后,其对世界的认识一直面对着这样几个基本问题:第一,认识的客体——自然界、人类社会、人自身,是否是客观存在? 有无质的稳定性? 能不能被认识? 第二,人有没有认识事物的能力? 第三,人的认识过程怎样? 人的感觉能否感知客观存在? 人的思维能否认识客观真理? 庄子对这些问题统统作了否定的回答,展示了他从相对主义到虚无主义的认识路径:

> 北海若曰:以道观之,物无贵贱。以物观之,自贵而相贱。以俗观之,贵贱不在己。以差观之,因其所大而大之,则万物莫不大。因其所小而小之,则万物莫不小……以功观之,因其所有而有之,则万物莫不有。因其所无而无之,则万物莫不无……以趣观之,因其所然而然之,则万物莫不然。因其所非而非之,则万物莫不非。②

庄子这里表述的是一种彻底的相对论。在他眼里,世界的一切,贵贱、大小、有无、然否,即从客观存在的事物到人的主观认识能力,

① 陈鼓应:《庄子今注今译》,中华书局 2009 年版,第 22 页。
② 同上,第 452 页。

都是相对的,任何东西都不存在质的规定性。所有的差别、对立等,都只不过是因为观察角度的差异而产生的主观感觉的不同。仔细分析,庄子的相对主义是由三部分组成的。第一,他认为认识的客体,即客观存在的事物的差别是相对的。他抓住客观事物差别相对性的一面,加以无限夸大,从而否认客观事物质的规定性,达到消解事物之间区别的目的。《庄子·齐物论》中有这样一段话:

> 以指喻指之非指,不若以非指喻指之非指也;以马喻马之非马,不若以非马喻马之非马也。天地一指也,万物一马也……道行之而成,物谓之而然。有自也而可,有自也而不可。有自也而然,有自也而不然。恶乎然? 然于然。恶乎不然? 不然于不然。恶乎可? 可于可。恶乎不可? 不可于不可。物固有所然,物固有所可。无物不然,无物不可。故为是举莛与楹,厉与西施,恢恑憰怪,道通为一。其分也,成也;其成也,毁也。凡物无成与毁,复通为一。[①]

这里庄子明白指出,指与非指,马与非马,然与不然,可与不可,细小的文莛与粗大的楹柱,丑陋的厉与美丽的西施,还有成与毁,以道观之,都通为一,根本不存在质的差别。所以在《德充符》中,他借孔子之口说:"自其异者视之,肝胆楚越也;自其同者视之,万物皆一也。"既然事物间根本不存在质的差别,那么,大小、美丑、前后、左右、远近、久暂、高矮、长短、苦乐、勇怯等等,都在相对主义的魔杖下变成没有任何区别的"一"了。庄子对自己的认识十分执着,他的妻子死了。他毫无悲痛之感,而是鼓盆而歌。因为在他看来,生死是没有区别的,并且,歌与哭同样是没有区别的,其中何者表示悲哀也是不能判定的。第二,庄子认为认识的主体——人的认识能力同样是相对的。人们根本无法判定自己、他人的认识是

---

①　陈鼓应:《庄子今注今译》,中华书局 2009 年版,第 66—69 页。

否正确。在《齐物论》中,他借齧缺与王倪的对话,以人、泥鳅感受
的不同,以人、麋鹿、蛇、鸱鸦和猴子对食物选择的不同,以人、鱼、
鸟、麋鹿对美女态度的不同,证明认识主体认识判断的相对性,由
此引申对仁义、是非认识的不确定性。庄子将人们主观认识的相
对性绝对化,从而否定人们正确认识事物的能力。由此他否定梦
与醒的区别,引出那个庄周化蝴蝶的著名典故。最后,庄子搬出
"至人"这个他心目中的神灵,作为否定认识和是非利害的典型。
在《养生主》中,他又以人生短暂与知识无穷的矛盾消解人们的认
识。他说:

> 吾生也有涯,而知也无涯,以有涯随无涯,殆已;已而为知
> 者,殆而已矣。为善无近名,为恶无近刑。缘督以为经,可以
> 保身,可以全生,可以养亲,可以尽年。

这里庄子提出了认识客体(知)无限性与认识主体(生)有限性的
矛盾,这的确是困扰历代思想家的一个不易解开的结,显示了他对
认识问题的深入思考。但他面对困惑采取的是极其消极的态度:
既然短暂的人生不能穷尽无限的知识,勉强为之又会身心疲惫,那
就不如彻底放弃认识而保身全生,以尽天年。第三,庄子否定检验
真理有一个客观标准。他认为是非、真假、对错都没有质的规定
性,都是相对的,所以没有确定性,也就不存在检验真理的客观标
准。在《齐物论》中,他以人们的互相辩诘为例,说明是非的不确
定性:

> 既使我与若辩矣,若胜我,我不若胜,若果是也,我果非也
> 邪? 我胜若,若不吾胜,我果是邪也,而果非也邪? 其或是也,
> 其或非也邪? 其俱是也,其俱非也邪? 我与若不能相知也。
> 则人固受其黮暗,吾谁使正之? 使同乎若者正之? 既与若同
> 矣,恶能正之! 使同乎我者正之? 既同乎我矣,恶能正之! 使
> 异乎我与若者正之? 既异乎我与若矣,恶能正之! 使同乎我
> 与若者正之? 既同乎我与若矣,恶能正之! 然则我与若与人

俱不能相知也。①

庄子的意思是,面对任何一个论题,有几个人就有几个观点,而在千差万别的观点中,你根本无法确定那种观点是正确的。因为世界是不可认识的,人的感觉、理性对外界的感知又是千差万别的,所以是非、真假、对错都是相对的,根本就不存在一个公认的评判标准。由此也就形成此亦一是非,彼亦一是非,公说公有理,婆说婆有道的局面。而在庄子看来,这种是是非非的争论是没有必要的,也是十分可笑的。他编造了一个朝三暮四、暮四朝三的寓言故事,说明人世间的是非争论犹如猴子争食橡子的争论一样可笑。庄子沿着是非的相对性前进,最后达到消解是非的不可知论,显示了其认识论的根本缺陷:一是认为世界不可知,人也没有认识世界的能力;二是否认检验真理的标准,压根就不承认实践是检验真理的标准。列宁相对主义的批判可以帮助我们深化对庄子认识论的理解:

> 把相对主义作为认识论的基础,就必然使自己不是陷入绝对怀疑论、不可知论和诡辩,就是陷入主观主义。作为认识论基础的相对主义,不仅承认我们知识的相对性,并且还否定任何为我们的相对认识所逐渐接近的、不依赖于人类而存在的、客观的准绳或模特儿。从赤裸裸的相对主义的观点出发,可以证明任何诡辩都是正确的。②

庄子所处的时代,是中国封建制度刚刚建立而奴隶制的残余还大量存在的时代。新旧纠结,死生相伴,死的拖住活的的现象比比皆是,许多古老的原则和神圣的观念遭到亵渎。面对此情此景,庄子的心在震颤中流血。他认为人类文明的前进运动给社会带来的不是光明和欢笑,而是黑暗与痛苦。他以冷眼旁观的态度看待

————————————

① 陈鼓应:《庄子今注今译》,中华书局 2009 年版,第 98 页。
② 《列宁选集》第 2 卷,人民出版社 1972 年版,第 136 页。

社会的变化,满眼都是阴暗与不平。他直斥三皇五帝等圣人"无耻",将儒家鼓吹的"仁义是非"比喻为"黥刑"和"劓刑"①。在他看来,当时的社会一无是处,当权者混乱无比,对百姓如虎似狼。百姓的感觉是"方今之时,仅免刑焉。福轻乎羽,莫之知载;祸重乎地,莫之知避"②,他妻子死后,竟然"鼓盆而歌",说明生不可悦,死也不可恶。庄子对当时社会的观察自有其深刻之处,但却失之片面,是一种"歪打正着"。他对当时许多生气勃勃的新生事物或者视而不见,或者见而鄙视,基本上站到了社会前进的对立面。为了与眼前的污秽现实相对应,他推出了自己理想的乌托邦"至德之世":

> 子独不知至德之世乎?……当是时也,民结绳而用之,甘其食,美其服,乐其俗,安其居。邻国相望,鸡狗之音相闻,民至老死而不相往来。若此之时,则至治已。③
>
> 至德之世,不尚贤,不使能,上如标枝,民如野鹿。端正而不知以为义,相爱而不知以为仁,实而不知以为忠,当而不知以为信,蠢动而相使,不以为赐。是故行而无迹,事而无传。④
>
> 神农之世,卧则居居,起则于于,民知其母,不知其父,与麋鹿共处,耕而食,织而衣,无有相害之心,此至德之隆也。⑤
>
> 夫至德之世,同与禽兽居,族与万物并,恶乎知君子小人哉!同乎无知,其德不离;同乎无欲,是谓素朴;素朴而民性得矣。⑥

以上文字展示了庄子的理想国蓝图。从中可以看出,一、他的理

---

① 陈鼓应:《庄子今注今译》,中华书局2009年版,第222页。
② 同上,第154页。
③ 同上,第286页。
④ 同上,第353页。
⑤ 同上,第827页。
⑥ 同上,第270页。

想国是对人类文明史以前社会的理想化加工,那是人与动植物不分,与大自然和谐相处的时代。事实上,他的理想国只存在于他的浪漫的幻想中,在历史上从来就不存在这样的理想国,在现实中更不存在此种理想国建立的条件。显然,他笔下的理想国愈美妙无比,愈是一种空中楼阁,它只能存在于头脑中,展现在文字上,丝毫也不具备实践的品格。二、为了反衬理想国的美妙绝伦,他对黑暗现实的揭露与抨击不遗余力,为后世提供了不少有价值的认识资料。但是,庄子对现实的批判是建立在否定人类文明进步,否定一切文明成果的基础之上的。他锐敏地觉察到文明每前进一步都要付出相应的代价,突出表现为对古老观念的背叛和对以往神圣事物的凌辱。在他看来,仁义礼乐这些文明的产物和标志,对于人类纯朴本性的戕害,犹如生机盎然的树木被雕刻为牺尊,天然的白玉被磨制成圭璋,自由的奔马被加上衡轭镳头,事物的自然本性被生生戕害了。因此,文明进步是一种罪恶。为了恢复人类纯朴的本性,恢复人与自然的和谐,社会必须倒退回去,毫不犹豫地摈弃一切文明成果,不讲仁义,不讲礼乐,"同与禽兽居,族与万物并","至德之世"就会光耀环宇。显然,这个美好无比的"至德之世"只不过是反对文明,反对进步,以美好的辞藻掩盖苍白无力的倒退观念而已。不过,如果认为庄子真的相信"至德之世"会降临人间,那就错了。庄子瞑目而思,可以在想象中构筑他的理想蓝图,但只要睁开眼睛面对现实,他就知道那不过是"无何有之乡",是他杜撰的"谬悠之说,荒唐之言,无端崖之辞"。现实无法摆脱,人生只能被无法控制的命运左右,在"役役而不见其成功","疲役而不知其所归"[①]中走向未来。庄子面对社会追问人生,陷入极度矛盾之中:真实的人都处于社会关系的制约中,他所拥有的自由是十分有限的,而他又非常渴望得到这种自由,于是他舍弃向外的追寻,

---

① 陈鼓应:《庄子今注今译》,中华书局 2009 年版,第 53 页。

转而向内追求心灵的绝对自由,而要获得这种自由的关键就是排除"自己",即名、利、权位的羁绊,达到"无我"、"无己"、"至人"、"神人"、"圣人"、"真人"的境界:"至人无己,神人无功,圣人无名。"①然而,"至人"、"神人"、"圣人"、"真人"的境界却不是一般常人所能达到的,怎么办? 庄子于是拿出了他的心灵解脱法:将现实的不自由忘却,或者再进一步,让心灵适应现实,将心灵中不自由的感觉排除,你就彻底自由了:

> 死生,命也,其有夜旦之常,天也。②

> 知其不可奈何而安之若命,德之至也。③

> 泉涸,鱼相与处于陆,相呴以湿,相濡以沫,不如相忘于江湖。与其誉尧而非桀也,不如两忘而化其道。夫大块载我以形,劳我以生,佚我以老,息我以死。故善吾生者,乃所以善吾死也。④

> 堕肢体,黜聪明,离形去知,同于大道。⑤

转来转去,庄子鼓吹的那个绝对的精神自由,最后还要靠他的绝对相对主义发挥神威去寻觅,办法简单而又简单,就是将生死寿夭、富贵贫贱、是非得失、毁誉荣辱之间的区别全部抹煞,将其置之度外,或者统统忘却,在想象中将自己变成无牵无碍、与道同体的自由之身。然而,这种自由只能存在于自我幻化的意识中,存在于自我陶醉的梦呓中。但是,庄子却不能终日生活在这种心造的幻影中,梦醒之后,他与常人没有太大的区别,依然是饿了要吃饭,冷了想穿衣,而食物衣服都必须向社会索取,他一刻也不能脱离社会,

---

① 陈鼓应:《庄子今注今译》,中华书局 2009 年版,第 18 页。

② 同上,第 195 页。

③ 同上,第 136 页。

④ 同上,第 195—196 页。

⑤ 同上,第 226 页。

而只能生活在社会制约中。如此一来,庄子就终日生活在矛盾中:他讨厌这个充满龌龊和陷阱的社会,但又一刻也离不开它;他希望自己变成一个对这个社会的一切失去记忆和感觉的"至人",但到头来却发现自己只有依靠这个社会才能有生命的感觉。至此,庄子明白,他必须适应这个社会才能在这个社会中生活,而适应的办法就是妥协、随波逐流、同流合污、苟全性命,不承担社会责任却要求社会养活,无用就是有用,无为而无不为。为了自己的生存和安危,什么是与非、正义与非正义,可以全然不管,一切唯当权者的马首是瞻,随之俯仰:

> 颜阖将傅卫灵公太子,而问于蘧伯玉曰:"有人于此,其德天杀。与之为无方,则危吾国;与之为有方,则危吾身。其知适足以知人之过,而不知其所以过。若然者,吾奈之何?"蘧伯玉曰:"善哉问乎! 戒之,慎之,正汝身也哉! 形莫若就,心莫若和。虽然,之二者有患。就不欲入,和不欲出。形就而入,且为颠为灭,为崩为蹶。心和而出,且为声为名,为妖为孽。彼且为婴儿,亦与之为婴儿。彼且为无町畦,亦与之为无町畦。彼且为无崖,亦与之为无崖,达之,入于无疵。"①

这显然是一种消极自私的人生态度。一个人放弃对于国家和社会的责任,一切专注于个人的生存,为此,不惜与恶势力同流合污、沆瀣一气,这无论如何都是不值得赞扬的。

当然,庄子在战国时代不失为思想的重镇,他在思想史上的主要贡献是深化了老子开启的对道的认识,以相对主义的认识论推进了中华民族思维的发展,以道法自然、心灵自由丰富了人们生活方式的多元选择。他的文章,想象诡奇,上天入地,汪洋恣肆,成为我国浪漫主义文学的代表作品,哺育了一代又一代的浪漫主义文学大师。他的思想与儒家思想互补,成为构筑我国主流文化的重

---

① 陈鼓应:《庄子今注今译》,中华书局 2009 年版,第 142 页。

要因子,产生了广泛而深远的影响。《庄子·天下》一文是我国最早的学术史。从其对墨子、稷下学派的宋钘、尹文、彭蒙、田骈、慎到,对关尹、老聃、惠施、公孙龙子以及邹鲁缙绅先生即儒家等的评判看,他对当时的思想学术界还是比较熟悉的。他长期居住宋国,聚徒讲学,传播道家思想,成为齐鲁文化与楚文化联系的桥梁。

（原载《山东思想文化史》,山东人民出版社 2011 年版）

论白起的事功和悲剧结局

一

白起是战国后期的秦国名将,有记载说他是芈姓后裔,先世可能是楚国贵族,不知什么原因什么时候流落秦国,居于郿(今陕西岐山境)。在他之前,他的家族没有出现显赫的人物。他可能自幼从军,在秦国与其他诸侯国的争战中崭露头角,成为"善用兵"的将军。秦昭王十三年(前294年),他得到新任丞相穰侯魏冉的推荐,任为左庶长,在秦国二十级的爵位中,是第十级,而商鞅在秦国主持变法时也是这个爵位。这说明当时获得此爵已经相当荣耀了。此后,白起进入他军事生涯的辉煌期,其职务升迁自然也进入快车道。这一年,他率军进击韩之新城(今河南伊川西南),取得胜利。第二年,他就晋升左更,为第十二级爵位。同年,他率兵攻韩、魏于伊阙(今河南洛阳南),斩首二十四万,虏其将公孙喜,拔五城,迁为国尉。接着涉河取韩国安邑(今山西夏县西北)以东、北至乾河(今山西闻喜境)的大片土地。此时他获得的国尉这个官职,虽然还不能与后来汉朝的太尉相比肩,但应该是秦国军事行政方面的重要负责人之一。秦昭王十五年(前292年),他晋升大良造,为第十六级爵位,相当于卿。他督兵攻克魏国的六十一城。第二年(前291年),又与客卿错合力攻克垣城(今山西垣曲东南)。秦昭王二十一年(前286年)攻赵,拔光狼城(今山西高平西)。二十八年(前279年)攻楚,取得鄢、邓(今河南漯河境)。二十九年(前278年)攻楚,占领楚国国都郢(今湖北沙市),烧夷陵

(今湖北宜昌),兵锋东至竟陵(今湖北潜江)。楚王逃至陈(今河南淮阳)。秦在郢设南郡。白起因功被封武安君。接着,再攻楚,占领大片土地,新设巫郡(今湖北、四川交界处)、黔中郡(今湖南、贵州交界处)。这次攻楚的胜利,对秦国具有里程碑意义,因为经过这次征战,秦国的势力范围已经扩展至长江中上游,深入到今之两湖和贵州,向西与早已被征服的巴蜀连在一起。战国初年幅员最辽阔的楚国如今只剩下长江中下游的一些地方,秦国已经超过楚国成为当时疆域最大、人口最多、经济军事力量最强大的诸侯国。此后,秦国暂时放松了对楚国的攻势,转兵东进。秦昭王三十四年(前273年),白起率军攻魏,拔华阳,虏三将军,斩首十三万。继而战胜赵国将军贾偃,将俘获的二万士卒推到黄河中淹死。九年后的昭王四十三年(264年),白起督兵进攻韩国的陉城(今山西曲沃西北),得手后,又连拔五城,斩首五万。转过年来,白起猛攻南阳太行道(今河南获嘉境),断绝了韩国南北领土的联络,使本来领土最促狭的韩国被拦腰斩断,面对强大的秦军从此失去了反击能力。白起趁热打铁,于秦昭王四十五年(前262年),再进攻韩国的野王(今河南沁阳),逼使韩国守将举城投降。如此一来,韩国的上党郡就孤立悬绝,成为夹在秦、赵之间的一块飞地,处境极其危殆。这时韩国的上党守冯亭明白,以自己一郡之力,根本无法抵御秦军的攻势,而乖乖地向秦国投诚,他又心有不甘,与手下谋臣计议的结果,是投靠与之接壤的赵国,继续与秦国对抗。当时在位的赵孝成王听信平原君的主张,接受了冯亭的投诚,并封其为华阳君。赵国君臣自认为讨了个大便宜,其实引来的是一场决定赵国命运的长平之战。

上党事件使秦国对韩国和赵国的愤怒变成了一连串东向进击的军事行动。秦昭王四十六年(前261年),秦攻韩国的缑氏、蔺(今河南巩县、登封之间),迅速占领。第二年初,秦国决心惩罚自动归附赵国的上党郡,命王龁攻韩,经过一番并不激烈的战斗,即取得上党。上党百姓纷纷逃往赵国。赵国为了遏制秦军的攻势，命老将廉颇率赵军四十余万进抵长平（今山西高平），与秦军进行上党的争夺战。廉颇开始与秦军的几场战斗失利后，洞察秦军远离秦国腹地倾巢出动，粮食与其他军需物资的供应是一个很大的问题，利于速决而不利于持久，于是决定以坚壁不战的策略拖垮秦军。这一策略显示了廉颇的老谋深算，如果此一策略得到贯彻执行，长平之战的结局至少是秦军因为拖不起而退兵，赵军纵使不能取得完胜，却不至于全盘皆输。然而，愚蠢的赵孝成王根本理解不了廉颇的战略意图，认为他年老气衰，勇毅不复当年，心生疑忌，又中了秦国的反间计，让毫无实战经验、仅能以夸夸其谈哗众取宠的赵括代替廉颇统帅赵军，这就使赵军失去了可能取胜的前景。而正在此时，秦国秘密让白起前去统帅秦军，全权指挥对赵军的战斗。赵括统帅赵军后，一改廉颇的正确策略，轻兵冒进，这正中白起下怀。白起指挥秦军一面佯败，一面派奇兵二万五千人断绝赵军后路，再以一军五千骑隔绝赵壁，这就将赵军分割为二，使之陷于完全被动挨打的困境。这时秦昭王亲临河内，"赐民爵各一级，发年十五以上悉诣长平，遮绝赵救及粮食"[1]，由此使长平的赵军彻底孤立无援。绝粮四十六日后，"阴相杀食"的赵军，只得"出锐卒自搏战"，结果是赵括被射杀，四十万人成了秦军的俘虏。如何处置这四十多万俘虏，对白起是一大难题：白起权衡的结果是将他们全部坑杀。他给出的理由是："前秦已拔上党，上党民不乐为秦而归赵。赵卒反覆，非尽杀之，恐为乱。"[2]至此，白起的军事生涯达到了辉煌的巅峰，他的名字成为"虎狼之师"的同义语，使六国君臣闻之战栗。

从秦昭王十三年（前294年）至四十七年（前260年），白起统

---

① 司马迁：《史记·白起王翦列传》，中华书局1959年版，第2334页。

② 同上，第2335页。

帅秦军南征北战达三十四年之久。如果再加上他自从军至任左庶长的时间，他在秦军中服务的岁月应该在四十年左右。显然，他一生伴随战争，将自己的聪明才智、雄韬伟略都贡献给了秦国的统一伟业。白起是一位不世出的军事天才，他的一生仿佛同胜利之神结了不解之缘，战胜攻取，他几乎每役都必操胜券。正如秦王嬴政时期的张唐对甘罗所说："武安君南挫强楚，北威燕、赵，战胜攻取，破城堕邑，不知其数。"①《宋史》还记载有"白起阵书（一说图）"②一部，说明他有兵学著作传世。史书没有他读《孙子兵法》等书的记载，但根据当时"藏孙、吴之书者家有之"③的情势推断，他很可能从其时已经流行的兵书中汲取了大量知识和智慧。白起用兵之所以保持不败的纪录，一是他背后有着秦国强大的经济军事力量为后盾，充分利用了战国后期秦军对东方六国的压倒优势。二是他利用秦昭王和宣太后、穰侯等秦国当权派的全力支持和绝对信任。可能因为宣太后、穰侯等都是楚国芈姓王族，他们同白起有一种天然的亲近感，而昭王在长期的战争实践中认识了白起的出众超群的谋略和智慧，对他自然也毫无保留地信任和支持。你看，在长平之战中，昭王是倾全国之力，义无反顾地为白起谋划了后勤支援和断赵军退路的军事行动。三是他用兵的稳、准、刁、狠。这一特点突出表现在他指挥长平之役的运筹帷幄。在秦国成功地运用反间计破坏了廉颇的持久策略之后，他秘密来到长平前线，接掌了秦军的指挥权。此时的白起，对于如何战胜乳臭未干的赵括已是成竹在胸。他先是引诱急躁冒失的赵括轻兵出战，秦军佯装败走，使赵军取得小胜，调起赵括的胃口，使之全力攻击秦军营垒，无暇

① 司马迁：《史记·樗里子甘茂列传》，中华书局 1959 年版，第2319 页。

② 脱脱：《宋史·艺文志》，中华书局 1995 年版，第 5277 页。

③ 王先慎：《韩非子集解·五蠹》，中华书局 2013 年版，第 494 页。

后顾。而暗中令"秦奇兵二万五千人绝赵军后,又一军五千骑绝赵壁间,赵军分而为二,粮道绝"①,由此使赵军陷于极大的被动。接着,秦军"出轻兵击之",将赵军打败,使赵括明白无法战胜秦军,产生畏惧心理,于是转入守势,等待援军,似乎恢复了廉颇前不久"坚壁"的策略。然而,此时的战场形势与廉颇掌军时已经大不一样,因为赵军的粮道已断,存粮无法支撑固守待援的策略,时间只能增加赵军的被动,赵括是无法坚持下去的。结果不出白起所料,四十六日以后,赵军就陷入人相食的困境,致使赵括只得率疲惫之卒向秦军做孤注一掷的反击。最后,白起指挥以逸待劳的秦军,轻而易举地射杀赵括,逼迫抵抗无望的赵国四十万饥饿之师选择了投降。在这场大获全胜的战役中,白起抓住了赵军的两个软肋:愚蠢的统帅和后勤补给线,一面诱使赵括改变廉颇的策略,一面截断粮道使赵军陷于饥饿。白起在长平之役中的指挥艺术,展示了他作为将军所具备的智、勇、严的品格和素质,特别是稳、准、刁、狠的用兵风格。尽管白起在兵学上的造诣不能与孙子比肩,但其实战的经历和取得的成功已经远远超过孙子了。不过,白起的弱点或者说缺失亦非常明显:缺少信与仁的品格,他的军事生涯既伴随着一连串的胜利,更伴随着残酷无情的大量杀戮:秦昭王十四年(前293年),他率兵攻韩、魏于伊阙(今河南洛阳南),一次斩首二十四万。秦昭王三十四年(前273年),他率军攻魏,拔华阳,虏三将军,斩首十三万。与赵军战,将俘获的二万士卒推到黄河中淹死。长平一战,竟坑杀赵军已经投诚的官兵四十五万,创造了先秦战争史上杀戮的最高纪录,这是何等的凶恶与残忍!当然,这种杀戮俘虏的行动与秦国的国策有关,与秦国深受戎狄野蛮风俗的影响有关,特别与秦国受法家思想影响深巨、讲求耕战的功利主义价值观有关,但作为"将在外君命有所不受"的战场统帅,白起也难

① 司马迁:《史记·白起王翦列传》,中华书局1959年版,第2334页。

辞其咎。所以宋太祖赵匡胤拜谒悬挂历代武将之像的武成王庙时，就认定白起"不武"，命令撤去他的画像。

尽管白起不是一个完全符合孙子兵法所要求的完美无瑕的将军，但却是对秦国统一六国大业立下不朽功勋的武功第一人。他一生攻取七十余城，俘敌近百万，在秦国历史上，论军事生涯之久，争城夺地之广，俘获消灭敌人之多，谋划指挥之精明与娴熟，为秦国统一事业贡献之大，无人能与他相比肩，无偶有独之唯一，非他莫属。

二

长平之战是白起军事生涯的巅峰，也是他运交华盖的起点。长平之战胜利后，秦军乘胜扩大战果。秦昭王四十八年（前259年），秦军复定上党郡。王龁攻取皮牢（今山西河津），司马梗定太原，河东的大片土地收入秦国囊中，由此进一步形成了对秦国极其有利的军事态势。恰在此时，惊恐万状的赵国使苏代谋划的反间计获得成功。原来此前不久，应侯范雎说昭王成功，排除了宣太后和穰侯的势力，得以任秦国丞相。苏代至秦国直接见范雎，一番说项，使范雎改变了秦国继续进击韩、魏的军事行动：

> 苏代厚币说秦相应侯曰："武安君禽马服子乎?"曰："然。"又曰："即围邯郸乎?"曰："然。""赵王则秦王王矣，武安君为三公。武安君所为秦战胜攻取者七十余城，南定鄢、郢、汉中，北禽赵括之军，虽周、召、吕望之功不益于此矣。今赵亡，秦王王，则武安君必为三公，君能为之下乎? 虽无欲为之下，固不得已矣。秦尝攻韩，围邢丘，困上党，上党之民反为赵，天下不乐为秦民之日久矣。今亡赵，北地入燕，东地入齐，南地入韩、魏，则君之所得民亡几何人。故不如因而割之，无以为武安君功也。"于是应侯言于秦王曰："秦兵劳，请许韩、

赵之割地以和,且休士卒。"王听之,割韩垣雍、赵六成以和。

正月,皆罢兵。武安君闻之,由是与应侯有隙。①

显然,苏代以个人的富贵利禄离间了范雎与白起的关系。长于军事的白起在玩弄政治阴谋方面远不是范雎的对手,他最后悲惨地栽在此人的谗言中。

秦昭王四十八年(前 259 年)九月,秦国复发兵进攻赵国。秦将王陵挥军长驱直入,围攻邯郸,白起因生病未参与此役。不久王陵失利的消息传到秦国,恰在此时,白起病愈,昭王要求他代王陵统帅秦军继续攻赵,白起拒绝任命,讲了一通围攻邯郸难以取胜的道理:"邯郸实未易攻也。且诸侯救日至,彼诸侯怨秦之日久矣。今秦虽破长平军,而秦卒死者过半,国内空。远绝河山而争人国都,赵应其内,诸侯攻其外,破秦军必矣。不可。"②白起对当时秦军围攻邯郸的军事形势的分析是正确的。虽然从表面上看,秦军凶焰张天,赵国危在旦夕;实际上,连年苦战的秦军已是强弩之末,而魏、楚等受秦国威胁的诸侯国正在组织联合战线,谋划共同对付秦军,对秦国有利的军事态势正在发生逆转。但被一时的胜利冲昏头脑的昭王却没有觉察,仍然要求白起统帅秦军继续围攻邯郸。这就与对当时军事形势洞若观火的白起在战略与策略上发生矛盾和冲突。白起没有答应昭王的要求,秦王让范雎前去劝说,白起也没有答应。昭王为挽救邯郸城下秦军的危局,令王龁代王陵前去指挥,但也没有扭转形势。不久,楚国春申君和魏国信陵君统帅的数十万大军前往救赵,疲惫不堪的秦军无法取胜,败象日至。白起了解前线的形势,有点幸灾乐祸地说:"秦不听臣计,今如何矣!"这话传到昭王那里,自然

---

① 司马迁:《史记·白起王翦列传》,中华书局 1959 年版,第 2335—2336 页。

② 同上,第 2336—2337 页。

引起他的震怒：君王纵有失误,那也不是臣子可以指责的。昭王再次强命他去前线统军以挽救败局,白起仍然严词拒绝,并且装病以抗拒。应侯再次去请,白起依然不为所动。白起的行动彻底激怒了昭王,他于是下令免去白起的官职和爵位,降至士伍行列,发往阴密(今宁夏泾川南)禁锢。这时白起真的病了,未能马上启程。三个月后,诸侯联军使秦军在邯郸城下一再挫败,范雎等乘机进谗,昭王气急败坏,进一步迁怒白起,下令他带病启程,离开咸阳,前往阴密。白起拖着病体,黯然神伤地出咸阳西门十里,停在杜邮(今陕西咸阳西)。这时,盛怒中的昭王召集有关臣子,议决对白起进一步惩罚。他们认定白起对秦王给予自己的惩罚不满,"其意尚怏怏不服,有余言",于是决定赐剑让其自裁:

> 武安君引剑将自刭,曰:"我何罪于天而至此哉?"良久,曰:"我固当死。长平之战,赵卒降者数十万人,我诈而尽坑之,是足以死。"遂自杀。武安君之死也,以秦昭王五十一年十一月。死而非其罪,秦人怜之,乡邑皆祭祀焉。①

不管白起本身有多少缺陷与不足,他的死都是一桩冤案。但可悲的是,他不是死于自己的过失或罪责,而是死于自己的明断和正确。在秦国,日益走向专制的秦王自己是不会认错的,为了顾全自己的颜面,他就只有以错误惩罚正确,白起也就只能因自己的正确而付出生命的代价。这里展示的是专制制度的极端荒谬和非人道的一面。白起的死并没有给前线的秦军带来胜利,随着他的鲜血染红杜邮的土地,秦军也在邯郸城下一败涂地,残余的秦军灰头土脸地逃离邯郸,向西溃退。白起的生年文献失记,《史记》本传记载的他在世上活动的岁月是秦昭王十三年至五十一年(前294—前256),共三十八年,估计他从军时应该是二十岁左右,他去世的

---

① 司马迁:《史记·白起王翦列传》,中华书局1959年版,第2337页。

年龄当在六十至七十岁之间。

三

　　白起被赐死,在当时时就被秦国百姓认定为一桩冤案,所以获得广泛同情,他的墓前在当时和后世香火不断。在他身后,不少人在不同场合为之讼冤,一方面充分肯定他为秦国立下的丰功伟绩,一方面对他的冤死表示出无限的惋惜之意。如秦汉之际的陈馀在致章邯的书信中就说:"白起为秦将,南征鄢郢,北阬马服,攻城略地,不可胜计,而竟赐死。蒙恬为秦将,北逐戎人,开榆中地数千里,竟斩阳周。何者?功多,秦不能尽封,因以法诛之。"①这里陈馀将白起的死因归结为秦王的刻薄寡恩。司马迁则认为他死于应侯的进谗:"太史公曰:鄙语云'尺有所短,寸有所长'。白起料敌合变,出奇无穷,声震天下,然不能救患于应侯。"②西汉的名将陈汤被治罪时,谷永为之辩护,说词中举例,直认白起之死是冤案:"昔白起为秦将,南拔郢都,北阬赵括,以纤介之过,赐死杜邮,秦民怜之,莫不陨涕。"③东汉末年的袁绍在上书中亦为白起的冤死鸣不平:"尽忠为国,翻成重怨,斯蒙恬所以悲号于边狱,白起歔欷于杜邮也。"④晋朝的孙楚以满含感情的笔触写了一篇《白起赞》,抒发了对他功业的礼赞和冤死结局的浩叹:

　　　　烈烈桓桓,时维武安。神机电断,气济师然。南折劲楚,走魏禽韩。北摧马服,凌川成丹。应侯无良,苏子入关。嗷嗷谗

---

① 司马迁:《史记·项羽本纪》,中华书局 1959 年版,第 308 页。
② 司马迁:《史记·白起王翦列传》,中华书局 1959 年版,第 2342 页。
③ 班固:《汉书·陈汤传》,中华书局 1962 年版,第 3021 页。
④ 范晔:《后汉书·袁绍传》,中华书局 1965 年版,第 2388 页。

口，火燎于原。遂焚杜邮，与萧俱燔。惟其殁矣，古今所叹。①

唐朝德宗建中二年（781 年）五月，白起作为"贤臣"与张良、穰苴、孙武、吴起、乐毅、韩信、诸葛亮、李靖、李勣一起配享武成王庙。显然，封建朝廷官方是将他作为正面形象看待的。宋朝的苏辙同样对白起充满同情和惋惜。他说：

> 予读太史公《白起传》：秦之再攻邯郸也，起与范雎有怨，称病不行以亡其躯，慨然叹曰："起以武夫，无所屈信，而困于游谈之士，使起勉强一行，兵未必败而免于死矣。"及览《战国策》，观起自陈成败之迹，乃知邯郸，法不可再攻，而起非特以怨不行，盖为之流涕也。②

明朝的黄淳耀则对白起宁肯付出生命也不改变自己正确军事主张的坚持真理的精神给予充分肯定，他在《卫青论下》一文中说："秦将白起，不过一鸷忍之士耳，非其有仁义节制为之根本也。然而秦王使起攻邯郸，起直见邯郸之不可复攻也，则为之坚卧不起，至于干犯严主之怒，身首分离，而终已不悔，此无他，不胜不完，不可以冒而行之也。"③

不过，对于白起的评价，也还有另外一种非常强烈的声音，这就是对他"不仁"即杀戮俘虏的谴责。如西汉的扬雄就说："秦将白起不仁，奚用为也？长平之战，四十万人死。蚩尤之乱，不过于此矣。"④东汉的王符亦发出强烈的谴责之声："季世之臣，以谄媚主，不思顺天，专仗杀伐。白起、蒙恬，秦以为功，天以为贼。"⑤北宋的李荐则第一次猛烈抨击秦国和白起的残暴，认为白起的死灭

---

① 《艺文类聚》卷五九，文渊阁四库全书本。
② 苏辙：《古史》卷四四《白起王翦列传》，文渊阁四库全书本。
③ 黄淳耀：《陶菴全集》卷三，文渊阁四库全书本。
④ 扬雄：《法言·渊骞》，《诸子集成》（七），上海书店 1986 年影印版，第 32 页。
⑤ 范晔：《后汉书·王符传》，中华书局 1965 年版，第 1631 页。

和秦朝的灭亡都是罪有应得：

> 夫白起之为将也，战必胜，攻必取，诚莫可及。以书考之，凡攻某国，拔之，伐某所，取之，不言斩首若干、坑卒若干者，置而勿论。论其直书斩首若干、坑卒若干而计之，凡杀敌国之兵八十四万人。然起战卒死于敌者又当几十万，总两国供军之民，其诛求衰敛、因以失业而死者又当几十万矣。何晏曰："……杀降之祸，大于剧战。"然则兵胜未几而被戮，国强未几而为墟，良以此乎？①

同是宋朝的刘克庄则认定白起之死是上天对他残杀俘虏的严惩："太息臣无罪，胡为伏剑铓？悲哉四十万，宁不诉苍苍！"②同是宋朝的黄震在《白起王翦》一文中对白起更是表达了异乎寻常的愤怒，对白起予以全盘否定：

> 白起以穰侯荐为秦将，其斩杀之数多，而载于史者凡百万，不以数载者不预焉。长平之役，秦民年十五以上皆诣之，而死者过半。以此类推，秦之死于兵者，又不可以数计也。苏代说应侯间之，起不复为秦用，而赐之死。自秦而言，虽杀之非其罪；自公理而言，一死何以尽其罪哉？……王翦诸人之辅秦，盖凶德之参会，古今之极变，不可复以常事论也。太史公讥翦不能辅秦建德，而偷合取容。呜呼！是何异责虎狼之不仁耶！③

扬雄、王符、李荐和黄震虽然发出同是从道德着眼的谴责，但黄震显然较其他人进了一步。他认为白起、王翦是在"古今之极变"的历史条件下出现的，所以不能停留在简单的道德谴责上，而应该从秦国的历史传统中寻找他们如此行事的背景和原因。元朝的戴表元在《史论·樗里子甘茂甘罗魏冉白起王翦列传》一文中，对白

---

① 杨士奇等：《历代名臣奏议》卷二三八，文渊阁四库全书本。
② 刘克庄：《后村集》卷一四《白起》，文渊阁四库全书本。
③ 黄震：《黄氏日抄》卷四六，文渊阁四库全书本。

起、王翦等秦国将军的成功作了进一步的分析,认为他们是借助了"秦势"形成的历史条件成就了自己的功业,就他们个人的品格和能力而言,不见得贤于廉颇、李牧:

> 战国之世,秦人以形势诈力,颉颃诸侯,故为秦者易为功,而事诸侯者难为力。樗里、二甘、魏冉之于当时,固非有过人杰出之谋;而白起、王翦虽为善战,然不过纵燎于顺风,采果于垂熟,而凡其尽锐以为取胜之道者,皆其不可再用者也。此非惟不当责以古良将之风,其视同时廉颇、李牧辈,犹远愧之,而得为贤乎? 盖当是时,秦势八九成矣,天方假毒其手以树君中原,谋不必工,所施而服;战不必良,所向而克。彼诸侯之臣,固有贤于樗里、二甘、魏冉之谋,勇于白起、王翦之战,其君用之未必能专,信之未必能决,而又连栖争鸣,佐寇自贼,颠倒谬误,卒俱坠于彀中而后已。而数子乘时逐利,各以能名见登于好事之齿舌,彼诸国之臣,其材实过之者,国败身辱,而名字因暧昧而不彰,岂非所遇者幸不幸哉?①

这里戴表元认定白起、王翦的名气之大与其成功后的宣传有关,这在一定程度上有符合实际的一面,但并非完全准确。明朝的黄淳耀在《白起列传》中,也认为白起的死灭是罪有应得:

> 白起为秦大将,连兵于外,所屠戮以百万计,杀气上干于天。虽微应侯之谮,岂得良死哉? 然其于秦则可谓有大功者,秦负起,起不负秦也。方起始进,有穰侯主之于内,故得立功。及范雎扼穰侯,觇而夺之位,则必以起为穰侯之党,日夜虑其轧已者也,不待苏代之说,而杀机已发矣。②

显然,以上的不少评判是出于以"仁义"为标准的愤激之论。不过,义愤不能代替理性的科学分析。说到底,白起之冤死是封建君

---

① 戴表元:《剡源文集》卷二二,文渊阁四库全书本。
② 黄淳耀:《陶菴全集》卷四,文渊阁四库全书本。

主拥有绝对权力的专制制度造成的。君主专制要求所有臣子都是君王的奴才,必须绝对服从君王的意志,遵守"臣罪当诛兮天王圣明"的根本政治原则,所有的功劳只能归于君王,所有的过错必须由臣子承担。君王的错误决策,臣子也必须无条件服从;而错误决策的后果却要求由臣子顶罪。白起的悲剧在于,他是一个傲世的军事天才,却不是一个深谙当时政治运行规则的政治家。他能判断一场战争的胜负,能为一场战争的胜利进行无懈可击的谋划和指挥,却不能规避逼近自己的危险,更不具备绕过政治漩涡中激流和险滩的能力。在军事领域,他尽管能将"诡道"玩得炉火纯青,在更需要"诡道"的政治领域,他却如盲人瞎马,夜半深池,硬是找不到一条通向坦途的小路。如此一来,不是"秀才遇见兵,有理说不清",而是将军遇奸佞,颓然败阵来。他遇到的对手范雎,是一个老谋深算的纵横家者流,他们的行事的原则是唯利是图,唯权是视,刻薄寡恩,不设底线,阴谋诡计,翻云覆雨。范雎能玩秦王、宣太后、穰侯于股掌之上,更能为了保住既得的相位将对自己构成威胁的白起送上不归路。史书记载他多次应昭王之命前去劝说白起服从秦王的任命,而正是这些机会使他有了上下其手、施展阴谋的空间。其实,如果白起不执着于自己对围攻邯郸的意见,接受秦王的命令,赶赴前线指挥秦军,尽管也无法彻底挽回败局,但以其谋略智慧,仍然有条件减少秦军的损失,适时撤围而返。这样,范雎上下其手、设局排陷他的借口就少得多,秦王也不至于因白起拂逆麟生震怒而置其于死地,范雎的进谗也就难以逞其谋了。当然,如果白起这样做,白起也就不成其为白起了。自然,性格决定命运,白起的结局最后还是与他过于执傲的个性有着密切的关联,他缺乏的正是以柔克刚的韧劲。看来,政治智慧短板的将军还不是完美的将军。在这方面,与稍后于他的将军王翦相比,白起就差着不止一个档次了。

(原载《孙子研究》2018 年第 2 期)

吴起的兵学与哲学社会政治思想

　　由于齐鲁地区是中国古代文明的重要发祥地之一，商周时期已经是人众物阜的经济文化发达地区，因而作为阶级、民族、集团、和国家间矛盾斗争最高形式的战争在这里进行得频繁而又激烈。这种环境和条件使众多的热血男儿走上金戈铁马的战场，从而使他们的军事潜能得到充分的展现和发挥，从中涌现出一批智勇双全的统帅、将军以及文韬武略出众的军事谋略家和思想家，留下了一批独放异彩的兵学名著。西周至春秋，吕尚、齐桓公、管仲、孙武、司马穰苴等已经奠定了齐鲁兵学的领先地位。战国时期，墨翟的军事工程学，田单的指挥艺术和超群的谋略，特别是吴起和孙膑辉煌的军事实践和兵学著作，更是谱写了齐鲁兵学的不朽篇章。

　　吴起是战国时期的卫国左氏（今山东定陶西）人，生年不可考，卒年为公元前381年。据钱穆考证，他大概享年六十岁。二十五岁左右，他因杀人离开故乡到鲁国寻求发展，在曾申门下学习儒家学说。不久"杀妻求将"，做了鲁国的将军，巧妙地指挥鲁军抵抗齐军的进攻，打了一个以少胜多、以弱胜强的漂亮仗。既使鲁国转危为安，也使自己跻身于名将之林，声闻列国。但胜利并没有给吴起带来升官的机会，反而被宵小之徒嫉妒。他只得离开鲁国转赴正在魏文侯主持下锐意变法的魏国。从公元前410年至公元前383年，吴起在魏国做官从政二十七年，在此度过了他一生最美好的年华。他参与魏国的军事改革，创立"魏武卒"，建立了一支能征惯战的劲旅，为魏国开疆拓土，使魏国在战国初期成为最强大的诸侯国。其中他任西河守二十三年，建立起阻挡秦军东向进兵的坚固屏障。在这里,他以自己彪炳千秋的巍巍功业为魏国的鼎盛时期增添了耀眼的辉煌,又以流传千古的兵书写下了我国兵学史上的不朽篇章。魏文侯死后,吴起被魏国的旧贵族排挤,他只得再一次更换服务的国家,来到楚国。在楚国,他得到楚悼王的信任,担任了最高的行政长官令尹,开始了大刀阔斧的变法,很快取得了富国强兵的显著成效,使楚军摆脱了将怯兵疲的状况,战斗力大大增强。于是"南平百越;北并陈蔡,却三晋;西伐秦"①,在与列国的战争中取得了一系列的胜利。但好景不长,公元前 381 年楚悼王死去,在变法中利益受损害的旧贵族立即发动政变,进攻王宫。吴起大义凛然、机智勇敢地在楚悼王的灵床前演出了他一生中最后的也是最悲壮的一幕:

> 荆王死,贵人皆来,尸在堂上,贵人相与射吴起。吴起号呼曰:"吾示子,吾用兵也。"拔矢而走,伏尸插矢而疾言曰:"群臣乱王,吴起死矣!"且荆国之法,丽兵于王尸者,尽加重罪,逮三族。吴起之智,可谓捷矣。②

吴起知道,楚国有对加兵王尸重罚的法律,所以故意伏在楚悼王的尸体上,让那些叛乱的旧贵族在射杀自己时不可避免地加兵王尸,从而为他们的灭亡创造了条件。果然,"击起之徒因射刺吴起,并中悼王"。"悼王既葬,太子立,乃使令尹尽诛射吴起而并中王尸者。坐射起而夷宗死者七十余家"③。吴起作为一个变法的英雄悲壮地牺牲在楚国的土地上,楚国也因此失掉了由自己统一中国的契机。由于改革的失败,它只能在奴隶制的旧轨上蹒跚。当强大的秦军一次又一次地把失败强加到它的头上,并最后使之覆社灭宗,把广袤的江汉大地变成秦朝的郡县时,不管楚国的后世子孙

---

① 司马迁:《史记·孙子吴起列传》,中华书局 1959 年版,2168 页。
② 许维遹:《吕氏春秋集释·贵卒》,中华书局 2016 年版,第 598 页。
③ 司马迁:《史记·孙子吴起列传》,中华书局 1959 年版,2168 页。

意识到与否,吴起的鲜血已经浇灭了楚国复兴的火焰,不祥的烟云已经不可避免地笼罩了楚国的天空。

吴起早年即熟读《孙子兵法》及其他兵学著作,指挥过几十次征战。既有很高的军事素养,又有丰富的实战经验。大概在任西河守的时候,与其幕僚一起完成了《吴子》这部兵学著作。尽管现存的《吴子》六篇只是原作的一部分,但从中仍可以看出吴起军事思想的博大和深邃。吴起认真探索政治与军事的关系,提出了"内修文德,外治武备"的著名论点。他认为政治与军事密不可分,只有政治搞好了,才能用兵打仗,夺取战争的胜利。在《图国》篇中,他指出,所谓"文德"就是要求国君必须修"四德":"绥之以道,理之以义,动之以礼,抚之以仁。"同时以这四德"教百姓而亲万民",达到全国上下一致,全军官兵一致,临阵行动一致,战斗中协调一致。而这其中的关键是国君亲贤任能,勇于纳谏,爱护百姓,"爱其命,惜其死",使之"安其田宅,亲其有司",又"教之以礼,励之以义",就能使士卒"以进死为荣,退生为辱",义无反顾,勇往直前,发挥出坚不可摧的战斗力。吴起作为一个身经百战的军事家,深知战争给人民带来的灾难,所以反对穷兵黩武。他认为进行征伐必须慎之又慎,最好一战而胜。他说:"战胜易,守胜难。故曰:天下战国,五胜者祸,四胜者弊,三胜者霸,二胜者王,一胜者帝。是以数胜得天下者稀,以亡者众。"他将当时的战争分为义兵、强兵、刚兵、暴兵、逆兵五类:"禁暴救乱曰义,恃众以伐曰强,因怒兴师曰刚,弃礼贪利曰暴,国乱人疲、举事动众曰逆。"隐约意识到战争的正义与否与胜负的关系。总之,吴起不是单纯就战争论战争,而是把战争与政治紧密联系起来考虑,看到政治对战争的决定性影响。

如何治军是吴起军事思想的又一重要内容。吴起认为,军队素质是战争胜负的最直接最重要的因素,兵贵精而不贵多,所以"以治为胜"。只有建立一支法令严明、赏罚有信、纪律严格、训练有素、将士同心、内部团结的军队,才能"投之所往,天下莫当"。

吴起特别重视取信于军、爱护士兵。他要求将领必须取得士兵的信任,与士兵同甘苦、共患难,使之"乐战",才能发挥巨大的战斗力。吴起本人是取信于军、爱护士卒的典范。他不惜用口为士兵吮脓血,收到了士卒勇往直前、死不旋踵的效果。吴起同时也注重对士卒的教育训练。在《励士》中,专门阐述如何鼓励士气。主要办法是大张旗鼓地对有功人员进行奖赏:功劳越大奖赏的规格越高、礼节越隆重。国君要亲自设宴招待,定时慰问,赏赐阵亡将士的遗属,使将士有一种崇高的荣誉感,不仅乐于听命,乐于作战,而且乐于拼死,发挥出"一人投命,足惧千夫"威慑力。

　　吴起对将领的素质提出了特殊要求。他认为,一个高明的将领必须是"总文武,兼刚柔",智勇双全,具备"五情"和"四机"的军事素养。"五情"即要求具有"治众如治寡"的治军才能,"出门如见敌"的敌情观念,"临敌不怀生"的献身精神,"虽克如始战"的谨慎态度,"法令省而不烦"的治军作风。"四机"即气机、地机、事机、力机,要求将领掌握部队的士气,充分利用地形,运用谋略,随时增强战斗力。他还指出,虽然勇敢也是将领必备的素质,但是勇敢必须与谋略相结合。除了在临敌作战中展示英勇献身精神外,还必须果决、坚毅、沉着。因为战场是生死存亡之地,"必死则生,幸生则死"。无论出现什么情况,将领都必须指挥若定,当机立断,"如坐漏船之中,伏烧屋之下,使智者不及谋,勇者不及怒,受敌可也"。而将领最致命的弱点是犹豫逡巡,贻误战机:"用兵之害,犹豫最大;三军之灾,生于狐疑。"[1]吴起强调,一个优秀的将领,除了以上的素养外,还要具备"威德、仁、勇"等品质,能够"率下安众,怖敌决疑"。同时,还要具有凛然正气,号令一出,"下不敢犯";挥军向前,"寇不敢敌"。这样的将领是国之瑰宝,"得之国强,去之

---

　　① 《吴子·治兵》,《诸子集成》(六),上海书店 1986 年影印版,第 6 页。

国亡"。吴起又认为,一个高明的将领,还必须具备"相敌将"的智慧与方法。他应通过各种手段,侦察、了解、查明敌方将领的军事才能及其优点与缺点、长处与短处、甚至个性特征,以便找出克敌制胜的方法,收到"因形用权,则不劳而功举"的效果。

　　吴起在《料敌》中分析了判断敌情的重要性和具体方法。他认为处在六国包围中的魏国,必须坚持"安国家之道,先戒为宝"的总方针,时刻加强戒备,以保障国家的安全。他立足魏国,以不凡的战略眼光,在对其他六国的政治、经济、军事、地理、民情、风俗以及军队的素质、阵法等的优劣加以综合判断的基础上,提出了对付六国的不同方针和作战方法。在作战指挥上,他提出"见可而进,知难而退"的基本原则,将打或不打的决心建立在对敌情准确的观察、分析和判断之上,具体归纳出八种"击之勿疑"、六种"避之勿击"和十三种"可击之道",都是实战经验的总结,较之《孙子兵法》中的《相敌》篇更加简明具体。吴起特别强调,战场上的形势瞬息万变,将领必须时刻保持清醒的头脑,千万不要被敌人制造的虚假现象所蒙蔽。只有运用一切手段,及时把握敌军实情与行动企图,才能定下正确的作战决心。在此前提下,还必须正确使用兵力,灵活地运用各种作战手段,避实击虚,避长击短,出奇制胜,所谓"审敌虚实,而趋其危",就能取得预期的胜利。在《应变》篇中,吴起集中论述了临敌应变的战术思想和战法运用。要求在临敌作战时根据不同的敌情、天时、地利等条件,运用灵活多变的战法克敌制胜。吴起还以答武侯问的方式,回答了在不同条件下保存自己、战胜敌人的各种方法,展示了他超人的军事谋略与应敌智慧。如当武侯问"暴寇卒来,掠吾田野,取吾牛羊,则如之何"时,吴起的对策是:"暴寇卒来,善守勿应。彼将暮去,其装必重,其心必恐,还退务速,必有不属,迫而追之,其命可覆。"一般情况下,这是一种稳妥而有效的应敌策略,最后,更难能可贵的是,吴起还十分重视军队的纪律。他要求在攻破敌人的城邑后,不要烧杀抢掠、残害百姓，不要杀害俘虏，以减少当地百姓的反抗，给人树立"仁义之师"的形象：

> 凡攻敌围城之道，城邑既破，各入其宫，御其秩禄，收其器物。军之所至，无刊其木，发其屋，取其粟，杀其六畜，燔其积聚，示民无残心。其有请降，许而安之。①

《吴子》一书是《孙子》之后又一部享誉中外的军事著作。《韩非子·五蠹》说："境内皆言兵，藏孙、吴之书者家有之。"可见在战国时期它已广泛流传，为当时人们所称道，孙、吴并称，成为军事学上的双璧。以后的许多史书都记载这部书。而一些著名的军事家如西汉大将军卫青、东汉大将军鲍永、三国时代的曹操、诸葛亮、唐朝皇帝李世民、军事家李靖等都认真学习过《吴子》。宋代将其编入《武经七书》后，更成为军事学校的官定教科书，培育了一代又一代的军事家和智勇双全的将帅。近代以来，它又流传国外，翻译成英、日、法、德、俄等多国文字，受到世界军界的重视，是中华民族对世界军事学术的伟大贡献。

（原载《山东思想文化史》，山东人民出版社 2011 年版）

---

① 《吴子·应变》，《诸子集成》（六），上海书店 1986 年影印版，第 10 页。

吴起治军的启示

　　吴起是春秋战国时期与孙武并肩齐名的军事理论家,谋略超群、骁勇善战的卓越统帅,他留下的《吴子》一书,在战国时期已经享誉列国,所以《韩非子·五蠹》说:"境内皆言兵,藏孙、吴之书者家有之。"该书被宋人编入《武经七书》,作为军事学校的教科书,既是军校学生的必修课程,又是中国历代将帅必读的兵学宝典。《吴子》不仅是吴起对于前辈兵学精华的继承和弘扬,更是他自己治兵作战实践经验的总结和理论升华。其中不少地方闪烁着朴素唯物论和辩证法的光辉,书中对政治与军事关系的探索,对战略战术原则的研究,对将帅素养、士卒训练以及临战应敌和克敌制胜的诸多因素与条件的分析等,较之《孙子》都有所创新和发展,当之无愧地占据了战国时期兵学的制高点。

　　吴起任魏国的西河守23年,最大的贡献是创建了"魏武卒"这样一支纪律严明、素质良好、勇猛顽强、所向披靡的劲旅。正是由于它的存在,使魏国孤悬于黄河之西的西河这片土地相当长的时间内能在秦、韩两国的热切觊觎和不断夹击下岿然不动,成为魏国西部边陲的坚固屏障。这支部队与当时齐国的"技击"、秦国的"锐士"等精锐之师相伯仲,以能征惯战、杀敌致果而闻名于世:

　　　　春秋之后,灭弱吞小,并网战国,稍增讲武之礼,以为戏乐,用相夸视……雄桀之士因势辅时,作为权诈以相倾覆。吴有孙武,齐有孙膑,魏有吴起,秦有商鞅,皆禽敌立胜,垂著篇籍。当此之时,合从连衡,转相攻伐,代为雌雄。齐愍以技击强,魏惠以武卒奋,秦昭以锐士胜。世方争于功利,而驰说者以孙、吴为宗。①

《荀子·议兵》记载了魏武卒的装备和能力:"魏氏之武卒,以度取之,衣三属之甲,操十二石之弩,负服矢五十个,置戈其上,冠胄带剑,赢三日之粮,日中而趋百里。"就是说,作为单兵的魏武卒,要穿上、中、下连在一起的具有相当重量的铠甲,能操十二石的强弩,携带五十支箭,肩扛一杆长矛,头戴铁盔,身背三日干粮,还能日行百里。具备如此体能的士卒组成的军队,再加以严格的政治教化、纪律约束、赏罚激励和军事技能的训练,在足智多谋、精明强悍的将军统帅下,必然是"投之所往,天下莫当"的胜利之师。在《治兵》中,吴起将这样的军队称为"父子之兵",因为在他看来,世界上莫过父子同心了:

> 若法令不明,赏罚不信,金之不止,鼓之不进,虽有百万,何益于用? 所谓治者,居则有礼,动则有威,进不可当,退不可追,前却有节,左右应麾,虽绝成阵,虽散成行,与之安,与之危,其众可合而不可离,可用而不可疲,投之所往,天下莫当,名曰"父子之兵"。

不仅如此,吴起还根据实战的需要,按照各类士卒的特长,对武卒进行类似专业化的科学编制:

> 民有胆勇气力者,聚为一卒。乐以进战效力,以显其忠勇者,聚为一卒。能逾高超远、轻足善走者,聚为一卒。王臣失位,而欲见功于上者,聚为一卒。弃城去守,欲除其丑者,聚为一卒。此五者,军之练锐也。有此三千人,内出可以决围,外入可以屠城矣。②

这五类人是:勇敢而有力气者;忠诚果决、乐为国家效力者;越高

---

① 班固:《汉书·刑法志》,中华书局 1962 年版,第 1085 页。
② 《吴子·图国》,《诸子集成》(六),上海书店 1986 年影印版,第 2 页。

跳远、善于奔袭者;因吃败仗而想立功补过者;因丢过官而想立功复官者。将他们分别编为五队,以便根据战场上的不同情况在关键时刻灵活使用他们,使之发挥出超常的战斗力。

魏文侯在位(前445年—前396年)的半个世纪,特别是后三十年,是该国历史上的黄金时代。原因是雄主在位,君明臣忠,李悝主政,政治清明,吴起治军,兵精将强,从而使魏国在数十年的岁月里保持了稳定和繁荣,作为战国七雄的首强之国谱写了其历史上最辉煌的篇章。

吴起在魏国精心谋划,严格治军,使魏武卒在一段时间内无敌于天下的历史,尽管已经过去了近二十五个世纪,但他留下的许多发人深省的治军原则和军事智慧,仍然是一笔无价的精神财富,给后人以资鉴和启迪。

魏武卒启示后人,军队的基础是士兵,只有政治素质和军事技术过硬的士兵组成的军队,才具有无坚不摧的战斗力。因此,对士兵进行规范而有效的政治思想教育、科学而严格的军事训练,将每一个人打造成豪气冲天、体智超人、睥睨强敌、勇敢坚毅、有敌无我、视死如归的忠勇之士,是创建威武之师、文明之师、胜利之师的基础条件。历史上,岳飞统帅的岳家军,戚继光统帅的戚家军,就是这样"投之所往,天下莫当"的劲旅。因为这两之军队的士卒都有着爱国卫民的担当意识、良好娴熟的单兵战术和技术训练。明朝末年,于白山黑水之间崛起的满族,在冰河雪野中训练出凶悍威猛的不到八万人的八旗兵,加上后来的汉八旗和蒙古八旗,也只有二十多万将士,但由于他们的士卒都具有以一当十的勇敢精神和卓尔不群的单兵技术,不仅在入关前与数十万明军的对战中屡屡取胜,而且在入关后风扫残云般将数以百万计的明军和李自成、张献忠起义军残部驱赶至长江以南的穷乡僻壤,最后赶尽杀绝。然而,就是这样一支曾经创造出许多以少胜多辉煌战绩的勇猛之师,经过近两百年的承平岁月的消磨,士兵们一代接一代,不思进取,纪律松弛,训练废弛,躺在祖宗功劳簿上追求声色犬马的享受,有的甚至吸食鸦片,完全丧失了当年的勇武精神,变成了不堪一击的豆腐军队。你看,鸦片战争爆发后,调往前线的八旗兵,一个士兵由三个民夫侍候:两人抬竹椅,一人扛兵器,士兵端坐竹椅上,打着盹款款而行,一天走不了二十里地,宛如达官显贵出游。由如此可笑的士兵组成的主要还是冷兵器装备的军队,用不着同现代化火器装备的外国侵略军对阵,胜负就已经可以判定了。鸦片战争以后清朝政府被迫应对的反侵略战争,尽管占据着正义的道德高地,但却几乎都是屡战屡败。其中原因虽然是复杂的,不过单兵素质的低劣和腐败却是贯穿始终的重要因素。再如抗日战争中,凶残的日军之所以屡屡重创国民党军队,一些国民党军队胜利的“大捷”中日军队的损失也是成反比,如台儿庄大捷中日损失是三比一,淞沪会战中日损失是五比一,即使著名的平型关大捷,八路军与日军的损失之比也是一比一。这其中的原因当然更为复杂,但国民党军队单兵技术的低劣也是贯穿始终的重要因素:当时仓促上阵的不少国民党军队缺乏最起码的军事训练,有的今天参军,明天就走上战场,连简单的射击技能和基本的战术动作都不会,全凭血气之勇同敌人拼命,不少士兵几乎是作为活靶子被敌人轻易射杀。而打出军威国威的少数部队,如杜聿明指挥的取得昆仑关大捷的部队,戴安澜和孙立人指挥的入缅的远征军,都是经过严格训练,士兵单兵技术不亚于日军的威猛之师。解放战争时期的中国人民解放军之所以屡战屡胜,除了执行党中央毛主席正确的战略战术方针外,另一个重要原因就是因为这支军队有着独特而有效的政治教育,有着“三大纪律、八项注意”为核心的铁的纪律,有着经过严格训练的单兵技术。参加抗美援朝的中国人民志愿军部队,尽管武器装备与美军存在相当差距,但在党中央毛主席正确的战略战术方针指引下,加上官兵都具有良好的政治素质和军事素养,在一次次的搏战中发挥出令敌人心惊胆战的神奇战力,硬是将骄横一时的美军打得恭手求饶,不得不低下头来谈判停战。

　　魏武卒启示后人,军队的数量和质量既矛盾又统一,量多而质高,最为相得益彰,但过大的数量必然使国家财政不堪重负,难以持续,因而数量只能被国家财力限定在可行的范围内,但质量却是没有止境的,而兵之精恰恰又能弥补数量之不足。从这个意义说兵在精而不在多。吴起训练的魏武卒与数量庞大的秦军、楚军相比,就是一支少而精的军队。少而精的军队战胜大而劣、甚至大而强的军队的战例,中外历史上都能找到不少。著名的赤壁之战,孙、刘联军不过五、六万人,却打败了曹操的二十多万大军。诸葛亮训练统帅的蜀汉之军,不过四、五万人,却能使位于益州、汉中一隅之地立足的蜀汉政权,在比自己强大得多的魏、吴两大职权的夹缝中不仅较稳定地存在了近四十年,而且面对数以十万计的魏军,竟能“六出祁山”,夺取南安、天水、安定三郡。淝水之战时,前秦苻坚指挥的步、骑兵力达八十七万之众,因而喊出“投鞭断流”的壮语。结果却被东晋将军谢石、谢玄统帅的八万北府兵打得落花流水,闹出了“风声鹤唳,草木皆兵”的惊恐狼狈的窘态。当然这些以少胜多的战例形成的原因也是多方面的,但无论如何,胜利一方兵之精是一个具有决定意义的因素。当今世界,科学技术迅猛发展,高、精、尖的军事装备日新月异,核大国储存的核武器足可毁灭地球多次,侦察卫星能够刺探地面几乎任何军事设施,制导武器的精确度以米计算,深海游弋的核潜艇可以在神不知鬼不觉的情况下将致命的导弹发射到一个国家的总统府,操纵员坐在宁静的装有空调的作战室操纵的无人机,能够轻而易举地发射一枚小小的导弹,将在千万里之外的或地面行走、或开车急驰、或在自家卧室酣睡的敌对分子炸成粉末,而网络战的高手瞬息就会潜入对方参谋部的档案库窃取核心机密,细语柔声的“脸书”部队更能在看似不经意间通过心理战瓦解敌军,战争已经没有了前方和后方……显然,当今世界再也不是“大刀向鬼子头上砍去”和“小米加步枪"的年代了,战争理念、战争模式已经发生了天翻地覆的变化。在历史已经进入信息化战争的年代,一个国家保持与国力相当的军队规模尽管仍然必要,但更重要的是使这支军队用高科技武装起来,用高、精、尖的武器装备起来。在这种情况下,精兵主义不仅较之冷兵器时代更为必要,而且较之飞机、大炮、坦克、巡洋舰称雄的时代更为迫切。因为没有高质量的数量,越大越难以发挥战斗力,甚至成为赘瘤、拖累和负担。所以,曾经有过辉煌战史的中国人民解放军要想继续成为保卫祖国的坚强柱石,成为保持东亚稳定的决定性力量,成为促成世界和平发展的定海神针,就只有在中国共产党的英明领导下,走科技强军的正确道路,让每一个战士都被高科技武装起来,每一个军种、兵种都被最先进的装备武装起来,让陆地、海洋、太空都有中国强大军事力量的存在,让那些妄图限制、压制、阻挠、滞迟中国发展的敌对势力,让那些企图重温军国主义迷梦、觊觎中国领土、领海、领空的敌对国家不敢、忌惮、不能向中国伸出侵略的魔爪。

（原载《孙子研究》2015 年第 3 期）

孙膑的兵学与哲学社会政治思想

公元前4世纪,历史步入了战国中期。曾经一度走在列国前列的魏国减缓了它变法的步伐。与此同时,齐威王变法图强,齐国再次崛起于东方,对魏国的霸权提出了挑战。秦孝公任用商鞅,掀起了战国历史上规模最大、历时最长、影响最深远的变法运动,使秦国迅速强大起来,把扩张的触须伸向东方。魏国面临东西两个咄咄逼人的强大对手。由于此时的魏国失去了李悝之类的改革家和吴起之类的智勇双全的将军,内部的腐败因素不断增长,逐渐失去了魏文侯时代的勃勃生机,失败的命运就不可避免了。在一连串使魏国失去首强地位的战争中,其敌军将帅除了秦国的商鞅外,齐国的孙膑是另一位名显列国、叱咤风云的人物。

据《史记·孙子吴起列传》记载,孙膑是春秋时期著名军事家孙武的后代,生于"阿鄄之间"(今山东鄄城)。由于家庭的熏陶,孙膑自幼对兵法情有独钟。后来,他投到鬼谷子门下读书,与庞涓同学,水平远在庞涓之上。不久庞涓做了魏国的将军,就将孙膑骗到魏国,通过向魏惠王进谗言,使孙膑惨遭膑刑。后被出使魏国的齐国使者淳于髡救至齐国,得到将军田忌和齐威王的赏识,做了齐国的军师。公元前354年,桂陵(今山东菏泽北)一战,孙膑建议齐军统帅田忌以"围魏救赵"的策略,打败魏军,生擒庞涓(后放回)。十三年后,公元前341年,齐、魏两军再次在战场上相见。孙膑建议齐军统帅田忌在马陵(今山东莘县境)①设伏,一举歼灭魏军,逼

---

① 关于马陵的方位,还有今山东郯城说和河北大名说。

使魏军统帅庞涓自杀。魏国从此失去战国首强的地位,齐国在列国的地位则显著提高,一段时期内举足轻重,左右形势,执中原之牛耳。孙膑也"从此名扬天下",成为蜚声列国的大军事家。在十多年惊心动魄的"孙庞斗智"中,孙膑在品格和智慧上都成为胜利的英雄。

孙膑在其身后留下了一部兵法著作,这在两汉人记载中是没有疑义的。司马迁曾明确说"孙子膑脚,而论兵法"①。班固在《汉书·艺文志》中也记载"《齐孙子》八十九篇,图四卷"。这个"孙子"颜师古即注明为孙膑。不过,东汉以降,这部兵书大概就失传了。《隋书·经籍志》已不见著录。因而后世一些学者对《孙膑兵法》的存在提出异议。有人甚至认为只有一部《孙子兵法》,它的著作权属于孙武,孙膑可能对该书进行过某些润色和加工。1972年山东临沂银雀山汉墓出土了《孙膑兵法》的竹简,使这个二千多年的疑案终于得到了解决。经过整理的《孙膑兵法》残简虽然只有30篇,并且缺失很多,有些语句也意义不明,但从中仍然可窥见孙膑军事思想的一些重要内容。这部残存的《孙膑兵法》继承了孙武、吴起等前辈兵家的军事思想,融入自己的实战经验,总结了战国时期战争中出现的许多新事物,把春秋以来的兵学向前推进了一步,成为战国中期兵学的代表作。

较之《孙子兵法》,《孙膑兵法》对战争重要性的认识又深化了一步。这是因为,战国时期战争的规模进一步扩大,兵器军械较春秋有了长足进步,军队的组成更加复杂,除车兵外,步兵、骑兵等兵种大大发展并成为作战的主力。一次战役,双方动辄投入十万,甚至数十万大军集团作战,旷日持久地胶着、对峙,你来我往地反复冲杀。天气、地形以及各种作战手段的运用,特别是战争在解决社会和政治问题上所起到的越来越明显的直接作用,都给孙膑丰富

————————————

① 司马迁:《史记·太史公自序》,中华书局 1959 年版,第 3300 页。

和发展兵家学说、进一步认识战争的重要意义提供了有利条件。在《见威王》中,孙膑提出了他对战争的看法:

> 孙子见威王曰:"夫兵者,非士恒势也,此先王傅道也。战胜,则所以在亡国而继绝世也;战不胜,则所以削地而危社稷也。是故兵者不可不察。"①

这就是说,战争虽然不是永远可以仗恃的手段,却是最重要的手段,因为打了胜仗可以挽救濒于危亡的国家和宗族,打了败仗就会危及国家和宗族的生存,所以必须认真对待。但是,又不能因为战争具有立竿见影的作用就一味好战。由于战争是人心、物质力量和将帅才能的综合较量,必须慎之又慎:"然夫乐兵者亡,而利胜者辱。兵非所乐也,而胜非所利也。事备而后动,故城小而守固者,有委也;卒寡而兵强者,有义也。夫守而无委,战而无义,天下无能以固且强者。"②孙膑进而认为,尽管战争很残酷,必须谨慎从事,但又不要幻想不经过战争达到自己的政治目的,只有"战胜而强力",才能收到"天下服"的效果。孙膑一方面强调战争是民心和物质力量的较量,另一方面又指出,兵多、"委积"丰富、城坚而固并不能保证战争的必然胜利。战争指导者——君主和将帅是否认识"道"即战争的规律并用于指导具体的战争对于胜负同样具有至关重要的意义:

> 知不足,将兵,自恃也。勇不足,将兵,自广也。不知道,数战不足,将兵,幸也。夫安万乘国,广万乘王,全万乘之民命者,唯知"道"者。上知天之道,下知地之理,内得其民之心,外知敌之情,陈知八陈之经。见胜而战,弗见而诤,此王者之将也。③

---

① 张震泽:《孙膑兵法校理·见威王》,中华书局 1984 年版,第 20 页。
② 同上。
③ 张震泽:《孙膑兵法校理·八阵》,中华书局 1984 年版,第 64 页。

　　　　众者胜乎? 则投算而战耳。富者胜乎? 则量粟而战耳。

　　兵利甲坚者胜乎? 则胜易知矣。故富、未居安也,贫、未居危

　　也,众、未居胜也。……以决胜败安危者,道也。①

孙膑所说的"道",有时指的是战争的总规律,有时指的是具体的
战术原则,如"料敌计险,必察远近"等。他反复强调的是掌握战
争规律的人的主观能动性在决定战争胜负中的决定作用:

　　　　兵之胜在于篡卒,其勇在于制,其巧在于势,其利在于信,

　　其德在于道,其富在于亟归,其强在于休民,其伤在于数战。

　　　　恒胜有五:得主专制,胜。知道,胜。得众,胜。左右和,

　　胜。量敌计险,胜。

　　　　恒不胜有五:御将,不胜。不知道,不胜。乖将,不胜。

　　不用间,不胜。不得众,不胜。②

《孙膑兵法》特别重视人在战争中的作用,提出了"天地之间,莫贵
于人"③的重要论断。因为战争的主体是人,冲锋在前的是士兵,
运筹帷幄的是将帅,进行后勤支援的是百姓。所以他强调战争的
正义性质,强调战争获得民众拥护的重要意义:"兵不能胜大患,不
能合民心者也。"所以"兵强在休民",反对无限制地征发民力。为
了使民众和士卒一心一意拥护战争,"蹈白刃而不还踵",一方面
要爱护民众和士卒,赏罚必信,建立国家与民众、将帅与士卒的互
信关系:"将者不可以不信,不信则令不行,令不行则军不抟,军不
抟则无名。"④另一方面要千方百计地鼓励士气:"合军聚众,(务在
激气);复徙合军,务在治兵利气;临境近敌,务在厉气;战日有期,

---

　　① 张震泽:《孙膑兵法校理·客主人分》,中华书局 1984 年版,第
157 页。

　　② 张震泽:《孙膑兵法校理·篡卒》,中华书局 1984 年版,第 54 页。

　　③ 张震泽:《孙膑兵法校理·月战》,中华书局 1984 年版,第 59 页。

　　④ 张震泽:《孙膑兵法校理·将义》,中华书局 1984 年版,第 174 页。

务在断气;今日将战,务在延气。"①因为军队的基础是士卒,所以
必须在士卒的选拔和训练上保证质量,"篡贤取良",并按地方行
政系统进行编组和训练。军队的头脑是将帅,对将帅要求更应该
严格。在《将义》中,孙膑提出将帅必须具备义、仁、德、信、智五种
品质。在《将德》残篇中,他又提出了将帅应该具备的几种美德,
如爱护士卒,既不轻视弱小的敌人,也不被强大的敌人所吓倒,不
骄不怯,谦虚谨慎,小心翼翼地对待每一次战争。将帅还必须具有
"将在外君令有所不受"的独立精神,不受君主制约,独立判断敌
情,果断地进行决策和指挥。在与敌人交战时,将帅必须具有与敌
人拼个你死我活的无畏精神,他统帅的军队也必须有与敌人拼个
你存我亡的牺牲精神。同时,将帅又必须大公无私,赏罚分明,对
部下一视同仁。另外,还要具有一种人格的感召力,为周围所有的
人所拥戴。相反,将帅的缺点越多,战争失败的可能越大,因而必
须坚决克服。孙膑强调士卒和将帅在战争中的举足轻重的作用,
说明他已经认识到,在一定的物质条件下,战争的胜负更多地取决
于士卒的素质,即他们的勇敢、顽强、坚韧、指挥,更多地取决于将
帅的素质,即他们的品格、谋略、学识、勇毅、果决,特别是驾驭战争
发展变化的本领以及引领战争走向的才能。

　　《孙膑兵法》中更多的内容是关于指导战争取得胜利的原则、
方针和方法。例如,他认为战争中寡胜众、弱胜强是完全可以做到
的,关键在于采取正确的战法。这方面他提出"攻其无备,出其不
意"、"必攻不守"以及变敌人的优势为劣势,变自己的劣势为优势
和集中兵力等原则和方法,以便在每次战争中都能做到:敌人虽
多,能使它感到不足;粮食充足,能使它挨饿;安处不动,能使它疲
劳;得到民众拥护,能使它离心离德;全军团结一致,能使它互相怨
恨。致使敌人"四路"不通,"五动"不利,处处被动。而我军则变

---

① 　张震泽:《孙膑兵法校理・延气》,中华书局1984年版,第94页。

被动为主动,"我饱食而侍(待)其饥也,安处以侍(待)其劳也,正静以侍(待)其动也"①,这样就能稳操胜券。孙膑已经意识到,与政治、经济等事物相比,最富变化、最难预见、最难把握的是战争,因为双方面对的都是充满敌意、恨不能把对方一口吞掉的将帅和他们统率的士兵。双方斗智斗勇,神出鬼没,波谲云诡,战场形势瞬息万变,因而不能用一种固定的办法去对付各种各样的敌人,即不能"以一形之胜胜万形"。所以将帅在战争中就必须根据不断变化的敌情和地形,及时地加以分析、判断,灵活地采用不同的战法,这就是他反复强调的"料敌计险","因地之利,用八阵之宜",即以己之变应敌之变,以己之变胜敌之变的思想。在《十问》《十阵》等篇中,他对灵活运用战法的问题作了许多具体论述。

孙膑是一个军事家,一生从事攻守征战,当然无暇对哲学问题进行专门思考。但是,由于他从当时的战争实际出发,认真探索战争规律,就使他的兵学著作中包含了丰富的唯物论和辩证法思想。例如,他认为战争是一种物质力量的竞赛,"战者,以形相胜者也"②"兵不能见福祸于未形"③,谁也不能离开物质条件凭想当然指挥战争。所以他要求将领必须知天时、地形、民心、敌情、阵法以及道路的远近险易等各种情况。同时孙膑又认识到,世界上的事物千差万别,各有特点,虽然不能"以一形之胜胜万形",却能够"以万物之胜胜万物"。这就要求战争指导者必须十分重视研究战场上敌我双方的特点,从将帅的谋略、性格到士卒素质、兵器、装备、后勤供应以及地形、天气等都要了如指掌。在对敌我双方的真实情况洞悉于胸的基础上,才能制定出切实可行的战胜敌人的战略战术。在这里,处处展示着唯物论的光辉。孙膑正确地认识到

---

① 张震泽:《孙膑兵法校理·善者》,中华书局1984年版,第163页。

② 张震泽:《孙膑兵法校理·奇正》,中华书局1984年版,第193页。

③ 张震泽:《孙膑兵法校理·兵失》,中华书局1984年版,第170页。

战争中存在着一系列的矛盾,如敌我、主客、攻守、进退、众寡、强弱、奇正、积疏、盈虚、徐疾、径行、动静、佚劳、险易、治乱、生死、胜败等,同时又认识到这些矛盾的双方并非固定不变,而是互相转化:"天地之理,至则反,盈则败……代兴代废,四时是也。有胜有不胜,五行是也。有生有死,万物是也。有能有不能,万生是也。有所有余,有所不足,形势是也。"①在《积疏》篇中,孙膑论述了积疏、盈虚、徐疾、径行、众寡、佚劳六对矛盾的相互关系,认为在军事上兵力集中胜于分散,战力充实胜于虚弱,走捷径胜于走大路,行动迅速胜于缓慢,兵多胜于兵少,安逸胜于疲劳。但这六对矛盾是可以转化的。孙膑认识到各种矛盾无不在一定条件下向对立面转化,将此思想用于指导战争,就要求充分发挥战争指导者的主观能动性,千方百计创造条件促成矛盾的转化:"敌积故可疏,盈故可虚,径故可行,疾(故可徐,众故可寡,佚故可劳)。"孙膑协助田忌谋划的桂陵之战和马陵之战的指导原则,就是充分发挥了矛盾转化的理论,运用种种手段,使魏军的优势转化为劣势,齐军的劣势转化为优势,从而创造了以弱胜强、以少胜多的典型战例。

当然,正像任何伟大人物都有不可避免的时代和阶级的局限性一样,孙膑自然也不例外。他虽然认识到战争在历史发展进程中的巨大作用,但却不知道战争只是历史上特定阶段存在的事物,自然也不会找到一劳永逸的消灭战争的途径。他尽管朦胧地意识到民心和士卒的向背对战争胜负的重要意义,然而也只是把它们作为被驱使和利用的工具而已。在他心目中,真正在战争中起决定作用的是"明王"、"圣人"和"王者之将",这表明在他思想上起主导作用的还是唯心主义的英雄史观。另外,他的军事辩证法思想也带有朴素和直观的性质,比如他以地形的不同把城分为可攻的牝城和不可攻的雄城,把"东注之水"说成"生水",把"北注之

---

① 张震泽:《孙膑兵法校理·奇正》,中华书局 1984 年版,第 193 页。

水"说成"死水",把"南陵之山"说成"生山",把"东阵之山"说成"死山"等,就是一种表面地静止地观察问题的方法,显然是形而上学的。

综上所述,可以看出,尽管出土的《孙膑兵法》残简还不能反映孙膑军事思想的全貌,并且还有着不可避免的时代和阶级的局限性,但这一兵书的确继承和发展了孙武、吴起的军事思想,达到了战国时代兵家学说的顶峰,在中国军事史上占有光辉的一页。

（原载孟祥才主编《齐鲁古代兵家评传》,
山东大学出版社 1996 年版）

论战国纵横家的"诡道"运思

　　战国时期(前 475 年—前 221 年)三个半世纪的悠长岁月,是在以七雄秦、楚、燕、韩、赵、魏、齐为代表的诸侯国的激烈争战中度过的。配合军事斗争的是光怪陆离的政治和外交的折冲樽俎。其中"合纵"和"连横"的斗争成为战国中期最吸引人们眼球的剧目。当时,经过秦孝公在商鞅辅佐下二十多年的变法图强,秦国国力蒸蒸日上,其军事触角不断地向东向南延伸。东方六国越来越感受到秦国的咄咄逼人之势,都在思谋一个自保的万全之策。适应这种要求,苏秦等人提出了合六国之力共同对抗秦国的策略,称之为"合纵",又称"约纵",简称"纵"(从)。这个策略,用韩非的话解释,就是"合众弱以攻一强"。从地理位置看,秦以外的六国都在函谷关以东,由北向南摆开,用一条纵线就可以串在一起,所以称为"纵"。为了对付六国的"合纵",张仪为秦国提出了"连横"的策略,简称之为"横"。这一策略用韩非的话解释,就是"事一强以攻众弱",即秦国与东方某国联合进攻其他国家。由于秦国在西部,与东方任何一国联合几乎都在东西一条横线上,因而称之为"连横"。苏秦的合纵之策在短期内获得了成功,"秦兵不敢窥函谷关十五年"[①]。原因在于,合纵抗秦在一定程度上反映了六国的共同要求,参加合纵的燕文侯、赵肃侯、韩宣王、魏襄王、齐宣王、楚威王大都是明于时势、洞悉利害关系的明智国君。他们全力支持合纵,有意识地维系六国的团结。合纵初起,声势浩大,秦国一时找不到

---

　　① 　司马迁:《史记·苏秦列传》,中华书局 1959 年版,第 2262 页。

破解之法,加之对六国合力心存畏惧,故而基本上对六国采取守势。特别是苏秦从中运筹帷幄,协调关系,化解矛盾,使六国维持了短暂的团结,合纵之策取得了暂时的成效。但是,合纵最后走向失败又是必然的。因为它违背了当时中国走向统一的历史潮流。合纵的核心是六国团结自保,以维持战国时期列国分裂割据的局面。所以合纵的策略是保守的,它不是团结六国共同进击秦国,而是消极防御秦国的进攻,因而即使纵约真正实行,也只是阻止秦国的东进,丝毫也危及不到秦国本身的安全。最重要的是六国各自有其局部利益。他们不仅与秦国有利益上的矛盾与冲突,而且彼此之间,尤其相毗邻的国家之间,也有利益上的矛盾和冲突。由于六国与秦国的关系复杂,有的国家如韩、赵、魏与秦国接壤,时常遭受秦军的攻伐,因而既需纵约联兵抗秦,又易在秦国的威胁利诱下与之妥协屈服。有的国家如燕、齐,因距秦国较远,一时对秦国的威胁还无切肤之痛,他们对纵约的热情不高,极易为自身利益而背弃同盟者,甚至刀兵相见,从同盟者那里掠取土地和人口。如公元前314年,齐国乘燕国内乱之机,出兵攻燕,直下燕都。公元前286年,燕昭王又纠合秦、韩、赵、魏诸国联军,连下齐国七十余城,使之遭到一次重大打击。显然,由于东方六国各自利益的不同,他们的团结是极不牢固的,因而很容易被秦国连横的策略所打破。正如合纵之策失败是必然的一样,连横之策的胜利也有着内在的必然性。这是因为,连横为秦国的统一事业服务,而这恰恰顺应了当时的时代潮流。连横以我为主,恃我而不恃敌,把基点建立在自己力量的基础上,处处时时掌握着主动权,制人而不受制于人。因而能玩六国于股掌之上,显得从容不迫,游刃有余。同时秦国有着远较六国优越的地理条件,它地处关中,南连汉中、巴蜀,占有当时中国最富饶的财富之区,使它以雄厚的资源坚持同六国的长期斗争。特别是,黄河、华山、熊耳山,形成了秦国与六国间的天然屏障,使之进可攻,退可守,立于不败之地。而六国由于各自利益的不同,不可能形成铁板一块。因而给连横的实施创造了不少可乘之机。加之张仪等人居中巧妙运筹,又以军事斗争紧密配合,连横终于战胜了合纵。这正如苏东坡所正确分析的:

> 且秦非能强于天下之诸侯,秦惟能自必,而诸侯不能。是以天下百变,而卒归于秦。诸侯之利,固在从也。朝闻陈轸之说而合为从,暮闻张仪之计而散为横。秦则不然,横人之欲为横,从人之欲为从,皆使其自择而审处之。诸侯相顾,而终莫能自必,则权之在秦,不亦宜乎?①

在战国中期的秦惠文王元年(前 337 年)至秦武王末年(前 307 年)的三十年间,是纵横家最活跃的时期。以苏秦、张仪为代表的纵横策士,是当时列国间激烈的政治、军事和外交斗争的产物。他们与军事斗争相配合,穿梭于列国间,在政治外交战线上演出了一幕幕波谲云诡、变化莫测的活剧。他们与各诸侯国的国君、将相广泛接触,摇动如簧之舌,拨弄是非,挑拨离间,时而激化矛盾,时而消解冲突,谈笑间,使和平的边界燃起烽火;一番折冲,又使双方化干戈为玉帛。他们"一怒而诸侯惧,安居而天下熄"②,仿佛这几个人左右着列国历史的走向和时代的命运。其实,从一定意义上看,他们只是历史的不自觉的工具。当时的历史趋势是,列国斗争导向统一,统一的进程在斗争中完成。这个斗争将各类政治、军事和外交精英呼唤出来,给他们提供了施展才干的广阔舞台。

纵横之士就是当时政治外交精英的代表,他们洞悉列国形势,深谙每一个国家的政治、经济、军事状况以及山川民俗和社会风气,对各国国君的性格、爱好、脾气等也都了然于胸。他们善于揣摩国君的心理,反应机敏,长于辩论,口若悬河。他们为达目的不

---

① 苏轼:《策断上》,《东坡全集》卷四八,文渊阁四库全书本。
② 《孟子·滕文公下》,《十三经注疏》,中华书局 1982 年版,第 2710 页。

择手段,无中生有,颠倒黑白,不讲信义,反复无常,阴谋诡计,翻手为云,覆手为雨。他们的人生追求是荣华富贵,为此,不惜投机钻营,卖友求荣。他们的人格是卑微的,但是作为历史的不自觉的工具,正是他们的活动推进了列国之间的斗争,构成了战国统一进程中最为扣人心弦、险象环生、多姿多彩、酣畅淋漓的活剧。战国的历史,在秦惠文王、武王时期三十多年的岁月里,是在纵横家的唇枪舌剑中度过的。秦昭王即位后,他们的活动已近尾声。代之而起的主要是将帅的谋略和秦军东向进军的车辚马啸之声。

纵横家是在政治外交领域运用"诡道"的大师。

《孙子兵法·计篇》将"诡道"作了极其简洁而精准的概括:"兵者,诡道也。故能而示之不能,用而示之不用,近而示之远,远而示之近。利而诱之,乱而取之,实而备之,强而避之,怒而挠之,卑而骄之,佚而劳之,亲而离之。"所有统率千军万马的将帅,能否在战场上取胜,除了其他条件外,关键就在于如何将"诡道"加以精准、灵活和恰切到位的运用。人们只知道军事领域是"诡道"运作的广阔天地,其实在政治外交领域,"诡道"有着更广阔的空间,战国纵横家们的实践活动,在这方面提供了许多鲜活的例证。

纵横家们诱使各诸侯国君王进入彀中的最奏效的武器是"利而诱之","苏秦、张仪方以利为说取重于六国。为人君者非利则不闻,为人臣者非利则不谈,朝纵暮横,左计右数……朝廷之上,乡间之间,往来游说之士,无不以此借口,哓哓唧唧,喧宇宙而渎乾坤者,无非利而已矣。是以攘夺成风,兵戈连岁,天下之人,欲息肩而不得"①。纵横家们要做到这一点,就需要"知彼知己",特别是揣摩透君王的心理。你看,鬼谷子的学生苏秦对各国君王怎么摇唇鼓舌,让他们如何在"利动"面前心旌摇荡吧。他对燕文侯说:

夫安乐无事,不见覆军杀将,无过燕者。大王知其所以然

---

① 张九成:《孟子传》卷一,文渊阁四库全书本。

乎？夫燕之所以不犯寇被甲兵者，以赵之为蔽其南也。秦赵五战，秦再胜而赵三胜。秦赵相毙，而王以全燕制其后，此燕之所以不犯寇也。且夫秦之攻燕也，逾云中、九原，过代、上谷，弥地数千里，虽得燕城，秦计固不能守也。秦之不能害燕亦明矣。今赵之攻燕也，发号出令，不至十日而数十万之军军于东垣矣。渡嚅沱，涉易水，不至四五日而距国都矣。故曰秦之攻燕也，战于千里之外；赵之攻燕也，战于百里之内。夫不忧百里之患而重千里之外，计无过于此者。是故愿大王与赵从亲，天下为一，则燕国必无患矣。①

日夜为自己弱小的国家安全焦虑的燕文侯认可了苏秦设计的这个安全阀，于是成为第一个赞成"合纵"之策的君王，他自愿为苏秦提供"车马金帛"，资助他前去游说赵国。苏秦在对赵肃侯分析了列国形势，特别指出六国都面临秦国的威胁和"事秦"的危害：

夫衡人者，皆欲割诸侯之地以予秦。秦成，则高台榭，美宫室，听竽瑟之音，前有楼阙轩辕，后有长姣美人，国被秦患而不与其忧。是故夫衡人日夜务以秦权恐愒诸侯以求割地，故愿大王孰计之也。②

在赵肃侯被说动之后，苏秦进而兜售他的"合纵"之策：

故窃为大王计，莫如一韩、魏、齐、楚、燕、赵以从亲，以畔秦。令天下之将相会于洹水之上，通质，刳白马而盟。要约曰："秦攻楚，齐、魏各出锐师以佐之，韩绝其粮道，赵涉河漳，燕守常山之北。秦攻韩、魏，则楚绝其后，齐出锐师而佐之，赵涉河漳，燕守云中。秦攻齐，则楚绝其后，韩守成皋，魏塞其道，赵涉河漳、博关，燕出锐师以佐之。秦攻燕，则赵守常山，

---

① 司马迁：《史记·苏秦列传》，中华书局 1959 年版，第 2244 页。
② 同上，第 2248 页。

楚军武关,齐涉勃海,韩、魏皆出锐师以佐之。秦攻赵,则韩军宜阳,楚军武关,魏军河外,齐涉清河,燕出锐师以佐之。诸侯有不如约者,以五国之兵共伐之。"六国从亲以宾秦,则秦甲必不敢出于函谷以害山东矣。如此,则霸王之业成矣。①

赵肃侯又被苏秦"利动"了,于是"乃饰车百乘,黄金千镒,白璧百双,锦绣千纯,以约诸侯"。苏秦选定的下一个目标是韩宣王,而用于打动他的利器是"事秦"的危害:

> 大王事秦,秦必求宜阳、成皋。今兹效之,明年又复求割地。与则无地以给之,不与则弃前功而受后祸。且大王之地有尽而秦之求无已,以有尽之地而逆无无已之求,此所谓市怨结祸者也,不战而地已削矣。臣闻鄙谚曰:"宁为鸡口,无为牛后。"今西面交臂而臣事秦,何异于牛后乎?夫以大王之贤,挟强韩之兵,而有牛后之名,臣窃为大王羞之。②

一席话说得韩宣王"勃然作色",甘愿"敬奉社稷以从"。苏秦说韩王成功后,将下一个目标锁定魏襄王。他的说辞集中攻击"事秦"之非:

> 今乃听于群臣之说而欲臣事秦。夫事秦必割地以效实,故兵未用而国已亏矣。凡群臣之言事秦者,皆奸人,非忠臣也。夫为人臣,割其主之地以求外交,偷取一时之功而不顾其后,破公家而成私门,外挟强秦之势以内劫其主,以求割地,愿大王孰察之。③

在得到魏王"敬以国从"的承诺后,苏秦又将暂时似乎远离"秦害"的齐宣王说动,加入合纵的行列。最后,苏秦来到楚国,先对楚威王大讲"事秦"之害:

---

① 司马迁:《史记·苏秦列传》,中华书局 1959 年版,第 2249 页。
② 同上,第 2253 页。
③ 同上,第 2255 页。

> 秦之所害莫如楚,楚强则秦弱,秦强则楚弱,其势不两立。故为大王计,莫如从亲以孤秦。大王不从(亲),秦必起两军,一军出武关,一军下黔中,则鄢郢动矣。
>
> 夫秦,虎狼之国也,有吞天下之心。秦,天下之仇雠也。衡人皆欲割诸侯之地以事秦,此所谓养仇而奉雠者也。夫为人臣,割其主之地以外交强虎狼之秦,以侵天下,卒有秦患,不顾其祸。夫外挟强秦之威以内劫其主,以求割地,大逆不忠,无过此者。故从亲则诸侯割地以事楚,衡合则楚割地以事秦,此两策者相去远矣,二者大王何居焉?

再讲"合纵"给楚国带来的极具诱惑力的好处:

> 大王诚能听臣,臣请令山东之国奉四时之献,以承大王之明诏,委社稷,奉宗庙,练士厉兵,在大王之所用之。大王诚能用臣之愚计,则韩、魏、燕、赵、卫之妙音美人必充后宫,燕、代橐驼良马必实外厩。故从合则楚王,衡成则秦帝。今释霸王之业,而有事人之名,臣窃为大王不取也。①

东方六国都被苏秦描绘的"合纵"的动人前景深深鼓舞和陶醉,认定苏秦是他们利益的代表,心甘情愿地将相印奉送给他。六国国君都认为他们从苏秦倡导的"合纵"中获得了最大的利益,而苏秦则从他们那里得到巨大的富贵利禄,一时名震列国,享誉士林。

苏秦的同窗张仪从同一个老师鬼谷子那里学到了不亚于苏秦的本领,张仪在推行"连横"之策时也将"利动"发挥得淋漓尽致,比苏秦有过之而无不及。张仪先来到楚国,投奔楚相门下,因被怀疑窃璧而遭毒笞,他失魂落魄回家后,问妻子的第一句话是"吾舌尚在不"?得到肯定的回答后,他说"足以",显然将口舌作为第一资本,游说当成第一职业。他后来到秦国,与司马错争论伐蜀伐魏

---

① 司马迁:《史记·苏秦列传》,中华书局 1959 年版,第 2260—2261 页。

何为先的策略,结果输给司马错。秦国进军巴蜀,很快获得了一个稳定的战略后方,为秦国后来的统一战争储备了丰厚的物资基础。不久,张仪而因说魏王事秦成功,被任命为秦相。但二年后魏背秦,秦军伐魏,两国关系极其紧张。正在此时,魏襄王死去,魏哀王继位。张仪劝说哀王转事秦,被拒。他于是一面阴告秦伐魏,在军事上造成高压态势,一面乘机劝说魏哀王事秦。他先讲魏国处境的艰难:

> 魏地方不至千里,卒不过三十万。地四平,诸侯四通辐凑,无名山大川之限。从郑至梁二百余里,车驰人走,不待力而至。梁南与楚境,西与韩境,北与赵境,东与齐境,卒戍四方,守亭鄣者不下十万。梁之地势,固战场也。梁南与楚而不与齐,则齐攻其东;东与齐而不与赵,则赵攻其北;不合于韩,则韩攻其西;不亲于楚,则楚攻其南;此所谓四分五裂之道也。

接着再讲苏秦合纵之策的缺失和难以成功的原因:

> 且夫诸侯之为从者,将以安社稷尊主强兵显名也。今从者一天下,约为昆弟,刑白马以盟洹水之上,以相坚也。而亲昆弟同父母,尚有争钱财,而欲恃诈伪反覆苏秦之余谋,其不可成亦明矣。

再后,他大谈不事秦的危害和事秦伐楚的种种好处,特别诋毁合纵之士品格恶劣和不可信赖:

> 为大王计,莫如事秦。事秦则楚、韩必不敢动;无楚、韩之患,则大王高枕而卧,国必无忧矣。且夫秦之所欲弱者莫如楚,而能弱楚者莫如梁。楚虽有富大之名而实空虚;其卒虽多,然而轻走易北,不能坚战。悉梁之兵南面而伐楚胜,胜之必矣。割楚而益梁,亏楚而适秦,嫁祸安国,此善事也。大王不听臣,秦下甲士而东伐,虽欲事秦,不可得矣。且夫从人多奋辞而少可信,说一诸侯而成封侯,是故天下之游谈士莫不日夜搤腕瞋目切齿以言从之便,以说人主。人主贤其辩而牵其

说,岂得无眩哉。臣闻之,积羽沉舟。群轻折轴,众口铄金,积
毁销骨,故愿大王审定计议,且赐骸骨辟魏。①

面对"利动",魏哀王于是堕入张仪连横之策的陷阱,答应事秦。
但三年后又转而背秦,双方刀兵再起。张仪因说魏成功,再次就任
秦国丞相。此时的秦昭王和张仪都明白,东方六国的合纵,其核心
是齐、楚两个大国的联盟。欲破合纵,关键就是拆散齐楚联盟。张
仪于是前去楚国,仍然以"利动"向楚怀王下箸:"大王诚能听臣,
闭关绝约于齐,臣请献商於之地六百里,使秦女得为大王箕帚之
妾,秦楚娶妇嫁女,长为兄弟之国,此北弱齐而西益秦也,计无便此
者。"利欲熏心的楚王认定这是天上掉下来的馅饼,立即"大说而
许之,群臣皆贺",只有陈轸保持了清醒的头脑,并提出万全的对应
之策:"以臣观之,商於之地不可得而齐秦合,齐秦合则患必至
矣。"陈轸接着解释说:"夫秦之所以重楚者,以其有齐也。今闭关
绝约于齐,则楚孤。秦奚贪夫孤国,而与之商於之地六百里?张仪
至秦,必负王,是北绝齐交,西生患于秦也,而两国之兵必俱至。善
为王计者,不若阴合而阳绝于齐,使人随张仪,苟与吾地,绝齐未晚
也;不与吾地,阴合谋计也。"陈轸也是一个纵横策士,这里他为楚
国设计的万全之策是高明的。然而此时已经被六百里空头支票迷
住双眼的楚怀王哪里听得进这忠良之言。结果是与齐绝交,换来
的是张仪的赖账和齐秦联军的进攻。楚不仅没有得到一寸土地,
反而是丹阳、蓝田的两次惨败和丹阳、汉中的失守。此次事件让楚
国君臣见识了张仪"诡道"的厉害。楚怀王痛恨张仪,恨不得食其
肉寝其皮。然而,就是在这种情况下,张仪却毅然代表秦国出使楚
国。他之所以敢于如此冒险,一是基于秦国的强大对楚国造成的
巨大威慑,二是他自信利用楚国的君臣矛盾和君王与姜妃的矛盾

① 司马迁:《史记·张仪列传》,中华书局 1959 年版,第 2286—
2287 页。

能够化解楚王对自己的敌意。结果完全如其所料,楚王不仅没有加害于他,反而再一次坠入他的"诡道"。这其中,仍是"利动"击中了楚王的软肋。你看张仪如何在楚王面前侃侃而谈吧:

> 秦地半天下,兵敌四国,被险带河,四塞以为固,虎贲之士百余万,车千乘,骑万匹,积粟如丘山。法令既明,士卒安难乐死,主明以严,将智以武,虽无出甲,席卷常山之险,必折天下之脊,天下有后服者先亡。且夫为从者。无以异于驱群羊而攻猛虎,虎之与羊不格明矣。今王不与猛虎而与群羊,臣窃以为大王之计过也。凡天下强国,非秦而楚,非楚而秦,两国交争,其势不两立。大王不与秦,秦下甲据宜阳,韩之上地不通。下河东,取成皋,韩必入臣,梁则从风而动。秦攻楚之西,韩、梁攻其北,社稷安得毋危? 且夫从者聚群弱而攻至强,不料敌而轻战,国贫而数举兵,危亡之术也。臣闻之,兵不如者勿与挑战,粟不如者勿与持久。夫从人饰辩虚辞,高主之节,言其利不言其害,卒有秦祸,无及为已。是故愿大王之孰计之。秦西有巴蜀,大船积粟,起于汶山,浮江以下,至楚三千余里。舫船载卒,一舫载五十人与三月之食,下水而浮,一日行三百余里,里数虽多,然而不费牛马之力,不至十日而距扞关。扞关惊,则从境以东尽城守矣,黔中、巫郡非王之有。秦举甲出武关,南面而伐,则北地绝。秦兵之攻楚也,危难在三月之内,而楚待诸侯之救,在半岁之外,此其势不相及也。夫待弱国之救,忘强秦之祸,此臣所以为大王患也。①

这里张仪反复说项的中心内容,就是秦国强大无比,楚国只有与秦结盟,才是保存自己并得以发展的安全之策。张仪特别提醒楚王,要他记住前不久与秦国开战的教训:

---

① 司马迁:《史记·张仪列传》,中华书局 1959 年版,第 2289—2291 页。

且夫秦之所以不出兵函谷十五年以攻齐、赵者,阴谋有合天下之心。楚尝与秦构难,战于汉中,楚人不胜,列侯执珪死者七十余人,遂亡汉中。楚王大怒,兴兵袭秦,战于蓝田。此所谓两虎相搏者也。夫秦楚相敝而韩魏以全制其后,计无危于此者矣。愿大王孰计之。①

接下来,张仪再次论证合纵不会成功,而与秦国结盟则是最佳保国存社稷之良策:

今秦与楚接境壤界,固形亲之国也。大王诚能听臣,臣请使秦太子入质于楚,楚太子入质于秦,请以秦女为大王箕帚之妾,效万室之都以为汤沐之邑,长为昆弟之国,终身无相攻伐。臣以为计无便于此者。②

就这样,张仪通过一番雄辩滔滔的说项,不仅保住了自己的性命,还使楚怀王乖乖地进入他设定的连横套路中。此后,他又连去韩国、齐国、赵国、燕国,以同样的"利动"让他们离开合纵而入连横之域。最后被秦国各个击破。

纵横家说服各国君王的第二个策略是"卑而骄之"。他们利用各诸侯王的虚骄之心,当着君王的面,使用最美艳动听、无限夸饰的词语,颂扬各个诸侯国的山川之险固,物产之丰饶,民风之淳美,君王之英名,使君王们在洋洋盈耳的颂声中昏昏然飘飘然,从而产生对他们的好感和信任。将此一策略运用得特别得心应手的是苏秦。他针对不同的对象,使用最切合这个人物心理和需要的语言。如对秦惠王的说辞主要颂扬山川之固、士民之众和兵法之教:

秦四塞之国,被山带渭,东有关河,西有汉中,南有巴蜀,北有代马,此天府也。以秦士民之众,兵法之教,可以吞天下,

①　司马迁:《史记·张仪列传》,中华书局1959年版,第2291页。
②　同上,第2292页。

称帝而治。①

对燕文侯的说辞主要是赞美其地大兵强和物产之丰：

> 燕东有朝鲜、辽东，北有林胡、楼烦，西有云中、九原，南有
> 嘑沱、易水，地方二千余里，带甲数十万，车六百乘，骑六千匹，
> 粟支数年。南有碣石、雁门之饶，北有枣栗之利，民虽不佃作
> 而足于枣栗矣。此所谓天府者也。②

对韩宣王的说辞主要是赞颂韩国兵器之劲：

> 韩北有巩、洛、成皋之固，西有宜阳、商阪之塞，东有宛、
> 穰、洧水，南有陉山，地方九百余里，带甲数十万，天下之强
> 弓劲弩皆从韩出。谿子、少府时力、距来者，皆射六百步之
> 外。韩卒超足而射，百发不暇止，远者括蔽洞胸，近者镝弇
> 心。韩卒之剑戟皆出于冥山、棠溪、墨阳、合赙、邓师、宛冯、
> 龙渊、太阿，皆陆断牛马，水截鹄雁，当敌则斩，坚甲铁幕，革
> 抉𫐉芮，无不毕具。以韩卒之勇，被坚甲，蹠劲弩，带利剑，一
> 人当百，不足言也。夫以韩之劲与大王之贤，乃西面事秦，交
> 臂而服，羞社稷而为天下笑，无大于此者矣。是故愿大王孰
> 计之。③

对魏襄王的说辞则主要赞扬魏国的人众物阜：

> 大王之地，南有鸿沟、陈、汝南、许、郾、昆阳、召陵、舞
> 阳、新都、新郪，东有淮、颍、煮枣、无胥，西有长城之界，北有
> 河外、卷、衍、酸枣，地方千里。地名虽小，然而田舍庐庑之
> 数，曾无所刍牧。人民之众，车马之多，日夜行不绝，輷輷殷
> 殷，若有三军之众……魏，天下之强国也；王，天下之贤王
> 也。今乃有意西面而事秦，称东藩，筑帝宫，受冠带，祠春

---

① 司马迁：《史记·苏秦列传》，中华书局 1959 年版，第 2242 页。
② 同上，第 2243 页。
③ 同上，第 2250—2251 页。

秋,臣窃为大王耻之。①

对齐宣王的说辞主要是颂赞齐国地理位置之优越、国力军力之强大和国都临淄的富庶繁华:

> 齐南有泰山,东有琅邪,西有清河,北有勃海,此所谓四塞之国也。齐地方二千余里,带甲数十万,粟如邱山,三军之良,五家之兵,进如锋矢,战如雷霆,解如风雨。即有军役,未尝倍泰山,绝清河,涉勃海也。临菑之中七万户,臣窃度之,不下户三男子,三七二十一万,不待发于远县,而临菑之卒固已二十一万矣。临菑甚富而实,其民无不吹竽鼓瑟,弹琴击筑,斗鸡走狗,六博蹹鞠者。临菑之途,车毂击,人肩摩,连衽成帷,举袂成幕,挥汗成雨,家殷人足,志高气扬。夫以大王之贤与齐之强,天下莫能当。今乃西面而事秦,臣窃为大王羞之。②

对楚威王的说辞主要是赞颂楚国的国强君贤和军力强大:

> 楚,天下之强国也;王,天下之贤王也。西有黔中、巫郡,东有夏州、海阳,南有洞庭、苍梧,北有陉塞、郇阳,地方五千余里,带甲百万,车千乘,骑万匹,粟支十年。此霸王之资也。夫以楚之强与王之贤,天下莫能当也。今乃欲西面而事秦,则诸侯莫不西面而朝于章台之下矣。③

苏秦对东方六国的颂赞尽管言过其实,但却讨得了各国君王的欢心。这里展示了他设计说辞的匠心独运:他对各国的国情烂熟于心,顺口举出的事例真实存在,这使被说的对象认为他说的是实情,这一方面拉近了彼此的距离,一方面取得了国君的好感,直把他认作久违的"知音",对他故意夸饰吹涨的一些内容和溜须拍马

---

① 司马迁:《史记·苏秦列传》,中华书局 1959 年版,第 2253—2254 页。

② 同上,第 2256—2257 页。

③ 同上,第 2259 页。

的话语也就坦然接受,在不知不觉中认可了他的主张,甘愿奉送他相位和金钱。张仪的吹工似乎远逊于苏秦,这倒不是因为他不谙此道,而是由于他游说方六国的主轴不是夸饰他们的优势而是揭示他们的短板。不过,他有时也稍稍运用吹拍的手段讨某些国君的欢心,除了对秦国的吹拍外,他也对齐湣王吹一吹法螺:"天下强国无过齐者,大臣父兄殷众富乐。"①

纵横家的第三个策略是轻诺寡信,贯穿其中的是蒙坑诈骗。他们可以随口抛出一连串根本不准备也无法兑现的承诺,诱使国君们进入他设计的套中。你看,苏秦对赵肃侯的承诺:"君诚能听臣,燕必致旃裘狗马之地,齐必致鱼盐之海,楚必致橘柚之园,韩、魏、中山皆可使致汤沐之奉,而贵戚父兄皆可以受封侯。"②对楚王许诺:"令山东之国奉四时之献……韩、魏、齐、燕、赵、卫之妙音美人必充后宫,燕、代橐驼良马必实外厩。"③能兑现吗?张仪对楚怀王许诺的"以秦女为大王箕帚之妾,效万室之都以为汤沐之邑"④,能兑现吗?而他许诺的"商於之地六百里"则纯粹是一个骗局。其他对齐、韩、赵、魏、燕等国君"全国保君"的承诺,更在在都是骗局。显然,纵横家们是一批吹牛不脸红、撒谎不打草稿、蒙坑拐骗理直气壮、完全抛弃道德底线的人物。他们的活动将政治和外交中的"诡道"发挥到淋漓尽致的程度:他们见人说人话,见鬼说鬼话,翻云覆雨,技巧权术,当面郑重承诺,转脸死不认账,面带迷人微笑,心怀鬼蜮伎俩,人前握手拥抱,背后使拌插刀。他们认定最终的成功就是一切,为达目的可以使用任何手段。

---

① 司马迁:《史记·张仪列传》,中华书局 1959 年版,第 2294 页。
② 司马迁:《史记·苏秦列传》,中华书局 1959 年版,第 2245 页。
③ 同上,第 2260—2261 页。
④ 司马迁:《史记·张仪列传》,中华书局 1959 年版,第 2292 页。

纵横家的第四个策略是纵横捭阖、挑拨离间,不断在列国间制造矛盾,激发事端。这在张仪尤其是拿手好戏。为了破坏东方六国的"合纵",他总是千方百计地渲染六国间的利益冲突,将他们之间的关系形容为不可调和的矛盾。在魏国,他极力强调魏国是四战之地,处于齐、赵、韩、楚等国的包围中,怎么做也难以摆平同他们的关系,只有同秦国结盟才会安全。到楚国,他硬是离间了六国合纵的核心齐、楚联盟,使二者兵戎相见。到燕国,他大讲赵王"很戾无亲"和围攻燕都的往事,成功离间燕、赵关系。张仪最后的杰作是将秦惠王、魏哀王和齐湣王玩于股掌之上:

> 秦武王元年,群臣日夜恶张仪未已,而齐让又至。张仪惧诛,乃因谓秦武王曰:"仪有愚计,愿效之。"王曰:"奈何?"对曰:"为秦社稷计者,东方有大变,然后王可以多割得地也。今闻齐王甚憎仪,仪之所在,必兴师伐之。故仪愿乞其不肖之身之梁,齐必兴师而伐梁。梁齐之兵连于城下而不能相去,王以其间伐韩,入三川,出兵函而毋伐,以临周,祭器必出。挟天子,按图籍,此王业也。"秦王以为然,乃具革车三十乘,入仪之梁。齐果兴师伐之。梁哀王恐。张仪曰:"王勿患也,请令罢齐兵。"乃使其舍人冯喜之楚,借使之齐,谓齐王曰:"王甚憎张仪;虽然,亦厚矣王之托仪于秦也!"齐王曰:"寡人憎仪,仪之所在,必形师伐之,何以托仪?"对曰:"是乃王之托也。夫仪之出也,固与秦王约曰:'为王计者,东方有大变,然后王可以多割得地。今齐王甚憎仪,仪之所在,必兴师伐之。故仪愿乞其不肖之身之梁,齐必兴师伐之。齐梁之兵连于城下而不能相去,王以其间伐韩,入三川,出兵函谷而无伐,以临周,祭器必出。挟天子,案图籍,此王业也。'秦王以为然,故具革车三十乘而入之梁也。今仪入梁,王果伐之,是王内罢国而外伐与国,广邻敌以内自临,而信仪于秦王也。此臣之所谓'托

仪'也。"王曰:"善。"乃使解兵。①

这里张仪将离间捏合之术运用得炉火纯青,将秦惠王、魏哀王和齐滑王一一收入彀中,一方面使自己暂时摆脱困境,一方面使秦、魏、齐一时不动刀兵。第二年,他寿终正寝于魏国,算是在生命终结前夕干了一件促成列国间和平的好事。不过,张仪一生最显著功业是他用离间之术不断破解苏秦的"合纵"之策,最终导致秦国奏响了统一六国的凯歌。

纵横家的第五个策略是连环设局,环环相扣,使堕入局中者步步中招,最后达到他们设定的目标。"秦、仪学于鬼谷,其术先揣摩其如何,然后捭阖,捭阖钩其端,然后钳制之"②。最典型的是张仪诓骗楚王所设的"献商於之地六百里"的骗局:楚王因贪心中局后,张仪破除齐楚联盟的目的达成;接着,以"丰邑六里"搪塞,使楚王震怒而发兵,结果是丹阳、蓝田两战楚军惨败,秦取楚丹阳、汉中两地;再后,是张仪二次入楚,利诱楚王"与秦亲",保证连横之计继续推行。在这一进程中,张仪将"钩钳之术"运用得真是天衣无缝,妙不可言。

纵横家的游说诸侯国,取得政治和外交上的成功,目的是以此为筹码,从君王那里猎取富贵利禄,以实现他们的人生价值。"考其所学,非阴谋诡计即纵横捭阖,驾倾河之辩,肆无稽之谈,大要以进取为功业,杀人为英雄"③。苏秦毫不讳言他的目的是"以取尊荣",结果一时获得佩六国相印的殊荣。当他从楚国北去赵国路经自己的故乡洛阳时,真是风光无限:"车骑辎重……疑于王者。周显王闻之恐惧,除道,使人郊劳。苏秦之昆弟妻嫂侧目不敢仰视,

① 司马迁:《史记·苏秦列传》,中华书局1959年版,第2299页。

② 《二程子抄释》卷四,文渊阁四库全书本。

③ 张九成:《孟子传》卷一二,文渊阁四库全书本。

俯伏待取食。"①他们没有自己固定的信仰,行事也没有道德底线。苏秦是"合纵"之策的首创者,可他在游说七国时首访的国家是秦国,献出的计策是让秦国"可以吞天下,称帝而治"。如果秦惠王接纳了他,他可能就是"连横"之策的首创者了。所以戴表元认定他"利从则从,利横则横,其区区穷谋本不专有摈秦之心,惟不得于秦而从事于诸侯耳"②。作为"合纵"之策的谋主,他应该千方百计维护六国的团结,然而,他在燕国私通燕易王的母亲后,最后又跑到齐国为燕国做内应,"欲破敝齐而为燕",破坏了齐、燕之间的联盟。黄震因此说他"使燕以报齐,食齐之禄而反误之,不忠孰甚焉?又岂约从之初意哉?"③张仪是"连横"之策的创始人,但他最后却运用自己的智慧避免了秦、魏、齐三国间的一场战争。这说明他们没有固定的政治信仰,只有利益考量,尤其是个人利益的考量。正因为如此,所以历代从仁义道德出发给予纵横家的基本都是否定的评价。孟子是苏秦、张仪的同时代人,当景春在他面前赞扬纵横家是"大丈夫"时,孟子却直斥他们是"妾妇之道"④,与大丈夫根本不沾边。稍后于孟子的荀子也将他们视为"态臣"⑤,即专门对君王谄媚逢迎的奸佞之臣。西汉初年的刘安直斥他们是"丑者":"张仪、苏秦,家无常居,身无定君,约从衡之事,为倾覆之谋,浊乱天下,挠滑诸诸侯,使百姓不遑启居,或从或横,或合众弱,或辅富强,此异行而归于丑者也。"⑥宋朝以后,理学大兴,政治家和思想

①　司马迁:《史记·苏秦列传》,中华书局 1959 年版,第 2261—2262 页。

②　戴表元:《剡源文集》卷二二《苏秦传》,文渊阁四库全书本。

③　黄震:《黄氏日钞》卷四六《苏秦》,文渊阁四库全书本。

④　《孟子·滕文公下》,《十三经注疏》,中华书局 1980 年版,第 2710 页。

⑤　王先谦:《荀子集解·臣道》,中华书局 2013 年版,第 192—193 页。

⑥　何宁:《淮南子集释·泰族训》,中华书局 2015 年版,第 1411 页。

家特别看重人们的道德人格,所以对纵横家的评价更低。苏门四
学士之一的秦观认为他们不过是"利口之雄",为君子所不齿:

> 所谓辩士者,必具三德,明五机,而利口者不与焉。昔苏
> 秦、张仪、犀首、陈轸、代、厉之属,尝以辩名于世矣。然三德不
> 足,而五机有余,故事求遂而不问礼之得失,功求成而不恤义
> 之存亡,偷合苟容,取济一时而已。此其所以为利口之雄,而
> 君子不道也。①

宋朝的张九成对纵横家们更是义愤填膺,大骂其为"民贼",认定
他们一无是处:

> 苏秦得志于六国,腰佩六印,坐谋辎车,时君世主,拥彗先
> 驱,郊迎侧行,其见礼如此。考其所学,非阴谋诡计,即纵横捭
> 阖……②

> 苏秦以不虞之誉以取富贵,张仪以求全之毁以取富贵,此
> 两人者,岂有心于天下国家哉? 特以口舌觅官,为饱暖之资
> 耳。一则专以誉而悦六国,一则专以毁而恐六国,天下性命皆
> 系两人之口舌。③

> 商鞅、驺忌、孙膑、苏秦、张仪、稷下诸人,立乎人之本朝,
> 而以阴谋诡计、纵横捭阖、卓异荒唐为事业,或窃相位,或坐辎
> 车,或佩六印,或据康庄,扬扬以为得计,以圣贤之道观之,其
> 耻有过于此者乎?④

这种纯粹从传统道德观念出发的评论,抒发的是义愤,给出的并不
是一种公允的历史评价。历史虽然不拒绝道德评价,但更侧重于
从历史发展的趋势看待历史人物的客观作用。东汉王充肯定他们

---

① 秦观:《淮海集》卷一六《辩士》,文渊阁四库全书本。
② 张九成:《孟子传》卷一二,文渊阁四库全书本。
③ 张九成:《孟子传》卷一七,文渊阁四库全书本。
④ 张九成:《孟子传》卷二五,文渊阁四库全书本。

的事功：

> 苏秦约六国为从，强秦不敢窥兵于关外；张仪为横，六国不敢同攻于关内。六国约从，则秦畏而六国强；三秦称横，则秦强而天下弱。功著效明，载纪竹帛，虽贤何以加之……仪、秦，排难之人也，处扰攘之世，行揣摩之术，当此之时，稷、契不能与之争计，禹、皋陶不能与之比效。①

有点偏离儒学正统思想的王充从事功标准出发的理性评价，较之义愤的詈骂似乎更接近真实。不过，王充也无法理解，人格看似卑微的纵横家为什么能够建立辉煌的功业，而他们并没有意识到自己成了历史发展的不自觉的工具。

（原载《孙子研究》2018 年第 4 期）

① 王充：《论衡·答佞篇》，《诸子集成》（七），上海书店 1986 年影印版，第 116 页。

论春秋战国时期齐文化和鲁文化的良性互动与融合发展

先秦时期,在广袤的中华大地上,几乎同时或相继绽开了数以十计的多姿多彩、争奇斗妍的地域文化之花,展示了中华文明在其曙光初照时多元一体发展的独特格局。其中,在泰山南北同时发展起来的齐文化和鲁文化,作为地域文化中的两朵姣美的奇葩,经过春秋战国时期五个半世纪的良性互动和不断融合,逐渐形成具有博大精深内涵和永恒魅力的齐鲁文化,为而后百年由地域文化跃升为中国的主流文化奠定了基础。

一

在齐鲁大地上最早出现的先民是旧石器时代的沂源人。大约五十万年前,他们勇敢地从沂蒙山的密林中走向南北,在泰山以北的潍水、淄河两岸,在泰山以南的沂河、沭河两岸和泗水南北艰辛劳作,在漫长的岁月里创造了独具特色的东夷文化,为中华文明的发展作出了巨大的贡献。到夏、商时期,这里已有相当发达的农业、畜牧业和手工业,形成了蒲姑、奄这样南北辉映的两个文明中心。西周建立后,封邦建国,将周公姬旦封于奄,建立鲁国。将异姓大臣姜尚封于蒲姑,建立齐国。从此,这两个原本同源的封国在泰山南北发展出齐、鲁两种同异互见的地域文化。而经过春秋战国五个半世纪的良性互动和不断融合,齐鲁文化就具备了跃升为中国主流文化的内容和特质。

"封建亲戚,以藩屏周",是周武王和周公当年大规模封邦建国的初衷。武王将周公旦和姜尚两位左臂右膀式的人物分别封在泰山南北,建立两个举足轻重的诸侯国,就是为了全国的稳定,特别是东方的稳而安放的两块巨大的基石。在整个西周时期,这两个封国,南北呼应,互相支援,开拓疆域,征讨不臣,为周王朝这个东方奴隶制大国的繁荣和辉煌做出了不可替代的贡献。

在春秋战国五百多年的悠长岁月里,齐鲁两国间虽然也有战争和侵扰,如齐国数次的伐鲁之战,鲁国对齐取得胜利的长勺之战等,但更多的是政治上的交好和经济文化的交流,两种文化的良性互动和不断融合构成了这一时期齐鲁文化发展的最重要的内容。

春秋战国时期,虽然齐鲁两国都有很大的发展和变化,但两个甥舅之国在政治上的同远多于异。不断更新的多重婚姻关系使两国的上层统治集团形成割不断的血缘联系,对周王室共同承担的"藩屏"义务,捍卫中原文明免遭夷狄干扰的文化责任,就使两国政治上的盟会交好始终多于彼此的纷争侵扰。齐桓公在管仲的辅佐下励精图治,使齐国迅速强大起来,成为春秋时期的首霸之国。他们提出的"尊王攘夷"的口号,实际上标明的是各诸侯国对于周王室的共同责任。这个口号之所以得到各诸侯国的普遍拥护,就在于它唤起了他们已经淡忘多时的责任感。并且,因为历史的原因,齐鲁两国也意识到它们应该承担更多更大的责任。当然,由于齐国和鲁国在它们存在的岁月里始终是齐强鲁弱,所以在两国的交往中,齐国在大多数情况下处于主动和上风的位置。从经济上看,齐鲁两国的互补性更强。鲁国地处泰山之阳,它境内的肥田沃野更适宜发展农业生产。齐国东濒大海,极富鱼盐之利,同时又有发达的冶铁和纺织业。两国之间的物资交流频繁进行不仅是必需的,而且是必要的,它使二者处于双赢的局面。至今还清晰可见的宛延于泰、沂山脉群山峻岭之巅的齐长城的功用究竟如何定位,虽然现在还是学者们争论不休的话题,但防止食盐走私一说从两国经贸关系看应有一定道理,它显示的是两国,尤其是齐国竭力使双方经贸关系规范化的努力。今天,当我们站在莱芜的齐长城青石关遗址前,面对青石之上依稀可辨的深浅不同的车辙痕迹,犹能想象两千多年前承载两国繁荣的经贸往来的滚滚车流。

二

就对中国历史的深远影响而言,齐鲁两国的思想文化交流有着更加重要的意义。当然,从一定意义上讲,政治上的盟会和战场上的交锋也是文化交流的一种形式。但思想家、学者们的互换讲学,彼此辩诘,更是思想文化交流的一种最直接、最有效的形式。因为这种形式既能使思想家们认清彼此的分歧,更能使他们发现彼此的优长,在思想看似激烈的碰撞中实现彼此的吸纳和融汇。

齐鲁思想文化虽然同源于东夷文化,同受周文化的影响,但由于地域的差异,特别是由于执政者对东夷文化和周文化轻重取舍的不同,就使这两种文化形成了不同的内涵和明显的差异。齐文化较多地吸纳东夷文化的优长,"因其俗,简其礼",形成了重实效、崇功利、举贤才、尚法制、倡开放的品格。鲁文化更多地接受了宗周的礼乐文化,极力维护宗周文化的纯正性,特别讲究道德名节和宗法伦理观念。这种差异恰恰造成了彼此的互补和二者交流的必要性。如果说春秋时期齐鲁思想文化的交流主要体现在孔子的游齐和齐景公的适鲁问礼,那么,战国时期齐鲁思想文化的交流就主要体现在孟子和荀子两个儒学的代表人物在稷下学宫的活动。

鲁昭公二十五年(公元前517年),孔子因对执政的季平子的专横跋扈不满,率领弟子离鲁赴齐。此时的齐国正处在大政治家晏婴辅佐下的齐景公当国时期。据《论语》和《史记·孔子世家》记载,此前不久,齐景公曾同晏婴一起到鲁国"问礼",与孔子见过面:

　　鲁昭公之二十年，而孔子盖年三十矣。齐景公与晏婴来适鲁。景公问孔子："昔秦穆公国小处辟，其霸何也？"对曰："秦，国虽小，其志大，处虽辟，行中正。身举五羖，爵之大夫，起累绁之中，与语三日，授之以政。以此取之，虽王可也，其霸小矣。"①

这次见面，是齐景公和晏婴君臣来鲁国问礼，尽管问礼的内容史无明载，但表明齐国的当政者承认"周礼尽在鲁"的事实，在这一点上，鲁国是齐国学习的对象。孔子与弟子到齐国后，孔子先做齐大夫高昭子的家臣，闲暇时就去找齐国管音乐的太师，共同探讨音乐问题。当孔子听了齐人演奏的舜时的古乐《韶》后，立即被陶醉的如醉如痴。不仅赞扬《韶》乐"尽善尽美"，而且"三月不知肉味"，并发出由衷的慨叹："为乐之至于斯也。"（《论语·八佾》）不久，孔子就通过高昭子见到了齐景公。齐景公问政孔子，得到的回答是："君君，臣臣，父父，子子。"孔子的回答正合景公心意，所以他高兴地评论说："善哉！信如君不君，臣不臣，父不父，子不子，虽有粟，吾得而食诸？"（《论语·颜渊》）虽然孔子和景公对"君君，臣臣，父父，子子"内涵和精义的理解并不相同，但这次对话无疑拉近了他们的距离。景公欣赏孔子的才干，就打算任命他做齐国大夫，并准备将尼溪的田封给他做采邑。谁知景公的意向遭到一大批齐国大夫的反对。而持反对意见最激烈的就是对孔子和儒家学说了解最透彻的晏婴。在《晏子春秋》的外篇《仲尼见景公欲封之晏子以为不可》中，记载了晏婴反对的全部理由：

　　　　仲尼之齐，见景公。景公说之，欲封之尔稽，以告晏子。晏子对曰："不可。彼浩裾自顺，不可以教下。好乐缓于民，不可使亲治。立命而怠事，不可使守职。厚葬破民贫国，久丧循哀费日，不可使子民。行之难者在内，而儒者无其外，故异于

————————————————

① 司马迁：《史记·孔子世家》，中华书局1959年版，第1910页。

服,勉于容,不可以道众而驯百姓。自大贤之灭,周室之卑也,威仪加多而民行滋薄,声乐繁充而世德滋衰。今孔丘盛声乐以侈世,饰弦歌鼓舞以聚徒,繁登降之礼以示仪,务趋翔之节以观众,博学不可以仪世,劳思不可以补民,兼寿不能殚其教,当年不能究其礼,积财不能赡其乐,繁饰邪术以营世君,盛为声乐以淫愚民,其道也不可以示世,其教也不可以导民。今欲封之,以移齐国之俗,非所以导众存民也。"公曰:"善。"于是厚其礼,留其封,敬见而不问其道,仲尼乃行。①

这是晏婴对孔子及其代表的儒学从齐学的角度进行的一次全面的批判,从一定意义上说也是齐鲁两种思想的一次尖锐的交锋。孔子如何回应晏婴的批判史无明载。这次入齐,孔子仕于齐的愿望虽然没有实现,但他在一定范围内传播儒学的目的可以说达到了。孔子的弟子中有九人(一说四人)是齐国人,他们是儒学在齐国播下的种子。尽管齐国君臣拒绝孔子"迂远而阔于事情"的理想主义的治国理政的理论,但他们从孔子那里第一次比较全面地认识了儒学,从而扩大了儒学的影响,对后来,特别是战国和秦汉时期儒学在齐地的迅速传播起了金鸡长鸣的重要作用。同时,孔子这次在齐国的逗留,也使他亲身感受到齐文化的魅力和优长,增进了齐文化对孔子和儒学的潜移默化的影响。例如,在中国影响深远的"和而不同"的观念创自晏婴,而孔子也是这一观念的热情宣传者,对这一理念的认识,他至少受到了晏婴的启发和影响。

　　齐鲁文化的交流在各种形式的人员往来中不知不觉地进行着。鲁定公十年(前500年),即在孔子第一次赴齐十七年后,齐鲁两国举行了著名的夹谷(今山东莱芜境)之会。当年没有任何官位的35岁的孔子如今已是52岁的鲁国大司寇,而当时正值盛年的齐景公和齐相晏婴如今都垂垂老矣。鲁国担任这次会盟相礼的

① 　张纯一:《晏子春秋校注》,中华书局2014年版,第369—371页。

是孔子。鉴于齐强鲁弱的形势,孔子建议定公在会盟前做了文事和武事两方面的充分准备。《史记·孔子世家》对这次会盟做了翔实生动的记载:

> 会齐侯夹谷,为坛位,土阶三等,以会遇之礼相见,揖让而登。献酬之礼毕,齐有司趋而进曰:"请奏四方之乐。"景公曰:"诺。"于是旍旄羽被矛戟剑拨鼓噪而至。孔子趋而进,历阶而登,不尽一等,举袂而言曰:"吾两君为好会,夷狄之乐何为于此! 请命有司!"有司却之,不去,则左右视晏子与景公。景公心怍,麾而去之。有顷,齐有司趋而进曰:"请奏宫中之乐。"景公曰:"诺。"优倡侏儒为戏而前。孔子趋而进,历阶而登,不尽一等,曰:"匹夫而营惑诸侯者当诛! 请命有司!"有司加法焉,手足异处。景公惧而动,知义不若,归而大怒,告其群臣曰:"鲁以君子之道辅其君,而子独以夷狄之道教寡人,使得罪于鲁君,为之奈何?"有司进对曰:"君子有过则谢以质,小人有过则谢以文。君若悼之,则谢以质。"于是齐侯乃归所侵鲁之郓、汶阳、龟阴之田以谢过。①

显然,这是孔子辅佐鲁定公取得的一次重大的外交胜利。在这场以会盟为形式的外交斗争中,孔子制胜的武器不是使对手畏惧的强大武力,而是他娴熟运用的周礼。而这一武器的运用之所以奏效,原因就在于古老的周礼作为一种制度和行为规范在当时还基本上得到尊崇和遵守。这说明,在孔子生活的春秋后期,"礼崩乐坏"的程度还没有达到被弃之如敝屣的地步。否则,以齐国当时远远超过鲁国的军事实力,齐景公没有必要"惧而动",他完全可以不受孔子的摆布而强行贯彻自己的意志。果真如此,孔子显然是无可奈何的。然而,孔子通过对礼的大肆张扬

---

① 司马迁:《史记·孔子世家》,中华书局 1959 年版,第 1915—1916 页。

使齐国君臣低下了他们高贵的头颅,这是鲁国的礼乐文化对齐文化的一次成功的矫正。当然,齐国之所以服膺周礼,还在于齐文化中也早有周王室礼乐文化的因子。因为齐国的开国之君姜尚本人就受过西周礼乐文化的熏陶,而管仲也曾把礼、义、廉、耻视为"国之四维"。

孔子的重大贡献之一是他对《易》、《诗》、《书》、《周礼》、《春秋》等儒家经典的整理和传播。孔子之后,这些经典在战国时期得到广泛的传播,与鲁国毗邻的齐国更是近水楼台,儒学在这里传播的深度和广度肯定超过其他诸侯国。特别由于齐国由姜姓易为田姓后,齐国出了威王和宣王两位伟大的君主,他们设立和全力经营的稷下学宫不仅是战国思想学术"百家争鸣"的中心,而且是齐鲁文化交流融汇、良性互动的平台。战国时代儒学的第一位大师孟子早在齐威王七年(前350年)前后即来到这里,这是他第一次来到齐国。这一次他在齐国待了很长时间,中间除去回鲁国葬母并为之守孝的三四年外,大约有近二十年的岁月成为稷下学宫的主要人物。《孟子》一书记载了不少他在这里的活动。如他与淳于髡关于男女"授受不亲"的辩论,宣扬的是儒学关于礼的主张。他与蚳蛙关于一个人进退出处的谈话,反映的是孟子对于做官和理想关系的思考。他为齐国将军匡章洗刷"不孝"的恶名,显示的是孟子坚持以大节作为评价所有人优劣高下的标准。由于孟子在齐国得不到重视,他于是离开齐国,周游宋、邹、鲁、魏等国。前319年,齐宣王继位,孟子大概就在这一年又由魏国第二次来到齐国。在赴临淄的途中,他先在范邑(今河南范县东南)与领有该地的齐威王庶出的儿子见面,继而到平陆,接受了时任齐相的储子的礼物,并同平陆的地方长官大夫孔距心交谈,批评他作为地方官严重失职,造成该地"老羸转于沟壑,壮者散而之四方"(《孟子·公孙丑下》)的惨状。孟子到临淄后,很快受到齐宣王的召见。此时的宣王雄心勃勃,向往成为齐桓公、晋文公那样的霸主。孟子则极力向他宣传王道,劝他实行仁政,从而达到王天下,统一中国的目的。办法是:"明君制民之产,必使仰足以事父母,俯足以畜妻子,乐岁终身饱,凶年免于死亡。""五亩之宅,树之以桑,五十者可以衣帛矣。鸡豚狗彘之畜,无失其时,七十者可以食肉矣,百亩之田,勿夺其时,八口之家可以无饥矣。谨庠序之教,申之以孝悌之义,颁白者不负戴于道路矣。老者衣帛食肉,黎民不饥不寒,然而不王者,未之有也。"(《孟子·梁惠王上》)孟子同时还向宣王宣传"民贵君轻"的民本思想和君臣对等的理念,一方面要求统治者善待百姓,轻徭役,薄赋敛,省刑罚,与民同乐。一方面要求国君善待臣下,不能要求臣子对国君绝对服从:"君之视臣如手足,则臣视君如腹心;君之视臣如犬马,则臣视君如国人;君之视臣如土芥,则臣视君如寇仇。"(《孟子·离娄下》)孟子甚至认为百姓有权推翻夏桀和商纣这样的"独夫民贼":"齐宣王问曰:'汤放桀,武王伐纣,有诸?'孟子对曰:'于传有之。'曰:'臣弑其君,可乎?'曰:'贼仁者谓之贼,贼义者谓之残;残贼之人,谓之一夫。闻诛一夫纣矣,未闻弑君也。'"(《孟子·梁惠王下》)另外,孟子还与宣王及其他人论及举贤和识贤、"养浩然之气"与个人修养、劳心劳力与社会分工以及三年之丧等诸多问题。齐宣王六年(前315年),孟子支持齐国出兵伐燕。齐军在匡章统帅下伐燕大获全胜后,孟子又主张"置君而后去之",被宣王拒绝,更加上他无法容忍宣王对"仁政"愿景的冷漠态度,即忿而于宣王九年(前312年)离开齐国。孟子第二次在齐国住了八个年头,与第一次的郁郁不得志不同,这一次他一直受到齐宣王的崇高礼遇,成为举足轻重的三卿之一。离开齐国前,宣王许诺给他一所富丽堂皇的府邸和万钟的俸禄,但他还是毅然离开了。这反映了孟子"道不同不相与谋"的行为准则。这次孟子在齐国广泛地接触了他们的君臣,全面地不厌其烦地宣传了他的全套理论,是齐鲁文化的一次最高层次的集中交流。

　　孟子之后，战国时期儒学的最后一位大师荀子承担了综合百家的重任，其中包括对齐鲁文化的综合与提升。荀子尽管是赵国人，但他一生绝大部分时间生活在齐鲁的土地上，他的政治与学术生涯也与齐鲁紧紧联系在一起。他在稷下学宫"三为祭酒"，"最为老师"，使他有条件高屋建瓴地对百家进行批判与综合。郭沫若先生这样评论他："荀子是先秦诸子的最后一位大师，他不仅集了儒家的大成，而且可以说集了百家的大成……他是把百家的学说差不多都融会贯通了。"①他写了《非十二子》，对它嚣、魏牟、陈仲、史鳅、墨翟、宋钘、慎到、田骈、惠施、邓析、子思、孟子等都进行了毫不留情的批判。他虽然以儒家自居，但他既不回护其他儒家代表人物如子思、孟子的缺失，也不抹煞非儒家学派的优长和贡献。他吸取了齐学唯物论的自然观，摈弃了在孔孟那里"天"还具有的人格神的内涵，将"天"彻底还原为自然界。他吸取了《管子》等文献中唯物论认识论的内容，将先秦唯物论的认识论提高到一个新的水平。他将齐法家和三晋法家的理论融入儒学，推出了礼法结合、德刑兼用的完备的治国理政的学说。他将齐学的重实效、崇功利、倡开放的理念与儒学的理想主义相结合，大大提升了儒学的实践性、普及性和开放性的品格。所以，从一定意义上讲，尽管荀子的学说以儒家学派的面貌出现，但其思想内涵却主要由齐鲁思想文化的精华构成。在齐鲁文化不断交流融合、实现良性互动的过程中，我们固然不应该抹煞姜尚、周公、齐桓、管仲、孔子、晏婴、孟子以及众多稷下先生的重大贡献，但更应该承认荀子在这一过程中所做的最大和最后的里程碑式的贡献。因为只有到了荀子这里，齐鲁思想文化才真正实现了水乳交融式的融合。谭嗣同在《仁学》一书中说："二千年之政，秦政也；二千年之学，荀学也。"这应该是对中国二千多年封建社会所通行的政治和学理的最准确的概

---

① 《郭沫若全集》(历史编二)，人民出版社1982年版，第213页。

括,而所谓荀学正是齐鲁思想文化的融合,它之成为二千年中国古代社会政治的学理基础,说明齐鲁文化在荀子之后不到百年就跃升为中国的主流文化了。

（原载《管子研究》2014 年第 1 期）

韩非述论

一、生平和著作

公元前 234 年,二十五岁的秦王嬴政,即后来的秦始皇帝已经继位十三年。三年前,他果断地诛除了嫪毐和吕不韦集团,巩固和加强了国内的统治。此时,他指挥的秦军,在名将王翦、蒙骜、桓齮的统帅下,正以多路向关东六国进击。这时以中国救主顾盼自雄的嬴政,头脑中正规划着一幅庞大的统一帝国的蓝图。有一天,他读着从东方传来的《孤愤》、《五蠹》等文章,其深邃犀利的思想锋芒,不禁使他拍案叫绝:"嗟乎! 寡人得见此人与之游,死不恨矣!"①在一旁的舍人李斯告诉他,写这些文章的人叫韩非,他现在韩国。嬴政为了得到韩非,毅然下令伐韩。在秦军的强大攻势面前,韩国只得乖乖地交出韩非。由此嬴政得以与韩非面谈,对他的思想和学识更加钦佩。可能在言谈中韩非为韩国说了几句好话,害怕威胁自己升迁的李斯、姚贾乘机进谗言,诬陷韩非是韩国的奸细。嬴政下令将其下狱治罪。李斯这位韩非的同学立刻进毒药,诱使韩非自杀。韩非自辩无门,仰药而死。当嬴政反悔而派人衔命去狱中赦免韩非时,看到的已经是一具发冷的尸体。先秦新兴地主阶级法制理论的最后一位大师、也是战国"百家争鸣"思潮总结者的韩非,就这样悲惨地结束了自己的一生。由于历史上留下来的资料十分简单而又互相抵牾,以致关于他的生平难以得到完整详细的了解。

① 司马迁:《史记·老子韩非列传》,中华书局 1959 年版,第 2155 页。

我们只知道他出身于韩国贵族,"为人口吃,不能道说,而善著书"。他与李斯一起师事荀子,学问远胜李斯。他见韩国政治腐败,改革不力,在强秦进攻面前一再割地受辱,多次上书韩王,提出修明法度、求人任贤、赏罚分明等富国强兵的建议,但不为韩王所纳。韩非忿激之余,写了《孤愤》《五蠹》《内外储》《说林》《说难》等十余万言,完成了封建法制理论的系统化工作。可惜他的故国已经没有条件实行他的理论,而最有条件实行他理论的秦国却以断头台接待了这位踌躇满志的思想家。他是在没有看到自己理想实现的情况下,赍志以殁的。他的卒年(前233年)是清楚的,而生年则众说纷纭。有人说他生于韩釐王五十五年(前281年)前后。寿在四十至五十岁之间;有人说他生于韩釐王初年,寿在六十岁左右;也有人主张他生于韩襄王末年(前269年),其寿不小于六十五岁。

韩非生活于战国末期,社会正处于剧烈的变化中。新兴地主阶级向奴隶主贵族的夺权斗争,七雄为争夺统一中国而进行的战争激烈展开。在此背景下,思想界也展开了激烈的斗争,百家争鸣,九流竞艳,人才辈出,群星璀璨。如梁启超所形容的:"如春雷一声,万绿齐苗于广野;如火山乍裂,热石竞飞于天外。"[1]为新兴地主阶级服务的法家学说,在批判和综合道、墨、儒、名等学识的基础上,需要将自己的理论系统化、完整化,韩非适逢其时,出手完成了时代赋予的这一使命。

任何思想都不是凭空产生的。除了政治和经济的条件之外,还必须有可供批判继承的思想资料。而春秋末至战国时代的思想前辈,已经为他准备了必要的思想资料。韩非主要继承的是先秦法家先驱者的理论:商鞅的"法",申不害的"术",慎到的"势",都被他冶为一炉,他由此成为法家的集大成者。韩非也批判改造了

---

① 梁启超:《论中国学术思想变迁之大势》,《饮冰室合集·文集之七》,中华书局1989年版,第11页。

老子的自然观和无为思想,发展了先秦以来的唯物论和无神论思想,为他的法制主义找到了一个坚实的自然哲学基础。所以司马迁说他"喜刑名法术之学,而其归本于黄老。"韩非还继承和发展了荀子的唯物论、历史进化论、性恶论和隆礼重法论。事实上,正是荀子与韩非这一对师徒共同架设了一座由礼治到法制的思想过渡的桥梁。另外韩非也在形式上继承了墨家"尚同"的理念,同时把"上同而下不比"、"以名举实"和儒家"制名以指实"、"叩其两端而竭焉"等结合起来。事实说明,韩非作为先秦法家学说的最后一位大师,他虽然批判了法家以外的几乎所有思想流派,但他并不拒绝其他思想流派中对自己有用的东西。他的思想之所以博大精深,与他善于吸收前人成果是有直接关系的。

韩非的著作《韩子》,亦称《韩非子》,现存 55 篇。尽管它是先秦古籍中窜乱较少的著作之一,但其真伪,学术界也有几种不同的说法。有人认为所有篇章皆出自韩非本人之手;有人认为只有《史记》记载的《孤愤》、《五蠹》、《内外储》等 6 篇以及《说林》、《说难》等 10 篇出自韩非,其余皆窜入者。另外还有其他数种看法。我们认为,除了《忠孝》、《人主》、《饬令》、《心度》、《制分》为法家后学著作,《初见秦》、《存韩》、《难言》、《爱臣》为战国纵横家著作外,其余 46 篇,大体都出自韩非。

韩非虽然同他的前辈吴起、商鞅一样做了地主阶级进步事业的殉道者,但是,他们创建的法制理论却为后来的封建统治者所笃行,在中国历史上产生了深远影响。秦王嬴政尽管误信谗言冤死了韩非,但他统一中国后的许多政策措施,不少都是以韩非的理论为基础的。

二、唯物论的自然观

老子的思想体系虽然属于客观唯心论,但他摈弃了天地鬼神的

作用,第一次以"道"作为天地的主宰。特别是他的辩证法思想丰富
了人类对自然和社会的认识。韩非批判改造了老子的"天道无为"
思想,提出了自己唯物论的自然观。他认为"道""与天地之剖判也
俱生","天得之以高,地得之以藏,维斗得之以成其威,日月得之以
恒其光"。这里的"道"显然还带着从老子那里脱胎而来的痕迹,但
他又说:"道者,万物之所然也,万理之所稽也。理者,成物之文也;
道者,万物之所以成也……万物各异理,而道尽稽万物之理。"①这
里。韩非把"理"说成具体事物发规律,把"道"看成宇宙万事万物的
总规律。"道"含蓄着"理",是"理"的总汇。应该说,"理"这一范畴
的提出,是韩非对唯物论的新贡献。韩非坚信万事万物都有自己的
"理",宇宙有自己的总规律,因而也坚信事物的发展有自己的规律,
这就是他所说的"定命"和"信数"。他认为天下信数有三,一是人的
智慧无法实现的,二是人的勇力无法达到的,三是人在强大和威势
面前无法取胜的。只有"因可势","求易道",即利用可以成事的客
观条件和形势,才能"用力寡而功名立"②,取得各种事业的成功。
他认定贤明君主立功成名必须具备四个条件:天时、人心、技能、
势位。他说,天时不利,虽有十个尧这样的圣人,也不能在严冬使
禾生一穗;人心不顺,虽有贲、育这样的勇士也无法取得对敌斗争
的胜利。他的结论是:"得天时则不务而自生,得人心则不趋而自
劝;因技能则不急而自疾,得势位则不进而名成。"③这里。韩非从
实践的角度说明办任何事情都必须遵循事物本有的客观规律。韩
非虽然指出人的行动必须受制于客观必然性,但他却避免了老子
强调"清静无为"而忽视人的主观能动性的缺点。他认为人既不
能做违反客观规律的狂人,也不应该无所事事,一味等待自然的恩

①　王先慎:《韩非子集解·解老》,中华书局2013年版,第156页。
②　王先慎:《韩非子集解·观行》,中华书局2013年版,第212页。
③　王先慎:《韩非子集解·功名》,中华书局2013年版,第223页。

赐。而应该利用天赋的聪明睿智,在自然条件许可范围内,发挥能动的作用。这一思想有着朴素唯物论和辩证法的因素。

从唯物论的自然观出发,韩非坚定大站在无神论立场上,驳斥了当时流行的鬼神可以决定吉凶、卜筮能够预测祸福的宗教迷信思想,否定了以星象变化妄测国家兴亡和战争胜负的占星术。他用历史事实揭穿卜筮的欺骗性。在《饬邪》中,他说,赵国攻打燕国时,凿龟求卜,得兆"大吉",燕国迎战赵国,同样凿龟求卜,得兆也是"大吉"。但两国交战的结果,燕国两次都打了败仗;赵国相信卜筮,先胜燕国,再胜齐国,但与秦国交战时却一败涂地。燕、赵交战时,难道是燕国的龟不灵,而赵国的龟灵吗? 赵国的龟既然灵,为什么与秦国交战时就不灵了呢? 韩非又以越王勾践的故事为例,证明恃龟不如靠人:开始,勾践恃大朋之龟,但与吴国交战时败北,自己也成了吴国的俘虏,受尽凌辱。归国以后,再也不凿龟问卜,而是"卧薪尝胆",十年生聚,十年教训,"明法亲民以报吴"。后来,不仅灭掉吴国,雪会稽之耻,而且北上中原争霸,俨然成为一霸。韩非还讥讽那些幻想长生不老的侯王,他们的巫祝虽然天天焚香作法,预祝千秋万岁,但并不能延年益寿。燕王曾派人向传"不死之道"的仙人学习,但还未来得及学习,仙人自己却一命呜呼,燕王怪罪派去的人贻误大事而将之处以极刑。韩非对此嘲笑说:"夫信不然之物而诛无罪之臣,不察之患也。且人之所急,无如其身,不能自使其无死,安能使王长生哉?"①韩非又以确凿的事实,嘲弄了占星术的虚妄:魏国曾连年东向攻齐,迭克陶、卫,取得一连串胜利。后来转而西向攻秦,却连吃败仗,损兵失地。这难道是因为丰隆、五行、太一、王相、六神、岁星等吉星都在西方,因而成为魏国的守护神吗? 难道又因为天缺、弧逆、刑星、荧惑、奎台等

① 王先慎:《韩非子集解·外储说左上》,中华书局 2013 年版,第290—291 页。

凶星都在东方,因而造成对秦国作战的不利吗? 这些事实说明,天上星宿的方位,根本不能决定国家盛衰的命运。韩非的结论是:"龟策鬼神不足举胜,左右背乡不足以专战。然而恃之,愚莫大焉。"①"用时日,事鬼神,信卜筮而好祭祀者,可亡也。"②韩非还进而从唯物论自然观出发,批判了当时流行的所谓生死祸福是出自上天奖励或惩罚的天人相与论。他认为生死祸福是由人自身的行为造成的,与上天没有任何关系:"祸难生于邪心,邪心诱于可欲。可欲之类,进则教良民为奸,退则令善人有祸。"③另外,由于人们忧愁难耐,精神错乱,思虑不周而造成的行为过失也同样能够给人带来灾祸。而幸福的来源则是由于人们自己"行端正"、"思虑熟"、"得事理",因而办事成功,福寿两全。这里,韩非竭力把生死祸福从天上拉回人间,从人自身的思想和行为中找原因。虽然他不可能从社会经济和阶级的分野来解释生死祸福,而把它单纯归因于个人的思想和行为,但较之那些上帝决定的神道说教,毕竟是前进了一大步。他还认定,只要政治清明,"内无痤疽瘅痔之害,而外无刑罚法诛之祸"④,人们就不会遭到无妄之灾,鬼神迷信也就没有市场了。尽管韩非在这里把消灭鬼神迷信看得过于简单,不了解鬼神迷信的产生有着深刻的社会根源和认识根源,但是,他对鬼神迷信的批判,是有着重大进步意义的。

三、"参验"的唯物主义认识论

事物是否能够认识? 人有没有认识事物的能力? 人的认识怎

---

① 王先慎:《韩非子集解·饰邪》,中华书局 2013 年版,第 131 页。
② 王先慎:《韩非子集解·亡征》,中华书局 2013 年版,第 117 页。
③ 王先慎:《韩非子集解·解老》,中华书局 2013 年版,第 154 页。
④ 同上,第 147 页。

样反映客观实际？如何判断认识的正确与错误？对这一连串的认识论的主要问题，韩非基本上作了唯物论的回答。他认为天地万物的"所以然之道"和"所以然之理"都是客观存在的，是可以认识的。而人也是有认识事物的能力的："聪明睿智天也，动静思虑人也。"①人类认识事物的器官是天生的，认识事物却是人的主观能动行为："思虑熟则得事理"，"得事理则必成功"②。这就是说，认识事物首先靠耳、口、目、鼻等"天官"、"空窍"接触事物，获得感性认识，同时也要靠"心"的思虑使认识得到深化。韩非已经接触到检验认识和行动是否正确的标准问题。他认为，判定言论、意见是否正确，要看其是否符合"形名参同"。如臣下发言、行事，言必有名，事必有形，据形验名，就是"形名参同"："有言者自为名，有事者自为形。形名参同，君乃无事焉，归之其情。"③由此韩非主张对当时各家学派的言论，必须根据历和事实加以"参验"。凡是缺乏历史和事实根据的理论，就是虚妄的谬论。如按此行事，就是欺骗行为。进而，韩非认定，判断言行是否正确，归根结底是看其在实践中的"功用"："夫言行者，以功用为之的彀者也。"④他以许多生动的故事来证明自己的理论：在齐国的稷下学宫中，有一个叫儿说的辩者持"白马非马"之说，折服了在场的所有学者。但当他乘白马过关的时候，还要按照马的毛色交过关税。韩非批评说，如果凭借虚浮言辞来辩论，口才好的人能辩胜全国的口；如果按照形象考察实际，就无法欺诈一个人。他进而批判阴阳家的"闳大不经"之谈，嘲笑他们无法验证的言论不过是一种"画鬼"的伎俩。他说，画犬马最难，画鬼魅最容易。因为谁也没有见过鬼魅，所以可

---

① 王先慎：《韩非子集解·解老》，中华书局 2013 年版，第 161 页。
② 同上，第 144 页。
③ 王先慎：《韩非子集解·主道》，中华书局 2013 年版，第 28 页。
④ 王先慎：《韩非子集解·问辩》，中华书局 2013 年版，第 430 页。

以随心所欲地乱画。犬马天天可见,画不像是不行的。当然,阴阳五行思想中也包含着运动变化的朴素辩证法理念,把他们全部说成画鬼惑众的骗子显然有失偏颇。韩非还讲过两个故事,说明如何事情都必须看效果:秦国国君将自己的女儿嫁给晋国的国君,同时陪送了七十个漂亮的婢女,结果晋人爱其婢而贱公女。这样,秦国以嫁女维持两国友好关系的目的就没有达到。韩非批评这是"善嫁妾"而非"善嫁女"。楚人把一颗珍珠装在一只极其漂亮的盒子里,"为木兰之柜,薰以桂椒,缀以珠玉,饰以玫瑰,辑以羽翠"①,结果郑人买了盒子而退还珍珠,这就是有名的"买椟还珠"的故事。韩非认为,这些行动都没有达到预期的目的,说明行动本身是错误的。言行必须以"功用"为"的彀"的思想,隐含着以实际效果为检验言辞理论的标准的科学认识。韩非还以一个"以子之矛攻子之盾"的故事,把矛盾的概念第一次引入认识领域。他认为人的思维必须符合形式逻辑的要求,不能陷入自相矛盾。由此引申,他认为君主应该善于听取不同意见并从各种互相对立矛盾的意见中判断其中那一种符合实际,千万不要只听一种意见。如果一个君主经常听到的只是一种声音,那么这种声音即使将他引导到完全错误的道路上,他也不易发觉。最后,韩非认为,在"上有所好,下必甚焉"的社会风气中,国君更要有自知之明。他说,"故知之难,不在见人,在自见","志之难也,不在胜人,在自胜也"②。这就是说,人君要对自己保持清醒的头脑,要敢于同自己的错误做斗争。他又说,良药苦口利于病,"忠言拂于耳"③,但聪明的君主还是要听,因为它能够使事业取得成功。他还讲了一

---

① 王先慎:《韩非子集解·外储左上》,中华书局 2013 年版,第 287 页。
② 王先慎:《韩非子集解·喻老》,中华书局 2013 年版,第 181—182 页。
③ 王先慎:《韩非子集解·外储左上》,中华书局 2013 年版,第 288 页。

个齐王好紫衣的故事,说明以身作则的重要性。由于齐王喜好紫衣,全国上下争相穿用,结果弄到全国紫色布匹价昂缺货。后来齐王纳谏弃紫衣,情况立即发生变化:当天,郎中不穿紫衣了。当月,国都官员百姓不穿紫衣了。当年,齐国境内之民无人再穿紫衣了。这个故事中隐喻的道理,至今仍然发人深思。总之,韩非的唯物论认识论,强调了"参验"和"功用",达到了当时的最高水平。

四、今胜于昔的历史进化观

在先秦诸子中,绝大部分人都把人类的黄金时代放在遥远的古代社会。以孔子、孟子为代表的儒家鼓吹尧舜和三代的理想。墨翟为代表的墨家则讴歌大禹时代的"尚同"和"尚贤";老子和庄子为代表的道家更是赞扬"小国寡民"的"至德之世"。中国传说时代的圣帝名王,绝大多数都是在这一时期按不同理想编造出来的。韩非作为新兴地主阶级的代言人,相信自己阶级的力量,对未来充满信心,因而继承和发展了荀子的历史进化观,批判了儒、墨、道的历史观。

首先,韩非认为,历史既不是一成不变的简单重复,更不是今不如昔的一代不如一代的倒退,而是一个由低级向高级的连续不断的发展过程。他将中国历史划分为四个发展阶段:上古之世、中古之世、近古之世和当今之世。上古指有巢氏构木为巢、燧人氏钻木取火的时代。中古指鲧、禹父子治水的时代。近古指汤、武征伐的时代。当今指春秋战国五霸七雄争霸兼并的时代。韩非还描绘了各个时代不同的特点和风貌。他说,上古竞于道德,中古逐于智谋,当今争于气力。时代不同,历史条件不同,治国的法术也应该不同。时代进入了中古,如果还有人提倡构木为巢、钻木取火,必然被鲧、禹所耻笑;时代进入近古,如果还有人无故决渎排水,必然被汤、武所耻笑;时代进入当今,如果还有人讴歌尧舜汤武的道德功业,也就必然为"新圣"所耻笑了。他的结论是:"圣人不期修古,不法常可,论世之事,因为之备。"①。他讽刺说,儒家"法先王"、"行仁义"的治国方法,在当时不过是"守株待兔"和"尘饭涂羹"之类的空想而已。

其次,韩非努力排除天命、神道史观,竭力探索历史的规律和决定力量。韩非以前及其同时代的许多思想家,大力鼓吹"天降下民,作之君,作之师"的神道史观,国君被誉称"天子",自然界和人类社会的一切发展变化都被说成老天爷的有目的的安排。韩非上承荀子,把天神从历史领域驱除出气,将历史还原为人类自己的历史。他说:"上古之世,人民少而禽兽众,人民不胜禽兽虫蛇;有圣人作,构木为巢,以避群害,而民悦之,使王天下,号之曰有巢氏。民食果蓏蚌蛤,腥臊恶臭而伤害腹胃,民多疾病;有圣人作,钻燧取火,以化腥臊,而民说之,使王天下,号之曰燧人氏。"②韩非对上古进化的描绘,"确是道破了原始社会的实际"③。这里,韩非虽然把原始社会的一些重大发明与所谓"圣人"联系在一起,但他的描述,比起同时代的其他思想家,毕竟更接近历史实际。进而,他说,尧做国王的时候,吃着粗劣的食物,喝着藜藿做的羹汤,冬天穿鹿皮,夏天穿麻布衣服。今天,就是看门的小官的衣食住行也比他强多了。禹做国王管理天下的时候,手持耒锸带领人民干活,终日劳累,以致大腿上无肉,小腿上不生毛。今天,就是一般奴隶的劳动也不过如此。这样看来,古人辞去天子,不过像今天辞掉一个看门人的俸禄和抛却奴隶的辛劳罢了。因此,古代禅让天下的事是不值得过多赞扬的。可今天一个县令,即使他死后,他的子孙也可以

---

① 王先慎:《韩非子集解·五蠹》,中华书局 2013 年版,第 484 页。
② 同上,第 483 页。
③ 《郭沫若全集》(历史编二),人民出版社 1982 年版,第 366 页。

世世代代坐马车,享受尊荣。所以就辞让而言,古人可以轻而易举地辞去天子的尊位,而今人却难以舍弃辞去一个小小的县令。这是因为实际利益厚薄不同的缘故。他的结论是:"是以古之易财,非仁也,财多也;今之争夺,非鄙也,财寡也。轻辞天子,非高也,势薄也;重争土橐,非下也,权重也。"[①]这意思是说,古人所以不争权,因为无利可图,而今人所以争权,是因为有财有势可图。韩非从经济生活的影响来分析道德的时代性质,正是体现了他的唯物主义精神,由此他把国家盛衰、社会治乱的原因归结到社会经济问题。所以他认为必须强迫人民努力生产,大量增加社会财富,才能给社会的繁荣、美好道德的推行、国家社会的安定奠定基础。进而他激烈反对当时的文学之士、言谈之士、道德之士工商之民、游侠之士,其中一个重要原因就是这些人脱离农业生产,"用力者寡则国贫,此世之所以乱也"[②]。由此出发,他主张重本抑末,奖励耕战,大力发展经济。可以看出,韩非在这里继承了《管子》"仓廪实则知礼节,衣食足则知荣辱"的观点,看到了物质生活对国家治乱、道德风尚的影响,这比之儒家空谈仁义的说教,合理的因素似乎更多一点。但是,韩非为了论证以暴力为后盾的封建专制主义的进步性,却将物质与道德的关系绝对化了。在《五蠹》中,他认为人口的增长大于财富的增长,社会上人口愈多则财富愈少。财富愈少,则争夺就愈激烈。而社会的动乱就是因人口的大增引起的。这里,韩非的可贵之处,在于看到了人口增长与经济发展的关系,特别是人口增长与社会财富分配之间的矛盾。但是,把社会动乱的原因单纯归结为人口的大量增加,则显然是错误的。因为在阶级社会里,社会动乱的根本原因是统治阶级无限制的压迫和剥削。

最后,韩非把历史的根本动力归结为人类对一己私利的无厌

---

① 王先慎:《韩非子集解·五蠹》,中华书局 2013 年版,第 486 页。
② 同上,第 494 页。

追求。"性恶论"是他这理论的出发点。韩非认为,人性是随着历史的发展而变化的。远古之人无利可图,所以敦朴愚蠢;今之人有利可图,所以狡诈智慧。而所有人所刻意追求的东西,不外乎名和利:"人无毛羽,不衣则不犯寒。上不属天,而下不着地,以肠胃为根本,不食则不能活。是以不免于欲利之心。"①"利之所在民归之,名之所彰士死之。"②不仅一般人和士君子追逐名利,那些拥有巨量财富和据有极大权力的贵族们。更是经常演出弑父杀兄、篡位逼宫之类骨肉相残的丑剧。在韩非看来,所有的社会关系都离不开名和利,如王良爱马,是为了让它驰骋疆场;勾践爱民,是为了让他们拼死鏖战,以雪会稽之耻;医生吮吸病人的伤口,并非因为他同患者有着骨肉亲情,而是为了收取高昂的酬劳;造车的工匠,希望人人富贵,做棺材的工匠,则盼着人人早死。这也并不是因为造车者仁而做棺者残忍,而是因为人不富贵车子卖不出,人不死棺材卖不掉。棺材匠并不是憎恶人,而是因为他的利益恰恰与人的死亡联系在一起。在韩非眼里,普天之下都是为私利活动的人,人与人之间的关系都是建筑在利害基础上:佣工与雇主,父亲与儿子、丈夫与妻子、同事和朋友、君主和臣子,都是以利益的锁链连在一起。韩非撕破了儒家精心锻造的"君仁臣忠"、"父慈子孝"、"兄友弟恭"、"夫义妇顺"等温情脉脉的道德伦理,将其还原为争权夺利、尔虞我诈的赤裸裸的利害关系。而人类的历史,也就是在各种不同的人追逐名利的推动下,一步一步走过来的。所以,君主应该利用人人趋利避害的本性,用严明的赏罚驱使臣子、官吏和人民为自己效力。他的法制主义理论正是奠基于这种"性恶论"基础之上。韩非"性恶论"的合理因素,在于他看到了人人都有自己的物质利益,而他的错误在于把这种对物质利益的追求绝对化,把

① 王先慎:《韩非子集解·解老》,中华书局 2013 年版,第 155 页。
② 王先慎:《韩非子集解·外储左上》,中华书局 2013 年版,第 283 页。

唯利是图看成永远不变的人性,否认了超越物质利益的人类亲情和超越生死的道德情操。从一定意义上说,韩非的"性恶论"是战国时代商品经济得到较大发展的产物。然而,由于它太少伪饰,太赤裸裸,特别是太绝对化,因而对维护封建统治的长治久安不利。所以在秦朝以后,中国的封建统治者虽然在事实上接受和运用韩非的法制理论,但并不张扬他的"性恶论",而是更多地宣扬孟子的"性善论"。因为"性善论"把人追求名利说成后天才有,不是人的本性;人的本性是由"善短"扩展而善的,所有人都可以通过修养自觉向善,回归本性。这种理论尽管本不科学,但比"性恶论"要高明得多。

总之,韩非的历史观虽然最终不能超越历史唯心论的局限,但是,由于他倡导今胜于昔的历史进化论,批驳了君权神授的宗教迷信,从人类的经济生活寻找历史发展的动因,鼓吹"世异必变"的变革思想,这就适应了新兴地主阶级变革现实的要求,在当时的历史条件下,它的进步作用是主要的。

五、法、术、势相结合法制思想

中国地主阶级法制思想的产生,是同土地私有制的产生和新兴地主阶级势力的成长相适应的。与此相应的法家先驱人物是李悝、吴起、商鞅、申不害、慎到等。李悝是战国初年魏文侯的老师,写过著名的《法经》,这部以盗、贼、捕、囚、杂、具等六章组成的法律文本,是我国历史上第一部较完备的法典,对后世产生了相当大的影响。

稍后于李悝的吴起,是新兴地主阶级杰出的政治家和军事家。他曾襄助魏文侯和魏武侯厉行改革,创设常备兵,使战国初期的魏国一度居于首强地位。后来吴起又相楚悼王实行封建的变法运动,使楚国迅速强大,但不久因悼王逝世,旧贵族反扑,吴起以身殉职。后于吴起的商鞅,曾在秦国主持了战国七雄中最为彻底的变法。结果是"行之十年,秦民大说","乡邑大治"。虽然后来商鞅也被旧贵族"车裂"而死,但他的改革却为秦国的迅速崛起定了基础。因为商鞅重视用法"齐一制度",推行政令,奖励有功,惩罚有过,并且特别强调"轻罪重罚",所以被认定为重法的政治家。与商鞅差不多同时的申不害曾做过韩昭侯的相。他"内修政教,外应诸侯",取得了"国治兵强"的显著政绩,"申子之学本于黄老而主刑名"①。他特别提出"术"的理论,从另一个角度为封建专制政权提供了思想武器。他认为,为了加强君权必须以"术"驾驭群臣。办法是"君设其本,臣操其末。君治其要,臣行其详",以便使君主"操生杀之柄,课群臣之能"。与孟子同时的慎到是一个重"势"的法家人物。他最先意识到法与势的关系,即法与政治权力的关系。他认为无论多么完备的法制,如不凭借强大的政治权力也是无法推行的。他说,飞龙乘云翱翔,腾蛇在雾中游弋,待到云消雾散,龙蛇落到地上,就与蚯蚓没有什么了不起了。这是因为它们失掉了凭借。贤人屈从于不肖者,是因为权轻位卑;不肖者所以能使贤人屈从,是由于权重位尊。尧如果是一个匹夫,尽管他道德高尚,连三个人也管不了;夏桀纵然暴虐无道,但因为他是天子,也就可以凭借权势把天下搞得乱纷纷。由此可知势力权位的重要,而贤明和智慧却不值得羡慕。

　　韩非总结了以上这些法家前辈的思想,第一次明确阐述了法、术、势三者之间不可分割的联系。他认为,为了推行封建的政治变革,必须实行严酷的法制。他批判慎不害只讲"术"不重法的弊端是:"不擅其法,不一其宪令,则奸多。"②但是执行法制的前提是掌控国家权力,即必须有"势"。但有法有势而无"术",还不足以对

①　司马迁:《史记・老子韩非列传》,中华书局 1959 年版,第 2146 页。
②　王先慎:《韩非子集解・定法》,中华书局 2013 年版,第 433 页。

付叛逆臣子的擅权篡弑,极易造成大权旁落。所以人君又必须有术。他指出,法虽然可以使国家富强,"然而无术以知奸,则以其富强也资人臣而已矣"。所以术与法关系及其密切:"君无术则弊于上,臣无法则乱于下,此不可一无,皆帝王之具也。"①法、术、势三者互为条件,互相补充,构成新兴地主阶级完整的法制思想体系。他认为,法是国家根本的规章制度,是除了人君之外所有臣民都须一体遵守的根本大法:"故明主之国,无书简之文,以法为教;无先王之语,以吏为师。"②法的特点是"明":"编著之图籍,设之于官府,而布之于百姓者也。"③要广泛宣传,做到家喻户晓。法是赏罚的根据:"法者,宪令著于官府,刑罚必于民心,赏存乎慎法,而罚加乎奸令者也。"④韩非把法令叫做"名",依据法令进行的赏罚叫做"刑"。法是赏罚的标准,"名"是"刑"的根据,"刑"必须合乎"名"。所以韩非的法制又叫"刑名之术"。韩非还鼓吹一种类似法律面前人人平等的理念:"法不阿贵,绳不挠曲。法之所加,智者弗能辞,勇者弗敢争。刑过不避大臣,赏善不遗匹夫。"⑤这里讲的臣与民、官与百姓面前一律平等的话,目的在于破坏奴隶制世官世禄的等级制度,代之以"使法择人,不自举也"⑥为原则的选取制,做到"内举不避亲,外举不避仇"⑦,经过实践考验,"论之于任,试之于事,课之于功"⑧,以便使大批出身于新兴地主阶级和平民的

---

① 王先慎:《韩非子集解·定法》,中华书局 2013 年版,第 433 页。
② 王先慎:《韩非子集解·五蠹》,中华书局 2013 年版,第 494 页。
③ 王先慎:《韩非子集解·难三》,中华书局 2013 年版,第 415 页。
④ 王先慎:《韩非子集解·定法》,中华书局 2013 年版,第 433 页。
⑤ 王先慎:《韩非子集解·有度》,中华书局 2013 年版,第 41 页。
⑥ 同上,第 37 页。
⑦ 王先慎:《韩非子集解·说疑》,中华书局 2013 年版,第 441—442 页。
⑧ 王先慎:《韩非子集解·难三》,中华书局 20__ 年版,第 409 页。

人才得以涌现。韩非并不完全否定贤人,但却极力反对贤人政治,主张"任法不任贤"。韩非继承商鞅"以刑止刑"的观点,力主重刑厚赏:"赏莫如厚而信,使民利之;罚莫如重而必,使民畏之。"①这样既利于君,也利于民,奸邪者畏于刑而不敢作奸犯科,百姓因追求厚赏而甘愿身赴国难。不过韩非的法制思想的着重点并不是厚赏而是重罚,它的"轻罪重罚"的原则表现了法家的"刻薄寡恩"。在实行过程中,它必然要引起劳动人民的激烈反抗。秦王朝之所以很快灭亡,不能不说与这种"重罚"的法制政策有关。

韩非的"术"是"藏之于胸中,以偶众端而潜御群臣"②的工具。它有两个方面的内容。第一,是知人善任,"因任而授官,循名而责实",以用人之智,用人之能。虽然君主自己不见得智和贤,但只要能用正确的方法使智者贤者为我所用,就可以收到"臣有其劳,君有其成功"③的效果。君主对臣下"以其言授之事,专以其事责其功。功当其事,事当其言,则赏;功不当其事,事不当其言,则罚。"④同时,还必须维持高度的中央集权,以便君主提纲挈领、执简御繁。牢牢地掌控着政治中枢,这就是所谓"事在四方,要在中央。圣人执要,四方来效"⑤。第二,专讲以阴谋诡计和各种酷烈的手段制御臣子的法术。韩非从"性恶论"出发,认为人与人之间根本不存在信赖和忠诚,一切人都围绕着权力和名利钩心斗角、你争我夺。因此,君主对任何人都不能信任,而必须严加防范。他认定,人君不要期望得到人民的爱戴,而必须具有"使人不得不爱我之道"⑥,即握有使人为我所用的办法。他要求人君平时"无为无

---

① 王先慎:《韩非子集解·五蠹》,中华书局 2013 年版,第 489 页。
② 王先慎:《韩非子集解·难三》,中华书局 2013 年版,第 415 页。
③ 王先慎:《韩非子集解·主道》,中华书局 2013 年版,第 30 页。
④ 王先慎:《韩非子集解·二柄》,中华书局 2013 年版,第 43—44 页。
⑤ 王先慎:《韩非子集解·扬权》,中华书局 2013 年版,第 47 页。
⑥ 王先慎:《韩非子集解·奸劫弑臣》,中华书局 2013 年版,第 107 页。

见",不要暴露自己的思想倾向,使臣下感到神秘莫测,产生畏惧,不敢产生危害君主的念头。对于权大位尊的大臣,则要采用扣留妻子亲人做人质以及其他严加督责的办法,使之小心行事,从而保持君主威慑的形象。一旦发现臣子有异心,立即加以惩罚:或径直杀掉;或以毒药暗害;或交给他的仇人加害。对于一般臣子,则要他们互相监视,互相牵制,"以十得一"①。韩非认为如此一来,搞得臣子人人自危,谁也就不敢背着君主干坏事了。韩非"术"的这一部分,突出表现了君主的极端残酷无情,也开启了后代特务哲学的张本,显然是不足取的。

韩非继承慎到的学说,充分认识到"势"即权力的重要性,因为它不仅是实行法和术的前提,而且也是法和术服务的对象。他把"势"分成"自然之势"和"人为之势"。尧、舜得势,桀、纣不能乱;桀、纣得势,尧、舜不能治,这就是"自然之势",不是人力所能为的。但是,如尧、舜这样的贤君和桀、纣这样的暴君都不过"千世而一出",在历史上应属特例。大多数时期执政的君主,基本上都是"上不及尧、舜,而下亦不为桀、纣"的"中君"。他们要想取得统治的成功,则必须依靠"人为之势",即"抱法处势":"抱法处势则治,背法去势则乱。"②这就要求君主必须牢牢地控制住政权,并运用政权的力量去行法用术。韩非进而认定,君主必须大权独揽,正像王良、造父不能共辔而御一样,君与臣也不能共权而治,因为"一家二贵,事乃无功;夫妻持政,子无适从"③。人君据势的关键在于掌握刑、赏两大权柄,以残酷的杀罚对付叛逆的臣子和人民,以重赏奖励恭顺尽力的奴才。韩非在势问题上的思想显然较慎到进了一步。

---

① 王先慎:《韩非子集解·八经》,中华书局2013年版,第478页。
② 王先慎:《韩非子集解·难势》,中华书局2013年版,第428页。
③ 王先慎:《韩非子集解·扬权》,中华书局2013年版,第55页。

　　总之,韩非作为先秦时代最后一位法学大师,完成了先秦法家理论的完整化和系统化,适应了新兴地主阶级建立专制主义中央集权制的要求,为建立封建的统一王朝奠定了理论基础。他的思想,既表现了新兴地主阶级在上升时期的虎虎生气,也显示了为剥削阶级辩护的那种特有的坦率和真诚。但是完全按照韩非理论建立的秦王朝二世而亡的事实,暴露了韩非学说严重的局限性,证明仅靠严刑峻法还不足以使封建统治长治久安。鉴于秦朝的教训,后来的封建统治者大都采取"内法外儒"、镇抚兼施的统治方略。应该指出,依照韩非的理论建构的专制主义中央集权的体制,在中国历史上,一方面为封建经济的发展,尤其是国家的统一起了积极的促进作用,而在另一方面,又表现出严重的弊端,如本质上的人治传统、官本位、决策失误、腐败盛行等,特别到封建社会后期,它还严重阻碍了资本主义萌芽的成长,延缓了中国历史的发展。这一些弊端,当然不能完全由韩非负责,但作为始作俑者,他也有不可推卸的责任。当然,作为历史唯物主义者,我们更需要历史地看待韩非的思想及其学说,在先秦时期,他是同封建社会初期的历史进步连在一起的,所以他仍不失为中国古代历史上一位具有重要影响的思想家。

(原载《中华民族杰出人物传》第三集,
中国青年出版社 1984 年版)

论吕不韦之结局

在战国晚期的历史上,吕不韦是一位知名度相当高的传奇人物。不必说他在秦国因权倾朝野而家喻户晓,即使在东方六国,他的威权也令各国国君和重臣闻之战栗。在他任秦国丞相的十多年中,用"一怒而诸侯惧,安居而天下熄"来形容他的威势则是十分恰当的。他目光远大,视野宏阔,工于心计,长于谋划,为达目的,不择手段,特别是敢于冒险,几乎是所谋必中。然而,如此一位枭雄最后却不免在达到政治上的顶峰后身死族灭。其发迹之奇和败亡之惨都耐人寻味,发人深省。

作为"阳翟大贾"(一说濮阳人),吕不韦头脑中,充盈着精确计算投入和产出的生意经。正因为他善于"贩贱卖贵",所以很快"家累千金"①,成为令各国权要侧目而视的大富豪。他深谙"耕田之利十倍"不敌"珠玉之利百倍",而两者更不敌"立国家之主"获利的无数倍②。于是毅然弃商从政,以"珠玉之赢"的大量财富投资于政治活动。这是何等的眼光!战国时代,工商业发达,腰缠万贯的大工商业者数以千百计,而具备吕不韦眼光者,千不及一。

作为一个弃商从政的政坛新手,吕不韦敢于将自己的全部资产和心智毫不犹豫地投向当时市利并不看好的落难王孙异人,义无反顾地推出了一个"大子之门"③的计划,并千方百计地使之获

---

① 司马迁:《史记·吕不韦列传》,中华书局 1959 年版,第 2505 页。
② 刘向:《战国策·秦策五》,上海古籍出版社 1985 年版,第 275 页。
③ 司马迁:《史记·吕不韦列传》,中华书局 1959 年版,第 2506 页。

得了成功。此一谋划既显示了他的高瞻远瞩的超前意识,也展示了他谋事之睿智,办事之周密和不达目的决不罢休的执着精神。

为相十三年间,吕不韦辅佐两代国君,充分调动秦国的人力、物力,特别是军事力量,频频对东方六国用兵,两挫五国合纵之师,连取韩、赵、魏数十城,新设置三川郡、太原郡和东郡,使秦军兵锋直抵魏国首都大梁城下,充分展示了他运筹帷幄、决胜千里的智谋与才干。其间,他针对秦国文化相对东方落后的现实,广泛招徕宾客,将数以千计的有着儒、墨、名、法、道、阴阳等学派背景,经过"百家争鸣"洗礼的知识分子网罗门下,组织他们编写了百科全书式的《吕氏春秋》,"以为备天地万物古今之事"①,为未来即将统一的王朝建构施政的理论基础。他将该书稿"布咸阳市门,悬千金其上,延诸侯游士宾客能有增损一字者予千金"②。这又是何等的自信,何等的气魄!

吕不韦为异人精心设计的进取王位的策略获得了成功。原来异人是秦孝文王嬴柱的儿子。孝文王有二十多个儿子,因而对太子地位的争夺是十分激烈的。异人的生母是夏姬,此时已经被打入冷宫。异人也在赵国首都邯郸做人质,与其他兄弟们相比,他争夺太子的希望是十分渺茫的。正在这时,吕不韦的出现给他的命运带来巨大转机。《史记·吕不韦列传》对此作了非常生动的记载:

> 子楚,秦诸庶孽孙,质于诸侯,车乘进用不饶,居处困,不得意。吕不韦贾邯郸,见而怜之,曰"此奇货可居"。乃往见子楚,说曰:"吾能大子之门。"子楚笑曰:"且自大君之门,而乃大吾门!"吕不韦曰:"子不知也。吾门待子门而大。"子楚心知所谓,乃引与坐,深语。吕不韦曰:"秦王老矣,安国君得

---

① 司马迁:《史记·吕不韦列传》,中华书局1959年版,第2510页。
② 同上。

为太子。窃安国君爱幸华阳夫人,华阳夫人无子,能立適嗣者,独华阳夫人耳。今子兄弟二十余人,子又居中,不甚见幸,久质诸侯。即大王薨,安国君立为王,则子毋几得与长子及诸子旦暮在前者争为太子矣。"子楚曰:"然。为之奈何?"吕不韦曰:"子贫,客于此,非有以奉献于亲及结宾客也。不韦虽贫,请以千金为子西游,事安国君及华阳夫人,立子为適嗣。"子楚乃顿首曰:"必如君策,请得分秦国与君共之。"

吕不韦乃以五百金与子楚,为进用,结宾客;而复以五百金买奇物玩好,自奉而西游秦,求见华阳夫人姊,而皆以其物献华阳夫人。因言子楚贤智,结诸侯宾客遍天下,常曰"楚也以夫人为天,日夜泣思太子及夫人"。夫人大喜。不韦因使其姊说夫人曰:"吾闻之,以色事人者,色衰而爱弛。今夫人事太子,甚爱而无子,不以此时蚤自结于诸子中贤孝者,举立以为適而子之,夫在则尊重,夫百岁之后,所子者为王,终不失势,此所谓一言而万世之利也。不以繁华时树本,即色衰爱弛后,虽欲开一言,尚可得乎? 今子楚贤,而自知中男也,次不得为適,其母又不得幸,自附夫人,夫人诚以此时拔以为適,夫人则竟世有宠于秦矣。"华阳夫人以为然。承太子间,从容言子楚质于赵者绝贤,来往者皆称誉之。乃因涕泣曰:"妾幸得充后宫,不幸无子,愿得子楚立以为嫡嗣,以托妾身。"安国君许之,乃与夫人刻玉符,约以为嫡嗣。安国君及夫人因厚馈遗子楚,而请吕不韦傅之,子楚以此名誉益盛于诸侯。①

孝文王死后,异人以太子的身份即王位,他即是庄襄王,但他也只在位三年,即于公元前247年死去,嬴政于是以一个十三岁的少年登上了战国七雄中最强大的秦的王位。吕不韦"大子之门"的

---

① 司马迁:《史记·吕不韦列传》,中华书局1959年版,第2506—2508页。

预期变成了现实。"吾门待子门而大"自然也变成了现实,他投资政治获得了无比丰厚的回报。吕不韦不仅从庄襄王那里得到丞相的尊位、文信侯的封爵和食邑十万户的巨大财富,而且从秦王嬴政那里得到"仲父"的尊号。最关键的是,十三年的丞相生涯,他是蒸蒸日上的秦国的实际掌权者,一位虽无国王名号却有国王权力的硕大强人。当其时,只要他发出一声吼,东方六国就会惊恐不安;只要他打一个喷嚏,东方六国也会连连感冒!志得意满的吕不韦一定感到自己的人生价值得到了圆满的实现,他家的门楣永远是光焰万丈了。然而,此时的嫪毐凭借同太后的床第之欢,在他身边已经悄悄地坐大起来了。这个贪得无厌的嫪毐集团不断夺取丞相的权力,河西、太原成为嫪毐的封国,并开始过问国家大事,"事无大小皆决于毐"①。至迟到始皇八年(前239年),嫪毐集团的势力已经后来居上,严重威胁到吕不韦的地位和权势了。不管吕不韦原来与嫪毐是什么关系,嫪毐之得幸于太后吕不韦是否起过作用,嫪毐集团的形成和坐大都不可避免地改变了秦国的权力格局,两个集团之间的斗争也不可避免且日趋尖锐了。恰在此时,始皇九年(前238年),嫪毐与太后私通的丑闻曝光,嫪毐狗急跳墙,指挥亲信发动叛乱。已经亲政的秦王嬴政毅然决然地诛灭了嫪毐集团。

嫪毐集团的覆灭肯定一时使吕不韦庆幸万分,因为他的最有力的竞争者灰飞烟灭使他大松一口气。然而,不管吕不韦意识到与否,嫪毐事件成为他命运的转戾点,死神已经向他发出了狰狞的狂笑。嫪毐案发之际,嬴政似乎还未觉察吕不韦与嫪毐的关联。据郭沫若考证,嬴政任命的平叛统帅之一的相国昌文君,就是吕不韦②,可见当时对他的信任。及至抓获嫪毐,加以审讯,大概嫪毐

---

①　司马迁:《史记·秦始皇本纪》,中华书局1959年版,第227页。

②　同上。

就和盘托出了吕不韦与太后的关系,以及他由吕不韦舍人进入宫廷服侍太后的全部过程,其中或许有些添枝加叶,于是"事连相国吕不韦"①。郭沫若认为主要由于嫪毐的"反噬"②,使吕不韦陷入有口难辩的不白之冤。其实,不用"反噬",只要嫪毐供出他由吕不韦舍人如何变成假宦官的真相,吕不韦也就难逃干系了。吕不韦既然牵连进去,嬴政也就有了惩罚他的充分理由,"王欲诛相国,为其奉先王功大,及宾客辩士为游说者众,王不忍致法"。但相国是干不成了,第二年,"免相国吕不韦,及齐人茅焦说秦王,秦王乃迎太后于雍,归复咸阳,而出文信侯就国河南"。然而,吕不韦虽然就国河年闭门思过,但他毕竟是蜚声列国的大名人,并且为秦国的强盛立下过汗马功劳,余威犹在,因而成为各诸侯国关注的焦点,也成为各诸侯国争相敦请的"奇货":"岁余,诸侯宾客使者相望于道,请文信侯。"诸侯们没有想到,他们这样做,恰恰加速了吕不韦死亡的步伐:"秦王恐其为变,乃赐文信侯书曰:'君何功于秦?秦封君河南,食十万户。君何亲于秦?号称仲父。其与家属徙处蜀!'吕不韦自度稍侵,恐诛,乃饮酖而死。"③这一年是公元前235年(始皇十二年)。吕不韦死后,他的宾客无论临葬与否,都受到严厉处罚:"十二年,文信侯不韦死,窃葬。其舍人临者,晋人也逐出之;秦人六百石以上夺爵,迁;五百石以下不临,迁,勿夺爵。自今以来,操国事不道如嫪毐、不韦者籍其门,视此。"④一生轰轰烈烈、位极人臣、享尽人间荣华富贵的吕不韦,被一抔黄土掩埋于河南洛阳北部的大道旁。伴随他的是北邙山上的春花秋月,还有那黄河奔腾万里不息的涛声。

---

① 司马迁:《史记·吕不韦列传》,中华书局 1959 年版,第 2512 页。
② 《郭沫若全集》(历史编二),人民出版社 1982 年版,第 397 页。
③ 司马迁:《史记·吕不韦列传》,中华书局 1959 年版,第 2513 页。
④ 司马迁:《史记·秦始皇本纪》,中华书局 1959 年版,第 231 页。

吕不韦是一个极富传奇色彩的人物。他虽以经商起家,却以投资政治开始了他不平凡的生涯。他以精确的算计一步步施展自己的计划,每一步都获得了预期的成功。当他将异人、嬴政父子两代送上王位,而他本人也以相国执掌秦国的政柄时,他大概认为权位与富贵一定会伴随自己直到寿终正寝了。然而,人算不如天算。此后吕不韦的算计就开始失灵了,因为他遇到的敌对势力是他始料不及的。他低估了反对他的力量。最后被这些力量推向毁灭之路。

吕不韦面对的第一支反对力量是秦国的旧贵族。不错,秦国历史上一直有着开放的传统,不少客卿如百里奚、商鞅、张仪、甘茂、范雎、蔡泽、李斯、蒙骜、蒙恬、蒙毅父子等非秦国人士受到重用。但是,秦国贵族并不甘心军政大权被外国客卿把持。他们不时抓住机会向客卿发难,或夺取,或驱逐,或诛杀,使不少客卿抱恨终天。吕不韦依恃王权荣登相位,但却忽略了在他旁边还有强大的贵族势力,他们对他握有重权并不甘心情愿,每时每刻都盼望他倒台。当吕不韦被牵进嫪毐之案时,他们必定推波助澜,为将吕不韦势力彻底驱除朝堂而奔走呼号。

吕不韦面对的第二支反对力量是嫪毐集团。本来,据有些史料记载,嫪毐不过是吕不韦的一介舍人,一个无德无才的家政服务员。但他一身流氓无赖的品性,凭借着漂亮的脸蛋和强健的身躯赢得了太后的宠幸,而这个角色还是吕不韦为他安排的。照理他应该感谢吕不韦并扮演好这个角色了吧?然而,这个嫪毐骨子里却是根深蒂固的中山狼的品性,得到太后的宠爱后,他的野心就急剧膨胀,不仅不断侵夺吕不韦的相权,"事皆决于毐",而且还觊觎王权,眼睛不时斜视秦王占据的那个金碧辉煌的龙座。在他周围,麇集着一批流氓、打手和善于钻营的利禄之徒,横行不法,四处惹是生非。这样,嫪毐就由吕不韦的奴才异化为其对立面。嫪毐根本不把自己昔日的主人放在眼里,他的党徒更是狗仗人势,双方于是日趋对立,成为势若水火的两大权势集团。这两大集团的对立和斗争不仅秦国朝野皆知,连别国也有所闻。《战国策·魏策四》有如下一段记载:

> 秦攻魏急。或谓魏王曰:"……今王能用臣之计,亏地不足以伤国,卑体不足以苦身,解患而怨报。秦四境之内,执法以下至于长挽者,故毕曰:'与嫪氏乎?与吕氏乎?'虽至于门闾之下,廊庙之上,犹之如是也。今王割地以赂秦,以为嫪毐功;卑体以尊秦,以因嫪毐。王以国赞嫪毐,以嫪毐胜矣。王以国赞嫪氏,太后之德王也,深于骨髓,王之交最为天下上矣!秦、魏百相交也,百相欺也,今由嫪氏善秦而交为天下上,天下孰不弃吕氏而从嫪氏?天下必舍吕氏而从嫪氏,则王之怨报矣。"①

这两大集团的斗争极易暴露彼此龌龊的一面,从而为秦王诛除他们制造了口实。而这两个集团,即使在面临灭顶之灾的时候,也没有忘记找机会给对方一击。当嫪毐集团阴谋暴露,吕不韦肯定是喜忧参半:喜的是可以借机消灭这个竞争对手,忧的是暴露自己与嫪毐那些见不得人的谋划,怕与嫪毐集团同归于尽。嫪毐反叛之形一现,秦王即命两相国平叛。不消说吕不韦是积极参加了这一军事行动的。除了必须服从秦王的命令外,他更可能打着自己的小算盘:迅速消灭嫪毐集团,杀人灭口,毁灭证据,使自己与嫪毐的关系免予暴露。然而,嫪毐没有死于对战中,而是被生擒了。他一番交代,吕不韦与太后及嫪毐的关系全盘曝光,"事连相国吕不韦"。嫪毐死时可能好得意地窃笑:我死了,你也活不成!果然,秦王盛怒中打算将嫪毐和吕不韦一起送上断头台,只因为为之说项者众,又念及他辅佐父子两代的功劳,暂时宽宥了他。第二

---

① 刘向:《战国策·魏策四》,上海古籍出版社 1985 年版,第 919—920 页。

年,随着嫪毐一案全部真相明晰,秦王嬴政再也不能容忍吕不韦留在相国的位子上。始皇十年(前 257 年),下令吕不韦免相。借着,齐人茅焦为太后辩护,使秦王回心转意,恢复了母子亲情。其间,太后与嫪毐余孽以及其他同情者,想必一面为太后洗刷,一面继续向吕不韦身上泼脏水,进一步加深秦王对吕不韦的嫉恨。这一活动显然奏效了。在太后回归咸阳的同时,吕不韦却不得不按照秦王的诏令"就国河南"。至此,吕不韦基本上失掉了在秦国经营多年的根基。但是,他与嫪毐集团的怨结还没有解除。十二年(前 255 年),当吕不韦在秦王的胁迫下结束自己生命的时候,嫪毐那些流放蜀地的舍人却又回归咸阳了。这两个集团势力的此消彼长,透出了他们之间你死我活的尖锐斗争的信息。这个斗争的结果是两个集团的同归于尽,得益的不是别人,而是为了集权殚精竭虑的秦王。

吕不韦面对的第三支反对力量,也是最大的反对力量,是秦王嬴政。尽管嬴政不是吕不韦的儿子,但吕不韦却是嬴政除父母之外最亲近的人。吕不韦先是与嬴政的母亲有夫妻关系,继而将其母亲让于异人,接着看着嬴政出生,看着他在邯郸与父母一起过着囚徒般的日子。回归咸阳后,又看着他在宫中成长为一个任性执拗的少年。再后,又看着十三岁的他登上王位,直至亲政,成为一个雄才大略、多谋善断、敢作敢为的青年国王。在这一过程中,吕不韦对嬴政一直当仁不让地担负起"保傅"之责,加意保护,悉心教导,按照他心目中英明国王的形象进行培养。从一定意义上讲,他组织人编纂的《吕氏春秋》就是他留给嬴政的一部人生与帝王教科书。吕不韦对嬴政的关爱和期许超过父亲对亲生儿子的热望。他简直把嬴政看成了自己生命的延续。特别是在庄襄王死后,吕不韦恢复了他与太后的情人关系,他这位"仲父"在潜意识中已经将自己定位为嬴政的生身父亲了。然而,吕不韦大错特错了!即使嬴政真是他的亲生儿子,也不会事事顺从他。如同普通百姓一样,亲生父子之间也会产生矛盾,何况他们之间并不存在这一层血缘关系。嬴政作为王位继承人,从孩提时代起,就目睹了国君的专权自恣,任意而为,登基之后,他作为国王的意识肯定与日俱增。而吕不韦却一直以父亲的身份,喋喋不休、不厌其烦地尽他教导的责任,这种情况势必让嬴政日生反感。嬴政已经由不懂事的儿童变成国王了,这时,除了自己的生身母亲外,他肯定把任何人都看成是自己的臣子,并要求他们以对待国王的礼仪对待自己。吕不韦的最大失误在于:当嬴政完成了由孩提到国王的角色转变以后,他却没有完成由"仲父"到臣子的角色转换。如此一来,二人之间的冲突也就不可避免了。在长大成人的嬴政眼里,吕不韦已经不是昔日和蔼可亲的"仲父",而是横在自己前进路上的绊脚石,他时刻在寻觅一个推开吕不韦的理由,终于等来了嫪毐事件。其实,即使不发生嫪毐事件,秦王也会以别的理由将吕不韦集团除掉,至少也要剥夺他的权力。吕不韦的悲剧在于,作为一个政治家,他只知进不知退。他虽然聪明绝顶,精于计算,在为异人谋取王位的谋划中步步成功,并终于为自己谋到了人臣的最高职位,实现了权力、荣誉、财富集于一身的理想。但是,登上权力巅峰的吕不韦却权令智昏,利令智昏,失去了昔日审时度势的眼光和决断能力。在应该急流勇退时没有自觉引退,对于权势的贪恋使他成为秦王必须清除的对象。如果这时的吕不韦明白秦国的权力属于秦王,他手中的权力不过是来自王权的授予,现在秦王要收回这一权力,他就应该心悦诚服地奉还,告老还乡,颐养天年。吕不韦计不出此,已经犯下了一个绝大的错误,使自己陷于被动。免相以后,就国河南。此时他的处境还未到最危险的时候。如果此后他杜门谢客,韬光养晦,不与外事,也许秦王不至于非置他于死地不可。可是,吕不韦在封地上非但不行韬晦之计,反而频繁地接待各诸侯国的使者宾客,极尽张扬,这在客观上无异于向人们,特别是秦王显示自己还拥有很大的影响和威势,而这正是秦王最忌讳的问题。

至此,秦王就彻底斩断他与吕不韦感情的最后一点丝缕,毅然逼令他自裁,吕不韦的悲剧也就不可挽回地上演了最后一幕,一个傲世的枭雄用自己的双手结束了自己的生命。

吕不韦的生命本不该如此过早地结束,可是,悲剧毕竟发生了,一个绝顶聪明的人凭借自己的聪明才智取得了那个时代政治上最大的成功,但又因自己的一再失误使骄人的荣华富贵顷刻化为过眼云烟。政治的残酷无情和不可捉摸再一次让人们开了眼界。

(原载《史学新论:纪念朱绍候先生八十华诞论文集》,

河南大学出版社 2005 年版)

从儒家之外其他诸子的缺失探索
"罢黜百家,独尊儒术"的必然性

战国中期以后,随着"百家争鸣"的学术思潮逐渐接近尾声,一些学者开始对此前的思想学术进行总结。如《庄子·天下篇》就对墨翟、滑禽釐、宋钘、尹文、彭蒙、田骈、慎到、关尹喜、老聃、庄周、惠施、桓团、公孙龙等的学术要旨进行了概括和评判。《荀子·非十二子》也对它嚣、魏牟、陈仲、史鳅、墨翟、宋钘、慎到、田骈、惠施、邓析、子思、孟轲十二子进行了毫不客气的评判。荀子站在儒家八派之一的立场上,对孔子、子贡和尧、舜倍加称颂,而对子张氏、子夏氏、子游氏之类的所谓"贱儒"进行了有意贬低的评析。《韩非子·显学篇》更是以法家的视角,在思想和学术上对以孔子为代表的儒家及其后学八派和以墨子为代表的墨家及其后学三派进行了猛烈抨击。不过,先秦学者的学术总结似乎还没有明晰的派系和图谱。到西汉初年,司马谈在对先秦的学术思潮进行辨析时,才第一次将该时期的众多的思想家归类为儒、墨、名、法、道、阴阳等六个学派,并对各学派的优长和不足进行了相当精到的论析。应该说,除了对道家的评判有点过誉外,对其余五家的评判都是比较准确、深入和切中肯綮的。

有一种观点认为,无论多么发动腐朽的思想学说,只要依靠国家行政的力量加以推行,也会被百姓接受,从而成为主流意识形态或占主导地位的政治思想。这一观点的主要依据就是儒学被汉武帝定于一尊。这种观点并非没有道理,但却太绝对化了。因为单单凭借行政的力量硬性推行一种反动腐朽的思想虽然可以奏效于一时,但绝对不会长久。事实上,儒学在汉代被定为一尊,最根本原因还是它的理论适合当时国家和社会的需要,同时又与百姓的要求相契合。而这恰恰是其他学派及其学说所不具备的。以汉武帝为代表的国家行政力量的推崇所起的作用只能是第二位的。因为无数中外的历史事实表明,当权的统治者不止一次地强迫百姓接受一种荒谬绝伦的意识形态,最后这种意识形态的命运一定是被百姓所抛弃。

在这篇文章中,我们主要不是探索儒学被定为一尊的自身原因,而是辨析其他学派未能被定为一尊的原因,从而彰显儒学被定为一尊的历史必然性。

一

按司马谈的分类,在春秋战国时期与儒家学派并峙而立的其他五个学派中,思想内容最丰富,与当时的政治和社会问题最贴近的是墨、道、法三个学派。尽管他们在理论上各有千秋,在某个时段和某些地方也曾得到当权者的青睐,因而成为他们政治上的指导思想。墨家在秦国,法家在秦国和秦朝,由先秦道家转化而来的黄老思想在西汉初年,都曾进入统治者的庙堂,极一时之盛。但时间很短就败落下来,或者销声匿迹,或者融入儒学,或者作为儒学的补充而存在。原因就在于,他们理论本身都有严重缺失,都不能长期适应社会和百姓的需要。

先看墨家。战国初期,墨家学派的势力一度非常强大,所谓"杨朱墨翟之言盈天下。天下之言,不归杨则归墨"[1]。孟子曾将其作为主要对立面进行批判。司马谈在《论六家要旨》中这样评

---

① 《孟子·滕文公下》,《十三经注疏》,中华书局 1980 年版,第2714 页。

论墨家学派:

> 墨者俭而难遵,是以其事不可遍循;然其强本节用,不可废也。

> 墨者亦尚尧舜道,言其德行曰:"堂高三尺,土阶三等,茅茨不剪,采椽不刮。食土簋,啜土刑,粝粱之食,藜藿之羹。夏日葛衣,冬日鹿裘。"其送死,桐棺三寸,举音不尽其哀。教丧礼,必以此为万民之率。使天下法若此,则尊卑无别也。夫世异时移,事业不必同,故曰"俭而难遵"。要曰强本节用,则人给家足之道也。此墨子之所长,虽百家弗能废也。①

这一概括基本上是符合墨家实际的。不少学者认为,在先秦诸子中,墨家是唯一代表"农与工肆之人",亦即劳动人民的思想家。他的思想学说主要由十个信条组成,《墨子·鲁问》记载:

> 子墨子曰:"凡入国,必择务而从事焉。国家昏乱,则语之尚贤尚同;国家贫,则语之节用节葬;国家熹音湛湎,则语之非乐非命;国家淫僻无礼,则语之尊天事鬼;国家务夺侵凌,即语之兼爱非攻。"②

显然,这些信条反映了"农与工肆之人"的功利主义倾向,既有明显优长,又有明显缺失,不少信条本身就是优长和缺失参半,如"尚同尚贤",反映了墨子希望从上到下都是贤明的领导人,因而能代表百姓利益并实现高度集中统一的愿望,但"尚同"本身却有集中专制的内涵。而在政治实践中,"尚贤"很难实现,而"尚同"即服从统治者意愿的高度集中统一和"集权力于一人,集思想于一个脑袋"的专制却经由强大行政权力的操控而在中国长期实行。他认为"命者暴王所作",是为欺骗老百姓而制造的说辞,目的是要求

---

① 司马迁:《史记·太史公自序》,中华书局 1959 年版,第 3289—3291 页。

② 吴毓江:《墨子校注·鲁问》,中华书局 2006 年版,第 723—724 页。

劳动者安于被奴役的命运。他鼓吹以"强力"对抗或置换"命"，主张"赖其力者生，不赖其力者不生"，这一方面说明处于社会制度变革时期的小生产者对自己的力量充满信心，另一方面也说明他拿空想、幻想当现实。实际上，在强大的国家权力面前，个体小生产者那点"力"是无法让自己跻身于幸福生活之域的。"兼爱非攻"虽然反映了墨子对美好和谐人类社会秩序的向往，但也只能永远停留在向往的境地，因为时刻在不同利益集团冲突中运行的社会，"兼爱"既是空想，"非攻"更是可望而不可求的善良愿望。墨子的"尊天事鬼"，一方面有将"天"和"鬼"视为工具的意义，将其作为他理论的代言人，另一方面，他又自觉地供起了两个监督人类活动的人格神的上帝和下帝，为历代统治者的神道设教提供了理论根据。墨子思想中最能体现其优长和缺失并存的是"节用节葬"和"非乐"的命题。他看到了统治阶级和富人无以复加的奢侈享乐带来的社会财富的巨大浪费和给劳动人民带来的沉重负担，所以这个命题具有反对统治者奢靡生活方式和要求减轻百姓负担的诉求，但同时也反映了小生产者安于最低生活水准、不思进取、落后保守的局限。在《节用》《节葬》等篇中，他制定了从帝王到百姓的最低消费标准：吃饭果腹，穿衣蔽体，住房仅可遮风挡雨，甲兵仅足御盗防贼，桐棺三寸仅能将尸体和泥土隔开，超过这个标准就是浪费。在墨子看来，"乐"既不能当饭吃，也不能当衣穿，没有丝毫实用价值，干脆取消弃置。这套理论更是纯粹空想。不仅追求奢华生活的达官贵人不能接受，就是一般劳动人民也不会接受，因为正是对美好物质文化生活的永无止境的追求才是社会不断进步的原动力。将所有人的生活都压到最低标准，将所有不能带来看得见的物质利益的文化活动一律视为无用的观点，不仅违背了社会发展进步的基本原则，而且也拂逆了大多数人的意愿。这样，墨家学说从总体上就无法同中国社会相适应，它也就不具备成为主流意识形态的资质。所以，秦朝以后，当墨家"尚同尚贤"

的理念被以董仲舒为代表的汉代今文经学吸收整合以后,墨家作为一个学派就一直被中国历代当权者所冷落,它只能与侠相结合,以"江湖义气"内容的一部分在下层百姓中流传了。

二

　　春秋战国时期,道家学派也是诸子百家中影响最大的学派之一。钟情于道家学派的司马谈在《论六家要旨》中曾为它送上最深情的颂歌:

　　　　道家使人精神专一,动合无形,赡足万物。其为术也,因阴阳之大顺,采儒墨之善,撮名法之要,与时迁移,应物变化,立俗施事,无所不宜,指约而易操,事少而功多。

　　　　道家无为,又曰无不为,其实易行,其辞难知。其术以虚无为本,以因循为用。无成势,无常形,故能究万物之情。不为物先,不为物后,故能为万物主。有法无法,因时为业;有度无度,因物与合。故曰"圣人不朽,时变是守。虚者道之常也,因者君之纲"也。群臣并至,使各自明也。其实中其声者谓之端,实不中其声者谓之窾。窾言不听,奸乃不生,贤不肖自分,白黑乃形。在所欲用耳,何事不成。乃合大道,混混冥冥,光耀天下,复反无名。凡人所生者神也,所托者形也。神大用则竭,形大劳则敝,形神离则死。死者不可复生,离者不可复反,故圣人重之。由是观之,神者生之本也,形者生之具也。不先定其神形,而曰"我有以治天下",何由哉?①

以春秋时期的老子为创始人,中经战国中期庄子的发扬光大,后经齐国稷下先生的整合改造,最后在西汉初年以黄老为名出现的道

---

　　① 司马迁:《史记·太史公自序》,中华书局 1959 年版,第 3289—3293 页。

家学说，以其在西汉初年进入汉帝国的庙堂而达到辉煌的顶点。它倡导的"无为而治"的治国行政理念，不止一次地成为当政者实行"与民休息"、"轻徭薄赋"、"节俭省刑"等宽松统治政策的理论依据。而它鼓吹的"任自然"即与自然和谐的理论以及人的主体地位的理念，显示了个体生命的自我觉醒，都具有积极意义。在道家思想中，还有着对社会生活的极其冷峻的观察。如"民之饥，以其上食税之多，是以饥。民之难治，以其上之有为，是以难治。民之轻死，以其求生之厚，是以轻死"①。"民不畏死，奈何以死惧之"？② "窃钩者诛，窃国者为诸侯，诸侯之门而仁义存焉"③，透出了对社会矛盾和阶级矛盾激化原因的接近真实的思考。"祸莫大于不知足，咎莫大于欲得"④，显示了对贪欲无厌的否定和对富贵无常的感悟。道家特别重视自己的生命，认为仁义道德的说教，富贵利禄的诱惑，都是对人的本性的戕害。人们有权按照自己的意愿选择顺应自然本性的生活，所以"拔一毛利天下而不为"的杨朱就不应该受到谴责，而应该得到同情和理解。由于道家提出了与儒、墨、法等家都不同的人生理念和人生追求，而这种理念和追求对处于乱世的知识分子具有很强的吸引力，所以隐逸长期以来就成为他们对生活方式的一种选项。因此，在儒学定于一尊以后和两千多年的中国历史上，道家作为一个学派以及由它演化而来的玄学、道教等还不时影响中国社会和文化的发展。而一部分痴迷于隐逸的知识分子还创造了有着相当生命力和美学价值的隐逸文化。《后汉书》专门创设了《逸民传》记述这部分人的事迹。可见他们的影响之大。不过，道家学派的缺失也是十分明显的。它因

---

① 陈鼓应：《老子今注今译》，商务印书馆 2016 年版，第 330 页。
② 同上，第 328 页。
③ 陈鼓应：《庄子今注今译》，中华书局 2009 年版，第 280 页。
④ 陈鼓应：《老子今注今译》，商务印书馆 2016 年版，第 245 页。

文明社会的发展带来某些苦难而反对社会的文明进步,认为人类社会的一切苦难和不平都是社会进步的产物:"大道废,有仁义;智慧出,有大伪;六亲不和,有慈孝,国家昏乱,有忠臣。"因而主张社会倒退。老子要求回到"小国寡民"的原始社会:"小国寡民。使有什伯之器而不用;使民重死而不远徙。虽有舟舆,无所乘之;虽有甲兵,无所陈之。使民复结绳而用之。甘其食,美其服,安其居,乐其俗。邻国相望,鸡犬之声相闻,民至老死,不相往来。"①庄子则要求回到人与动植物不分的人类诞生以前的时代:"同与禽兽居,族与万物并。"②这种对未来社会的设计只能是一种空想。道家学说最大的缺失是他消极避世的人生态度和放弃对国家民族社会的责任。事实上,任何人都不能脱离社会绝对独立地过一种离群索居的生活,而必须以自己对社会的贡献换取这个社会的接纳。因而,国家民族和社会的好坏实际上与每个人休戚攸关,任何人都应该而且必须承担对国家民族和社会的责任,这个国家民族才会兴旺发达,社会才会日益进步。道家放弃对国家民族和社会的责任去走隐逸之路,尽管可以找到百种理由,其中最冠冕堂皇的理由就是"拒绝与恶浊的社会同流合污"而以此显示其高洁的品性。然而,由于任何人实际上无法脱离社会而单独存在,其隐逸生活其实也不能脱离开与社会的交换。等而下之的末流隐逸者的生活实际上是极端自私自利的向社会的单向索取。《庄子》一书中记载的那位靠社会救济而生活的"支离疏",虽然自鸣得意于自己的人生选择,但他的存在只能是一种寄生的社会赘瘤。这种人生选择实际上是一种投机取巧的混世主义的人生游戏。显然,道家的人生理念的积极意义是十分有限的,而其消极意义却相当突出。它之所以不能成为主流意识形态主要是源于自身的缺失。因为不论

---

① 　陈鼓应:《老子今注今译》,商务印书馆 2016 年版,第 345 页。
② 　陈鼓应:《庄子今注今译》,中华书局 2009 年版,第 270 页。

是统治者还是一般百姓,其绝大多数都不可能认同这种人生理想。到魏晋时期,由道家学派衍生出来的玄学,围绕着"本体论"和认识论深入展开自救的论述,尽管大大提升了中华民族的抽象思维水平,但"本末"、"有无"、"名教与自然"以及"声有无哀乐"等论题,实在太抽象,距离百姓的生活太过遥远,只能在少数高级知识分子和贵族阶层中引发兴趣,根本就不具备普及和实践的品格,不可能在一般民众中引起共鸣。因而不可能成为主流意识形态。

三

　　发源于三晋的法家学派产生了商鞅、慎到、申不害、韩非等思想巨人和学术大师。到战国末期的韩非手里,完成了以法、术、势为核心的具有严密体系的理论构建。由于他鼓吹"富国强兵",奖励耕战,要求"不分贵贱亲疏一断于法"和加强君主专制的中央集权,具备普及和实践的品格,适应了战国时期奴隶向封建制转化过程中制度变革和统一战争的需要,因而受到战国七雄当政者的重视,成为他们指导变法和进行统一战争的理论宝典。年轻的秦王嬴政读了韩非的《五蠹》和《孤愤》以后甚至感叹:"寡人得见此人与之游,死不恨矣!"正是在法家学说的指导下,秦国在商鞅变法后,陆续实施奖励耕战的政策,达到了富国强兵的目标,从公元前230年至公元前221年,秦国以数十万大军的凯旋行进,逐次灭掉六国,第一次完成了中国真正意义的统一,建立起东亚幅员最辽阔的大帝国。秦朝建立后,法家的声望臻于顶点。秦始皇君臣实行"以法为教"、"以吏为师"的思想文化政策,定法家思想为一尊,最后发展到"焚书坑儒",将集权专制推向极致,也就将文化的活力彻底禁锢。可是,当秦始皇带着嬴氏江山一世二世以至万世永存的理想走向骊山脚下那雄伟崇隆的陵墓时,人民大起义的狂涛巨浪就使这个王朝陷于灭顶之灾,嬴氏贵族受到了覆社灭宗的最严厉的惩罚。西汉王朝建立以后,刘氏君臣,特别是以陆贾、贾谊、董仲舒、司马迁为代表的思想家,不断地对秦朝"二世而亡"这一巨大的社会变迁进行历史反思,其中最重要的内容就是对被尊为统治思想的法家学说进行理论的辨析与批判。司马谈在《论六家要旨》中评判法家说:

> 法家严而少恩;然其正君臣上下之分,不可改矣。

> 法家不别亲疏,不殊贵贱,一断于法,则亲亲尊尊之恩绝矣。可以行一时之计,而不可长用也,故曰"严而少恩"。若尊主卑臣,明分职不得相逾越,虽百家弗能改也。①

这一评论是相当有见地的。法家学说尽管有着其他学派没有的优长和立竿见影的功效,但它的缺失同它的优长一样明若观火。以韩非为代表的法家将荀子的"性恶论"推向极致。荀子虽然坚持"性恶论",但他同时认为"礼义教化"可以使人改恶向善。而韩非则认定人性恶不仅是绝对的,而且是不可改变的。这种性恶的社会表现就是个人对私利的无厌追求,而这种追求是完全合理的。所以一切仁义道德的说教统统是骗人的鬼话,统统都应该弃之如敝屣。在法家看来,规范社会上人与人关系的准则就是利害:

> 故王良爱马,越王勾践爱人,为战与驰。医善吮人之伤,含人之血,非骨肉之亲也,利所加也。故舆人成舆,则欲人之富贵;匠人成棺,则欲人之夭死也。非舆人仁而匠人贼也,人不贵则舆不售,人不死则棺不卖。情非憎人也,利在人之死也。②

所以在韩非看来,人与人之间也就根本不存在道德亲情的联系,只是建立在赤裸裸的利害关系基础生的交换和买卖关系。他以雇主

---

① 司马迁:《史记·太史公自序》,中华书局 1959 年版,第 3289—3291 页。

② 王先慎:《韩非子集解·备内》,中华书局 2013 年版,第 123 页。

和庸客的关系加以说明：

> 夫卖庸而播耕者，主人费家而美食，调布而求易钱者。非爱庸客也，曰："如是，耕者且深，耨者熟耘也。"庸客致力而疾耘耕者，尽巧而正畦陌畦畤者，非爱主人也，曰："如是，羹且美，钱布且易云也。"①

仅就雇主和庸客的关系而言，韩非的论断不是没有一点道理。可他将这论断推衍至所有人与人之间的关系，认为君臣、君民，甚至父母和子女，丈夫和妻子，老师和学生之间的关系也是如此。他认为，如果说上古时代在生产不发达、民风淳朴的条件下道德还起点作用的话，那么，当历史已经发展到利益至上的战国时代，仁义道德的功用就丧失殆尽了："上古竞于道德，中世逐于智谋，当今争于气力。"②法家的这种绝对功利主义的社会伦理学说，斩断了社会上本来就存在的非功利的伦理亲情的联系，将社会上所有人与人之间的关系全说成是弱肉强食的狼与羊的关系。这实际上是将人类社会中的人际关系降低到动物世界的丛林法则。这种理论如果作为真理，作为核心价值观广泛宣传，其对国家民族和社会的危害就是显而易见的。深受其害的恰恰就是这一理论的笃信和推行者秦始皇与他建立的王朝。由于他以纯利害规范君臣和君民关系，必然斩断臣民对这个王朝道德和感情的思缕，而以"自我利益"作为衡量与君王关系的唯一标准。正因为如此，所以在秦朝灭亡的过程中找不到一个为之殉难的忠臣烈士。而在秦朝灭亡之后，也找不到一个为之吟唱挽歌的孤臣遗民。从而使这个曾经不可一世的赫赫扬扬的伟大王朝的落幕显得特别悲寂和凄凉。秦朝的二世而亡使法家学说的威望一落千丈，汉朝统治者根本不可能将它推

---

① 王先慎：《韩非子集解·外储说左上》，中华书局 2013 年版，第 295 页。

② 王先慎：《韩非子集解·五蠹》，中华书局 2013 年版，第 487 页。

尊为统治思想,而秦朝专制制度下无休止的横征暴敛更使广大百姓对法家思想深恶痛绝。这样一来,在秦朝以后两千多年中国封建社会的历史上,尽管根据法家学说造就的许多制度仍一脉相传,某些政治家和思想家偶尔也会为它说几句好话,但总体上它却一直处于遭受批判的尴尬境地。

四

那么,在司马谈论述的六家中,墨、道、法之外的名家和阴阳家是否具备被推尊为主流意识形态,或者说统治思想的条件和可能呢? 更没有可能。原因很简单,名家和阴阳家基本上都没有自己完整的政治经济和社会伦理方面的理论体系,《论六家要旨》对名家的评价是:"名家苛察缴绕,使人不得反其意,专决于名而失人情,故曰'使人俭而善失真'。若夫控名责实,参伍不失,此不可不察也。"显然,名家的贡献主要在形式逻辑方面。即使其理论完全正确,无懈可击,也不可能被推尊为统治思想。《论六家要旨》对阴阳家的评价是:"夫阴阳四时、八位、十二度、二十四节各有教令,顺之者昌,逆之者不死则亡,未必然也。故曰'使人拘而多畏'。夫春生夏长,秋收冬藏,此天道之大经也,弗顺则无以为天下纪纲,故曰'四时之大顺,不可失也'。"应该说阴阳家的主要贡献在于以阴阳的互动诠释事物的发展变化和以"四时教令"服务于农业生产,它也不具备单独成为统治思想的条件和可能。看来,名家和阴阳家只能作为主流意识形态的补充或伴生而存在。春秋战国时期的学术流派,除《论六家要旨》概括的六家外,按《汉书·艺文志》六艺一百零三家的分类,还载有纵横、农、杂、小说四家,另有兵家(兵权谋家、兵形势家、兵技巧家)以及自然科学如天文、医学等门类。其中在人文社会科学领域能与六家并立、卓然成家者,主要是纵横、农、杂和兵家。它们能不能单独成为主流意识形态呢? 也不可能。

《汉书·艺文志》对纵横家是这样评论的:

> 从横家者流,盖出于行人之官。孔子曰:"诵《诗》三百,使于四方,不能专对,虽多亦奚以为?"又曰:"使乎,使乎!"言其当权事制宜,受命而不受辞,此其所长也。及邪人为之,则上诈谖而弃其信。[1]

以苏秦、张仪等为代表的纵横家主要活跃在战国时代,他们的言论和事功大都载于《战国策》一书。因为战国七雄每时每刻都在进行兼并和反兼并的激烈战争,与之相伴的是列国之间的外交折冲。频繁的外交活动给纵横家提供了广阔的舞台。他们风尘仆仆于列国之间,凭三寸不烂之舌,游说国君权臣,为他们服务的国家兜售"合纵"或"连横"的策略。他们特别善于揣摩国君和权臣的心理,以生死存亡、富贵利禄拨动这些人的心弦。由于他们翻手为云、覆手为雨、纵横捭阖、出尔反尔,背后又有一国或数国军力支持,一时成为威力无穷的能够呼风唤雨的强势人物。兜售"合纵"策略的苏秦曾佩过六国相印。推行"连横"策略的张仪则以秦国丞相的身份玩六国君臣于股掌之上。他们走到哪里,七国的目光就聚焦到哪里,哪里就会出现令人意想不到的波澜。所以有人就用"一怒而诸侯惧,安居而天下熄"来形容他们巨大的权势。不过,从思想学术的层面观察,纵横家并没有形成自己具有政治社会内容的理论体系,他们留给后世的主要是外交策略和语言技巧,再加上玩弄阴谋权术的智慧和手段,因而不可能被尊为统治思想。

以许行为代表的农家学派,尽管在总结农业科学技术方面作出了重要贡献,在政治思想方面也提出了人人"并耕而食"的原始共产主义理想,但这种空想显然得不到社会各阶级的认同,它之被当权者和广大百姓所冷落是很正常的。《汉书·艺文志》对它这

---

[1]　班固:《汉书·艺文志》,中华书局 1962 年版,第 1740 页。

样评价：

> 农家者流，盖出于农稷之官。播百谷，劝耕桑，以足衣食，
> 故八政一曰食，二曰货。孔子曰"所重民食"，此其所长也。
> 及鄙者为之，以为无所事圣王，欲使君臣并耕，诖上下之序。①

这个评价是比较中肯的。《孟子》一书中有对许行之徒陈相的批
判，严厉指出他们的绝对平均主义的社会理想不仅是空想，而且真
正实行起来必定挫伤生产者的积极性，因为它违背价值规律。

以吕不韦为代表的杂家是战国末期出现的一个学派。这时，
"百家争鸣"的学术思潮已经接近尾声，而由秦国统一六国的未来
前景也没有悬念。不少学者如荀子等对春秋战国以来的学术思潮
开始进行总结。当时任秦国丞相的吕不韦于是组织一帮宾客，力
图编出一部囊括诸子百家的百科全书式的著作，以便为即将建立
的统一王朝提供一个理论基础。然而，由于成书仓促，参加编书的
宾客们还没有时间和能力消化"百家争鸣"的思想学术成果，所以
编出的《吕氏春秋》就呈现出诸子百家拼凑杂陈的面貌，还无法形
成完整严密的理论体系，因而也就不具备单独成为主流意识形态
的条件。特别是成书不久吕不韦就被秦王嬴政逼迫自杀，他编的
书更难以进入秦王的法眼。由于从三代到春秋战国，战争一直伴
随着中国历史的脚步，成为社会前进的螺旋桨之一。所以总结战
争规律和制胜之术的兵学著作就成为当时著作之林的奇葩。姜尚
名下的《六韬》以及司马穰苴的《司马兵法》、孙武的《孙子兵法》、
吴起的《吴子兵法》、孙膑的《孙膑兵法》等联翩而出，从而奠定了
中国古典兵学的理论基础。这些兵学著作虽然对于中国古代哲
学、政治思想的发展都作出了独特的贡献，但其重点论述的还是战
争规律和战略战术原则，它们只是从战争的角度观照了政治、经济
和其他社会问题，还没有自己完整的政治和社会理论。所以同样

---

① 班固：《汉书·艺文志》，中华书局 1962 年版，第 1743 页。

不具备单独成为主流意识形态的条件。

既然墨、道、法、名、阴阳、纵横、农、杂和兵家由于本身的缺失都不能单独被推尊为主流意识形态,那么,避免了它们缺失的儒学被推尊为主流意识形态就是顺理成章的了。先秦时期的儒学由孔子创始立派,经过曾子、子思、孟子、荀子等儒学大师的发展和完善,到战国末期已经成为思想学术领域的巍巍重镇。其后,尽管儒学在秦朝的"焚书坑儒"事件中遭到沉重打击,但其领军人物和基本经典都较完好地保存下来,这就为其在西汉时期的复兴创造了条件。到汉武帝时期,一方面由于政治和社会的需要,一方面由于经董仲舒改造的儒学适应了这种需要,于是儒学的独尊地位就以汉武帝"罢黜百家,独尊儒术"的思想文化政策的出台而确立。儒学之所以能够独尊,与汉武帝的偏好当然不无关系,但最主要的原因还是其自身蕴含的思想内容适应了当时中国社会的需要。汉武帝时期,经过董仲舒改造整合的儒学已经有了一批稳定的经典《易》、《诗》、《书》、《礼》、《春秋》,拥有一批声望卓著的学者,经过春秋战国和秦朝与西汉初年的传播,儒学已经覆盖了黄河、长江流域最发达的地区并产生了广泛影响。特别是经过董仲舒的改造整合,先秦的原始儒学发展到汉代的今文经学,将齐鲁文化的精华冶为一炉,将诸子百家的优长汇为一体,形成了博大精深的包括哲学、政治、经济和伦理等思想内容的理论体系。它将"春秋大一统"视为"天地之常经,古今之通义",蕴含着丰富的爱国主义精神和强大的民族凝聚力,大大强化了中华民族的国家民族认同意识;它倡导"尊君爱民",找到了统治者和被统治者利益的结合点;它宣扬的"三纲五常"的伦理学说,使中国宗法社会条件下的君臣百姓有了共同的道德信条;它提倡的"民贵君轻"、仁爱和谐的民本主义和人文主义理论,是"好皇帝"和"清官"的理论基础,为调节君臣、君民和官民关系发挥了重要作用;它坚持积极向上的人生理念,强调对国家和社会的责任感和担当意识,"知其不可而为之",

"尽人事以听天命";它虽然也珍视生命,但更视仁义重于生命,将"杀身成仁"、"舍生取义"作为最高的人生追求;它弘扬大丈夫精神,将"富贵不能淫,贫贱不能移,威武不能屈"作为最高的人格理想;它具有开放性、实践性和普及性的品格,以博大的胸怀、海纳百川的气魄,不断吸取外来的和异质的文化,以丰富、充实和发展自己;它贴近社会、贴近百姓、贴近生活,易于操作和实践;它以百姓最容易理解的语言阐发一系列的理念,并使之成为百姓生活中具有永恒生命力的语汇……正因为儒学具有如此之多的优长,所以它能融合在中华民族的血液里,成为中华民族文化的根,成为中华民族的精神家园。

（原载《曲阜历史文物论丛》（二），文物出版社 2008 年版）

《山东大学文史哲研究专刊》已出书目

第一辑
目录版本校勘学论集
秦制研究
魏晋南北朝文体学
李焘学行诗文辑考
杜诗释地
关中方言古词论稿

第二辑
两汉文献与两汉文学
秦汉人物散论
秦汉之际的政治思想与皇权主义
文心雕龙学分类索引
宋代文献学研究
清代《仪礼》文献研究

第三辑
四库存目标注（全八册）

第四辑
山左戏曲集成（全三册）

第五辑

郑氏诗谱订考

文心雕龙校注通译

唐诗与民俗关系研究

东夷文化通考

泰山香社研究

第六辑

日名制·昭穆制·姓氏制度研究

易经古歌考释（修订本）

儒学视野中的《文心雕龙》

唐代文学隅论

清代《文选》学研究

微湖山堂丛稿

经史避名汇考

第七辑

古书新辨

温柔敦厚与中国诗学

诗圣杜甫研究

宋辽夏金经济史研究（增订本）

探寻儒学与科学关系演变的历史轨迹会通与嬗变

被结构的时间：农事节律与传统中国乡村

民众年度时间生活

里仁居语言跬步集

第八辑

中国语言学论文选